教育部人文社会科学百所重点研究基地
吉林大学边疆考古研究中心系列学术著作

渤海国文物研究

彭善国 著

上海古籍出版社

本书获得
国家社科基金专项项目（编号：17VGB013）
教育部人文社会科学重点研究基地重大项目（编号：22JJD78007）的资助

目 录

前　言 / 1

第一章　渤海陶瓷器研究

第一节　陶质建筑构件 / 5
第二节　日用陶器的类型与文化渊源 / 47
第三节　其他渤海陶器 / 79
第四节　渤海釉陶新探
　　　　——以日用釉陶器为中心 / 87
第五节　"宪象中国"的渤海葬制
　　　　——以铅釉陶俑为中心 / 103
第六节　东北亚地区贸易陶瓷的初兴
　　　　——以渤海遗址出土瓷器为中心 / 113
第七节　真实还是传奇
　　　　——渤海"紫瓷盆"问题 / 122

第二章　渤海金属器研究

第一节　渤海金银器述论 / 131
第二节　渤海铜器述论 / 139
第三节　渤海铁器述论 / 154

第三章　渤海玉石器研究

第一节　渤海玉璧述论　/ 183
第二节　集安东台子遗址出土玉璧的年代及相关问题　/ 186
第三节　渤海上京城址出土"玉石杖首"考　/ 198
第四节　渤海红玛瑙串珠初探　/ 200
第五节　其他渤海石器　/ 207

第四章　渤海骨角器研究

第一节　渤海骨角器的发现　/ 213
第二节　渤海骨角器的功能与类型　/ 215

第五章　渤海服饰研究

第一节　首服　/ 223
第二节　带具　/ 225
第三节　装饰品　/ 242

第六章　出土文物与渤海文化、社会

第一节　出土文物所见渤海文化构成因素　/ 253
第二节　出土文物与渤海乡村社会　/ 255
第三节　契丹辽文化中渤海因素的考古学观察　/ 262

图表索引　/ 271
后　记　/ 275

前　言

渤海（698～926年）是东北亚地区唐五代时期由靺鞨族为主体建立的地方民族政权。《新唐书》记载渤海统治盛期，地有"五京、十五府、六十二州"，有"海东盛国"之称[1]。926年，契丹攻破渤海都城忽汗城，渤海最后一代王大諲譔出降，渤海政权就此灭亡。辽太祖耶律阿保机改渤海为东丹国，改忽汗城为天福城，以耶律倍为东丹国王，建元甘露[2]。2004年发掘吉林省珲春市八连城城址（渤海东京龙原府故址）时，在一号建筑址殿基发现一件板瓦，其上刻写"维次甘露元（年）"五字[3]。这件文物正是这一重要历史节点的真实反映。928年，契丹诏令耶律羽之南迁东丹于东平（今辽阳），渤海州县诸民也随之俱迁，渤海城市在南迁过程中大都遭到破坏。自此，东北亚地区存续228年的"海东盛国"的文化，就只留下残垣废墟供后人探究了。

分布于中国东北、俄罗斯滨海边疆区以及朝鲜半岛东北部的丰富的遗存，是认识与理解渤海物质文化的基础材料，部分弥补了文献史料匮乏的缺憾。考古工作揭示，渤海遗址主要有城址、村落址、寺庙址、墓葬以及手工业遗址，出土文物的种类，按材质可大致分为陶瓷器、金属器、玉石器、骨角器等。这些文物，既有渤海自造，反映了渤海自身的生产力发展水平与工艺技术成就；也有输自域外，体现了渤海与周邻地区的经济文化往来。这些文物真实再现了渤海社会生产、生活、经济形态以及精神世界，对于探讨渤海文化的构成因素、渤海文化的特性等具有重要意义。

---

[1]《新唐书》卷二一九《渤海传》，所引《新唐书》，均据中华书局1975年点校本。
[2]《辽史》卷六四《宗室》："天显元年，从征渤海……（耶律）倍与大元帅德光为前锋，夜围忽汗城，大諲譔穷蹙，请降。寻复叛，太祖破之。改其国曰东丹，名其城曰天福，以倍为人皇王主之。仍赐天子冠服，建元甘露。"所引《辽史》，均据中华书局1974年点校本。
[3] 吉林省文物考古研究所等：《八连城——2004～2009年度渤海国东京故址田野考古报告》，文物出版社，2014年。图版八三，4。

既往关于渤海历史、考古、文化的研究成果，对渤海文物均有一些关注和探讨。专题论文之外，以出版年代为序，重要的论著有《渤海文化》[1]、《渤海国及其俄罗斯远东部落》[2]、《中国东北的渤海国与东北亚》[3]、《渤海遗迹》[4]、《渤海文化研究——以考古发现为视角》[5]、《渤海的历史与文化》[6]、《渤海考古》[7]、《渤海国史（修订版）》[8]、《渤海国历史文化研究》[9]、《渤海人社会生活研究》[10]等。随着考古资料日新月异的积累，出土渤海文物的系统的专题研究就显得很有必要了。

本书以材质为主线对渤海文物的系统梳理，意在揭橥文物背后的历史和文化涵义。文物的编年序列，融于各类文物的具体讨论之中。若干个案的辨析，订正了既往对于渤海文物年代或性质的一些误判。各类器物的功能，尽量结合文献记载以及出土环境（context）进行了初步复原，以窥渤海社会生产与生活之一斑。本书在对渤海遗存整体把握的基础上，以出土文物为切入点，对渤海文化的因素构成及其特质进行了讨论。

需要说明的是，科技检测是文物研究的重要手段，本书利用了一些检测结果，但渤海文物的科技检测还有大量工作要做；受客观条件限制，俄罗斯、朝鲜境内的渤海文物的搜集并不全面；对于渤海佛教文物，近年来已有专题研究成果[11]，本书未予讨论。

---

[1]［朝］朱荣宪著，在日本朝鲜人科学者协会历史部会译：《渤海文化》，雄山阁，1979年。
[2]［俄］Э. В. 沙弗库诺夫等著，宋玉彬译：《渤海国及其俄罗斯远东部落》，东北师范大学出版社，1997年。
[3] 王承礼：《中国东北的渤海国与东北亚》，吉林文史出版社，2000年。
[4] 朱国忱、朱威：《渤海遗迹》，文物出版社，2002年。
[5] 刘晓东：《渤海文化研究——以考古发现为视角》，黑龙江人民出版社，2006年。
[6] 东北亚历史财团编，陈文寿校译：《渤海的历史与文化》，香港社会科学出版社，2009年。
[7] 魏存成：《渤海考古》，文物出版社，2008年。
[8] 魏国忠、朱国忱、郝庆云：《渤海国史（修订版）》，黑龙江人民出版社，2014年。
[9] 刘晓东、郝庆云：《渤海国历史文化研究》，黑龙江人民出版社，2017年。
[10] 郝庆云、周赫：《渤海人社会生活研究》，社会科学文献出版社，2018年。
[11] 解峰：《渤海国佛教遗存研究》，吉林大学博士学位论文，2019年。

第一章

渤海陶瓷器研究

第一节　陶质建筑构件

一、建筑构件类型

渤海的素陶及釉陶建筑构件，主要有砖、瓦（板瓦、筒瓦）、瓦当、当沟、压当条、柱围、鸱尾、兽头、套兽等。

（一）砖

与瓦相比，渤海砖的使用并不普遍：城墙以夯筑或石砌为主，罕见包砖迹象；宫殿及高等级建筑的主体均为木构、瓦顶，只是以砖包砌建筑夯土台基的外壁，或者用砖铺砌散水和地面；半地穴及地面式民居多为木骨泥墙或石砌墙体。以砖砌筑寺塔或墓塔的例子，前者如目前仍矗立地表的吉林长白县灵光塔[1]，后者典型如和龙贞孝公主墓[2]。墓葬用砖则有贞孝公主墓、敦化贞惠公主墓[3]、和龙河南屯墓[4]、海林羊草沟M201[5]、宁安虹鳟鱼场墓地[6]（M2005、M2267、M2074）诸例，存在砌筑墓室、椁室、棺床以及墓底铺砖等各种形式。

渤海的砖，除了少量在氧化气氛中烧成的红砖外，多数为还原气氛下烧成的青灰色砖。砖的制法是在模具底部衬托麻布，沿模具底部和四面将陶泥按实，顶部以陶泥抹平。花纹以阴刻的模板在上部按压，待砖阴干后提起麻布以脱模。这些砖的底部多有粗细不等的麻布纹。

渤海的砖，以长方形、方形灰陶质[7]最为常见，虹鳟鱼场墓地的红砖多为三角形或梯形，这是比较罕见的。砖钉多以灰砖打磨成顶部呈圆形的长方体，用来固定散水。带有装饰的砖，除宁安杏山砖瓦窑址[8]外，绝大多数见于城址，少数方砖的正面模印花纹（图1-1-1，1~13），花纹布局相同，中为2~3层宝相花，外绕4叶4花的缠枝花卉，有的

---

[1] 屹立于长白朝鲜族自治县长白镇塔山的砖塔，明代塔顶毁坏，清末被地方官员命名为"灵光塔"，民国时期对塔顶稍加补葺，建国初对塔基进行了维修，直到20世纪80年代初确定其为渤海时期的砖塔，1987年被公布为全国重点文物保护单位，该塔是唯一现存的保存较好的渤海时期的地上建筑。邵春华：《长白灵光塔》，《博物馆研究》1983年第1期。
[2] 延边朝鲜族自治州博物馆：《渤海贞孝公主墓发掘清理简报》，《社会科学战线》1982年第1期。
[3] 王承礼：《敦化六顶山渤海墓清理发掘记》，《社会科学战线》1979年第3期。贞惠公主墓墓道部分铺砖。
[4] 郭文魁：《和龙渤海古墓出土的几件金饰》，《文物》1973年第8期。
[5] 黑龙江省文物考古研究所：《黑龙江省海林市羊草沟墓地的发掘》，《北方文物》1998年第3期。
[6] 黑龙江省文物考古研究所等：《宁安虹鳟鱼场：1992~1995年度渤海墓地发掘报告》，文物出版社，2009年。
[7] 绿釉长方形砖目前仅见于宁安哈达渡口遗址，砖侧模印卷草纹。见黑龙江省文物考古工作队：《宁安县镜泊湖地区文物普查》，《黑龙江文物丛刊》1983年第2期。
[8] 黑龙江省文物考古研究所：《渤海砖瓦窑址发掘报告》，《北方文物》1986年第2期。

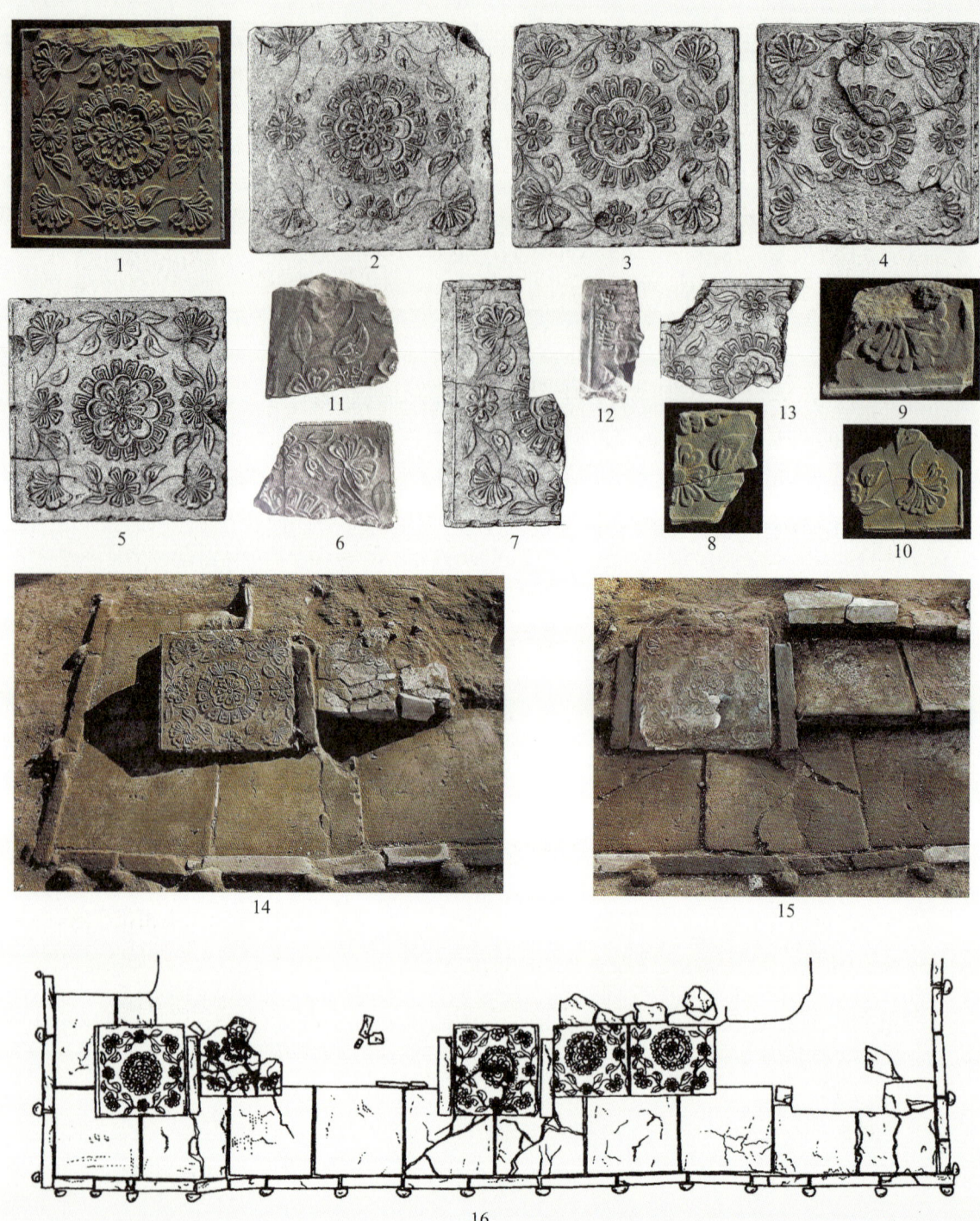

图 1-1-1　渤海花纹方砖及使用情况

1、8~11.八连城　2~7、12、13.上京城址　14~16.上京城2号宫殿址南廊中门两侧踏道花纹方砖铺设

图 1-1-2 渤海长方形花纹砖
1.八连城 2~5、7、9、11.上京城址 6.杏山砖瓦窑址 8.和龙河南屯遗址 10.克拉斯基诺城址

花纹中间还模印"典和毛""相文"等字样。此类装饰的砖仅见于上京城和八连城。上京城址花纹方砖较为集中地出土于2号宫殿南廊中门的两侧踏道上（图1-1-1，14~16）。长方形砖的侧面有的模印缠枝卷草纹[1]（图1-1-2，1~11），个别卷草纹以宝相花间隔。西古城、河南屯、克拉斯基诺城址[2]长方形砖上的卷草纹较上京城明显纤弱。兽面砖仅见于敦化六顶山墓地一墓区M3、M4、M5（图1-1-3，1~5），是用来装饰建筑脊端的。

（二）瓦

1. 板瓦

板瓦与筒瓦是渤海建筑的主要构件，有些建筑址清理时尚能看出两者组合使用的

---

[1] 此类卷草纹也被称为忍冬纹。
[2] 吉林省文物考古研究所等、俄罗斯科学院远东分院远东民族历史·考古·民族研究所：《俄罗斯滨海边疆区渤海文物集粹》，文物出版社，2013年。第143页。

图 1-1-3 渤海兽面纹砖
1、2、5.六顶山一区 M3 3.六顶山一区 M5 4.六顶山一区 M4

图 1-1-4 渤海建筑板瓦、筒瓦组合情况
1、2.上京城址第 4-1 号宫殿主殿屋顶塌落状况 3.渤海板瓦、筒瓦组合使用示意

状况（图1-1-4，1~3）。板瓦见于渤海城市遗址、寺庙址以及贵族墓葬（墓上建筑或单独以瓦铺设封土）；海林细鳞河[1]、河口、振兴[2]、渡口[3]、木兰集东[4]、东宁小地营[5]、白山永安[6]等普通村落址中很少出土瓦件[7]。板瓦以夹砂灰陶最为常见，渤海早期存在一些夹砂红褐色陶板瓦，尺寸较大，烧造火候较低，陶质粗糙。釉陶板瓦多见于高等级建筑。

目前考古报告多是基于在建筑物上的铺设位置对渤海板瓦进行分类，称呼并不统一。数量最多、广铺于屋顶的板瓦，称为普通板瓦或屋面板瓦；铺设于檐头的，称为檐头板瓦，又分为一般檐头板瓦和异形（特殊形）檐头板瓦，后者也被称为截角檐头板瓦。

（1）普通板瓦

绝大多数呈前宽后窄的等腰梯形，也有少量等宽者。前端往往有指压或压切纹，以增大板瓦间的摩擦阻力，但也有不少未加任何处理的；板瓦两端一般向凸面翘起。瓦的凸面，多数光素无纹，六顶山渤海墓葬[8]、珲春古城村寺庙址[9]、图们磨盘村山城[10]等渤海早期板瓦，凸面拍印绳纹、篮纹、方格纹者较多，也有个别刻划弦纹者（图1-1-5，1~17）。上京城址[11]、克拉斯基诺城址[12]、新安遗址[13]等则发现了少量麻面纹板瓦（图1-1-6，1~5）。这些纹样都不具有装饰功能，只是用来增加板瓦与屋顶所铺芦草等的摩擦力，使其不易滑落。

---

[1] 黑龙江省文物考古研究所、吉林大学边疆考古研究中心：《黑龙江海林市细鳞河遗址发掘报告》，《北方文物》2018年第1期。
[2] 黑龙江省文物考古研究所、吉林大学考古学系：《河口与振兴——牡丹江莲花水库发掘报告（一）》，科学出版社，2001年。
[3] 黑龙江省文物考古研究所、吉林大学考古学系：《黑龙江海林市渡口遗址的发掘》，《考古》1997年第7期。
[4] 黑龙江省文物考古研究所：《黑龙江海林木兰集东遗址》，《北方文物》1996年第2期。
[5] 黑龙江省文物考古研究所：《黑龙江东宁县小地营遗址渤海房址》，《考古》2003年第3期。
[6] 吉林省文物考古研究所：《吉林浑江永安遗址发掘报告》，《考古学报》1997年第2期。
[7] 珲春东六洞、甩湾子两处遗址出土了板瓦、筒瓦等，前者还出土有瓦当及釉陶建筑构件。这两处遗址的房址均长20余米、宽6米左右，有多个开间，石筑墙体及础石散水，迥异于渤海一般村落的房址，其性质尚不明确。吉林省图珲铁路考古发掘队：《珲春市东六洞二号遗址发掘简报》，《北方文物》1990年第1期。图珲铁路考古发掘队：《吉林省珲春市甩湾子渤海房址清理简报》，《北方文物》1991年第2期。
[8] 王承礼：《敦化六顶山渤海墓清理发掘记》，《社会科学战线》1979年第3期。中国社会科学院考古研究所：《六顶山与渤海镇——唐代渤海国的贵族墓地与都城遗址》，中国大百科全书出版社，1997年。吉林省文物考古研究所等：《六顶山渤海墓葬——2004~2009清理发掘报告》，文物出版社，2012年。
[9] 吉林省文物考古研究所2017~2019年发掘资料。
[10] 吉林省文物考古研究所2018~2019年发掘资料。
[11] 东亚考古学会：《東京城——渤海國上京龍泉府址の發掘調查》，《東方考古学叢刊》第5册，1939年。中国社会科学院考古研究所：《六顶山与渤海镇——唐代渤海国的贵族墓地与都城遗址》，中国大百科全书出版社，1997年。黑龙江省文物考古研究所：《渤海上京城：1998~2007年度考古发掘调查报告》，文物出版社，2009年。
[12] 吉林省文物考古研究所、俄罗斯科学院远东分院远东民族历史·考古·民族研究所：《俄罗斯滨海边疆区渤海文物集粹》，文物出版社，2013年。
[13] 吉林省文物考古研究所：《吉林抚松新安遗址发掘报告》，《考古学报》2013年第3期。

图 1-1-5　渤海板瓦凸面上纹样

1～11. 六顶山墓地　12、13. 西古城　14. 兴安城址　15. 河龙城址　16、17. 新安遗址
（1～3、12、15～17. 绳纹；6、9. 篮纹；4、5、7、8、10、11、14. 方格纹）

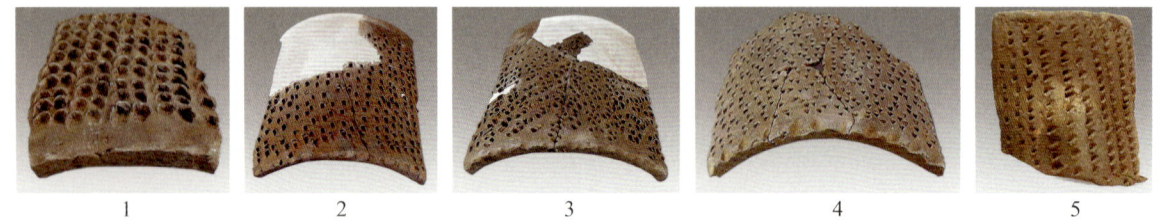

图 1-1-6　渤海麻面纹板瓦

1～4. 上京城址（1.2 号殿；2、3.3、4 号殿；4.5 号殿）　5. 克拉斯基诺城址

（2）檐头板瓦

檐头板瓦与屋面板瓦的差别在于其端头均刻划或戳印花纹，蛟河七道河遗址[1]出土板瓦凸面的前部刻划有花纹（图 1-1-7，11～13），和龙河南屯寺庙址[2]板瓦前部模印

---

[1] 吉林市博物馆：《吉林省蛟河市七道河村渤海建筑遗址清理简报》，《考古》1993 年第 2 期。
[2] 吉林大学边疆考古研究中心、吉林省文物考古研究所等：《吉林和龙"河南屯古城"复查简报》，《文物》2017 年第 12 期。

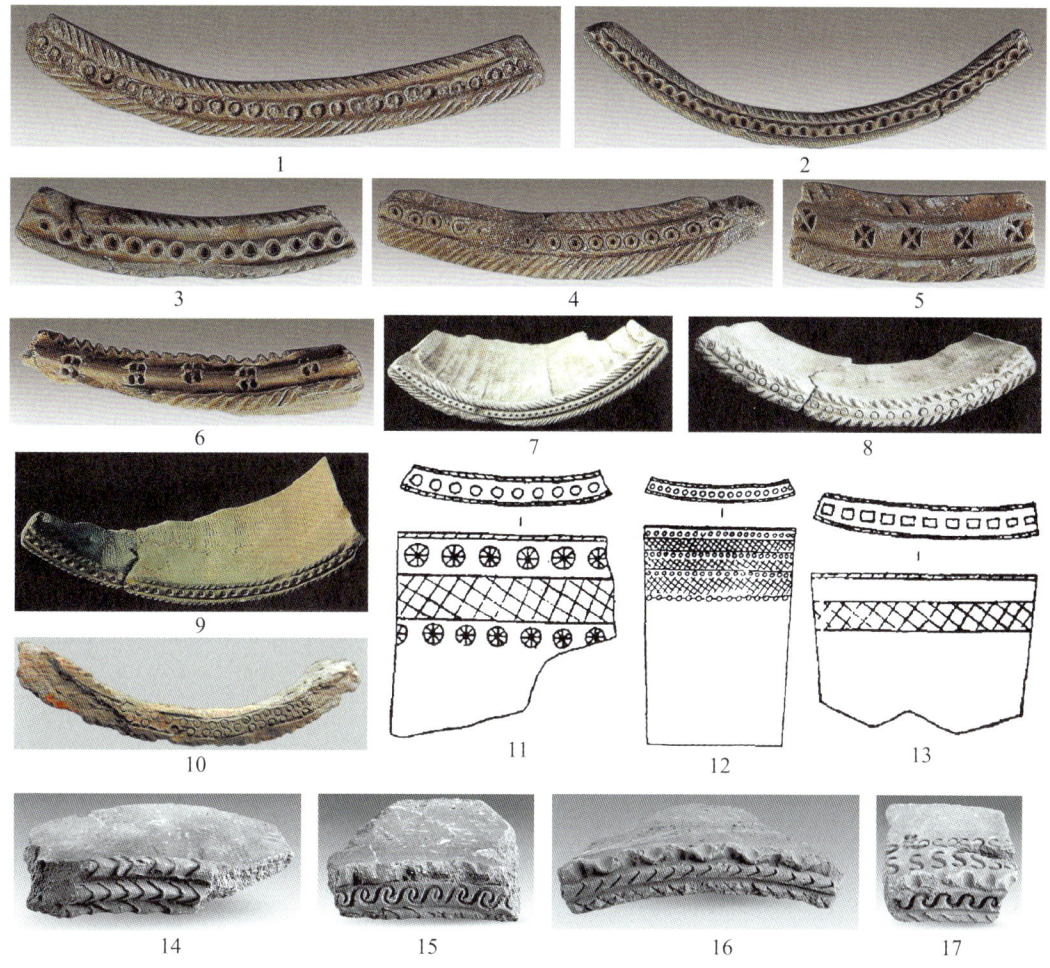

图 1-1-7 渤海檐头板瓦纹饰

1~6.上京城址 7、8.西古城 9.八连城 10.杏山寺庙址 11~13.七道河遗址 14~17.河南屯寺庙址

花纹（图 1-1-7，17），但这些只是个别现象。这些花纹均出露屋檐，具有装饰功能。截角檐头板瓦发现很少，端头也多戳印花纹（图 1-1-8，1~12）。檐头板瓦端头的花纹，最为流行、最具代表性的一种为两条平行凹槽两侧刻划斜线（或称麦穗纹），中间戳印实心或空心的圆圈，此外也有方框、"田"字框、"V"形纹、"S"形纹等装饰（图 1-1-7，1~17）。

关于板瓦的尺寸，《六顶山与渤海镇》报告将 1963~1964 年上京城址出土的 146 件板瓦分为大、中、小三型，大型长 38.5~47 厘米，前端宽 26~29.5 厘米；中型长 33 厘米，前端宽 23 厘米；小型残长 23 厘米，前端宽 13~16 厘米。《西古城》报告统计了

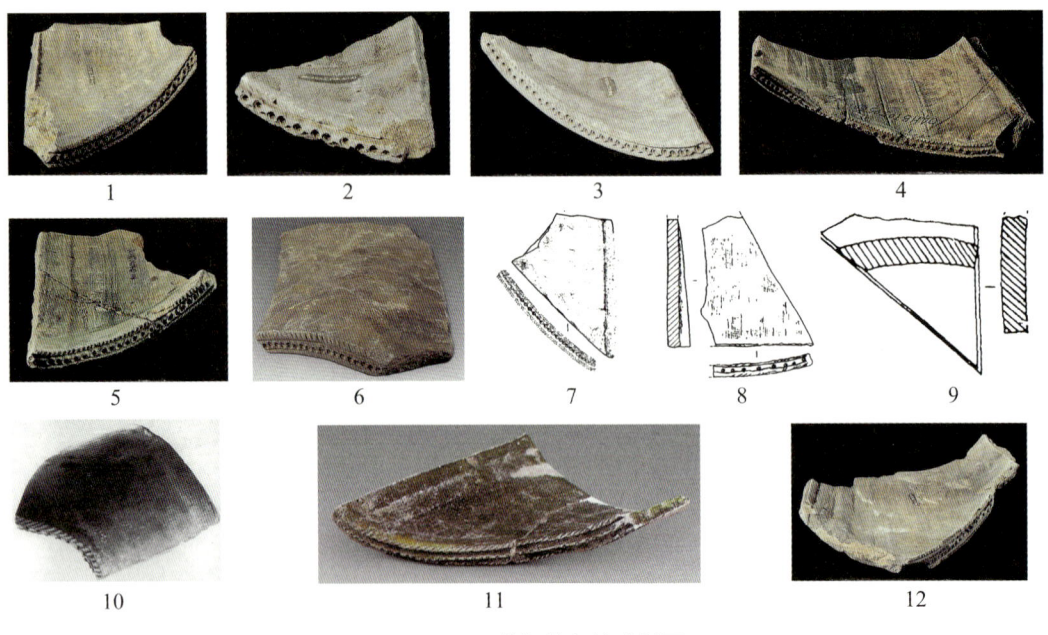

图 1-1-8　渤海截角檐头板瓦
1～3、12. 西古城　4、5. 八连城　6、7、10、11. 上京城址　8. 新安遗址　9. 七道河遗址

201 件[1]，其中长 35～45 厘米者 190 件。蛟河七道河建筑址出土板瓦数量较多，其长度在 38～45 厘米之间，以 42 厘米者数量最多。

渤海板瓦的制作工艺，主要根据板瓦形制及瓦上遗痕推测，尚需模拟复原实验的验证。制作板瓦需要模具。木模或以长条形的木板拼接成筒形，六顶山墓地、八连城、西古城、上京城、俄罗斯滨海克拉斯基诺城址、杏山寺庙址[2]等出土板瓦凹面存有多个长条木板的印痕（图 1-1-9，1～6），木模需一端大一端小，以符合板瓦前宽后窄的尺寸要求。木模上围裹麻布，以利于脱坯，故板瓦的凹面均遗有布纹（有些板瓦上的布纹后期被抹平）。木模应竖置于操作台上并加以固定，便于工匠操作。坯泥围绕木模以泥条盘筑或泥片套接成筒状，以工具在泥片表面修整、加固、施纹、戳印（或刻划）文字（符号），待坯泥半干后脱模，竖向切割成四等份。普通板瓦的宽端，有的以手指按压，形成指压纹条带，以增大与下一个板瓦（檐头方向）之间的摩擦力，以免在屋顶铺设时滑落；檐头板瓦的宽端，则在端头（部分也在凸面的前半部分）戳印（或刻划）各种纹饰。坯件晾干后入窑烧造。

---

[1] 吉林省文物考古研究所等：《西古城：2000～2005 年度渤海国中京显德府故址田野考古报告》，文物出版社，2007 年。
[2] 吉林省文物考古研究所、俄罗斯科学院远东分院远东民族历史·考古·民族研究所：《俄罗斯滨海边疆区渤海文物集粹》，文物出版社，2013 年。

图 1-1-9　渤海板瓦凹面上的模具及麻布印痕
1、2. 六顶山一区 M3　3. 八连城　4. 上京城址　5. 西古城　6. 克拉斯基诺城址

2. 筒瓦

筒瓦的制作工艺，与板瓦近同，只是将筒状的泥坯切割成两等份而已。渤海筒瓦有前后等宽、前宽后窄两种情况，后者较为少见。两者制作时模具应有所差别。筒瓦的凹面，多遗有麻布痕；凸面均光素，以免迟滞雨（雪）水的流速。渤海筒瓦以夹砂灰陶占主流，夹砂红褐陶仅有少量发现。按照铺设位置的不同，分为普通筒瓦和檐头筒瓦两种。

（1）普通筒瓦

广泛铺设于屋顶，前端不接瓦当。有不带瓦舌（也称为瓦唇、榫头）和带瓦舌两类，前者仅有少量发现（图 1-1-10，1~5）；后者的瓦舌，有曲节和直节两型，直节瓦舌数量较少，出现较早（图 1-1-10，6~10），六顶山墓地墓上建筑均为此型，曲节瓦舌则是渤海筒瓦的基本类型（图 1-1-10，11~19）。龙头山渤海王室贵族墓地 M13、M14 墓上建筑中[1]，曲节、直节瓦舌的筒瓦及不带瓦舌的筒瓦共存，表明了这三种筒瓦使用的共时性。

普通筒瓦的尺寸，西古城统计了完整者 348 件，其中通长 27~35 厘米者 180 件，35~40 厘米者 134 件，40 厘米以上者 34 件。1963~1964 年上京城址采集普通筒瓦 234 件，发掘报告将其分成大型、中型两种，大型最为常见，长 33.5~39 厘米，在上京各个

---

[1] 吉林省文物考古研究所等：《吉林和龙市龙海渤海王室墓葬发掘简报》，《考古》2009 年第 6 期。

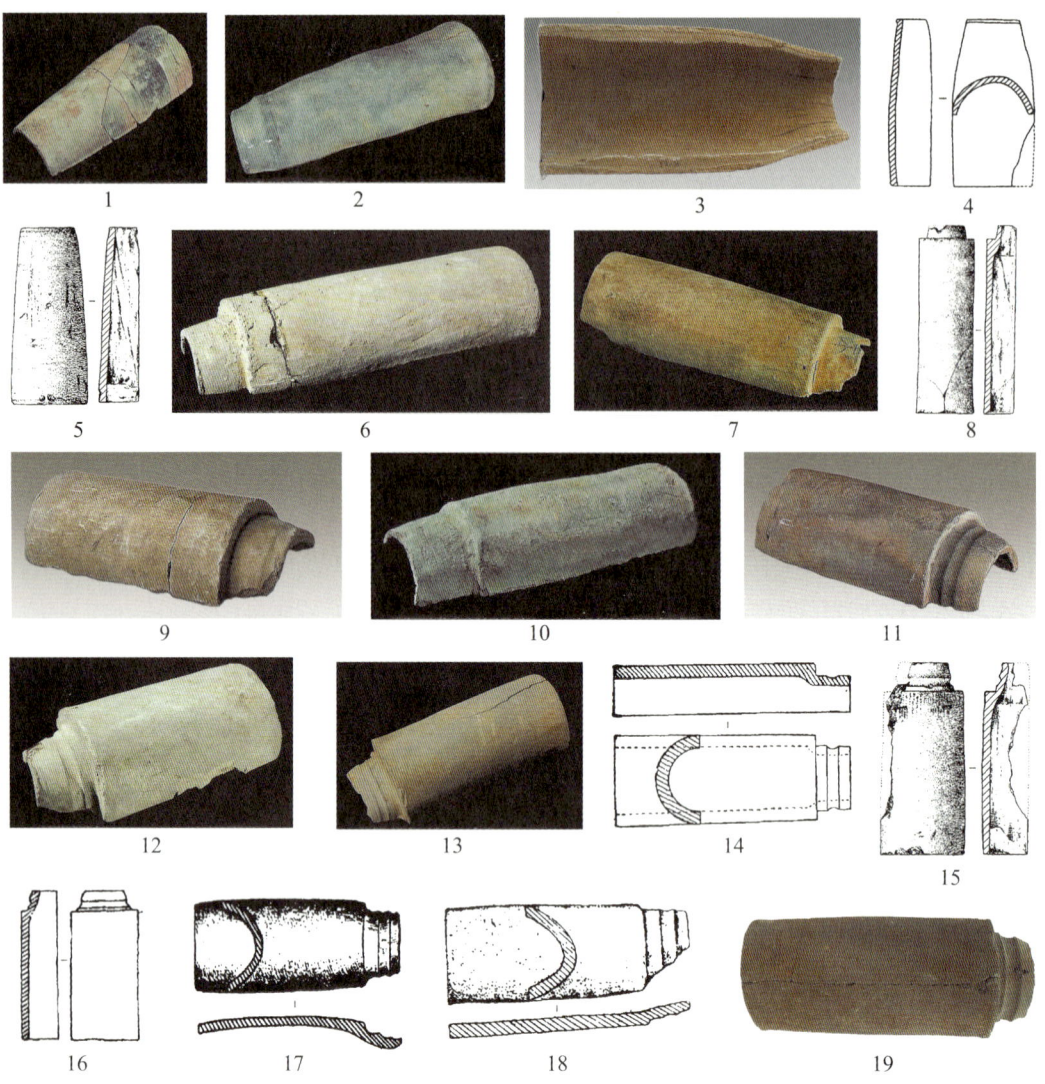

图 1-1-10 渤海普通筒瓦
1、2、10. 六顶山一区 M3　3. 克拉斯基诺城址　4. 红云寺庙址　5、8、15. 龙头山 M13、M14　6、12. 西古城城址　7、13. 八连城城址　9、11. 上京城址　14. 七道河遗址　16. 杏山砖瓦窑址　17. 甩弯子遗址　18. 东六洞遗址　19. 科尔萨科沃寺庙址

遗址均有发现；中型长 25.5～29.7 厘米，仅见于东半城 1 号佛寺。

（2）檐头筒瓦

铺设于檐头，前端粘接瓦当，瓦当当面有平、折两种。有直背檐头筒瓦和曲背檐头筒瓦两类。

直背檐头筒瓦，数量多，分为两型。

A 型：无瓦舌，较为少见。见于六顶山墓地、七道河墓上建筑、八连城、俄罗斯滨海边疆区杏山寺庙址[1]（图 1-1-11，1~4）。

B 型：有瓦舌，最为常见。瓦舌的情况，与普通筒瓦基本相同，亦有曲节和直节两种，只是瓦身后段或瓦舌上多有瓦钉穿孔（图 1-1-11，5~15）。

曲背檐头筒瓦，数量不多，铺设于建筑垂脊或戗脊端头，用来增强脊头起翘的效果。出土情况见表 1-1-1。

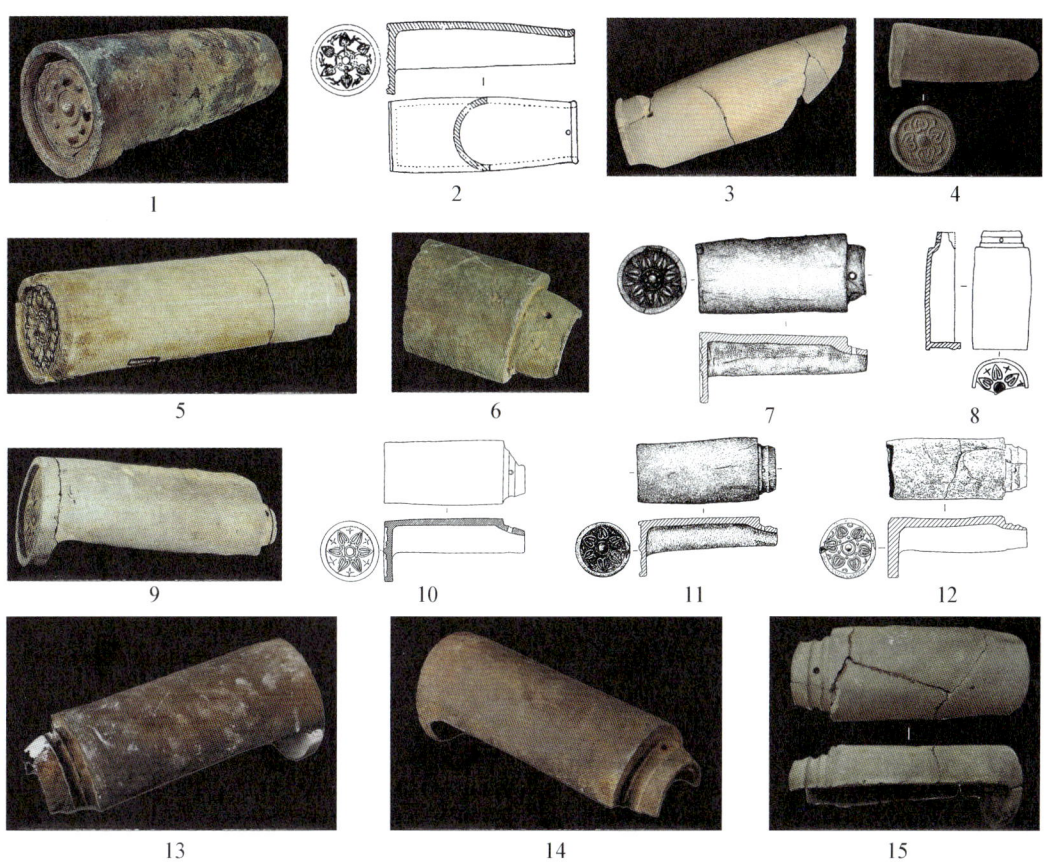

图 1-1-11　渤海直背檐头筒瓦
1. 六顶山一区 M3　2. 七道河墓上建筑　3、6. 八连城　4. 杏山寺庙址　5、9、12. 西古城
7、10、11、13、14. 上京城址　8. 红云寺庙址　15. 科尔萨科沃寺庙址
（1~4.A 型；5~15.B 型）

---

[1] 吉林省文物考古研究所、俄罗斯科学院远东分院远东民族历史·考古·民族研究所：《俄罗斯滨海边疆区渤海文物集粹》，文物出版社，2013 年。第 76 页。

表 1-1-1　渤海遗址出土曲背檐头筒瓦

序号	出土地点	出土情况		尺寸（厘米）	插图
1	宁安上京城址1933～1934年发掘[1]	不详		不详	图1-1-12，6
2	宁安上京城址1963～1964年发掘[2]	采集22件，主要见于东半城1号及城北9号佛寺，个别出土于"堆房"遗址。标本2件，均为曲节瓦舌		大型者通长29～30，中小型均残	图1-1-12，10、12
3	上京城址1998～2007年发掘[3]	2号宫殿	标本3件，曲节瓦舌	长31.5	图1-1-12，15
		3、4号宫殿	标本2件，曲节瓦舌	长23.2、29.9	图1-1-12，4、5
		5号宫殿	标本2件，曲节瓦舌	均残	
		50号宫殿	6件，标本2件曲节瓦舌	均残	图1-1-12，8
		郭城正北门	1件，曲节瓦舌	长20.8	图1-1-12，7
4	和龙西古城城址[4]	内城一号宫殿	5件，标本2件，曲节瓦舌	均残	图1-1-12，1
5	珲春八连城城址[5]	内城一号建筑址	标本1件，曲节瓦舌	残	图1-1-12，2
		内城二号建筑址	标本2件，曲节瓦舌	均残	图1-1-12，3
6	宁安杏山砖瓦窑址[6]	2件，曲节瓦舌		长25	图1-1-12，16

[1] 东亚考古学会：《東京城——渤海國上京龍泉府址の発掘調査》，《東方考古学叢刊》第5册，1939年。图版七五，4。
[2] 中国社会科学院考古研究所：《六顶山与渤海镇——唐代渤海国的贵族墓地与都城遗址》，中国大百科全书出版社，1997年。第100页。
[3] 黑龙江省文物考古研究所：《渤海上京城：1998～2007年度考古发掘调查报告》，文物出版社，2009年。第96、322、454、502、586页。
[4] 吉林省文物考古研究所等：《西古城：2000～2005年度渤海国中京显德府故址田野考古报告》，文物出版社，2007年。第88页。
[5] 吉林省文物考古研究所等：《八连城——2004～2009年度渤海国东京故址田野考古报告》，文物出版社，2014年。图版五四。
[6] 黑龙江省文物考古研究所：《渤海砖瓦窑址发掘报告》，《北方文物》1986年第2期。

续 表

序号	出土地点	出土情况	尺寸（厘米）	插图
7	和龙龙头山 M13、M14	1件，残，瓦舌情况不明	残	图1-1-12,14
8	蛟河七道河建筑址[1]	8件，均出土于建筑的四角，5件位于东北角，均无瓦舌	长36	图1-1-12,17
9	和龙河南屯寺庙址[2]	2件，均残，瓦舌情况不明	残	
10	滨海科尔萨科沃寺庙址[3]	标本1件，曲节瓦舌	长29.5	图1-1-12,9
11	滨海马蹄山寺庙址[4]	标本2件，1件残，1件无瓦舌	无瓦舌者长32.8	图1-1-12,11、18
12	滨海鲍里索夫卡寺庙址[5]	8件，瓦舌情况不详	均残	图1-1-12,13

由上表可见，渤海曲背檐头筒瓦在寺庙上的使用较为广泛，城内宫殿、七道河（墓上）建筑也有使用。绝大多数曲背檐头筒瓦具曲节瓦舌，无瓦舌者数量很少。

（三）瓦当

渤海瓦当数量很多，城址、寺庙址、墓葬均有发现，出土时多与檐头筒瓦脱离。均为圆形、模制，边轮较高，纹饰凸起于当面。以夹砂灰陶最为常见，也有部分瓦当正面施加低温铅绿釉。瓦当因建筑等级和建筑部位的不同而大小有别。瓦当当面布局分为两区，内区为中心乳钉，外区纹饰多对称布局，题材内容多样。以各种莲花纹最为常见，另有花叶纹、乳钉纹、十字纹、卷云纹、轮菊纹等。瓦当的纹饰存在地域和时代差异，地域差异的表现较为鲜明，由于缺乏层位关系，且建筑普遍有后期修缮的情况，目前尚难以从考古学上对渤海瓦当进行细致的编年和分期。

---

[1] 吉林市博物馆：《吉林省蛟河市七道河村渤海建筑遗址清理简报》，《考古》1993年第2期。
[2] 吉林大学边疆考古研究中心、吉林省文物考古研究所等：《吉林和龙"河南屯古城"复查简报》，《文物》2017年第12期。
[3] 吉林省文物考古研究所、俄罗斯科学院远东分院远东民族历史·考古·民族研究所：《俄罗斯滨海边疆区渤海文物集粹》，文物出版社，2013年。第94页。
[4] 吉林省文物考古研究所、俄罗斯科学院远东分院远东民族历史·考古·民族研究所：《俄罗斯滨海边疆区渤海文物集粹》，文物出版社，2013年。第104、105页。林树山译《苏联滨海地区的渤海文化遗存》（《东北考古与历史》第1辑，文物出版社，1982年，第236页）提到无瓦舌的那件出土地点为杏山寺庙址。
[5] ［俄］B.E.麦德维杰夫著，全仁学译：《俄罗斯滨海地区渤海寺庙址》，《东北亚历史与考古信息》2007年第2期。

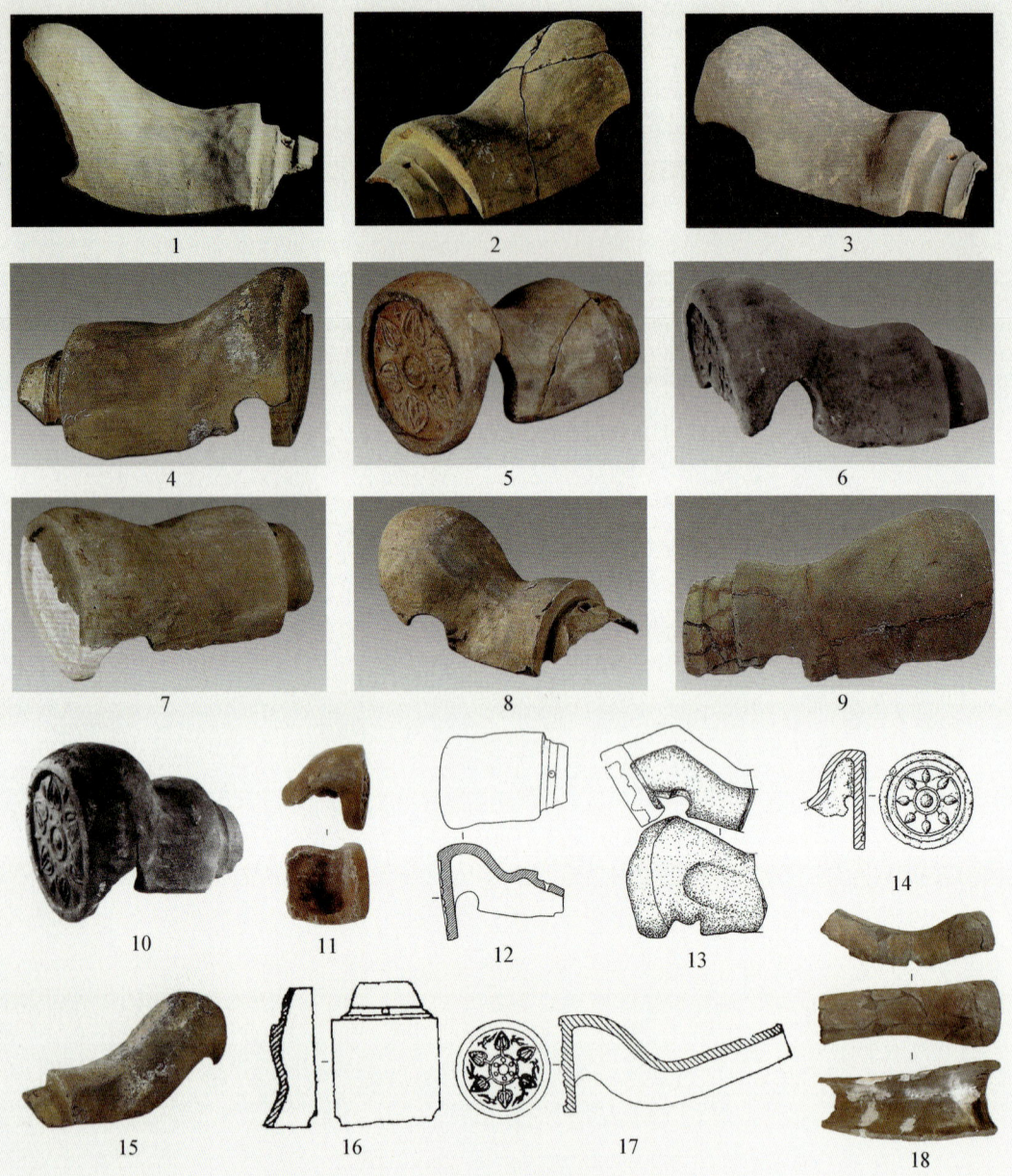

图 1-1-12　渤海曲背檐头筒瓦
1. 西古城　2、3. 八连城　4~8、10、12、15. 上京城址　9. 科尔萨科沃寺庙址　11、18. 马蹄山寺庙址　13. 鲍里索夫卡寺庙址　14. 龙头山 M13、M14　16. 杏山砖瓦窑址　17. 七道河建筑址

1. 莲花纹瓦当

依据莲花纹的表现形式，可以分为心形莲花纹瓦当、复瓣莲花纹瓦当、莲蕾纹瓦当、缠枝莲花纹瓦当、带茎莲花纹瓦当等。

（1）心形莲花纹瓦当

莲瓣从四瓣到八瓣不等，六瓣者数量最多，八瓣者只有极个别发现。

八瓣莲纹：仅见于汪清春阳骆驼山建筑址[1]，间饰均为十字星纹（图1-1-13，1~2）。

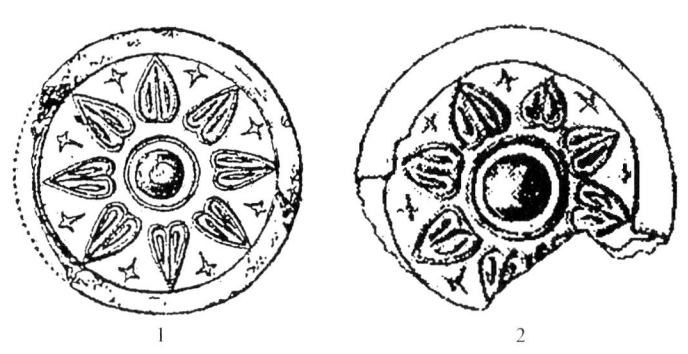

图1-1-13 渤海八瓣莲花纹瓦当
1、2. 汪清骆驼山建筑址

七瓣莲纹：仅见于上京城址，已发掘的各殿址（2号、3号、4号、5号、50号殿）及城北9号佛寺遗址均有出土（图1-1-14，1~8）。间饰均为花萼纹，当心乳钉外有7枚或9枚小乳钉。

六瓣莲纹：是渤海境内分布最广、发现数量最多的一类瓦当。西古城、八连城发掘出土的心形莲花纹瓦当，全部为六瓣。1964年发掘上京城址出土415件瓦当均为莲花纹，其中六瓣者346件，约占83.3%[2]。此类瓦当釉陶者亦不在少数。六瓣莲纹的差异[3]主要体现在两朵莲瓣之间的间饰上。花萼形间饰最为普遍（图1-1-15，1~9），其他依次为十字星纹（图1-1-15，10~15）、月牙纹（图1-1-15，16~18）、牛角形纹（图1-1-15，19）及组合间饰（图1-1-15，20）[4]。

---

[1] 郑永振、朴润武：《吉林汪清考古调查》，《北方文物》1985年第4期。《吉林省文物志》编辑委员会：《汪清县文物志》，1984年。
[2] 1998~2007年上京城发掘的报告未对各类瓦当的数量进行统计。
[3] 当心乳钉外圈也存在有无同心圆环及小乳钉的细微差别。
[4] 以经过发掘的3处渤海都城遗址为例，八连城全为花萼形间饰；西古城除花萼纹外，还有十字星纹、月牙纹；上京城各种间饰均有发现。

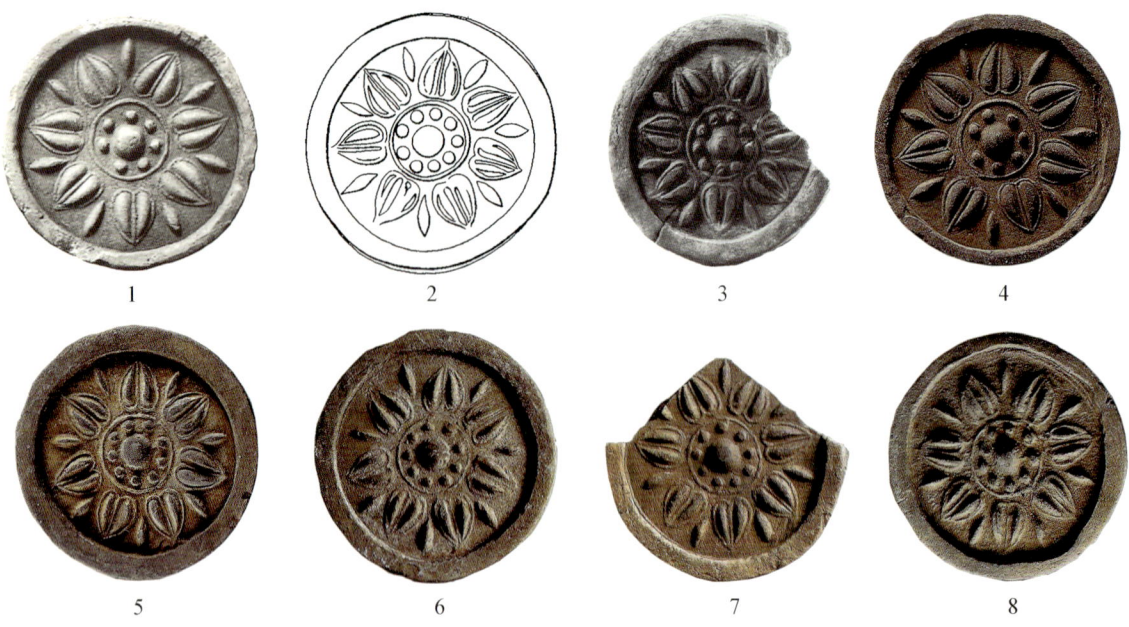

图1-1-14 渤海七瓣莲花纹瓦当
1~8.上京城址

五瓣莲纹:数量较少,主要见于上京城址(图1-1-16,1~3、5~8),克拉斯基诺城址也有个别发现(图1-1-16,4)。以花萼形间饰为主,也有少量月牙纹以及月牙与花萼组合的间饰。

四瓣莲纹:出土数量不多,但分布地域较为广泛,除上京城外,珲春新生寺庙址[1]、延吉帽儿山遗址、延吉台岩遗址[2]、汪清天桥岭变电所遗址[3]、抚松新安遗址、集安国内城[4]、克拉斯基诺城址、科尔萨科沃寺庙址[5]等均有发现。莲瓣间饰以枝叶纹(一枝三叶,也称为鸟状星形纹或忍冬纹)为主(图1-1-17,1~11),也有一些鸟纹间饰(图1-1-17,12)。上京城出土者四个莲瓣以弧线连接,这种做法不见于其他地区。俄罗斯滨海地区马蹄山寺庙址出土的瓦当[6],高边轮,四瓣莲花以水滴纹间饰,外有一圈密集的

---

[1] 《吉林省文物志》编辑委员会:《珲春县文物志》,1984年。
[2] 《吉林省文物志》编辑委员会:《延吉市文物志》,1985年。
[3] 郑永振、朴润武:《吉林汪清考古调查》,《北方文物》1985年第4期。《吉林省文物志》编辑委员会:《汪清县文物志》,1984年。
[4] 吉林省文物考古研究所、集安市博物馆:《国内城——2002~2003年集安国内城与民主遗址试掘报告》,文物出版社,2004年。第153页。
[5] 吉林省文物考古研究所、俄罗斯科学院远东分院远东民族历史·考古·民族研究所:《俄罗斯滨海边疆区渤海文物集粹》,文物出版社,2013年。第92页。
[6] 吉林省文物考古研究所、俄罗斯科学院远东分院远东民族历史·考古·民族研究所:《俄罗斯滨海边疆区渤海文物集粹》,文物出版社,2013年。第101~103页。

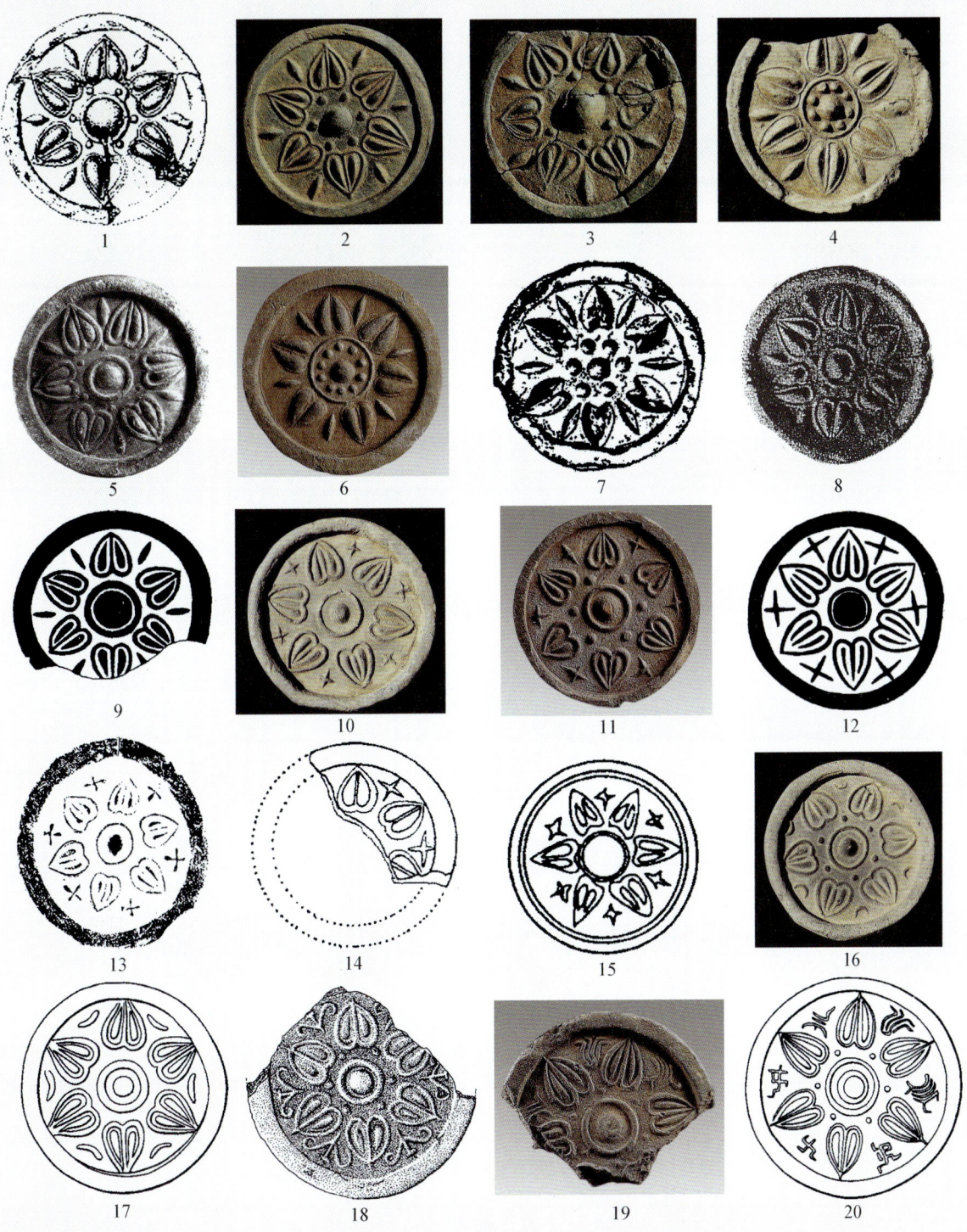

图 1-1-15 渤海六瓣莲花纹瓦当

1. 龙头山 M13、M14 2、3. 八连城 4、10、16. 西古城 5、6、11、17~20. 上京城址 7. 汪清龙泉坪遗址 8. 珲春新生寺庙址 9、12. 汪清红云遗址 13. 珲春东六洞遗址 14. 集安国内城 15. 朝鲜北青土城

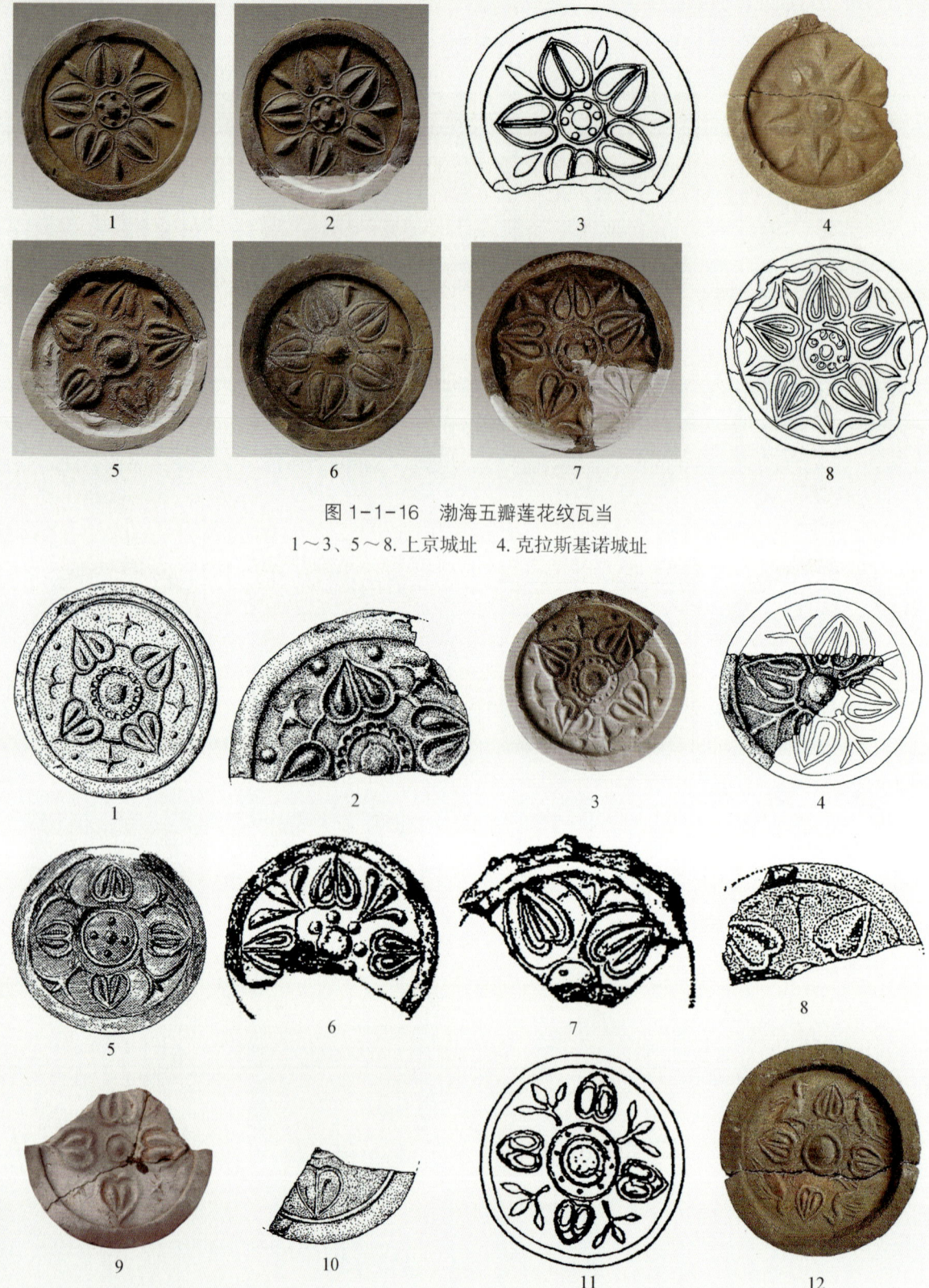

图 1-1-16 渤海五瓣莲花纹瓦当
1～3、5～8.上京城址　4.克拉斯基诺城址

图 1-1-17 渤海四瓣莲花纹瓦当
1～4.上京城址　5.珲春新生寺庙址　6.延吉帽儿山遗址　7.延吉台岩遗址　8.汪清天桥岭变电所遗址　9.抚松新安遗址　10.集安国内城　11.克拉斯基诺城址　12.科尔萨科沃寺庙址

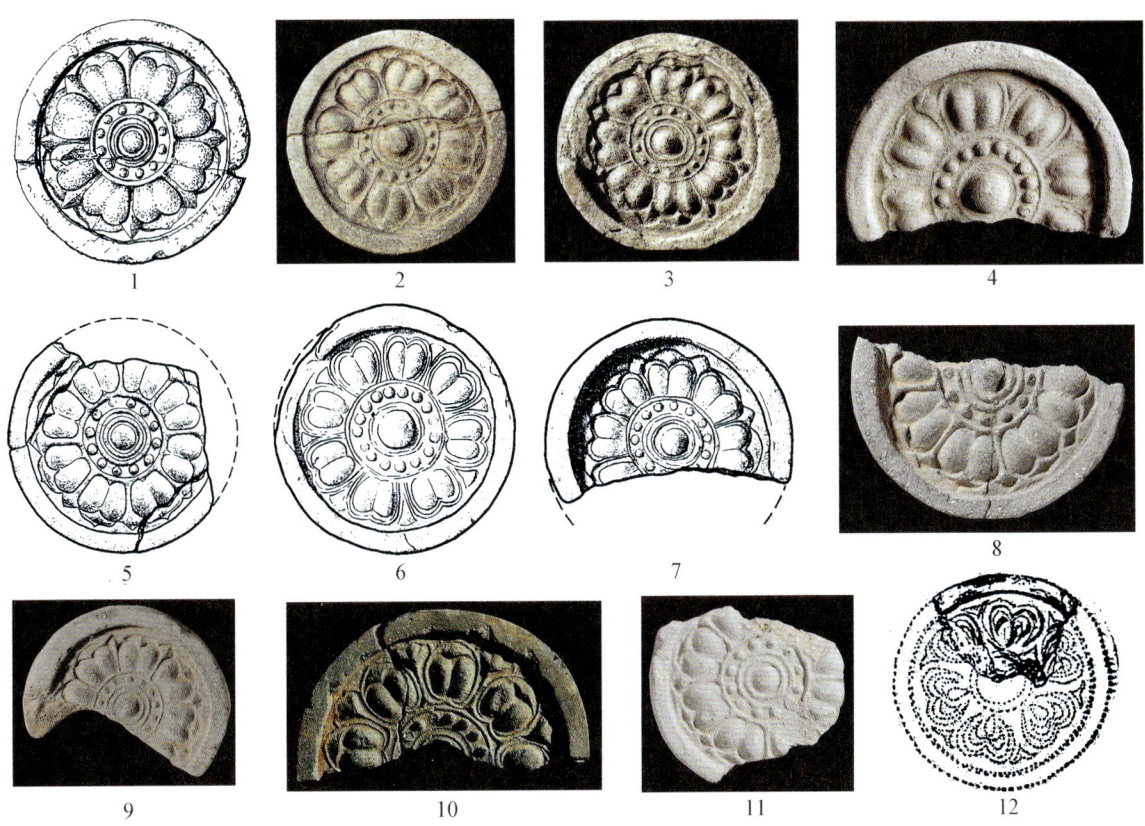

图1-1-18 渤海复瓣莲花纹瓦当
1～4.西古城　5～11.八连城　12.延吉龙河村南山遗址

乳钉纹,地方性特征较为显著。

（2）复瓣莲花纹瓦当

仅见于西古城、八连城两处城址,8枚复瓣莲花密集排列,当心同心圆内有12枚及以上的小乳钉（图1-1-18,1～11）。延吉龙河村南山遗址[1]出土者似为此类瓦当的变体（图1-1-18,12）。

（3）莲蕾纹瓦当

莲蕾下端两侧向内勾卷。分为两型。

A型：莲蕾4枚,间饰草叶,当心乳钉（图1-1-19,1～6）。此型瓦当上京城址出土最为集中,汪清红云寺庙址、延吉太阳遗址[2]、桦甸北土城[3]也有发现。

---

[1]《吉林省文物志》编辑委员会：《延吉市文物志》,1985年。
[2]《吉林省文物志》编辑委员会：《延吉市文物志》,1985年。
[3]《吉林省文物志》编辑委员会：《桦甸县文物志》,1986年。

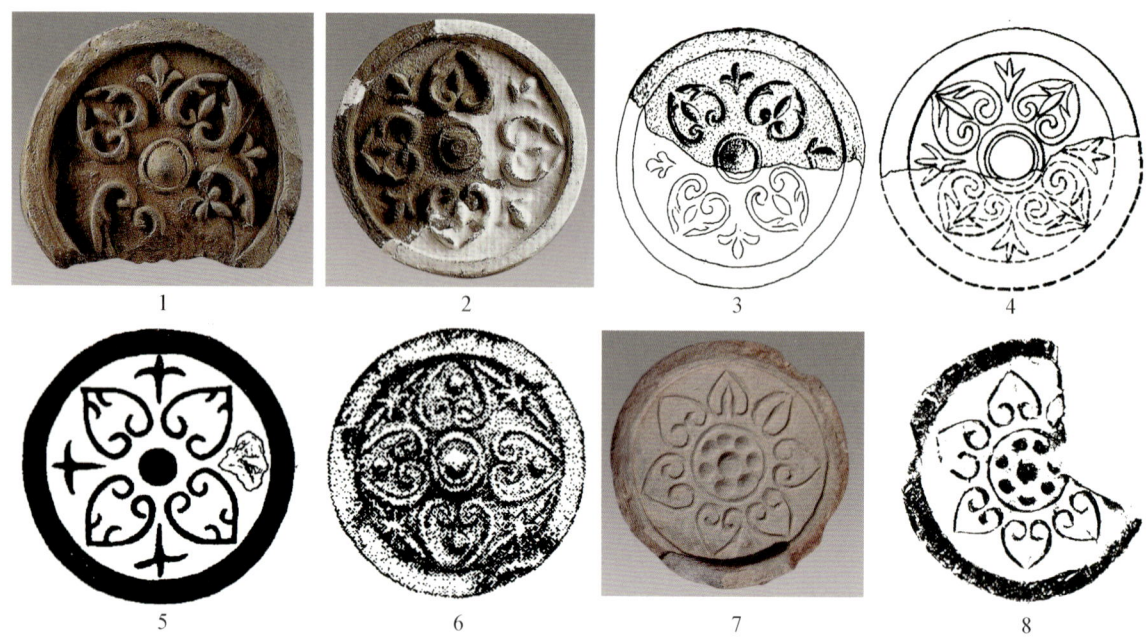

图 1-1-19 渤海莲蕾纹瓦当
1～4.上京城址 5.汪清红云寺庙址 6.桦甸北土城 7、8.抚松新安遗址

B 型：莲蕾 6～7 枚，无间饰，当心莲蓬状乳钉（图 1-1-19，7、8），仅见于抚松新安遗址。

（4）缠枝莲花纹瓦当

仅见于西古城、和龙龙头山 M13、M14、延吉龙河村南山遗址以及延吉台岩遗址（图 1-1-20，1～12）。8 枚缠枝莲花周列分布，莲瓣呈三尖状，当心乳钉外有 8 枚小乳钉，多数以直线相连接。

（5）带茎莲花纹瓦当

数量不多，集中发现于图们江流域的和龙、珲春，且多见于寺庙遗址，如和龙高产[1]、珲春新生、马滴达[2]、杨木林子寺庙址[3]等。蛟河七道河建筑址、克拉斯基诺城址、朝鲜北青土城[4]也有少量发现。莲花纹的表现，主要有三种方式：一是 8 枚莲蕾周列分布（图 1-1-21，1～3）；二是 4 枚莲蕾、4 枚莲瓣对称分布（图 1-1-21，4～9）；三是

---

[1] 何明：《吉林和龙高产渤海寺庙址》,《北方文物》1985 年第 4 期。
[2] 张锡瑛：《珲春马滴达渤海塔基清理简报》,《博物馆研究》1984 年第 2 期。
[3] 《吉林省文物志》编辑委员会：《珲春县文物志》，1984 年。
[4] [朝]金宗赫：《朝鲜东海岸一带渤海遗迹研究》,（韩国）图书出版中心，汉城，2002 年。译文见《东北亚历史与考古信息》2003 年第 1 期。[朝]金宗赫：《青海土城とその周辺の渤海遗迹》，在日本朝鲜社会科学者协会历史部：《高句丽 渤海と古代日本》，雄山阁，东京，1993 年。第 183～191 页。

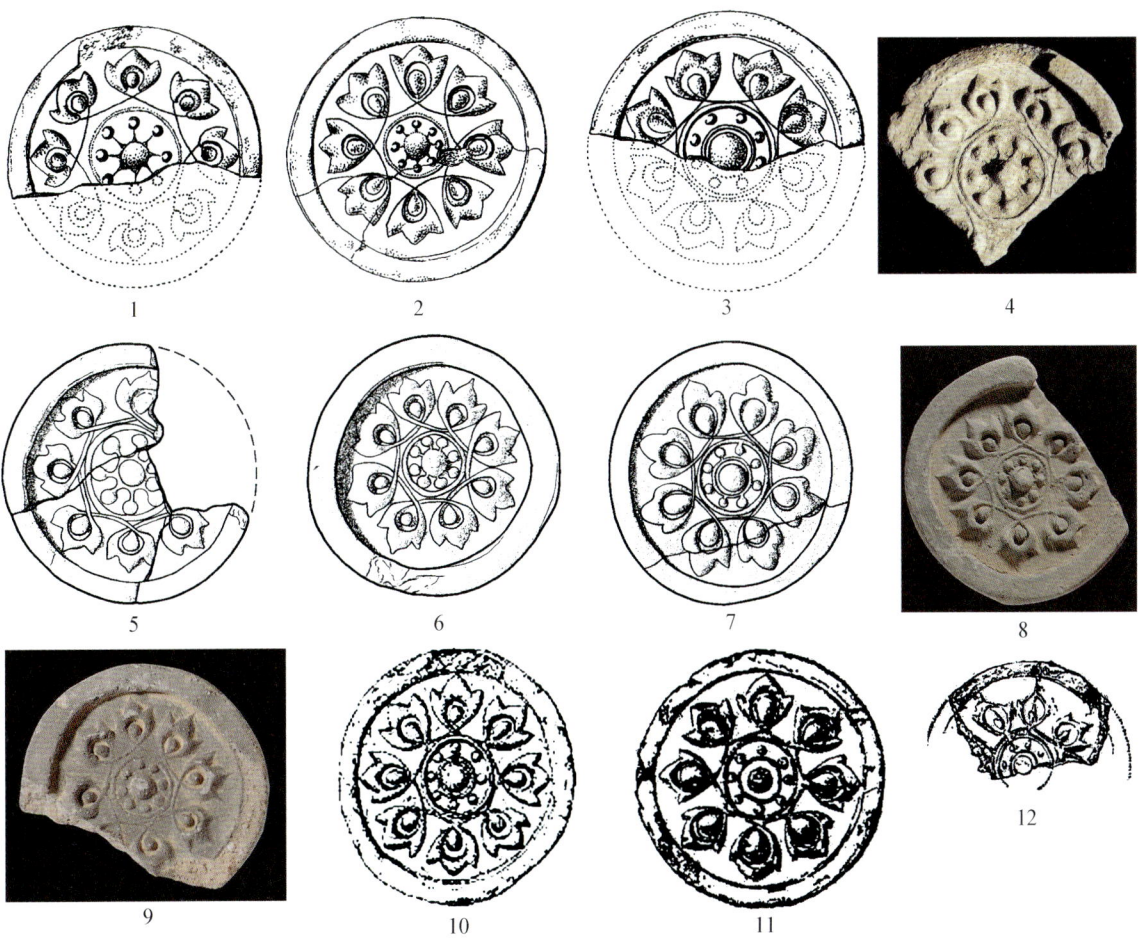

图 1-1-20　渤海缠枝莲花纹瓦当

1～4. 西古城　5～9. 八连城　10. 龙头山 M13、M14　11. 延吉龙河村南山遗址　12. 延吉台岩遗址

6 或 5 枚莲瓣周列分布，莲瓣之间多有间饰（图 1-1-21，10～14）。

2. 折枝花叶纹瓦当

见于珲春八连城[1]、和龙西古城、河南屯墓葬、河南屯寺庙址、龙头山 M13、M14、长仁遗址、安图岛兴遗址[2]、汪清新田遗址[3]、宁安上京城址，以图们江流域最为常见。分为两型。

---

[1] 早年日本人斋藤优调查八连城时采集到 1 件，转引自 [日] 小嶋芳孝：《图们江流域的渤海都城与瓦当》，[日] 田村晃一：《东亚的都城与渤海》，财团法人东洋文库，2005 年。第 164 页。其余均见吉林省文物考古研究所等：《八连城——2004～2009 年度渤海国东京故址田野考古报告》，文物出版社，2014 年。

[2] 吉林省文物考古研究所：《2011 年吉林省境内渤海国寺庙址调查报告》，《边疆考古研究》第 14 辑，科学出版社，2013 年。第 39 页。

[3] 郑永振、朴润武：《吉林汪清考古调查》，《北方文物》1985 年第 4 期。

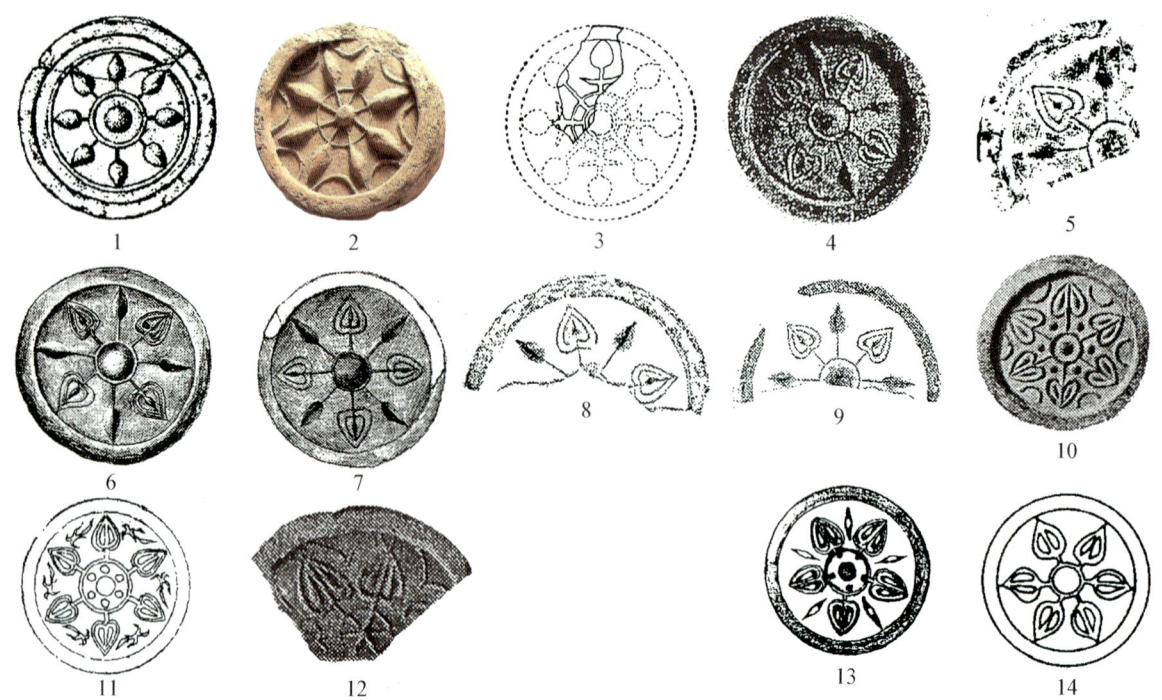

图 1-1-21　渤海带茎莲花纹瓦当

1. 龙头山 M13、M14　2、4. 八连城　3、11. 七道河建筑址　5. 温特赫部城　6、7. 新生寺庙址　8、9. 马滴达寺庙址　10. 高产寺庙址　12. 杨木林子寺庙址　13. 克拉斯基诺城址　14. 北青土城

A 型：6 枝花叶对称分布，叶片细长，三组对生，上托花头，最下一组叶片勾卷明显。当心双圈，内有 8 枚小乳钉（图 1-1-22，1～11）。

B 型：6 枝花叶对称分布，叶片粗短，两组对生，上托花头。当心单圈，圈外有 12 枚小乳钉（图 1-1-22，12～15）。

西古城、八连城出土的 A、B 两型折枝花叶纹瓦当，形态几乎完全相同。上京城址等出土者（图 1-1-22，16～19），属于 A 型简化的变体[1]，时代应晚于西古城、八连城瓦当。

3. 十字纹瓦当

集中出土于六顶山墓地（图 1-1-23，1～3），十字颇似飞翔禽鸟头尾双翅的抽象表达，外圈有 8 枚柳叶形凸起。图们磨盘村山城也有个别发现。

4. 乳钉纹瓦当

集中出土于六顶山墓地（图 1-1-24，1～2），汪清龙泉坪城址[2]（图 1-1-24，3）、

---

[1] 仅就花草纹构图而言，B 型实际上也可视为 A 型简化的变体。
[2] 郑永振、朴润武：《吉林汪清考古调查》，《北方文物》1985 年第 4 期。

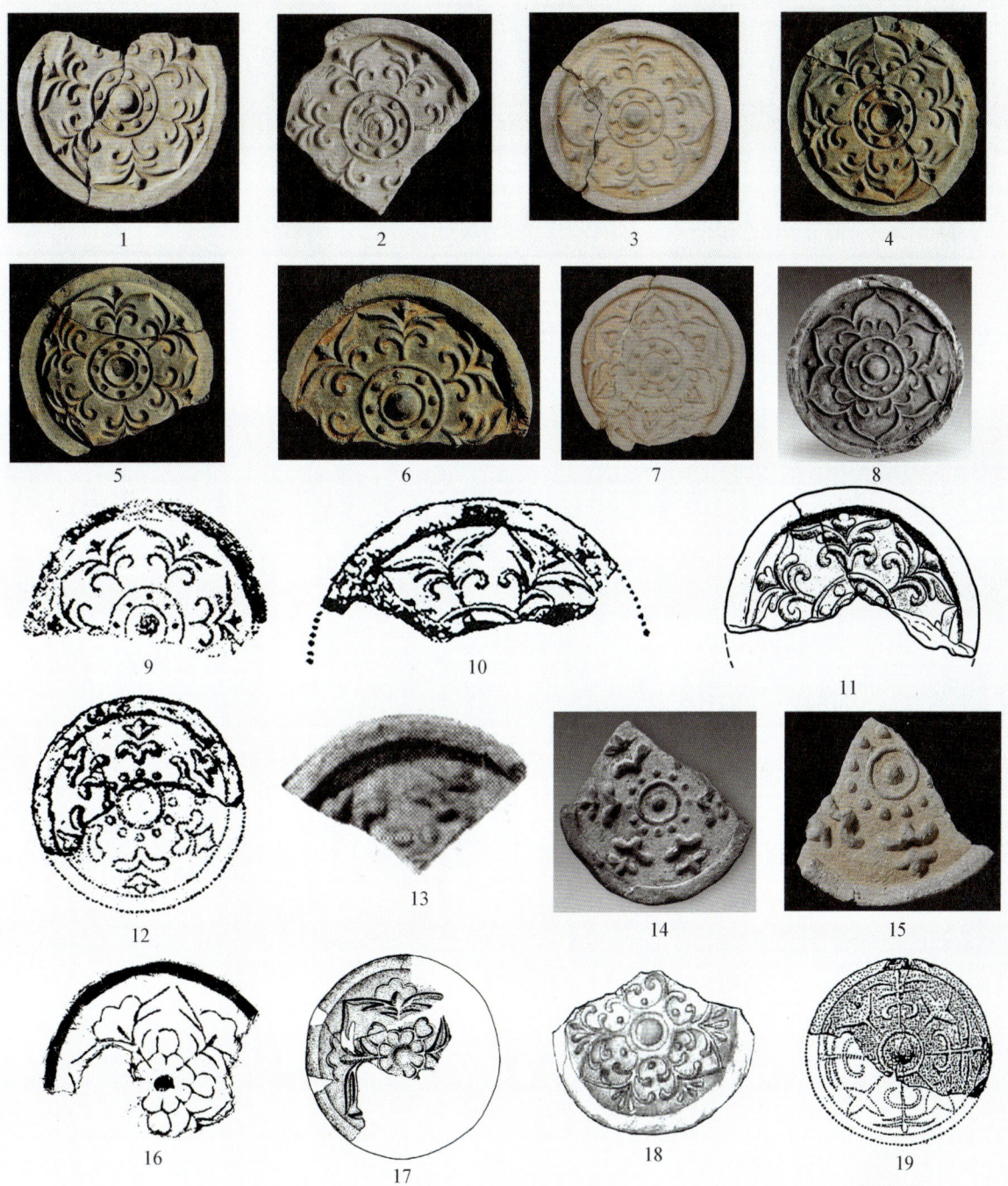

图 1-1-22 渤海折枝花草纹瓦当

1、2、14. 西古城　3～7、11、15. 八连城　8. 河南屯寺庙址　9、13. 河南屯墓葬　10. 和龙长仁遗址　12. 龙头山 M13、M14　16、17. 上京城址　18. 安图岛兴遗址　19. 汪清新田遗址

图 1-1-23 渤海十字纹瓦当
1~3. 敦化六顶山墓地

  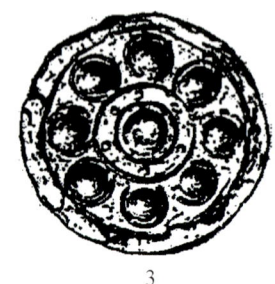 

图 1-1-24 渤海乳钉纹瓦当
1、2. 敦化六顶山一区 M3 3. 汪清龙泉坪城址 4. 珲春八连城城址

珲春八连城城址（图 1-1-24，4）也采集到个别标本。乳钉的表现形式有所差异。

5. 卷云纹瓦当

仅见于蛟河七道河建筑址（图 1-1-25，1~3），卷云四朵，以小乳钉等距离间隔。

6. 轮菊纹瓦当

数量不多，菊瓣瘦长，密集或稀疏，集中发现于珲春河流域，如温特赫部城址（图 1-1-26，1）、大荒沟林场寺庙址[1]（图 1-1-26，2）、东六洞遗址（图 1-1-26，3）等。

此外，延吉长仁遗址[2]、珲春温特赫部城[3]、珲春马滴达寺庙址、汪清鸡冠城址[4]、克拉斯基诺城址、蛟河七道河建筑址、长白古城[5]等遗址还出土了一些其他纹饰的瓦当（图 1-1-27，1~8）。这些瓦当，有的可视为莲花纹的变体，有的则似草叶纹，但都只

---

[1]《吉林省文物志》编辑委员会：《珲春县文物志》，1984年。
[2]《吉林省文物志》编辑委员会：《延吉市文物志》，1985年。
[3]《吉林省文物志》编辑委员会：《珲春县文物志》，1984年。
[4] 郑永振、朴润武：《吉林汪清考古调查》，《北方文物》1985年第4期。
[5]《吉林省文物志》编辑委员会：《长白朝鲜族自治县文物志》，1988年。

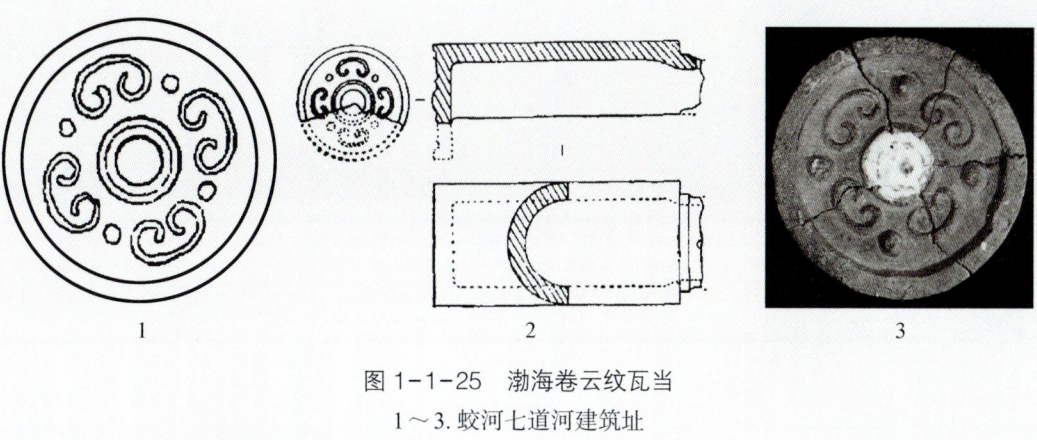

图 1-1-25 渤海卷云纹瓦当
1~3. 蛟河七道河建筑址

 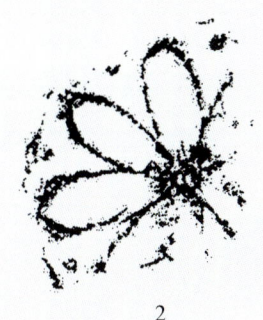 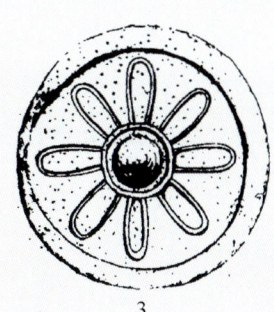

图 1-1-26 渤海轮菊纹瓦当
1. 温特赫部城址 2. 大荒沟林场寺庙址 3. 东六洞遗址

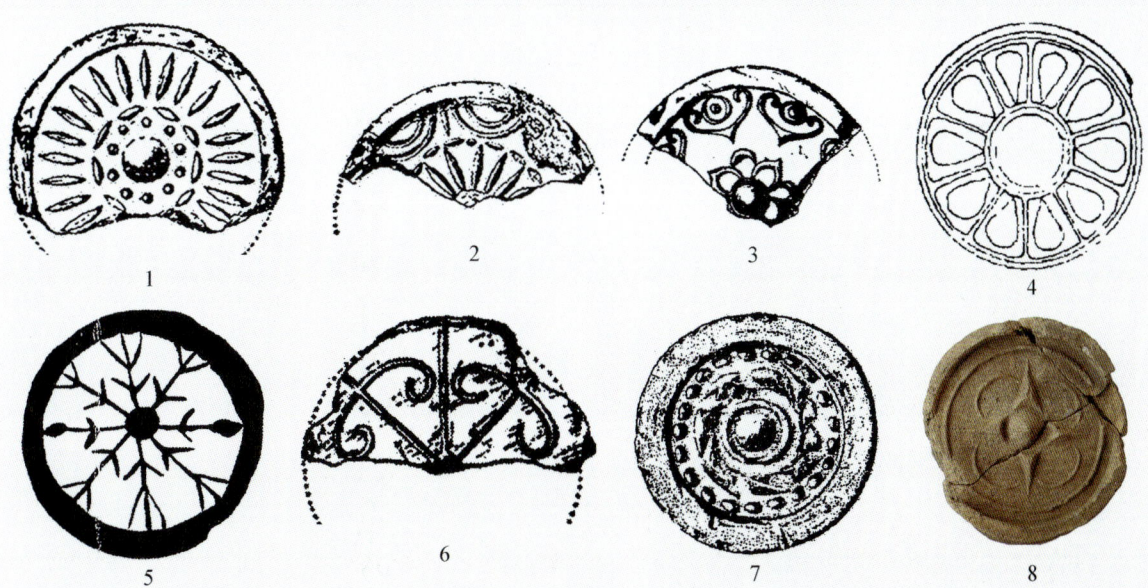

图 1-1-27 渤海其他瓦当纹饰
1、2. 延吉长仁遗址 3. 长白古城 4. 蛟河七道河建筑址 5. 珲春马滴达寺庙址 6. 汪清鸡冠城址 7. 珲春温特赫部城 8. 克拉斯基诺城址

有零星发现。

(四) 当沟

见于上京城、西古城、八连城、克拉斯基诺城址以及龙头山M13、M14等（图1-1-28，1~9），以筒瓦裁截而成，置于屋脊之下以遮挡两垅筒瓦之间形成的空隙，既利于美观，又有保护屋脊下梁木不受雨雪影响的实用功能。呈舌形，上端平直。当沟迄今仅在上京城第50号宫殿址发现有施低温铅釉者。

(五) 压当条

又称为扣脊瓦、条瓦，上京城址、西古城、八连城、龙头山M13、M14等均有出土（图1-1-29，1~8），以板瓦或筒瓦裁截而成，前者弧度很小，近乎平直。以夹砂灰陶为主，上京城第50号宫殿址出土有多件低温铅釉者。压当条置于建筑屋脊之上，以增加屋脊的高度和层次。

(六) 柱围

亦称覆盆、柱座，仅见于上京城址、西古城、八连城城址。直径多在37厘米以上，圆形中空，铺设于石柱础上（图1-1-30，1），起到美观装饰效果。由数块拼接而成，内面边缘往往有拼接符号。柱围分为素面（图1-1-30，2~4、6~9）和莲瓣（图1-1-30，5、10~13）两种，表面均施低温铅绿釉，内壁无釉。

(七) 鸱尾

鸱尾是置于建筑正脊两端的大型建筑构件，见于上京城、西古城、八连城的宫殿

图1-1-28 渤海当沟

1、2.西古城 3、4.八连城 5.龙头山M13、M14 6~8.上京城址 9.克拉斯基诺城址

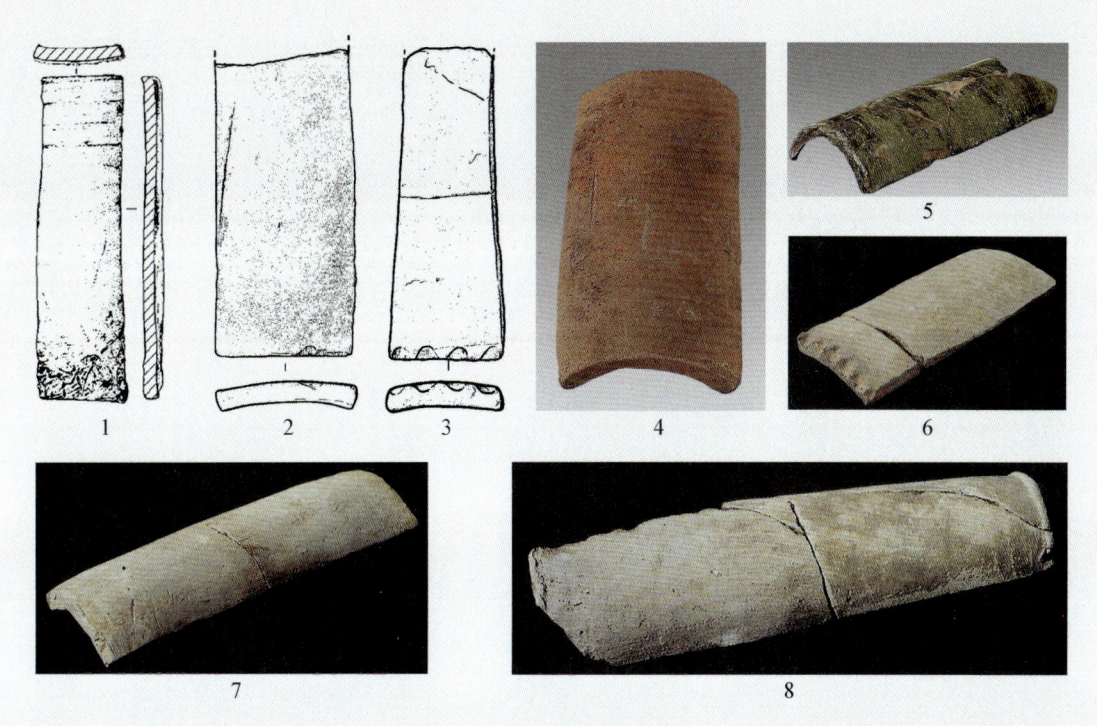

图1-1-29 渤海压当条
1.龙头山M13、M14 2、3.八连城 4、5.上京城 6~8.西古城

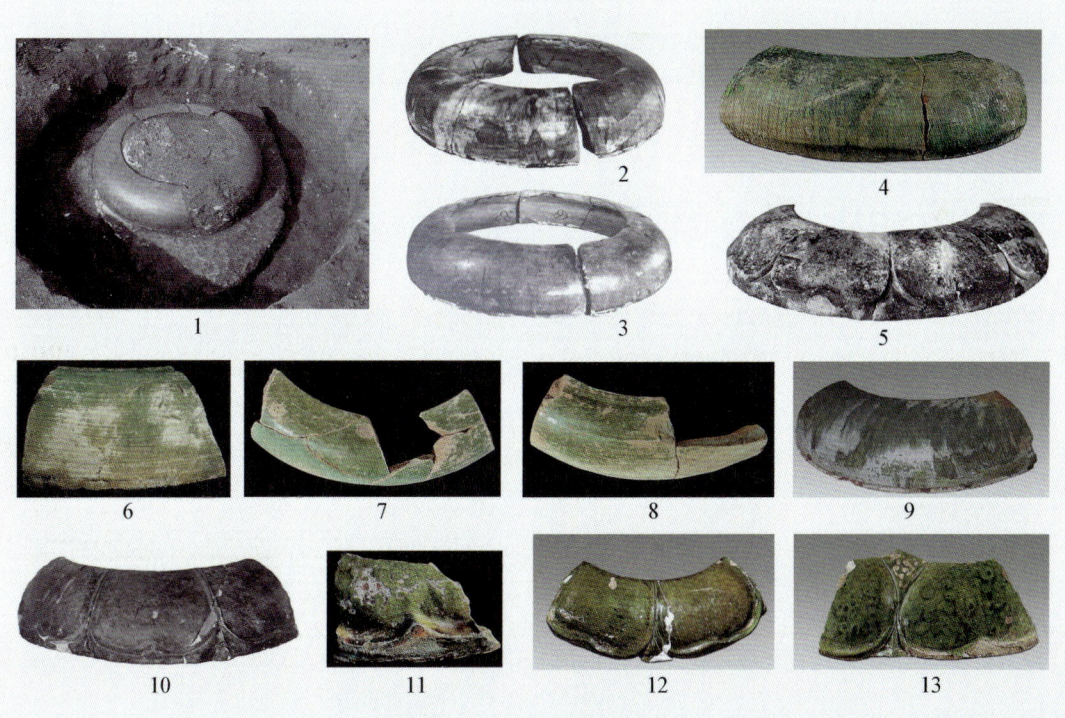

图1-1-30 渤海柱围
1.上京城柱围使用情况 2~5、9、10、12、13.上京城 6.西古城 7、8、11.八连城

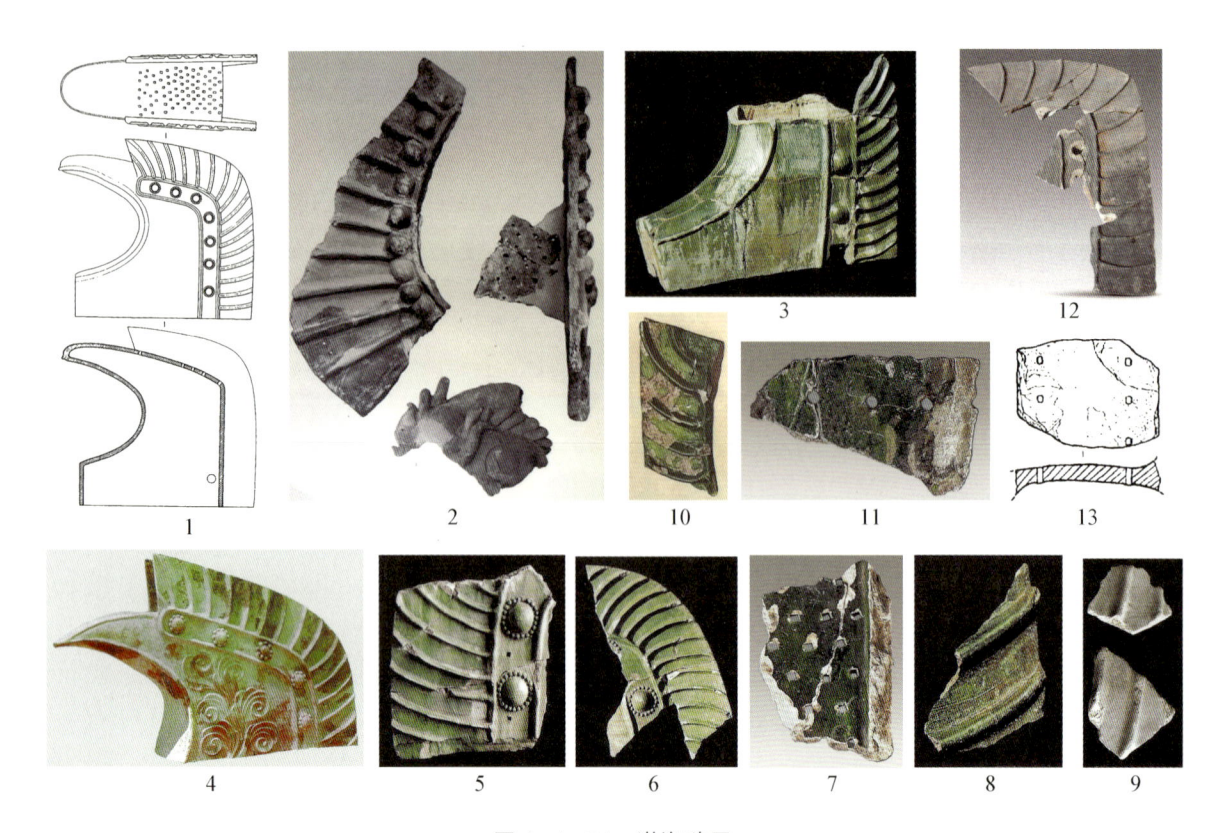

图 1-1-31　渤海鸱尾
1、2、4、7、10、11. 上京城　3、5、6、9. 西古城　8. 八连城　12、13. 新安遗址

建筑及佛寺遗址（图1-1-31，1~11），河南屯寺庙址、抚松新安遗址也有发现（图1-1-31，12、13）。新安出土者均为夹砂黄褐陶，西古城5号宫殿亦见夹砂灰陶者（图1-1-31，9），其余鸱尾均施低温铅绿釉。鸱尾各段分制，拼接成形，通体似鱼尾。鱼鳍内侧均有联珠，鱼鳍前端有的模印卷草，鳍背多有圆形或方形穿孔以置拒雀[1]（图1-1-31，7、11、13）。鸱尾器体高大，出土时多为残片，仅上京城北9号佛寺鸱尾保存较为完整，通长91、宽36、高91.5厘米（图1-1-31，1）。

（八）兽头

兽头为置于建筑戗脊或垂脊端头的构件，仅见于上京城、西古城、八连城城址（图1-1-32，1~6），绝大多数为釉陶（单色釉或三彩），上京5号宫殿等也出土过灰陶质者。兽头大小有别，形制近同，与脊端连接的立面略下凹，兽头口部大张，四枚犬齿粗

[1]　傅熹年：《关于展子虔〈游春图〉年代的探讨》，《文物》1978年第11期。

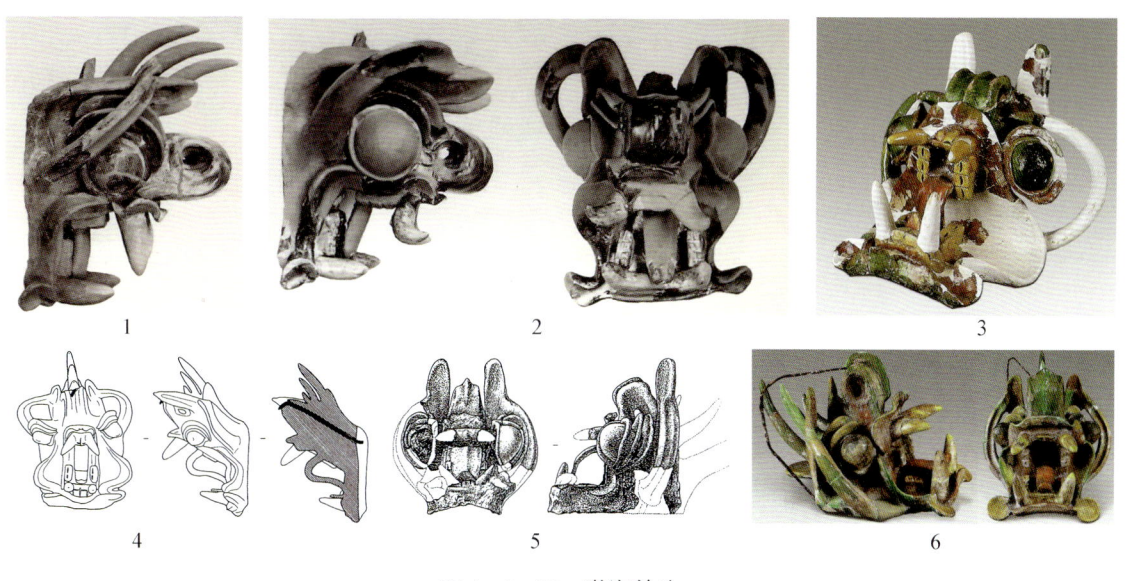

图 1-1-32 渤海兽头
1~4、6. 上京城 5. 西古城

大外张，门齿横列，眼珠外鼓，朝天鼻，舌前伸，双耳竖起，脑后有3根竖起的粗壮鬃毛。上京城二殿出土的1件，后部还有与屋脊连接的铁条。

（九）套兽

仅发现于上京城和八连城，均为三彩（图1-1-33，1~4），兽头露齿，翘鼻凸目，

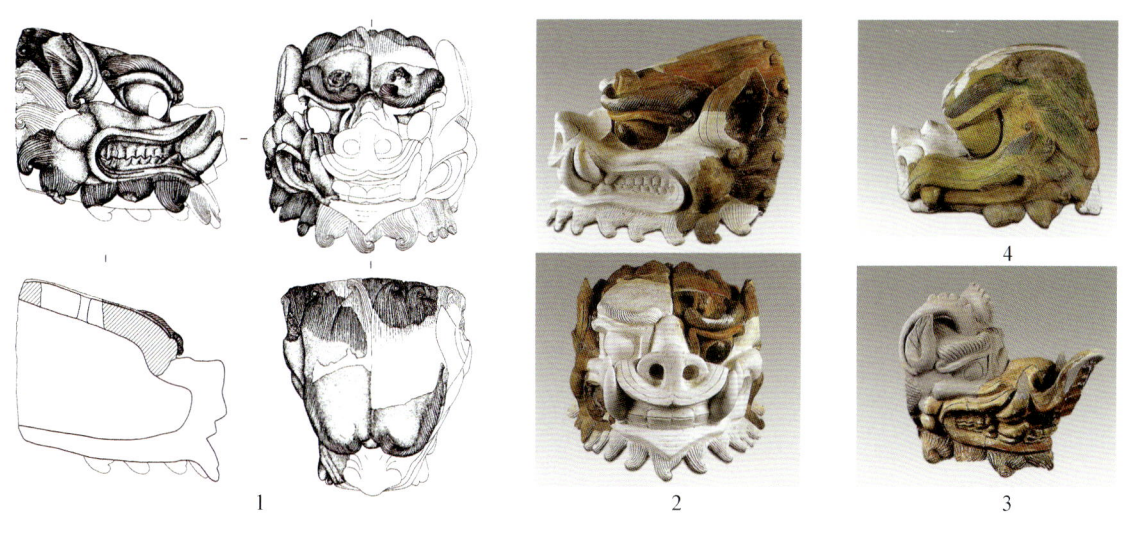

图 1-1-33 渤海套兽
1~3. 上京城 4. 八连城

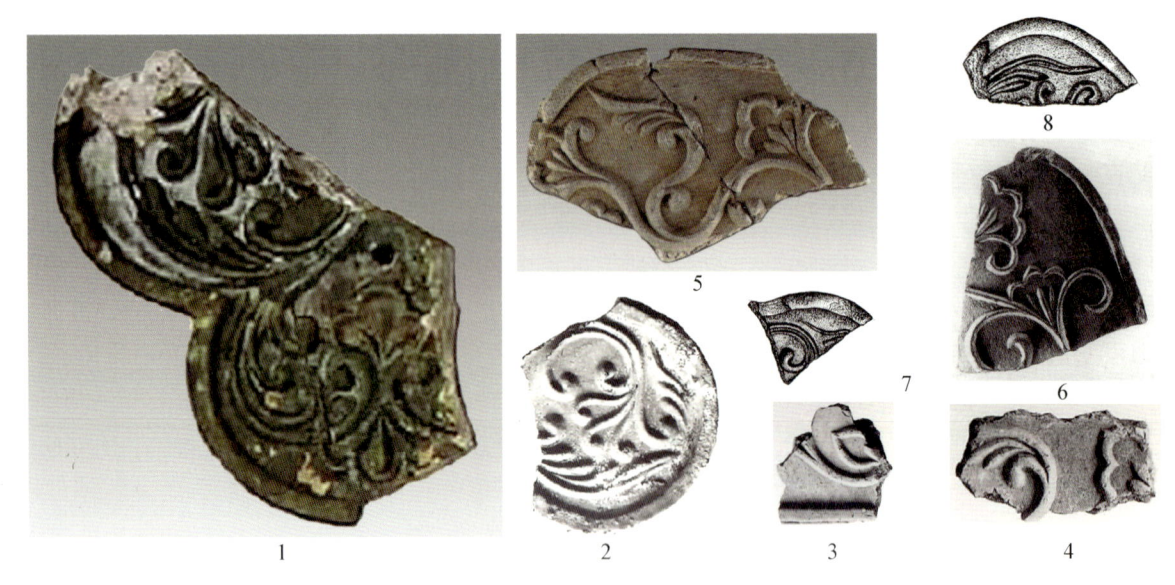

图 1-1-34　渤海"三叶形"构件
1~8.上京城
(3~6.灰陶；余为低温铅绿釉陶)

头下有一周鬃毛，内部中空以安装于建筑的垂脊或戗脊上。

(十)"三叶形"构件

1933~1934年东亚考古学会发掘上京城第五宫殿时即有发现，报告称为"三叶形装饰瓦"(图1-1-34，1~4);1964年上京城宫城西区"堆房"遗迹出土1件，报告称为"砖饰"(图1-1-34，8);2000年发掘上京城时，在第3、4号宫殿址也发现了此类构件(图1-1-34，5~7)。均为残件，整体形状不明，有釉陶和灰陶两种，厚度从1.3厘米到2.5厘米不等，边缘为圆弧状凸棱，背面平素，正面模印卷草(忍冬)纹。保存较为完好的一件中心有圆形穿孔(图1-1-34，1)，推测是歇山、悬山屋顶两端搏风板下的悬鱼类饰件。

二、砖瓦上的文字

(一)文字内容辑录

渤海的陶质(素陶及釉陶)建筑构件上，常见以模具戳印(图1-1-35，1~12)或以尖锐工具刻划(图1-1-35，13~16)的文字，以砖瓦文字最为常见。兹将考古发现的此类文字辑录为表1-1-2。

图 1-1-35　渤海瓦文举例
1~5、14~16.西古城　6~10.上京城　11~13.八连城
（1~12.戳印；13~18.刻划）

表 1-1-2　渤海砖瓦文字内容辑录

序号	出土地点	文字载体	文字内容
1	上京城址 1933~1934年发掘[1]	瓦印文	保、丙、昌、寸、大、刀、地、都、豆、非、仏、高、干、盖、福、公、何、化、计、李、卯、满、牟、女、奴、平（卒）、乙、切、仁、若、舍、述、田、延、尹、王、未、乌、信、希、下、也、一、有、又、于、自、保德、卯若
2	上京城址 1963~1964年发掘	瓦印文/刻划	模印瓦文：保、贝、布、刀、定、分、非、官、合、甲、角、井、若、太、田、文、未、信、于、珎、中、保德、宝德、毛地 刻划瓦文：合、一、齐、文林、全日凡廿四

[1] 东亚考古学会：《東京城——渤海國上京龍泉府址の発掘調査》，《東方考古学叢刊》第5册，1939年。[日]田村晃一：《上京龍泉府址出土の押印瓦に関する若干の考察》，[日]田村晃一：《東アジアの都城と渤海》，东洋文库，2005年。

续 表

序号	出土地点	文字载体	文字内容
3	上京城址 1998~2007年发掘	瓦、砖	模印瓦文：安、保、北、布、伯（？）、寸、大、刀、典、都、豆、多、方、夫、非、仏、福、富、盖、高、公、官、合、吉、计、介、句、可、马、满、毛、卯、奴、诺（？）、俳、平（？）、切（？）、取、若、舍、申（？）、失、思、双、顺、田、土（士）、乌、未、勿、文、希（？）、下、信、羊（？）、也、一、乙（？）、因、音、尹、有（？）、于、主、自、珎、贞、中、足、保十、保德、宝德、毛地、卯若、非十、难仏、难十、廿十、舍十、由十 砖印文：典和毛、相文
4	和龙西古城 2000~2005年、2007~2009年发掘	瓦模印/刻划	模印瓦文：安、保、本、钵、昌、成、赤、仇、寸、大、德、典、多、二、夫、仏、盖、艮、光、古、河、计、尖、今、开（？）、可、隆、毛、明、男、捺、诺、俳、切、羌（？）、屈、仁、石、市、手、顺、述、素、汤、泰、土、文、乌、信、宣、须（？）、一、以、音、英、优、则、贞、珎、自、主、李文、仁大、天天、十二、十三五、十三七、十三六、十三八、左李 刻划瓦文：本、才、川、大、吉、述、土、十、韦
5	珲春八连城 2004~2009年发掘	瓦模印/刻划	模印瓦文：安、保、钵（？）、昌、赤、仇（？）、寸、大、德、典、夫、仏、盖、艮、古、河、己、计、尖、开（？）、可、利、隆、男、捺、诺、俳、羌（？）、切（？）、屈、仁、十、石、市、手、述、顺、素、汤、土、文、乌、信、须、宣、以、音、优、元（？）、因（？）、则、贞、珎、主、李文、仁大、十二、十三五、十三六、十三七、左李 刻划瓦文：本、川、大、吉、述、田、土、维次甘露元[1]
6	吉林汪清红云寺庙址	筒瓦刻划	年六月造檀主……主孝等
7	吉林珲春甩湾子房址	板瓦刻划	须文凡造（？）、人
8	吉林和龙河南屯墓	瓦印文	素
9	吉林和龙贞孝公主墓	砖刻划	会邦于（千？）广（三？）、兰（？）书、屎尿（？）孝
10	吉林珲春马滴达塔基[2]	砖刻划	马必行、一两一斤
11	宁安哈达渡口遗址[3]	瓦印文	官（？）

[1] 甘露为东丹国年号。
[2] 张锡瑛：《珲春马滴达渤海塔基清理简报》，《博物馆研究》1984年第2期。
[3] 黑龙江省文物考古工作队：《宁安县镜泊湖地区文物普查》，《黑龙江文物丛刊》1983年第2期。

续 表

序号	出土地点	文字载体	文字内容
12	宁安杏山砖瓦窑址	砖印文	典和毛
13	和龙东南沟遗址[1]	瓦印文	赤
14	俄罗斯克拉斯基诺城址[2]	筒瓦刻划	禄

（二）文字性质的讨论

渤海没有创制新的文字形式，而是使用汉字，前辑大量瓦（砖）文考古资料已经证明此点。《旧唐书》《新唐书》之《渤海传》所记渤海"颇有文字及书记""颇知书契"，均是指渤海熟习汉字而言。唐代诗人温庭筠《送渤海王子归本国》诗中提到唐与渤海"车书本一家"[3]，也从侧面说明渤海使用汉字。渤海瓦文上出现的一些有别于正楷汉字的所谓"殊异字"，实际上绝大多数是汉字的异体字[4]，不能作为渤海自创文字的证据。

以印章的形式戳印瓦文，除了河南屯墓、宁安哈达渡口遗址以及和龙东南沟遗址几处外，仅见于三处京城遗址，其中西古城、八连城两座城址出土瓦文的重合度在90%以上，其他城址、寺庙址、墓葬等虽然也大量使用瓦，但尚未发现戳印瓦文。这似乎表明，戳印汉字是渤海京城营建宫殿时对瓦件的一种要求。

有关渤海瓦文的内容、性质以及含义，金毓黻[5]、三上次男[6]、李强[7]、田村晃一[8]、刘晓东[9]等中日学者分别从各个角度进行过讨论，其中尤以刘晓东先生成果最为全面和深入。综合前人的研究，可将渤海瓦文分为如下几类。

---

[1]《吉林省文物志》编辑委员会：《和龙县文物志》，1984年。
[2] 吉林省文物考古研究所、俄罗斯科学院远东分院远东民族历史·考古·民族研究所：《俄罗斯滨海边疆区渤海文物集粹》，文物出版社，2013年。第135页。
[3]《全唐诗》卷五八三温庭筠《送渤海王子归本国》："疆理虽重海，车书本一家。盛勋归旧国，佳句在中华。"
[4] 李强：《论渤海文字》，《学习与探索》1982年第5期。
[5] 金毓黻：《渤海国志长编》卷一九《丛考》，《社会科学战线》杂志社，1982年。
[6][日]三上次男：《渤海印字瓦及其历史性质》，《和田博士古稀纪念东洋史论丛》，讲谈社，1961年。
[7] 李强：《论渤海文字》，《学习与探索》1982年第5期。李强：《渤海文字瓦误订正》，《黑龙江文物丛刊》1984年第3期。
[8][日]田村晃一：《上京龍泉府址出土の押印瓦に關する若干の考察》，[日]田村晃一：《東アジアの都城と渤海》，东洋文库，2005年。
[9] 刘晓东：《渤海文字瓦模印文字内容、性质含义的再思考》，《北方文物》2015年第1期。刘晓东：《渤海文字瓦模印文字分期的几点思考》，《北方文物》2016年第1期。刘晓东、李玲：《渤海文字瓦的发现、研究与著录评述》，《庆祝魏存成先生七十岁论文集》，科学出版社，2015年。

1. 制瓦工匠（或向宫殿营建方提供瓦件者）姓氏类：包括大、高、乌、李、公、舍、多、德、马、卯、王、取、已、失、文、安、石、申、可、古、乙等。这些靺鞨渤海的姓氏均见于文献记载。疑似姓氏者：素、诺、奴、勃、一、毛、尹、于、盖、韦、屈、仇、成、田、方，等等。宁安杏山砖瓦窑址出土的宝相花纹方砖上印"典和毛"三字，与上京第2号和第3、4号宫殿基址出土者相同。"典"字瓦文在上京、中京、东京均有出土，或是"典和毛"的简称。

2. 数字类：十二、十三五、十三七、十三六、十三八、十、廿十、舍十、由十、保十、非十，等等。刘晓东先生推测这些数字瓦文不少是表示制瓦时间的，"十二""十三"表示文王大钦茂大兴十二、十三年，五～八表示月份。"十"表示大彝震咸和十年。

3. 与制瓦相关的官署机构类：官、仁（渤海六部之仁部）、信（渤海六部之信部）。

三、建筑构件特点及文化因素

渤海的建筑构件，既有鲜明的自身特点，又有来自高句丽以及中原唐王朝的文化因素，在多个方面体现了渤海工匠的模仿、借鉴与创新。

（一）花纹方砖

渤海花纹方砖，应是对中原唐王朝的借鉴和模仿。渤海上京、东京与唐长安城（如大明宫含元殿[1]、太液池[2]、西明寺[3]）、洛阳城[4]出土的花纹方砖（图1-1-36,1～8），中心均为宝相莲花，但唐的方砖绝大多数有单重或双重的边框，边框内装饰联珠或米字花；中心花纹的四隅，多为折枝的花草。渤海的方砖，边框不明显且无装饰意义，中心花纹周边，为对称缠枝的花叶。这些差别体现了渤海在模仿过程中的自身特点。曾任东丹国右次相的耶律羽之的墓葬，墓室地面所铺方砖亦无边框[5]，应是沿袭渤海花纹方砖的布局。

（二）长方形花纹砖

唐长安城、洛阳城长方形砖的侧面，基本不见花纹装饰；集安高句丽国内城、民

---

[1] 中国社会科学院考古研究所西安唐城工作队：《唐大明宫含元殿遗址1995～1996年发掘报告》，《考古学报》1997年第3期。
[2] 中国社会科学院考古研究所、日本独立行政法人文化财研究所奈良文化财研究所联合考古队：《唐长安城大明宫太液池遗址发掘简报》，《考古》2003年第11期。
[3] 中国社会科学院考古研究所：《青龙寺与西明寺》，文物出版社，2015年。图版五四。
[4] 中国社会科学院考古研究所：《隋唐洛阳城——1959～2001年考古发掘报告》，文物出版社，2014年。彩版51、图版81等。
[5] 盖之庸：《探寻逝去的王朝——辽耶律羽之墓》，内蒙古大学出版社，2004年。第29页。

图 1-1-36 渤海花纹方砖及参考图

1. 渤海上京城　2、3、6. 唐洛阳城　4. 太液池　5. 耶律羽之墓　7. 含元殿　8. 西明寺

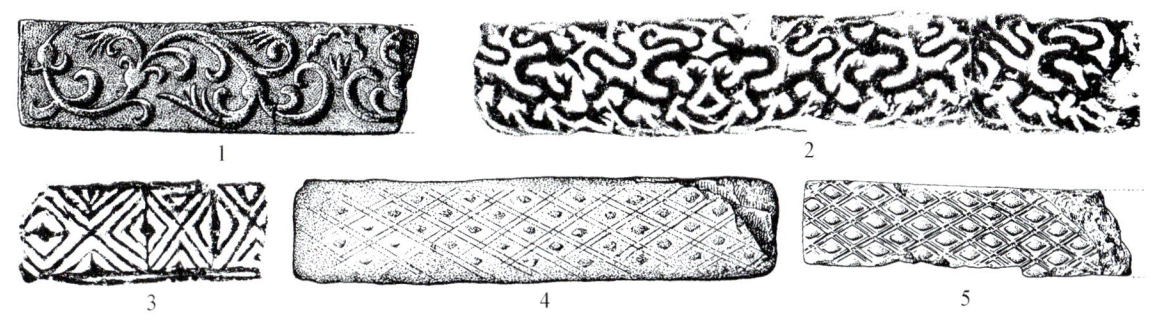

图 1-1-37 渤海长方形花纹砖及参考图

1. 渤海上京城　2、3. 集安国内城体育场地点　4. 集安民主遗址　5. 集安太王陵

主遗址[1]及太王陵[2]长方形砖的侧面花纹，主要是龙纹、回纹及菱格纹（图1-1-37，2～5），与渤海长方形花纹砖的缠枝卷草（图1-1-37，1）迥然有别。渤海砖上的这种缠枝卷草，亦见于上京城出土的铁门饰[3]、铁灶口立板[4]之上。

---

[1] 吉林省文物考古研究所、集安市博物馆：《国内城——2000～2003年集安国内城与民主遗址试掘报告》，文物出版社，2004年。第120、178页。
[2] 吉林省文物考古研究所、集安市博物馆：《集安高句丽王陵——1990～2003年集安高句丽王陵调查报告》，文物出版社，2004年。第321页。
[3] 黑龙江省文物考古研究所李陈奇、赵哲夫：《海曲华风——渤海上京城文物精华》，文物出版社，2010年。第192、193页。
[4] 黑龙江省文物考古研究所：《渤海上京城：1998～2007年度考古发掘调查报告》，文物出版社，2009年。图版二九九。

(三) 板瓦

凸面饰有绳纹、方格纹板瓦，在延边地区较为常见[1]，典型如六顶山墓地（图1-1-38，1～2）、磨盘村山城、珲春古城村寺庙址等，抚松新安遗址也有少量发现。这些装饰与集安、抚顺高句丽城址[2]、墓葬[3]、窑址[4]出土板瓦（图1-1-38，3～7）类似，但其仅见于渤海早期，西古城、上京城、八连城的板瓦凸面绝大多数都光素无纹。

图1-1-38 渤海板瓦及参考图
1、2.六顶山墓地　3.禹山 M2110　4.抚顺窑址　5.抚顺施家墓地　6.集安胜利村　7.丸都山城

---

[1] 延边地区的绳纹、方格纹板瓦，有学者认为是高句丽时期的（严长录等：《延边地区高句丽渤海时期纹饰板瓦初探》，《博物馆研究》1988年第2期），也有学者认为一概是渤海时期的（李强等：《延边地区渤海遗存之我见》，《北方文物》2003年第4期）。

[2] 吉林省文物考古研究所、集安市博物馆：《丸都山城——2001～2003年集安丸都山城调查试掘报告》，文物出版社，2004年。图版八五。集安胜利村出土者见吉林省文物考古研究所等：《集安出土高句丽文物集粹》，科学出版社，2010年。第75页。

[3] 吉林省文物考古研究所、集安市博物馆：《集安高句丽王陵——1990～2003年集安高句丽王陵调查报告》，文物出版社，2004年。图版三六、四六。辽宁省文物考古研究所、抚顺市博物馆：《辽宁抚顺市施家墓地发掘简报》，《考古》2007年第10期。

[4] 张瀚、苗威：《辽宁省抚顺市区高句丽时代窑址考察》，《边疆考古研究》第24辑，科学出版社，2018年。

（四）曲背檐头筒瓦

隋唐时期内地建筑中，迄今未见使用曲背檐头筒瓦的例子。集安丸都山城（图1-1-39，3）、东台子建筑址（图1-1-39，4）[1]出土过此类筒瓦，前者被认为是高句丽王都，于342年慕容皝攻陷时废弃[2]；后者被认为是故国壤王九年（392年）兴修的高句丽王室社稷和宗庙[3]。这表明4世纪时高句丽建筑即使用曲背檐头筒瓦。已有学者指出，渤海的曲背檐头筒瓦是受高句丽影响的建筑构件[4]。两者之间的差别在于，已知的高句丽曲背檐头筒瓦均为无瓦舌者，渤海曲背檐头筒瓦绝大多数为带瓦舌者（图1-1-39，2），无瓦舌者只有个别发现（图1-1-39，1）。此外，渤海普通檐头筒瓦及直背檐头筒瓦，也有少量无瓦舌者，与高句丽这两类筒瓦类似。

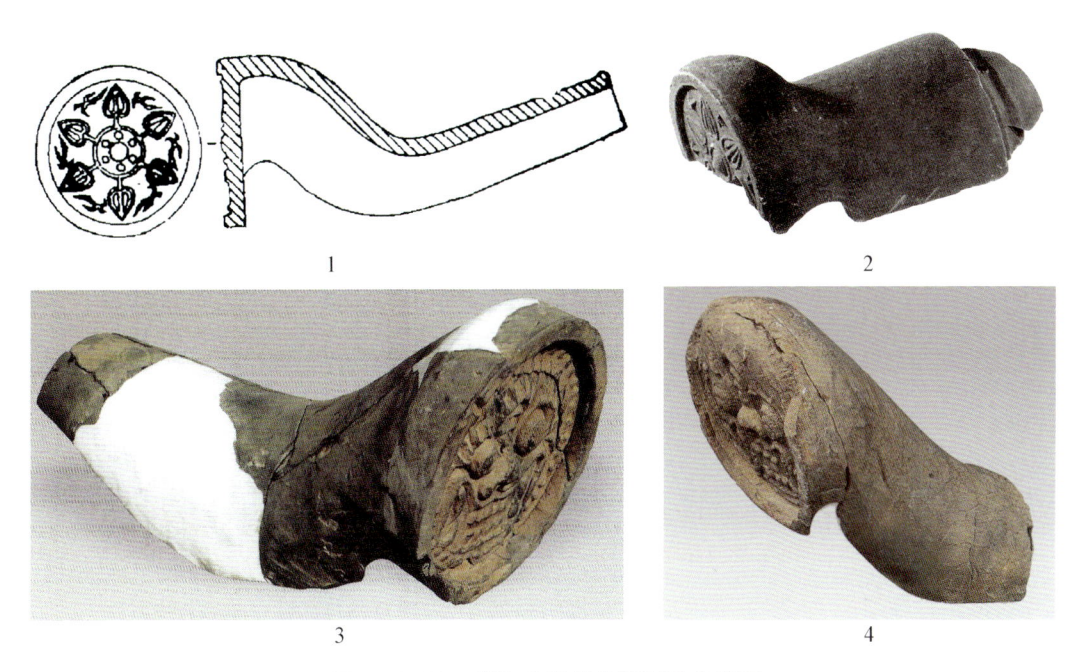

图1-1-39 渤海曲背檐头筒瓦及参考图
1.蛟河七道河建筑址 2.上京城 3.丸都山城 4.东台子遗址

---

[1] 吉林省博物馆：《吉林辑安高句丽建筑遗址的清理》，《考古》1961年第1期。清理简报未刊布此曲背檐头筒瓦，此瓦材料见吉林省文物考古研究所等：《集安出土高句丽文物集粹》，科学出版社，2010年。第48页。
[2] 吉林省文物考古研究所、集安市博物馆：《丸都山城——2001～2003年集安丸都山城调查试掘报告》，文物出版社，2004年。第172页，图版八七。
[3] 方起东：《集安东台子高句丽建筑遗址的性质和年代》，《东北考古与历史》第1辑，文物出版社，1982年。
[4] 宋玉彬：《曲背檐头筒瓦研究》，《庆祝宿白先生九十华诞文集》，科学出版社，2012年。

（五）瓦文

渤海的瓦文，少部分为刻划文字，刻划方法及瓦文内容与集安丸都山城[1]、集安高句丽王陵[2]草率刻划的高句丽瓦文有相似之处；多数的渤海瓦文系戳印而成，以单字常见，部分为双字，单字以正方框模具印出；唐朝的瓦文往往为长方形框模，瓦文内容多样，多采用"匠+姓名"的组合格式[3]。

（六）瓦当

渤海瓦当纹饰复杂多样，既有对高句丽瓦当传统的因袭、改造，也有对中原唐瓦当的借鉴、模仿，更多的是渤海工匠的独特创制。渤海瓦当纹饰的文化因素，以宋玉彬的讨论最为深入[4]。发现数量较多的心形莲花纹、缠枝莲花纹、折枝花草纹瓦当等，具有渤海自身特点。十字纹、乳钉纹以及四瓣莲花纹瓦当上的忍冬纹间饰等，体现对高句丽瓦当纹饰的因袭与改造。渤海瓦当上的复瓣莲花纹（图1-1-40，1），与唐长安城青龙寺、西明寺、大明宫含元殿、太液池出土瓦当（图1-1-40，2～6）纹样近同[5]；渤海瓦当上的莲蕾纹（图1-1-41，1～2），亦见于太液池[6]、九成宫3号遗址及37号宫殿址[7]等唐代遗址的瓦当或铺地方砖上（图1-1-41，3～6）。

（七）当沟

约在十六国时期，受到中原、北方地区的影响，当沟开始使用在三燕、高句丽的建筑上[8]。集安丸都山城宫殿址出土的当沟（图1-1-42，2～4）[9]，与渤海上京城（图

---

[1] 吉林省文物考古研究所、集安市博物馆：《丸都山城——2001～2003年集安丸都山城调查试掘报告》，文物出版社，2004年。

[2] 吉林省文物考古研究所、集安市博物馆：《集安高句丽王陵——1990～2003年集安高句丽王陵调查报告》，文物出版社，2004年。

[3] 如洛阳宫城内瓦窑出土板瓦上的瓦文，见《考古》1974年第4期。唐长安城大明宫的瓦文见龚国强：《由铭文砖瓦谈唐长安宫城的砖瓦之作》，《汉代考古与汉文化国际学术研讨会论文集》，齐鲁书社，2006年。

[4] 宋玉彬：《渤海瓦当纹饰的文化因素分析》，《中国考古学会第十二次年会论文集》，文物出版社，2010年。宋玉彬：《渤海瓦当研究》，吉林大学博士学位论文，2011年。第116～122页。

[5] 与唐代花纹方砖类似，唐代此类瓦当的外圈均有乳钉纹带，这与渤海瓦当纹饰布局不同。

[6] 中国社会科学院考古研究所、日本独立行政法人文化财研究所奈良文化财研究所联合考古队：《唐长安城大明宫太液池遗址发掘简报》，《考古》2003年第11期。中国社会科学院考古研究所、日本独立行政法人文化财研究所奈良文化财研究所联合考古队：《西安唐长安城大明宫太液池遗址的新发现》，《考古》2005年第12期。

[7] 中国社会科学院考古研究所西安唐城工作队：《隋仁寿宫唐九成宫37号殿址的发掘》，《考古》1995年第12期。中国社会科学院考古研究所：《隋仁寿宫·唐九成宫考古发掘报告》，科学出版社，2008年。图版七二，2；图版九〇，3。

[8] 王飞峰：《当沟研究》，《北方文物》2012年第3期。

[9] 吉林省文物考古研究所、集安市博物馆：《丸都山城——2001～2003年集安丸都山城调查试掘报告》，文物出版社，2004年。图版八七、八八。

图 1-1-40　渤海复瓣莲花纹瓦当及参考图
1.西古城　2、5.西明寺　3.青龙寺　4.大明宫含元殿　6.太液池

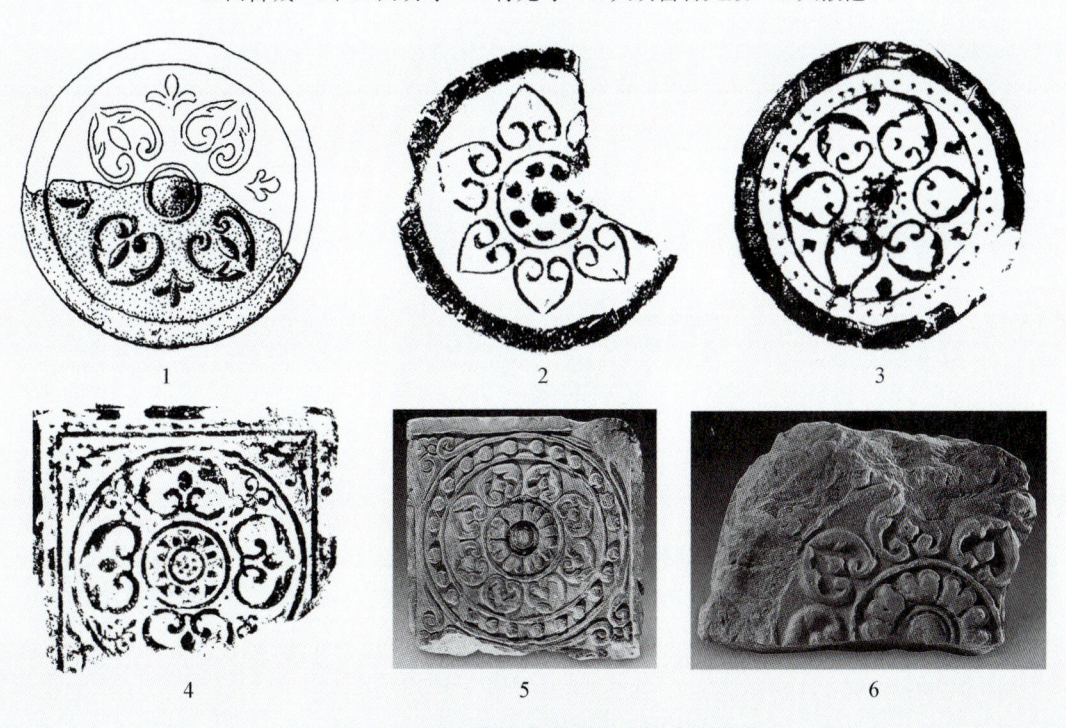

图 1-1-41　渤海莲蕾纹瓦当及参考图
1.渤海上京城　2.抚松新安遗址　3、4.大明宫太液池遗址　5、6.九成宫遗址

43

图 1-1-42　渤海当沟及参考图
1.上京城　2～4.丸都山城

1-1-42，1）等地发现者形制接近，均为舌形。唐代中原地区的建筑构件迄今未见明确的当沟材料，似可推测渤海当沟或是受到高句丽的影响而出现的。

（八）柱围

柱围是极具渤海特色的建筑构件，同时期的东亚建筑以及早于渤海的高句丽建筑中迄今未见发现。渤海柱围均为低温铅绿釉陶，呈光素或莲瓣状，覆盖于柱础露明的部位。渤海上京城柱围的普遍使用，或与建筑柱础的岩石性质相关。上京城以西、以北有大片火山喷发形成的熔岩台地，城址建设所需石材，多取自台地上的玄武岩。宁安玄武岩虽然材质坚硬，但岩体布满孔洞，不易在柱础露明的部位打磨出光洁的表面，其上雕刻花纹的效果亦差。而使用釉陶柱围，一方面弥补了多孔玄武岩本身的缺陷，另一方面也较石材的磨光、雕花省时省力，可谓渤海工匠因地制宜的独特创造[1]。

（九）鸱尾

渤海上京城出土的鸱尾（图 1-1-43，1），与中原隋唐宫殿址，如隋仁寿宫-唐九成宫（图 1-1-43，3、4）[2]、唐华清宫（图 1-1-43，2）[3]等发现的鸱尾形制近同[4]。

综上所述，渤海建筑构件的文化因素来源是多方面的，其中有受到高句丽传统的影响，如板瓦纹饰、无瓦舌筒瓦（包括曲背檐头筒瓦）、瓦当十字纹及忍冬纹、当沟等；有来自中原唐王朝的因素，如花纹方砖、复瓣莲花纹瓦当、鸱尾等；也有渤海工匠的独特

---

[1] 唐贞元（785～805 年）时渤海王都"东南徙东京"即今珲春八连城，该城柱础虽然不是玄武岩，但柱围仍广泛使用，体现的应是上京营造传统。营建时序早于上京的中京即今和龙西古城，柱围发现较少，或是后期修缮时增添。
[2] 中国社会科学院考古研究所：《隋仁寿宫·唐九成宫考古发掘报告》，科学出版社，2008 年。图版六九、七〇。
[3] 陕西省文物事业管理局、骆希哲：《唐华清宫》，文物出版社，1998 年。图版三三。
[4] 王子奇：《北朝隋唐时期鸱尾发展中的几个问题》，《北方文物》2019 年第 1 期。

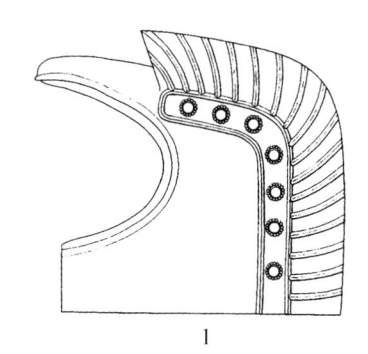

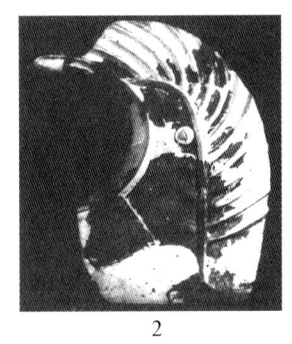

图 1-1-43　渤海鸱尾及参考图
1.渤海上京城　2.华清宫星辰汤遗址　3、4.隋仁寿宫-唐九成宫遗址

创制，如柱围、心形莲花纹瓦当、缠枝莲花纹瓦当、草叶纹瓦当、"三叶形"构件等。

四、渤海砖瓦窑址

目前考古发现的渤海砖瓦窑址，以宁安杏山最具代表性。杏山砖瓦窑址位于上京龙泉府南约15公里的牡丹江一级台地上，钻探发现十几座，窑炉并列成排，窑头冲南，窑炉间距约1.3米。清理的4座窑址平面均呈馒头形（马蹄形）（图1-1-44，1），长4.1~4.4、宽1.4~1.8米，保存较好的Y2，由火门、火膛、窑室和烟囱（3个）组成（图1-1-44，2），窑壁砌筑砖坯并抹以草拌泥，窑的容积推测有7立方米。窑炉的排列形态（成排分布的所谓"串窑"）以及窑炉的结构，都与中原地区发现的唐代砖瓦窑址相近[1]。Y1、Y3~Y4的窑床部位，还发现了建窑时即已开挖的凹坑，推测是烧造后期往窑内注水的设施。注水会使窑内形成较强的还原焰，使砖瓦变成灰色或黑色[2]。

杏山砖瓦窑址出土建筑构件，主要有板瓦、筒瓦、瓦当、压当条、长方形砖、方砖等（图1-1-44，3~8），这些构件都可以在上京城找到同类产品。其中宝相花纹方砖，规格为42.5×43×5.5厘米，有1件上印"典和毛"三字，上京第2号、第3、4号宫殿基址出土方砖上，有2块印有同样的文字内容，可以确定上京城的砖来自杏山窑址。杏山窑场附近黏土资源丰富，附近低山丘陵柴薪丰饶，北距牡丹江不到500米，产品可船载顺江而下，30里即到渤海上京城，运输极为便利。可以推测杏山窑场或为渤海上京城专属窑场。

---

[1] 李清临：《隋唐时期砖瓦窑研究》，《江汉考古》2015年第1期。
[2] 上京城址出土的砖瓦，绝大多数都是烧成末段还原气氛下形成的灰黑色。Е. И. 格尔曼分析了克拉斯基诺城址各遗址点出土的瓦件，也认为还原气氛下烧制的瓦占有主导地位。[俄] Е. И. 格尔曼著，裴石译：《渤海制瓦业发展的特点》，《东北亚考古资料译文集》第6辑，《北方文物》杂志社，2006年。第116页。

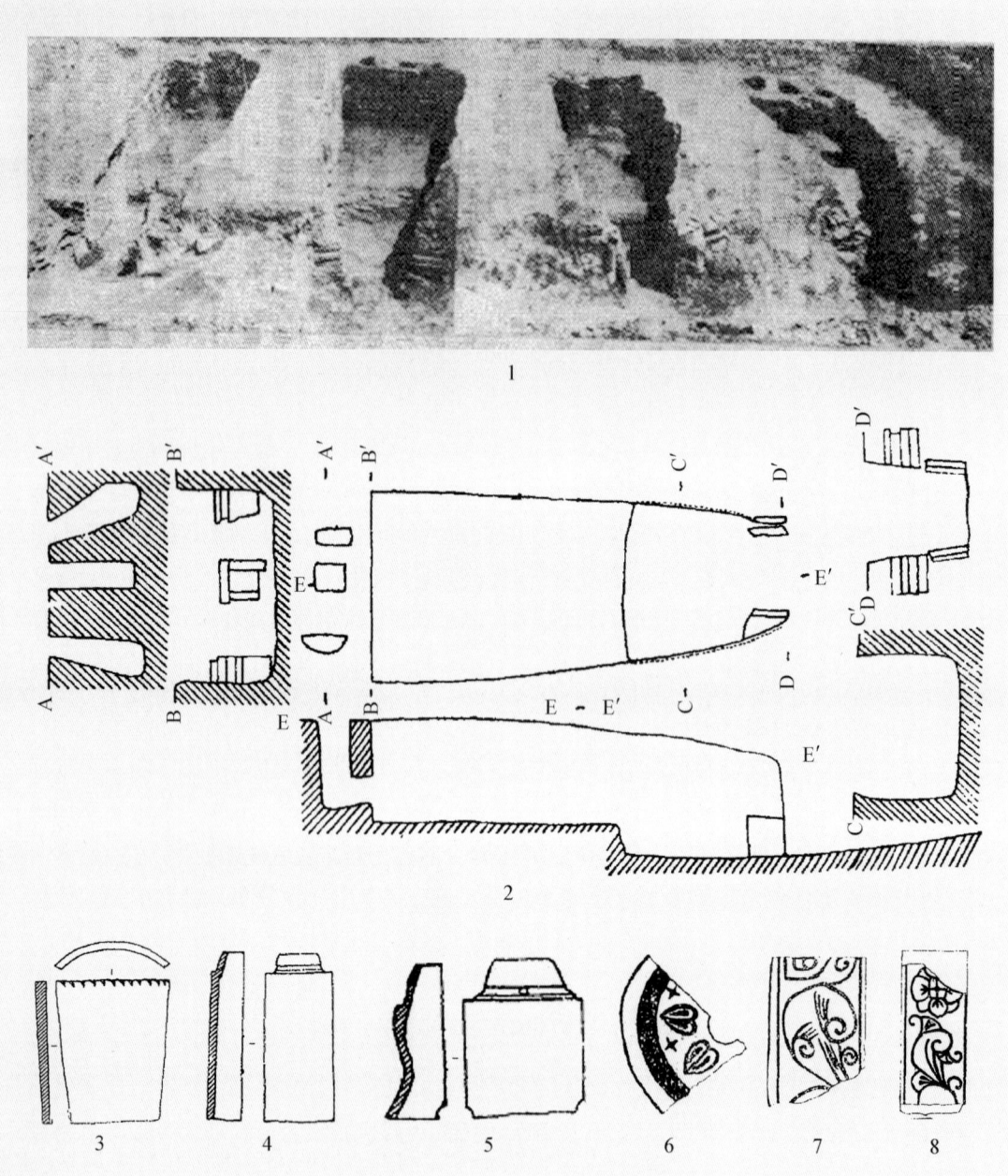

图 1-1-44 渤海杏山砖瓦窑址
1.窑炉排列 2.Y2形制 3～8.出土砖瓦

杏山砖瓦窑址出土的建筑构件，均为灰陶。上京城址出土的釉陶建筑构件，数量丰富，类型多样，特点鲜明，显然是渤海本地产品。但烧造釉陶建筑构件以及日用釉陶的窑址，仍待以后的考古工作揭示。

宁安杏山砖瓦窑址之外，在俄罗斯滨海边疆区克拉斯基诺城址也发现了10座砖瓦窑[1]，窑址彼此相邻，存在叠压关系，窑门均向东南，便于利用季风。8座窑炉呈长方形，下部为浅穴，上部以石块垒砌窑壁，其中一座长4.5、宽2.6米。窑炉由窑门、火膛、窑室及烟囱构成。另两座面积很小，仅存椭圆形的窑室。

第二节　日用陶器的类型与文化渊源

渤海考古遗存中，作为日常生活用具的陶器数量最为丰富，是研究渤海物质文化的重要资料，一直为学界所关注。既往关于渤海陶器的研究，多侧重于靺鞨陶器[2]，或局限于某一地域[3]，为数不多的综合讨论[4]，也很有必要依据近年来刊布的大量考古新资料加以补充和修正。本节拟在前人研究的基础上，系统梳理渤海陶器的类型，尝试追溯渤海陶器的文化渊源。

为讨论方便，兹将出土陶器的渤海墓地、城址、村落及寺庙遗址分列如下。

墓地：主要有永吉查里巴[5]、永吉杨屯[6]、榆树老河深[7]、五常香水河[8]、蛟河七

---

[1] [俄]B. И. 博尔金等著，王德厚译：《1997年对滨海地区渤海时期考古学遗存的研究》，《东北亚考古资料译文集·高句丽渤海专号》，《北方文物》杂志社，2001年。第256页。[俄]E. И. 格尔曼等著，王德厚译：《1998年克拉斯基诺的考古发掘结果》，《东北亚考古资料译文集·高句丽渤海专号》，《北方文物》杂志社，2001年。第267页。
[2] 乔梁：《靺鞨陶器分期初探》，《北方文物》1994年第2期。乔梁：《靺鞨陶器的分区、分期及相关问题研究》，《边疆考古研究》第9辑，科学出版社，2010年。
[3] 如俄罗斯学者针对俄罗斯滨海地区的陶器的讨论：[俄]Я. Е. 皮斯卡列娃著，王德厚译：《滨海地区靺鞨遗存的地方类型》，《东北亚考古资料译文集》第7辑，《北方文物》杂志社，2007年。[俄]O. B. 季娅科娃著，林树山、姚凤译：《滨海地区渤海文化的陶器》，《东北亚考古资料译文集·渤海专号》，《北方文物》杂志社，1998年。
[4] 胡秀杰、刘晓东：《渤海陶器类型学传承渊源的初步探索》，《北方文物》2001年第4期。刘晓东、胡秀杰：《渤海陶器的分类、分期与传承渊源研究》，《北方文物》2003年第1期。郑永振：《渤海文化考古学新探——以陶器为中心》，《东疆学刊》2008年第4期。
[5] 查里巴墓地：尹郁山：《吉林永吉查里巴村发现两座渤海墓葬》，《考古》1990年第6期。吉林省文物考古研究所：《吉林永吉查里巴靺鞨墓地》，《文物》1995年第9期。
[6] 吉林市博物馆：《吉林永吉杨屯大海猛遗址》，《考古学集刊》第5集，中国社会科学出版社，1987年。吉林省文物工作队：《吉林永吉杨屯遗址第三次发掘》，《考古学集刊》第7集，科学出版社，1991年。
[7] 吉林省文物考古研究所：《榆树老河深》，文物出版社，1987年。
[8] 黑龙江省文物考古研究所：《黑龙江五常市香水河墓地发掘简报》，《考古》2016年第4期。

道河[1]、敦化六顶山[2]、宁安虹鳟鱼场[3]、牡丹江桦林石场沟[4]、海林羊草沟[5]、海林山嘴子[6]、海林二道河子[7]、和龙北大[8]、和龙龙海[9]、安图东清[10]、图们凉水果园[11]、东宁大城子[12]、俄罗斯滨海边疆区契尔良基诺（5号墓地）[13]等。

城址：主要有宁安上京城[14]、和龙西古城[15]、海林兴农城址[16]、俄罗斯滨海边疆区克拉斯基诺城址[17]、科克沙罗夫卡1号城址[18]等。

---

[1] 吉林市博物馆：《吉林省蛟河市七道河村渤海建筑遗址清理简报》，《考古》1993年第2期。

[2] 王承礼：《敦化六顶山渤海墓清理发掘记》，《社会科学战线》1979年第3期。中国社会科学院考古研究所：《六顶山与渤海镇——唐代渤海国的贵族墓地与都城遗址》，中国大百科全书出版社，1997年。吉林省文物考古研究所等：《六顶山渤海墓葬——2004～2009年清理发掘报告》，文物出版社，2012年。

[3] 黑龙江省文物考古研究所：《宁安虹鳟鱼场：1992～1995年度渤海墓地发掘报告》，文物出版社，2009年。

[4] 黑龙江省文物考古研究所：《黑龙江省牡丹江桦林石场沟墓地》，《北方文物》1991年第4期。

[5] 黑龙江省文物考古研究所：《黑龙江省海林市羊草沟墓地的发掘》，《北方文物》1998年第3期。

[6] 黑龙江省文物考古研究所：《黑龙江省海林市山嘴子渤海墓葬》，《北方文物》2012年第1期。

[7] 黑龙江省文物考古研究所：《黑龙江省海林二道河子渤海墓葬》，《北方文物》1987年第1期。

[8] 延边朝鲜族自治州博物馆、和龙县文化馆：《和龙北大渤海墓葬清理简报》，《东北考古与历史》第1辑，文物出版社，1982年。延边博物馆等：《吉林省和龙县北大渤海墓葬》，《文物》1994年第1期。

[9] 吉林省文物考古研究所等：《吉林和龙市龙海渤海王室墓葬发掘简报》，《考古》2009年第6期。

[10] 延边博物馆：《东清渤海墓葬发掘报告》，郑永振、严长录：《渤海墓葬研究》附录一，吉林人民出版社，2000年。第251～288页。

[11] 图珲铁路发掘队：《吉林省图们市凉水果园渤海墓葬清理简报》，《博物馆研究》1995年第3期。

[12] 黑龙江省文物考古工作队、吉林大学历史系考古专业：《黑龙江东宁县大城子渤海墓发掘简报》，《考古》1982年第3期。

[13] [俄] Ю. Г. 尼基京著，宋玉彬译：《绥芬河流域契尔良基诺5号早期中世纪时代墓地考察的某些结果》，《东北亚历史与考古信息》2004年第1期。[俄]尼基京、[韩]郑熵培著，孙危译：《俄罗斯滨海地区切勒尼雅季纳5号墓地2003～2004年考古发掘报告》，《东北亚考古资料译文集》第8辑，哈尔滨地图出版社，2014年。吉林省文物考古研究所、俄罗斯科学院远东分院远东历史·考古·民族研究所：《俄罗斯滨海边疆区渤海文物集粹》，文物出版社，2013年。

[14] 东亚考古学会：《東京城——渤海國上京龍泉府址の発掘調査》，《東方考古学叢刊》第5册，1939年。中国社会科学院考古研究所：《六顶山与渤海镇——唐代渤海国的贵族墓地与都城遗址》，中国大百科全书出版社，1997年。黑龙江省文物考古研究所：《渤海上京宫城内房址发掘简报》，《北方文物》1987年第1期。黑龙江省文物考古研究所：《渤海上京城：1998～2007年度考古发掘调查报告》，文物出版社，2009年。

[15] 吉林省文物考古研究所等：《西古城：2000～2005年度渤海国中京显德府故址田野考古报告》，文物出版社，2007年。

[16] 黑龙江省文物考古研究所：《黑龙江海林市兴农渤海时期城址的发掘》，《考古》2005年第3期。

[17] 吉林省文物考古研究所、俄罗斯科学院远东分院远东历史·考古·民族研究所：《俄罗斯滨海边疆区渤海文物集粹》，文物出版社，2013年。[俄]博尔金：《滨海地区克拉斯基诺古城遗址内渤海佛教综合体的发掘》，王德厚译文见《东北亚考古资料译文集》第4辑，《北方文物》杂志社，2002年。

[18] 대한민국 문화재청 국립문화재연구소·러시아과학원 극동지부 역사학고고학민속학연구소．연해주 콕샤로프카-1 평지성Ⅰ，2012. ГОРОДИЩЕ КОКШАРОВКА-1 В ПРИМОРЬЕ: ИТОГИ РАСКОПОК РОССИЙСКО-КОРЕЙСКОЙ ЭКСПЕДИЦИИ В 2008-2011 ГОДАХ. 金智铉、宋玉彬：《科克沙罗夫卡1号（KOKSHAROVKA-1）城址的考古发现与研究》，《边疆考古研究》第25辑，科学出版社，2019年。吉林省文物考古研究所、俄罗斯科学院远东分院远东民族历史·考古·民族研究所：《俄罗斯滨海边疆区渤海文物集粹》，文物出版社，2013年。第267～270页。

村落及寺庙址：主要有海林细鳞河[1]、海林河口与振兴[2]、海林渡口[3]、白山永安[4]、抚松新安[5]、东宁小地营[6]、汪清红云[7]等。

一、渤海陶器的类型

应该指出，渤海陶器的分期条件目前并不成熟。既往的分期，都是基于陶器的类型学研究展开的，缺乏纪年材料、层位关系等支持，结论自然见仁见智。渤海纪年墓葬，目前仅发现六顶山贞惠公主墓（780年葬）、龙头山贞孝公主墓（792年葬）、简王顺穆皇后墓（829年迁葬）以及孝懿皇后墓（年代未公布），但陶器出土甚少。永吉查里巴、杨屯大海猛、榆树老河深等几处墓地，有研究者认为时代为渤海建国之前[8]。但是，查里巴墓地87～88M27、杨屯大海猛墓地79M17均出土了背部铸有掐纹的开元通宝，而这种开元通宝，依据中原地区的纪年唐墓材料，始见于唐玄宗开元（713～741年）末年[9]，其流传到渤海境内并作为随葬品废弃，还会有一个时间过程。尽管这两座墓未随葬陶器，但其墓葬形制（土坑竖穴木椁/棺）及随葬品与墓地其他墓葬并无差别。榆树老河深上层M33尽管发现了一件铸于北周建德三年（574年）的五行大布铜钱，但只能作为该墓年代的上限判断，更何况其出土于该墓（土坑竖穴墓）的填土。再来看部分墓葬的 ^{14}C 年代（均树轮校正后）数据，查里巴87-88M10为1500±95年（公元355～545年）[10]，杨屯79M3为1460±70（公元420～560年）[11]，杨屯80M19为1010±75年（公元865～1015年）[12]，虹鳟鱼场M2283为公元898～1036年[13]，这些数据所给出的墓葬绝对年代跨度很

---

[1] 黑龙江省文物考古研究所、吉林大学边疆考古研究中心：《黑龙江海林市细鳞河遗址发掘报告》，《北方文物》2018年第1期。
[2] 黑龙江省文物考古研究所、吉林大学考古学系：《河口与振兴——牡丹江莲花水库发掘报告（一）》，科学出版社，2001年。
[3] 黑龙江省文物考古研究所、吉林大学考古学系：《黑龙江海林市渡口遗址的发掘》，《考古》1997年第7期。
[4] 吉林省文物考古研究所：《吉林浑江永安遗址发掘报告》，《考古学报》1997年第2期。
[5] 吉林省文物考古研究所：《吉林抚松新安遗址发掘报告》，《考古学报》2013年第3期。
[6] 黑龙江省文物考古研究所：《黑龙江东宁县小地营遗址渤海房址》，《考古》2003年第3期。
[7] 吉林省文物考古研究所：《吉林汪清县红云渤海建筑遗址的发掘》，《考古》1999年第6期。
[8] 乔梁：《靺鞨陶器的分区、分期及相关问题研究》，《边疆考古研究》第9辑，科学出版社，2010年。第174页。乔梁：《关于靺鞨族源的考古学观察与思考》，《吉林大学社会科学学报》2014年第2期。刘晓东、胡秀杰：《渤海陶器的分类、分期与传承渊源研究》，《北方文物》2003年第1期。魏存成先生认为这几批墓葬上自北朝，下至盛唐，延续几百年之久。见魏存成：《渤海考古》，文物出版社，2008年。第211页。
[9] 徐殿魁：《试论唐开元通宝的分期》，《考古》1991年第6期。
[10] 中国社会科学院考古研究所实验室：《放射性碳素测定年代报告（一六）》，《考古》1989年第7期。
[11] 中国社会科学院考古研究所实验室：《放射性碳素测定年代报告（八）》，《考古》1981年第4期。
[12] 中国社会科学院考古研究所实验室：《放射性碳素测定年代报告（一一）》，《考古》1984年第7期。
[13] 黑龙江省文物考古研究所等：《宁安虹鳟鱼场：1992～1995年度渤海墓地发掘报告》，文物出版社，2009年。第559页。

大，颇难凭信。

我们并不否认，部分渤海陶器存在形态上的早晚演进，各器类也会有历时性的消长变化，但在纪年材料匮乏、层位关系甚少、^{14}C数据误差较大的情况下，讨论渤海陶器的编年、分期及其动态发展过程的条件尚不成熟。因此，本节仅从总体上叙述渤海陶器的类型，除个别外，不作具体年代的讨论。

就目前考古材料而言，渤海陶器的类型主要有罐、壶、瓶、瓮、盆、甑、钵、碗、盘、杯、三足器、砚台、熏、唾壶、盒、器座等。

（一）陶罐

数量最多，形制多样，以筒腹罐、鼓腹罐最为常见，另有扁腹罐、敛口罐、瓜棱罐等。

1. 筒腹罐

绝大多数为夹砂陶，陶色有黄褐、灰黑等多种。重唇，筒腹，平底。以腹部的形态差别，可将其分为两型。两型罐的共存关系，见于虹鳟鱼场M2013、查里巴88M14等多处墓葬。

A型：腹壁直或微鼓，通体显瘦长。此型罐数量甚多，在渤海国境内广泛分布，松花江吉林段（第二松花江）下游的吉林市、榆树、舒兰（Ⅰ区）（图1-2-1，1～8）、牡丹江中下游的敦化、海林、宁安、牡丹江市（Ⅱ区）（图1-2-1，10～29）、绥芬河流域的东宁、俄罗斯滨海地区（Ⅲ区）（图1-2-1，30～34），是分布相对集中的3个区域。此外，五常、图们、和龙、白山、辽源、桓仁、朝鲜咸镜北道清津等地渤海遗址或墓葬也有少量发现（图1-2-1，9；图1-2-1，35～42）。这种分布态势，固然不排除考古工作的不平衡因素，但颇能体现这种陶器使用人群的集中状况。

B型：腹壁中鼓，通体显矮胖。此型罐数量少于A型，集中发现于前述Ⅰ区（图1-2-2，1～8）、Ⅱ区（图1-2-2，10～22），其他地区只有零星出土（图1-2-2，9，23～26）。

2. 鼓腹罐

口沿外侈，束颈，腹部圆鼓，平底。分横耳鼓腹、无耳鼓腹两种。

横耳鼓腹罐，出土数量不多，且相对集中于松花江吉林段下游的老河深、杨屯大海猛、查里巴墓地和遗址（图1-2-3，1～4），其他地区只有零散发现（图1-2-3，5～8）。

无耳鼓腹罐，出土数量很多，分布的地域也很广泛。根据口径与底径的比例，分为两型。

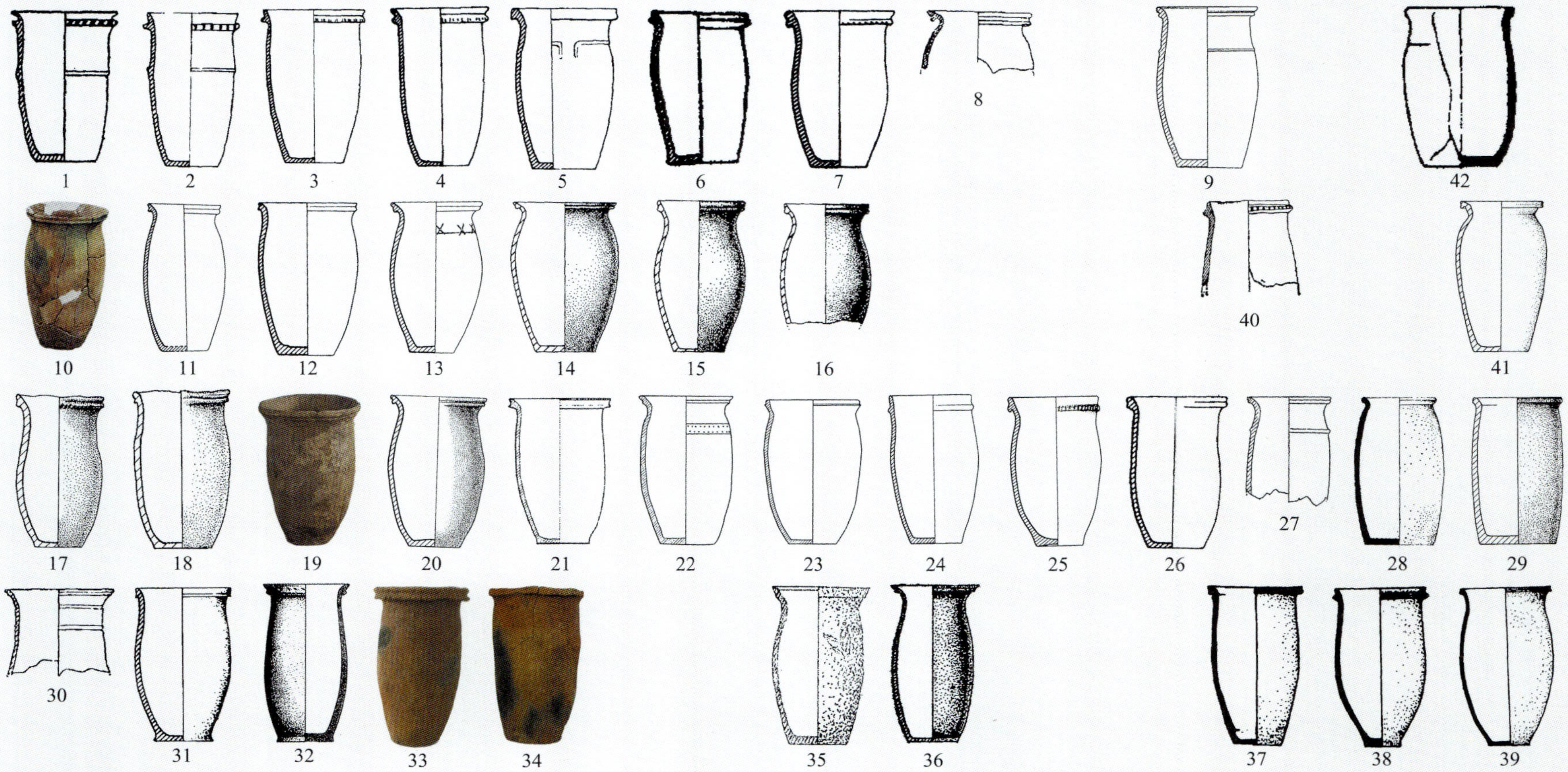

图1-2-1 渤海陶筒腹罐（A型）

1～5.查里巴墓地（85M1、88M23、88M11、采集） 6.杨屯80M31 7.老河深M26 8.黄鱼圈遗址H1 9.香水河M46 10～16.六顶山墓地（一区四期 ST5、M202、M205、M205、三区M42、一区M24） 17～20.虹鳟鱼场墓地（M2280、M2166、M2013、FT2） 21～23.细鳞河遗址 24、25.振兴遗址 大73M37 37～39.永安遗址 40.辽源龙首山城 41.桓仁五女山城 42.咸镜北道富居里墓地 26.羊草沟M104 27.北沽M2 28、29.上京城（F1、3、4号殿） 30.大城子M3 31.小地营遗址 32～34.契尔良基诺5号墓地 35.凉水果园M14 36.北

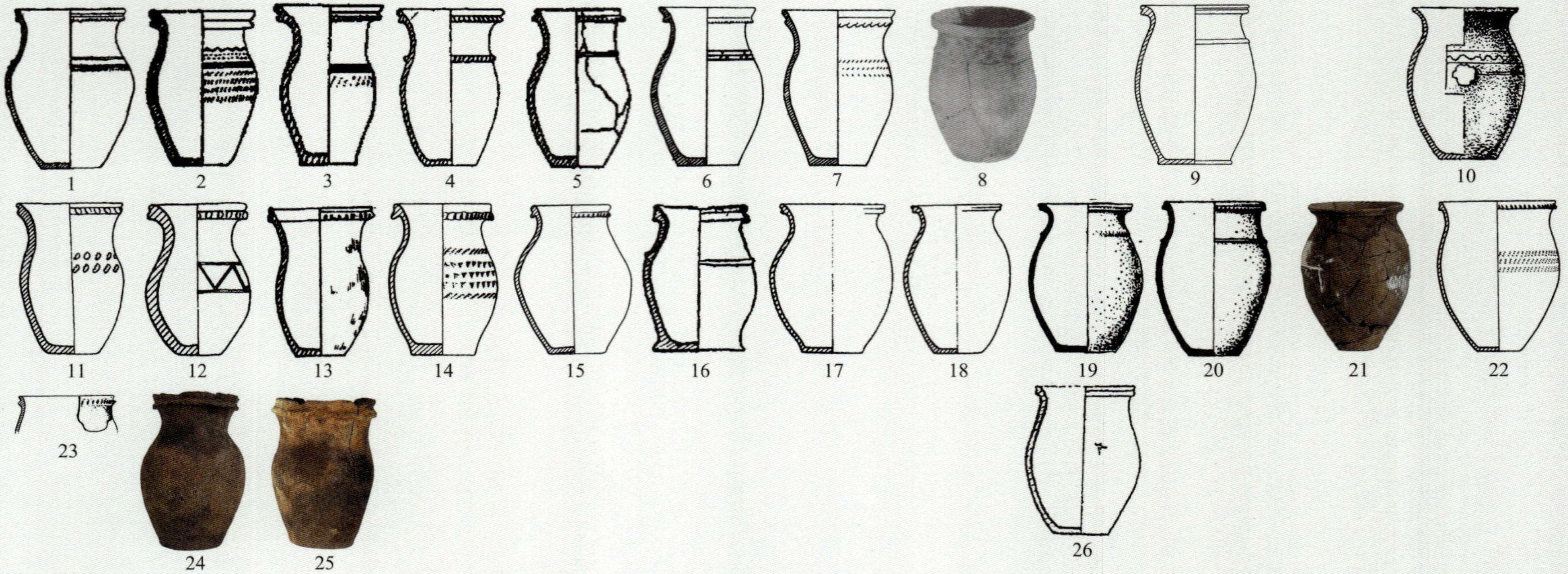

图1-2-2 渤海陶筒腹罐（B型）

1~5.杨屯墓地（80M22、80T10、79M11、79T9、79H1）6、7.老河深墓地（M28、M2）8.查里巴 M3 9.香水河 M19 10.六顶山二区 M127 11、12.渡口遗址二期（F10、F4）13.西石岗墓地 14.振兴遗址四期 15.二道河子墓地 16.羊草沟墓地 17、18.契尔良基诺 5号墓地（M110、M201）19、20.石场沟墓地（M10、M5）21.虹鳟鱼场 M2013 22.河口遗址四期 22.小地营遗址 F3 24、25.契尔良基诺 5号墓地 F3 26.马鞍山墓

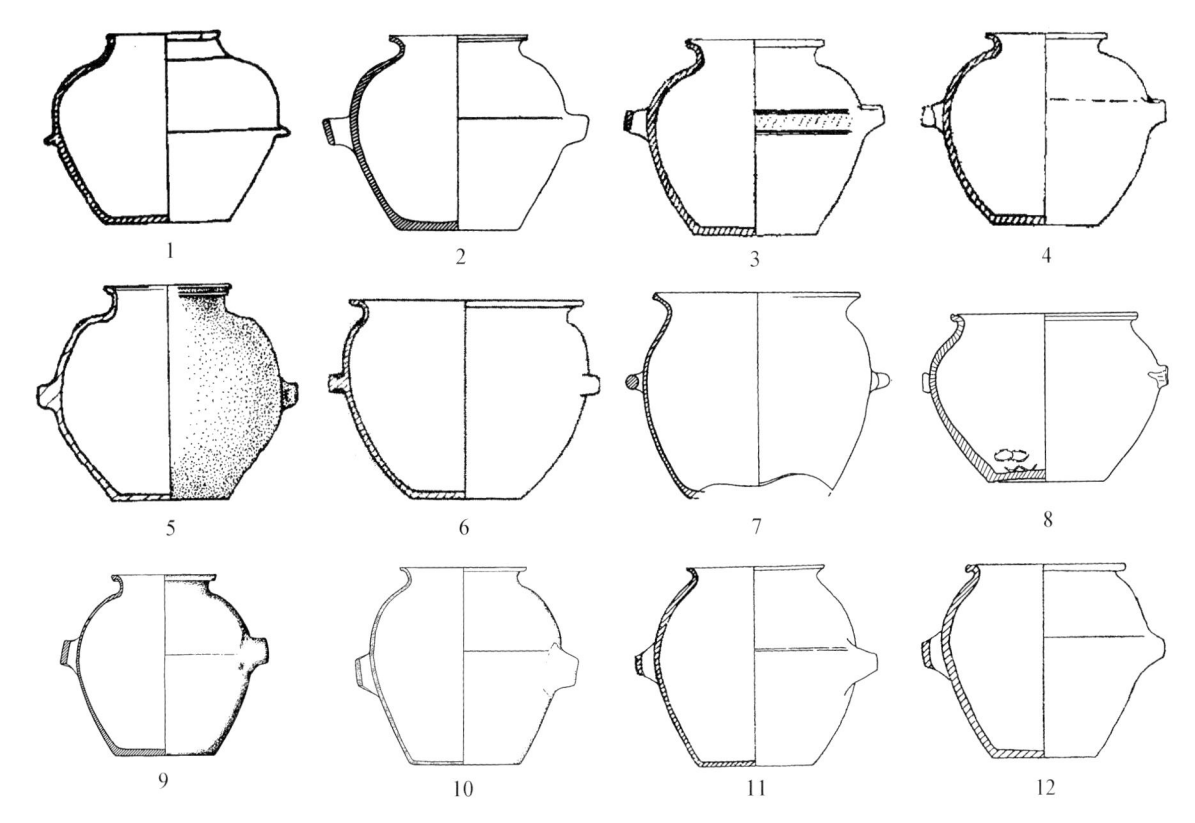

图 1-2-3　渤海陶横耳鼓腹罐及参考图

1. 查里巴 M5　2. 老河深 M21　3. 杨屯 79M33　4. 杨屯遗址 79T1　5. 虹鳟鱼场 M2307　6. 新安城址　7. 振兴遗址　8. 科克沙罗夫卡 1 号城址　9. 石台子山城一区 F2　10. 五女山城 F66　11、12. 民主六队遗址

A 型：口径小于底径或与底径相若，颈部较高，肩部较鼓，肩、腹部多有数道弦纹或水波纹（图 1-2-4，1~15）。

B 型：口径大于底径，颈部甚短，多为溜肩（图 1-2-5，1~12）。

3. 扁腹罐

数量不多，腹部扁圆，平底。分为两型。

A 型：见于敦化六顶山墓地、北大墓地、契尔良基诺墓地（图 1-2-6，1~5）。盘口，束颈较细高，底径宽大。

B 型：见于虹鳟鱼场墓地、咸镜北道富居里墓地、科克沙罗夫卡 1 号城址（图 1-2-6，6~10），均为红褐陶，口外侈，颈部粗短，扁折腹，底径较小。

A 型扁腹罐造型独特，为具有渤海特色的陶器。

4. 敛口罐

敛口罐较为常见，绝大多数出土于墓葬。平底，腹部圆鼓形态不一，与 A 型敛口罐

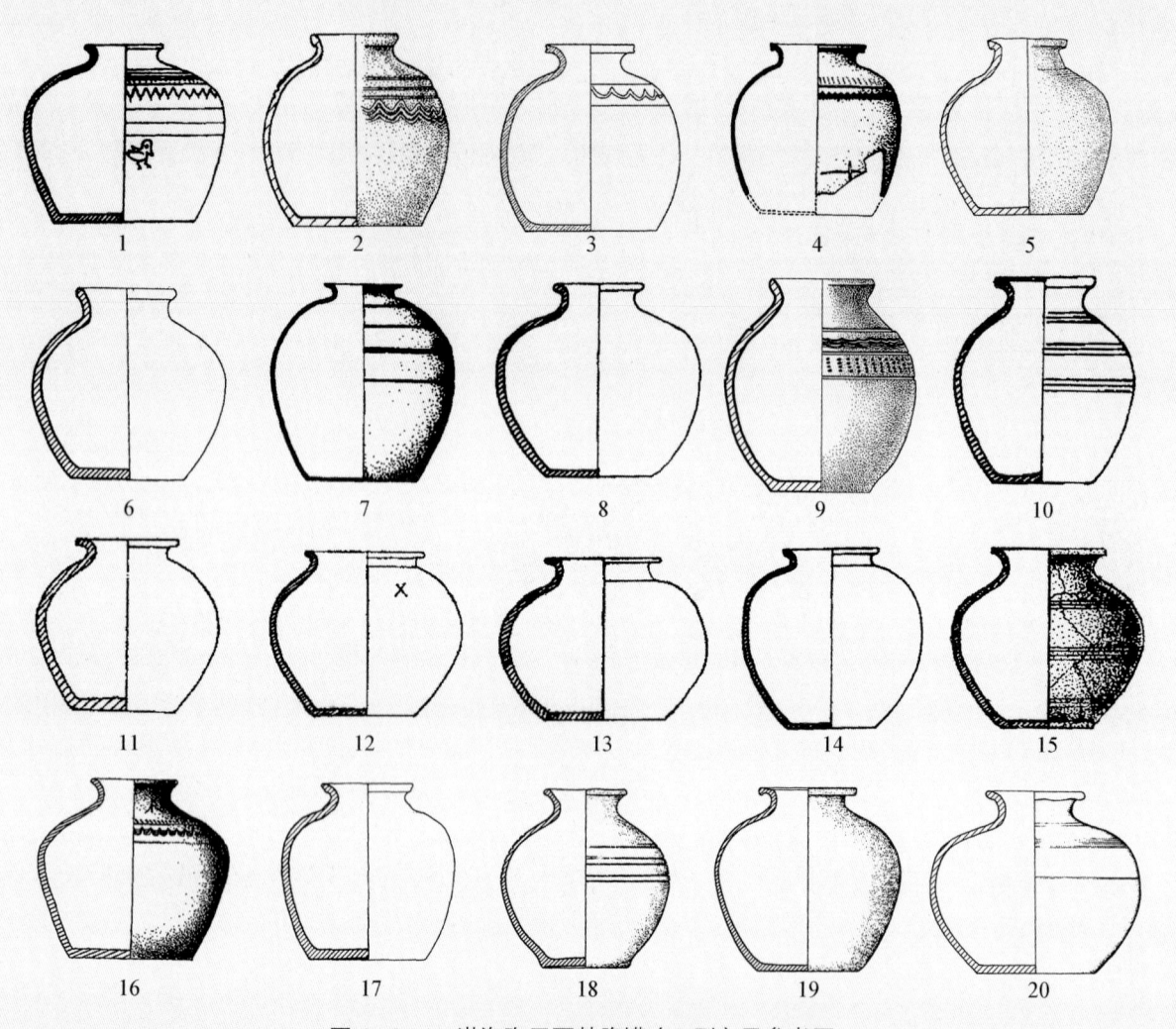

图 1-2-4　渤海陶无耳鼓腹罐（A型）及参考图

1、8、10、14.查里巴墓地（87M10、87M23、M19、87M3）　2、5、9.虹鳟鱼场（M2254、M2172、M2161）　3.细鳞河遗址 95F1　4、7.永安遗址 F5　6.六顶山 M2098　11～13.杨屯遗址（79H1、80T5、80M28）　15.北大墓地采集　16.集安禹山 JYM3161　17.抚顺施家 M23　18、19.沈阳石台子（三区 DM6、三区 DM8）　20.桓仁五女山城 F25

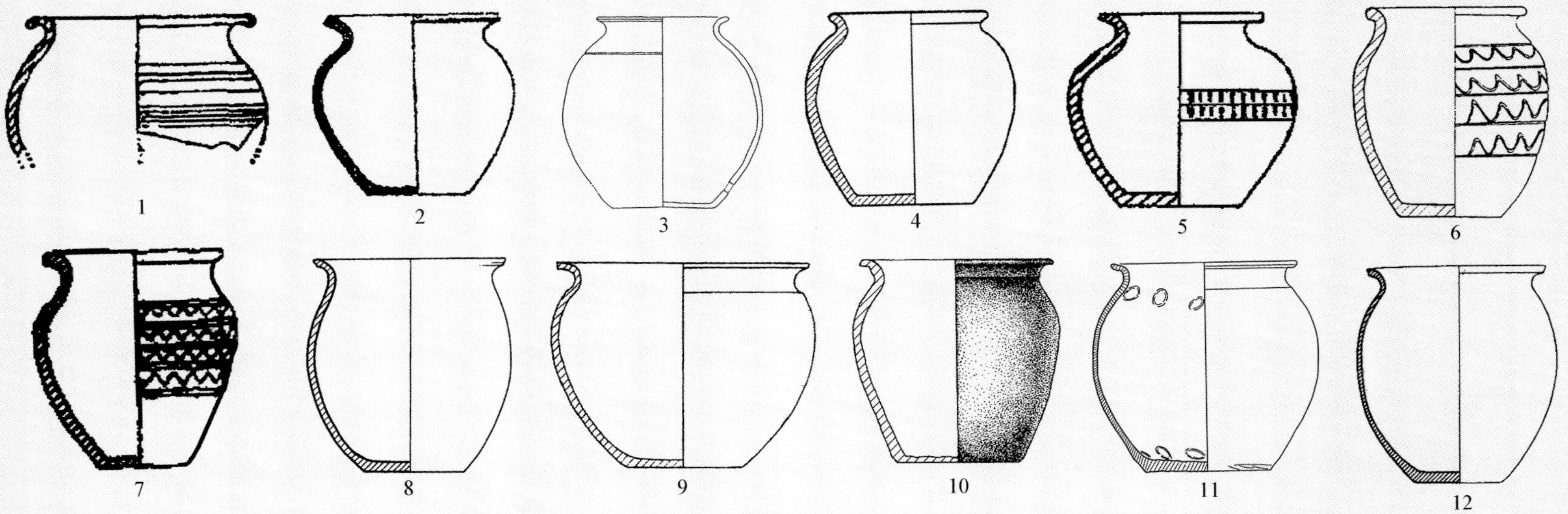

图1-2-5 渤海陶无耳鼓腹罐（B型）

1. 查里巴 85M2　2. 东清 M1　3. 契尔良基诺 5 号墓地 M70　4. 细鳞河遗址　5. 杨屯遗址 79H1　6. 香水河茔地 T2　7. 杨屯 80M2　8. 振兴遗址五期　9. 新安城址　10. 上京城 3、4 号殿址　11. 科克沙罗夫卡 1 号城址　12. 上京城址 T302

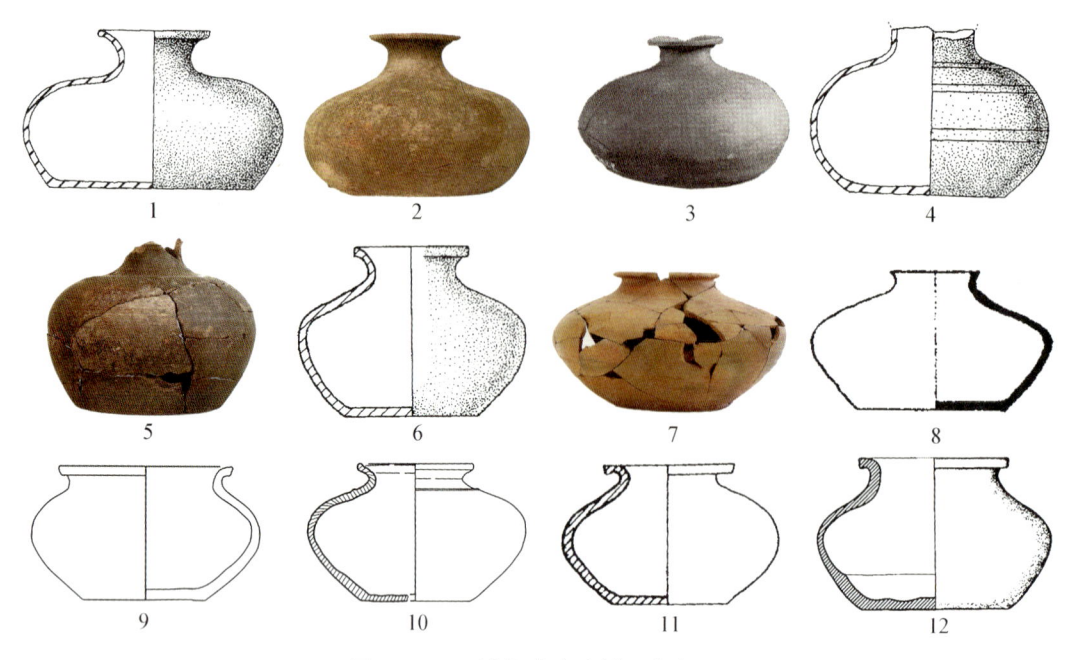

图 1-2-6　渤海陶扁腹罐及参考图
1. 六顶山一区 M8　2、5. 契尔良基诺 5 号墓地　3. 北大墓地 73 年发掘　4. 六顶山二区 M74　6. 虹鳟鱼场 M2205　7、9、10. 科克沙罗夫卡 1 号城址　8. 咸镜北道富居里墓地　11. 集安民主六队遗址　12. 沈阳石台子山城一区 H61
（1～5. A 型；6～10. B 型）

（图 1-2-7，1～9）相比，B 型（图 1-2-7，10～24）肩部有明显的折棱。

5. 瓜棱罐

仅海林山嘴子 M3 出土 1 件（参见图 1-2-21，2），轮制泥质黑陶，小口外侈，细短束颈，鼓肩，瓜棱（器壁压印纵沟）球腹，平底。瓜棱器普遍见于黑龙江中游的黑水靺鞨-女真墓葬以及内蒙古东南部、辽宁西部的契丹早期墓葬[1]。渤海瓜棱腹陶器非常罕见，除了此件罐之外，海林振兴遗址五期 H155 出土过 1 件瓜棱残陶壶。

（二）陶壶

出土数量不多，但形制多样。上京城址 2 号宫殿址、上京城址第 3、4 号宫殿址、上京郭城正北门基址、海林振兴遗址（五期遗存）以及俄罗斯滨海边疆区克拉斯基诺城址水井出土者（图 1-2-8，1～5）为典型的契丹系陶壶，虽不排除是渤海工匠的仿制，但更大可能是契丹灭亡渤海后所留遗存。其余渤海陶壶，均为盘口、平底，腹部多为鼓腹，盘口有大小之别，颈部长短、粗细不一，根据这些差异，可将陶壶分为四型。不少陶壶

---

[1] 毕德广、魏坚：《契丹早期墓葬研究》，《考古学报》2016 年第 2 期。

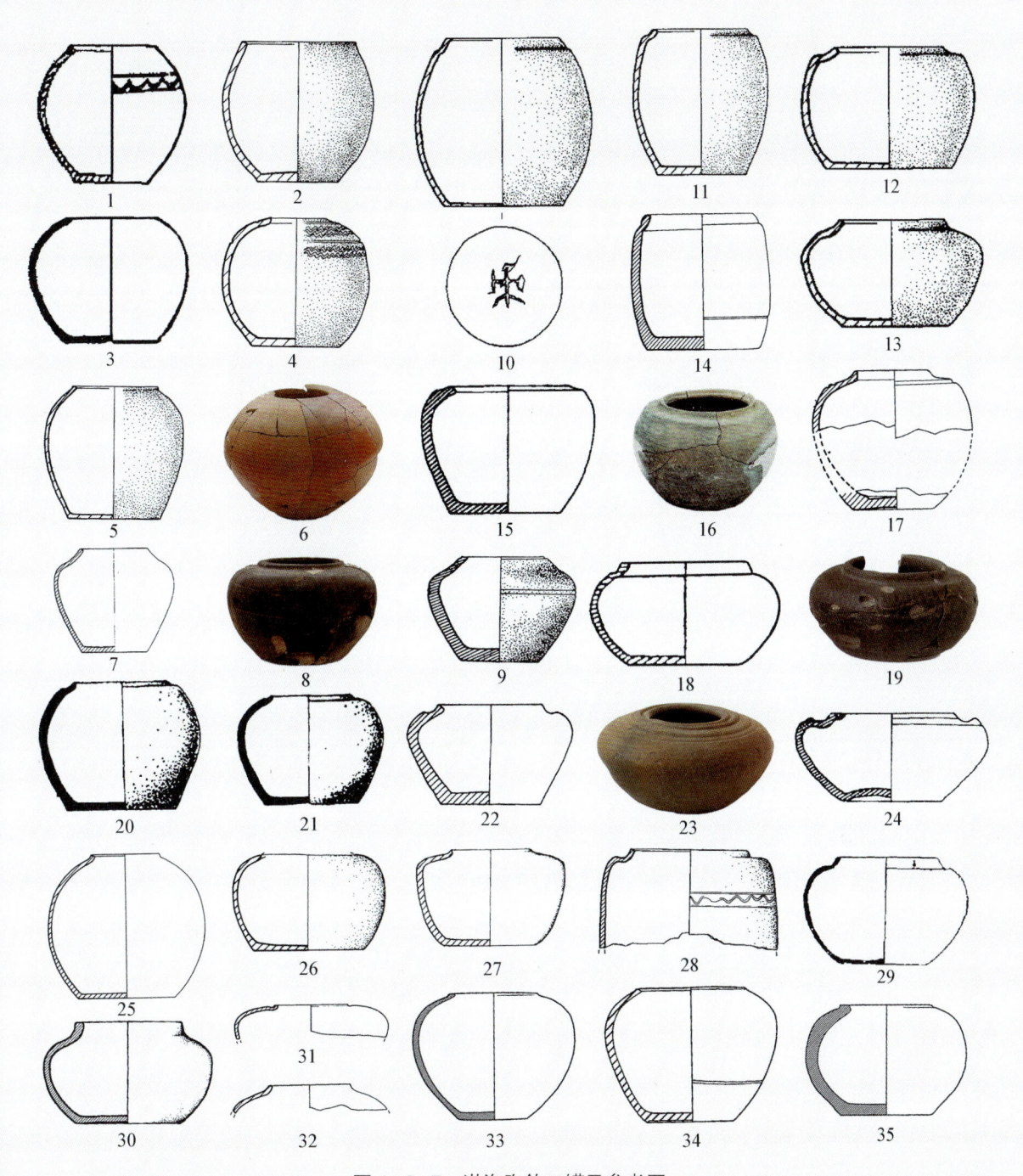

图 1-2-7　渤海陶敛口罐及参考图

1. 杨屯 79M21　2、4、5、10～13. 虹鳟鱼场墓地（M2040、M2289、M2138、M2175、M2171、M2166、M2205）　3. 永吉杨屯 80M17　6. 科克沙罗夫卡 1 号城址　7. 香水河墓地　8、19、23. 克拉斯基诺城址　9. 龙海墓地　14、16、17. 六顶山墓地（M104、M104、二区 M48）　15、24. 查理巴（88M6、88M1）　18. 团结遗址上层 F4　20、21. 桦林石场沟墓地　22. 汪清红云寺庙址　25～28、30～32. 五女山城　29. 辽源龙首山城　33～35. 朝阳唐墓

（1～9. A 型；10～24. B 型）

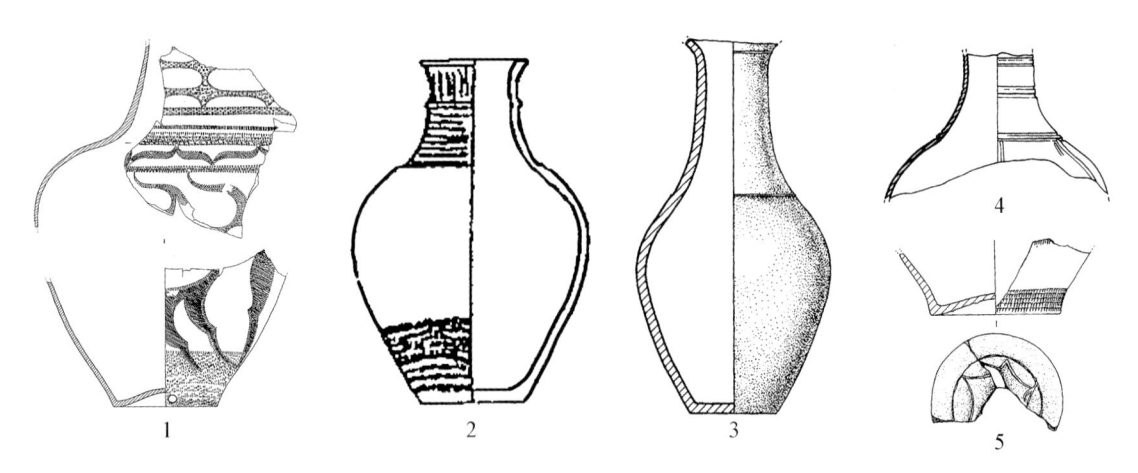

图 1-2-8　渤海遗址出土契丹系陶壶
1. 上京城址 2 号宫殿址　2. 克拉斯基诺城址水井　3. 上京郭城正北门址　4. 海林振兴遗址　5. 上京城址 3、4 号宫殿址

的口部因"毁器"葬俗[1]而缺失，在一定程度上影响到类型划分的准确性。

A 型：大喇叭口外敞，束颈。分为两个亚型。

Aa 型：颈部细长（图 1-2-9，1~3），六顶山一区 M9 肩腹部有四组弦纹。上京城址[2]、振兴遗址出土者颈部有凸弦纹多道。

Ab 型：海林山嘴子 M29 出土（图 1-2-9，4），束颈粗短，腹部修长。

B 型：小盘口，束颈较长，鼓肩。分为两个亚型。

Ba 型：颈部较粗（图 1-2-9，5~9）。和龙北大墓地 88M7 出土过类似的三彩釉陶壶。

Bb 型：颈部细长（图 1-2-9，10~12）。

C 型：盘口较宽，短束颈，鼓肩（图 1-2-9，13~17）。

D 型：仅见于北大墓地 73M4，小盘口深似盏，短束颈，鼓肩（图 1-2-9，18）。

E 型：仅上京郭城正南门基址出土 1 件，盘口残缺，粗束颈，长腹，腹部两侧有对称的双横桥耳（图 1-2-9，19）。六顶山一区 M5 出土过类似的横耳三彩釉陶壶（图 1-2-9，20）。

---

[1] 彭善国：《谈渤海葬俗中的"毁器"——读〈宁安虹鳟鱼场：1992~1995 年度渤海墓地发掘报告〉札记》，《北方文物》2014 年第 1 期。朝阳北魏墓葬陶壶上这种"毁器"现象亦很常见，参孙危：《鲜卑毁器葬俗研究》，《边疆考古研究》第 8 辑，科学出版社，2009 年。倪润安：《朝阳地区北魏墓葬研究》，《边疆考古研究》第 22 辑，科学出版社，2017 年。

[2] 1933~1934 年日本人发掘上京城址时也出土过这种大喇叭口长颈壶的残片 2 件。东亚考古学会：《東京城——渤海國上京龍泉府址の発掘調査》，《東方考古学叢刊》第 5 册，1939 年。第 71 页，插图六六之 22、23。

图 1-2-9 渤海陶壶及参考图

1、5、20. 六顶山（一区 M9、M207、一区 M5） 2. 上京城址 3. 振兴遗址 H71 4. 山嘴子 M29 6、9、15、17. 虹鳟鱼场（M2034、M2001、M2174、M2182） 7. 契尔良基诺 5 号墓地 8、12、18、21. 北大墓地（1973 年采集、73M4、73M4、88M7） 10. 东清 M1 11、16. 细鳞河遗址（F106、95F1） 13. 杨屯 80M11 14. 羊草沟 M110 19. 上京郭城正南门基址 22. 克拉斯基诺城址

（1～3. Aa 型；4. Ab 型；5～9. Ba 型；10～12. Bb 型；13～17. C 型；18. D 型；19. E 型）

（三）陶瓶

发现不多，均平底。海林细鳞河遗址的葫芦形瓶（图 1-2-10，20）、虹鳟鱼场 M2104 平肩直腹瓶（图 1-2-10，19）只有个别发现，其余陶瓶可分为四型。

A 型：袋形瓶，小口，束颈，溜肩，垂腹，最大腹径靠下（图 1-2-10，1～6），肩腹部有的装饰弦纹。

B 型：长圆腹，最大腹径居中，浅盘口，短粗颈（图 1-2-10，7～11），肩部往往

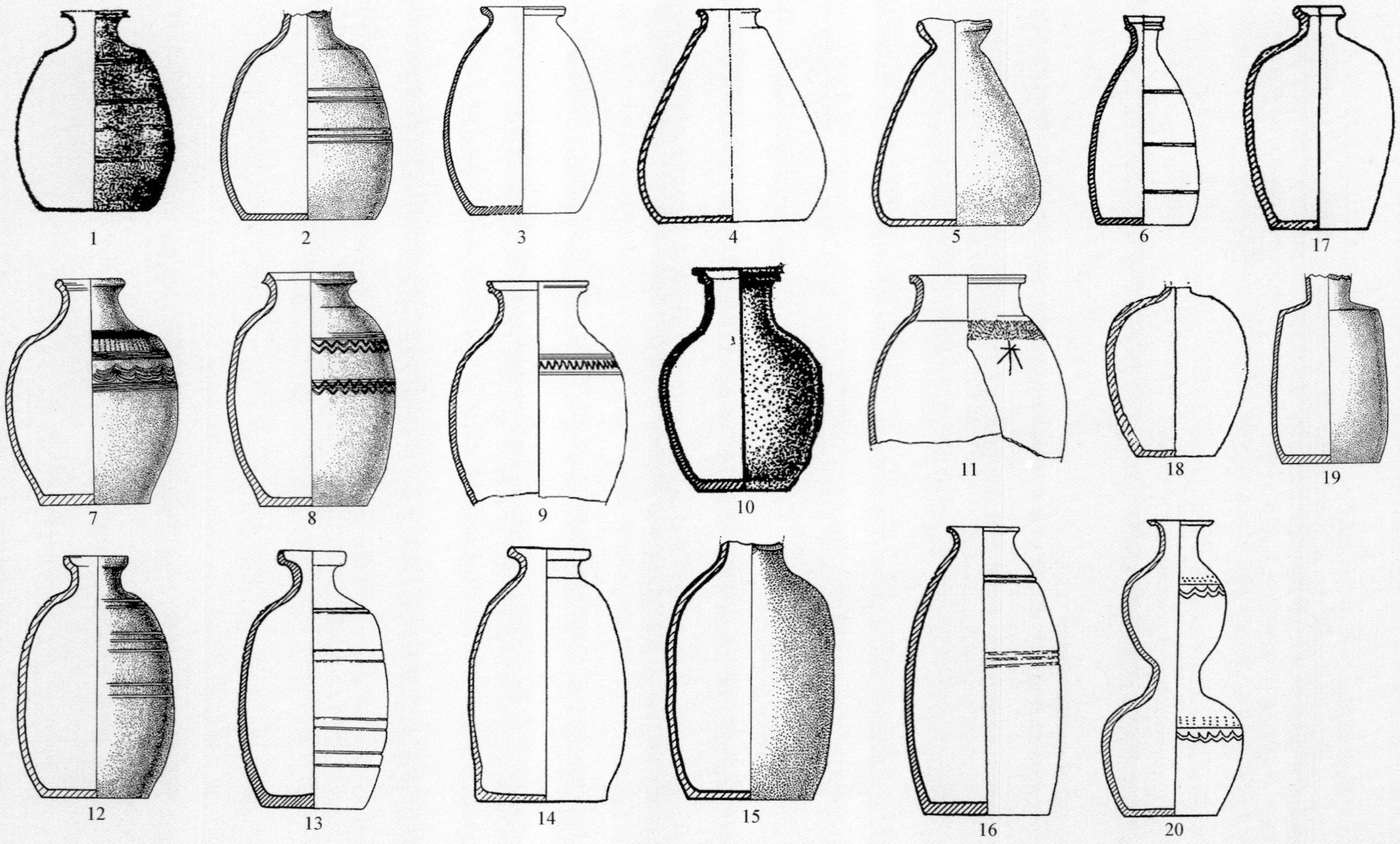

图1-2-10 渤海陶瓶

1.北山遗址 2、5、7、8、12、15、19.虹鳟鱼场墓地（M2021、M2072、M2166、M2028、M2176、M2285、M2104） 3.上京城址 4.羊草沟M201 6、17、18.查理巴墓地（88M18、采集、88M2） 9、11.香水河（M15、H2） 10.北大73M17 13、16.六顶山墓地（M201、M205） 14、20.细鳞河95F1
（1～6.A型；7～11.B型；12～16.C型；17、18.D型）

刻划水波纹条带。

C 型：橄榄形腹，盘口，短细颈，溜肩（图1-2-10，12～16）。

D 型：鼓肩，最大腹径靠上，小口，短细颈（图1-2-10，17、18）。

（四）陶瓮

出土于上京城址、科克沙罗夫卡1号城址、虹鳟鱼场墓地、香水河墓地（及灰坑）以及龙头山墓地等，器体高大，高度多在40厘米以上，个别达75厘米。大口外敞，矮领、平底，肩、腹部有的刻划水波纹或交叉线纹。除龙头山M3出土陶瓮[1]腹部有两个对称的横桥耳外，余均为无耳瓮。根据肩、腹部的差别，分为两型。

A 型：广肩，长腹，下腹弧收（图1-2-11，1～10、15）。

B 型：圆肩，鼓腹（图1-2-11，11～14）。

（五）陶盆

绝大多数陶盆出土于城市遗址或村落，如上京城址、抚松新安遗址、海林振兴遗址、海林细鳞河遗址、东宁小地营遗址等，均为泥质陶，陶色有黑、灰、黄褐等。和龙北大73M41盆形制特殊，口沿下有四个桥状耳，圈足（图1-2-12，9）。其余陶盆均为平底、弧腹或斜腹，依据腹部有无双横耳分为A、B两型，两型盆又均有深腹（图1-2-12，1～8，A型深腹；图1-2-12，12～18，B型深腹）和浅腹（图1-2-12，10、11，A型浅腹；图1-2-12，19～26，B型浅腹）之别。

（六）陶甑

陶甑发现不多，且只见于宁安上京城址、海林细鳞河遗址、东宁小地营遗址、科克沙罗夫卡1号城址等生活居址中，一些甑仅存底部残片。分为两型。

A 型：瓮形，器体高大，上京城址出土的2件（图1-2-13，1、2），一件高71厘米，另一件高51厘米，均为大口、深腹，腹壁近直，有四个对称横耳，底部开一个大孔，内腹壁作出四层凸棱，用来承托甑箅。

B 型：深腹盆形（图1-2-13，5～7），肩部有的有双横桥耳，底部有数个较大的圆孔或有密集的小圆孔。

---

[1] 吉林省文物考古研究所等：《吉林和龙市龙海渤海王室墓葬发掘简报》，《考古》2009年第6期。龙头山M3为渤海简王大明忠顺穆皇后墓，墓志记载其迁安于宣王大仁秀建兴十二年（829年），陶瓮采集于M3封土，时代应不早于829年。

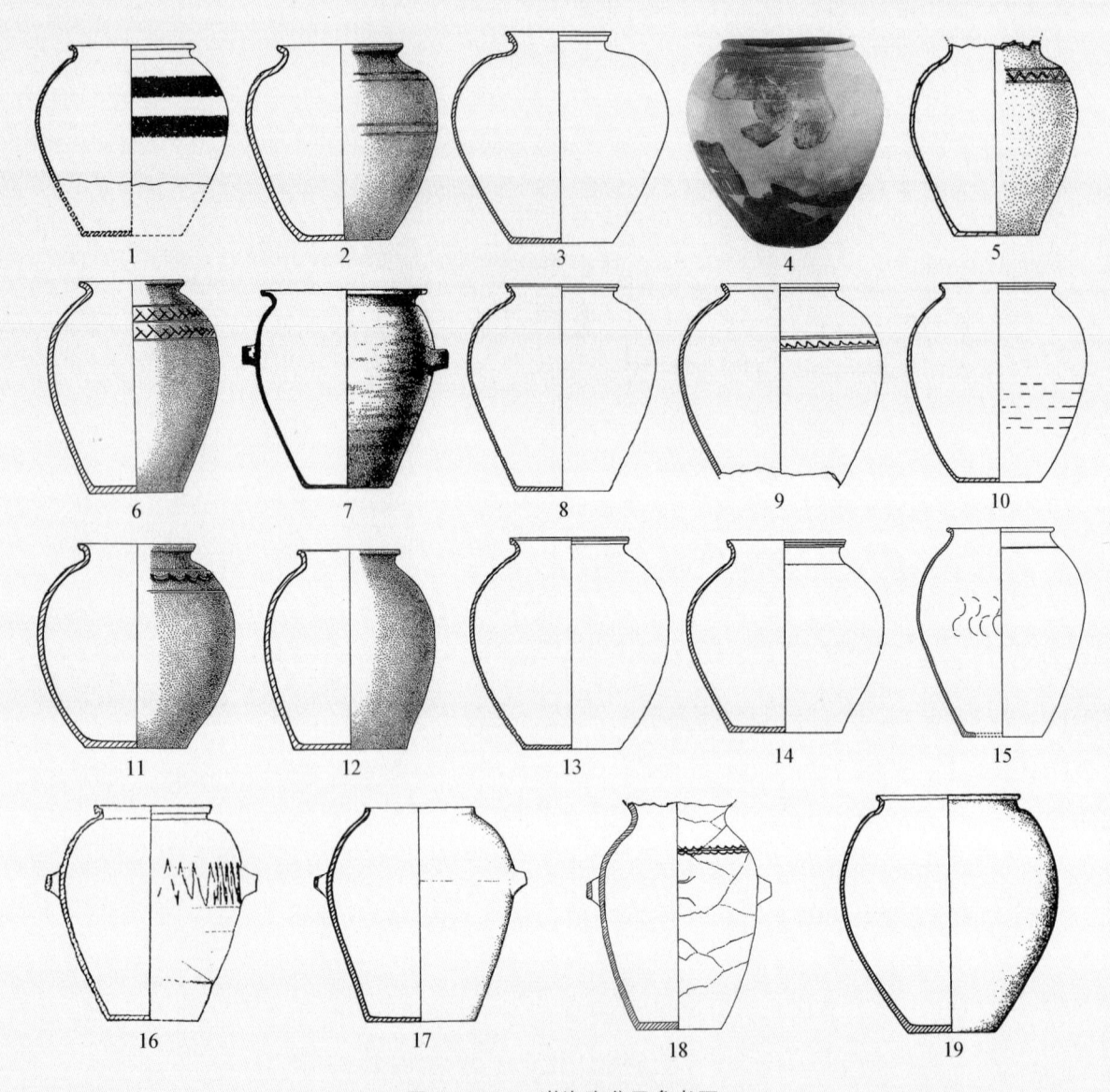

图1-2-11 渤海陶瓷及参考图

1、4.上京城址 2、5、6、11、12.虹鳟鱼场墓地（M2161、M2165、M2194、M2258、M2123） 3、8~10、13、14.香水河墓地（M1、H1、M28、M1、H4、M1） 7.龙头山M3 15.科克沙罗夫卡1号城址 16.高尔山城 17.五女山城 18.集安洞沟JWM0 19.石台子山城

（1~10.A型；11~14.B型）

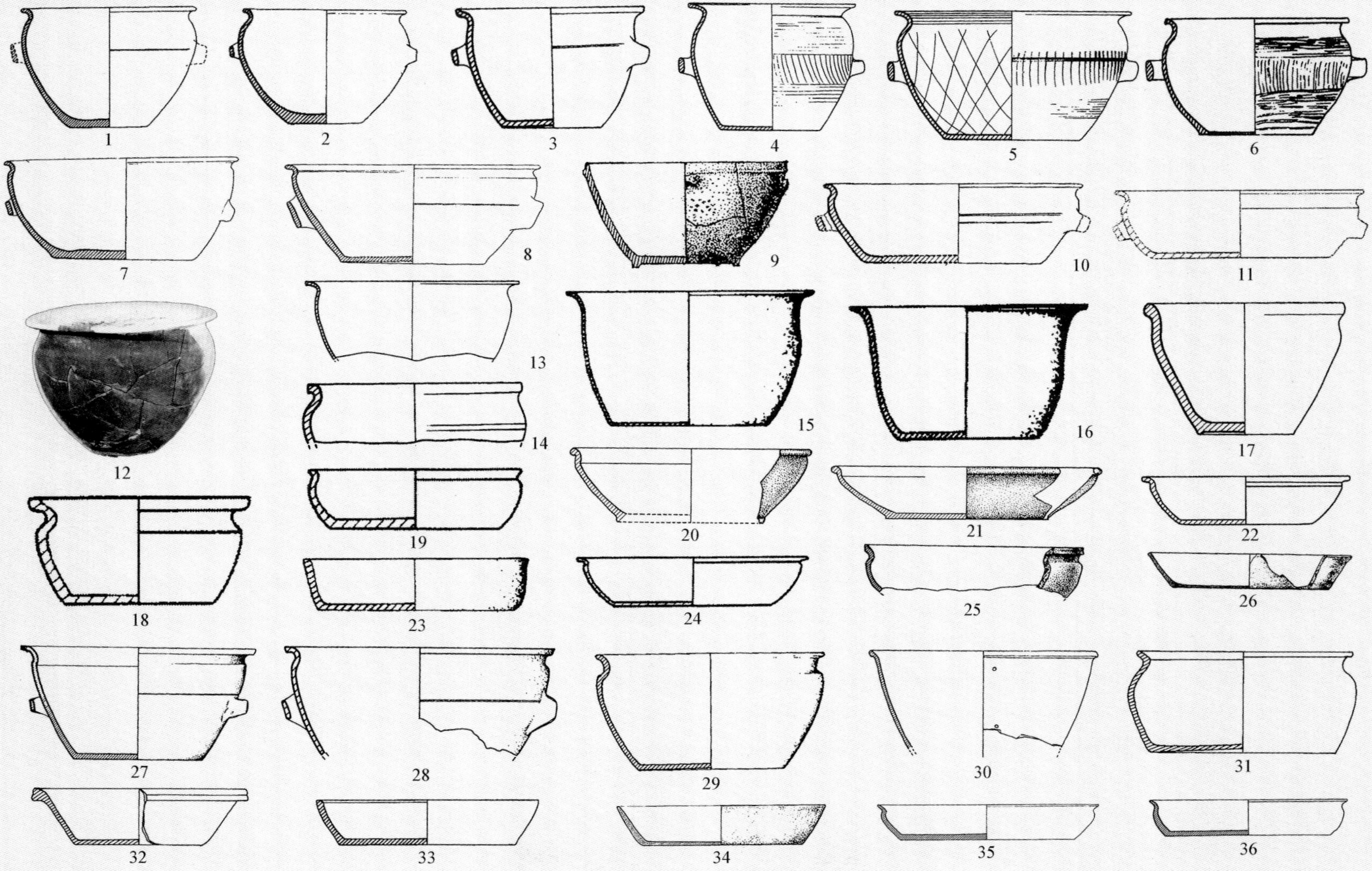

图1-2-12 渤海陶盆及参考图

1、2、7、8、10.上京龙泉府遗址 3.六顶山M205 4~6、13、14、17.振兴遗址 9.北大73M41 11.新安城址 12.西古城 15、16、23.小地营遗址 18、19、22、24.细鳞河遗址 20、21.上京城3、4号宫殿址 25、26.龙头山M3 27、28、32、33.五女山城 29~31、34~36.国内城（1~8、10、11.A型；12~26.B型）

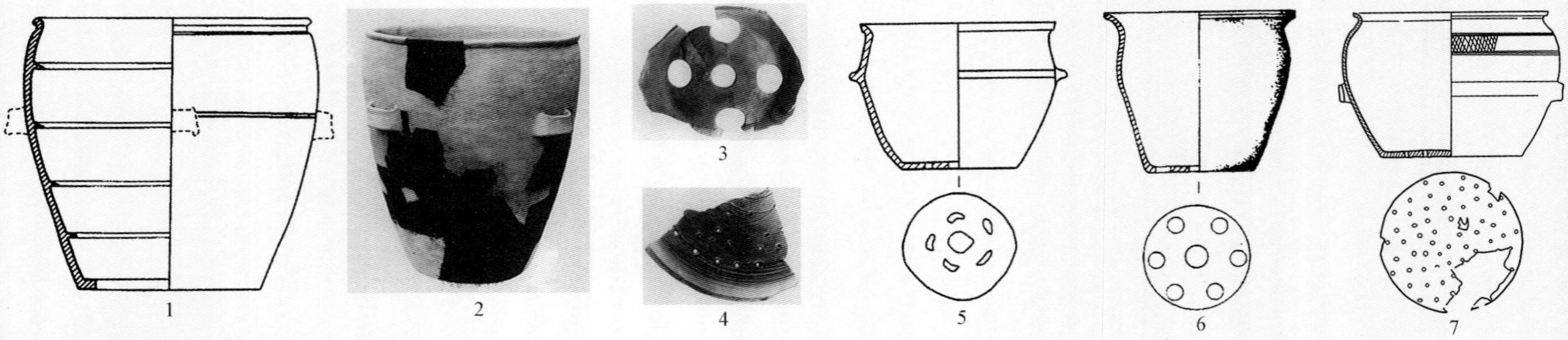

图 1-2-13 渤海陶甑

1~4. 上京城址 5. 细鳞河遗址 6. 小地营遗址 7. 科克沙罗夫卡 1 号城址
（1、2. A 型；5~7. B 型）

（七）陶钵

陶钵在渤海上京城址发现最多，1963～1964年发掘出土30件，是常用的饮食用具。与碗的区别在于钵腹部较深。钵可分为三型。

A型：数量最多，侈口，折沿（图1-2-14，1～10），除个别外（图1-2-14，11）均为曲腹，平底或假圈足。

B型：敛口，曲腹，平底（图1-2-14，12～16）。

C型：侈口，弧腹，平底或平底内凹（图1-2-14，17～20）。

A型陶钵可谓小型化的B形深腹盆，B型陶钵可谓小型化的敛口罐，因功能不同导致形制出现差异。

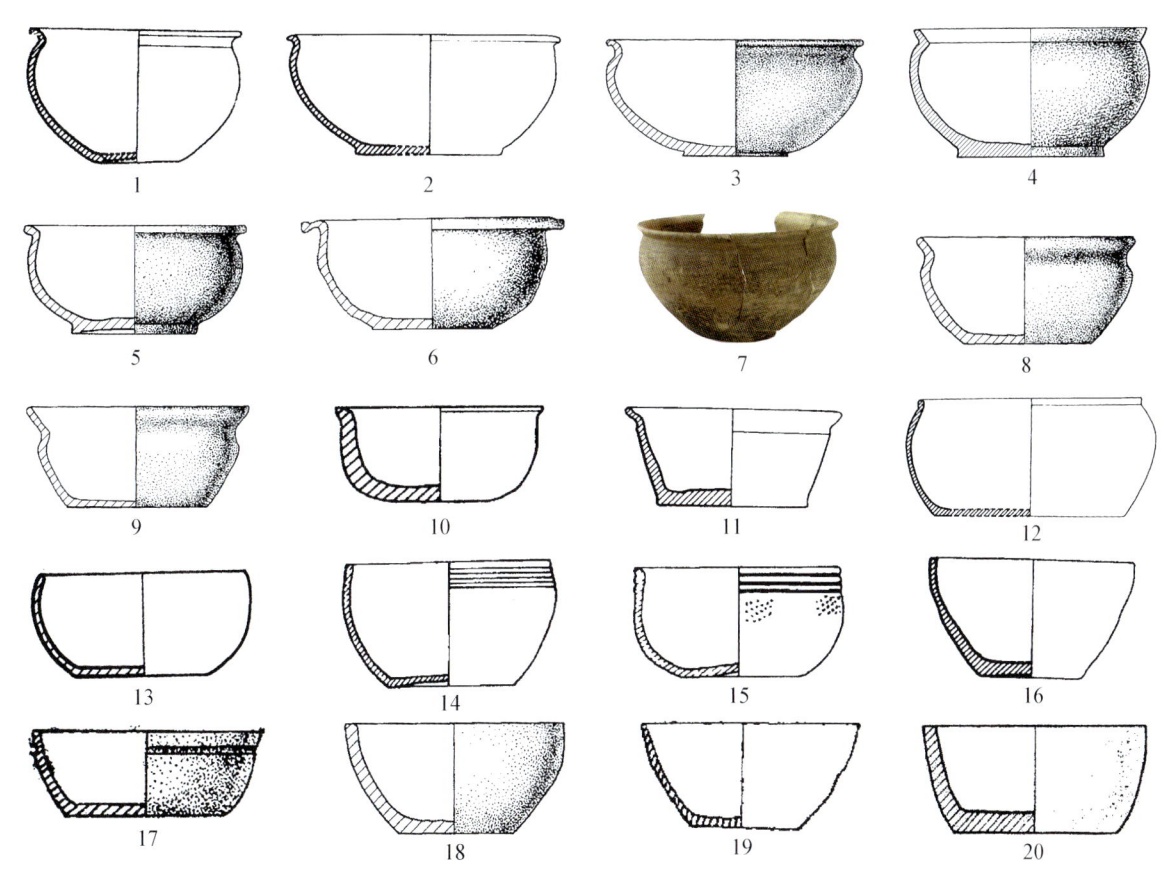

图1-2-14 渤海陶钵

1、2、11、12、16. 上京城址　3、8、9、18. 上京城3、4号宫殿址　4. 上京城5号宫殿址　5. 上京郭城正南门基址　6. 上京城50号宫殿址　7. 克拉斯基诺城址　10. 汪清红云遗址　13. 河口遗址四期　14、15. 查理巴M20　17. 北大墓地采集　19. 杨屯遗址　20. 新安城址

（1～11. A型；12～16. B型；17～20. C型）

（八）陶碗

碗出土数量较多，分为两型。

A型：口部大敞，腹壁斜直，台状足，有的足部挖空。一些碗的口沿下方和台足做出花边（图1-2-15，1~13）。

B型：侈口，弧腹，平底或饼足，在渤海境内分布广泛（图1-2-15，14~24）。

（九）陶盘

陶盘在渤海墓葬中仅敦化六顶山有个别发现，细鳞河、小地营、新安等生活类遗址出土数量也不多，且均为口径在20厘米以下的小型盘。上京城址陶盘数量最多，为412件，和其他陶器集中出土于宫城西区一个所谓"堆房"的遗迹（由石墙、灶、窖穴构成）中，应是渤海上京宫廷日常生活用器。上京城出土陶盘除一件通长86厘米的四瓣云头形盘外（图1-2-16，10），其余均为大敞口、浅腹、平底，口径24~60、高6~10厘米。盘可以分为A、B两型。A型，腹壁斜直（图1-2-16，1~6）；B型，曲腹（图1-2-16，7~9）。

（十）陶杯

陶杯见于细鳞河、小地营、兴农城址等（图1-2-17，1~12），高度多在5厘米左右，个别只有2、3厘米，陶质陶色多样，形制以敞口、斜腹、平底常见。蛟河七道河遗址集中出土细泥质黄褐陶杯30余件[1]，成组摆放，有的杯内尚存炭化的食物。此遗址性质应为墓葬[2]，这些陶杯不排除是明器的可能。

（十一）陶三足器

发现不多，上京城址出土4件，报道的2件均出土于"堆房"遗址；克拉斯基诺城址的2件，出土于所谓城内"寺庙综合体"[3]；和龙北大73M20出土1件。这些陶器都有三个蹄状足，根据腹部的不同分为两型。

A型：浅盆形腹（图1-2-18，1~4），敞口，口沿外卷，平底。

B型：仅1件（图1-2-18，9、10），深球形腹，有盖，子母敛口，圜底。

---

[1] 吉林市博物馆：《吉林省蛟河市七道河村渤海建筑遗址清理简报》，《考古》1993年第2期。
[2] 彭善国：《蛟河七道河村渤海遗址属性辨析》，《东北史地》2010年第3期。
[3] [俄]В.И.博尔金等著，王德厚译：《滨海地区克拉斯基诺古城遗址内渤海佛教综合体的发掘》，《东北亚考古资料译文集》第4辑，《北方文物》杂志社，2002年。第278页。

图 1-2-15 渤海陶碗及参考图

1、5. 渡口遗址 2、3、9、13. 河口遗址四期 4、7、8、10. 虹鳟鱼场墓地 6、11、18. 细鳞河遗址 12、14、16. 小地营遗址 15. 老河深 M1 17. 六顶山 M201 19. 二道河子 M2 20. 上京城 3、4 号宫殿址 21、22、24. 上京城址 23. 振兴遗址 25～27. 滚兔岭遗址 28. 小八浪遗址 29～32. 凤林遗址 33～36. 同仁遗址

（1～13. A 型；14～24. B 型）

67

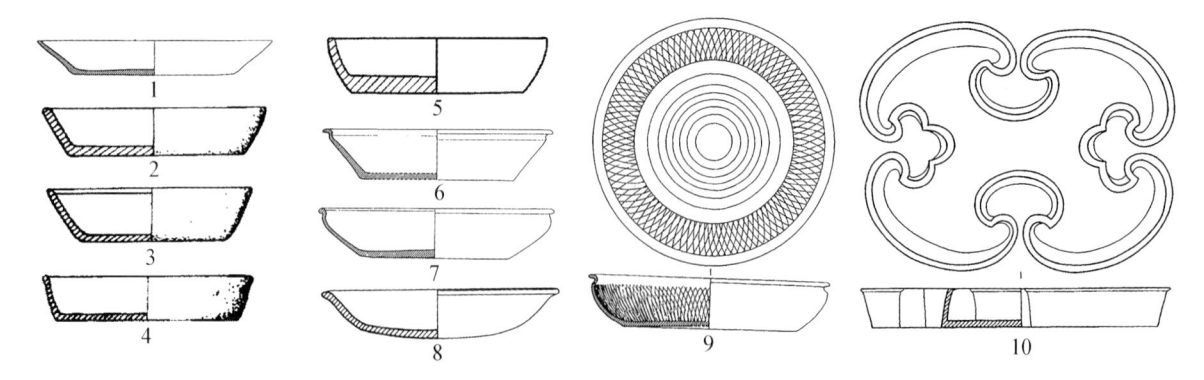

图 1-2-16 渤海陶盘
1、6、7、9、10.上京城址　2、4.小地营遗址　3.新安城址　5.细鳞河遗址　8.六顶山 M201
（1~6.A 型；7~9.B 型）

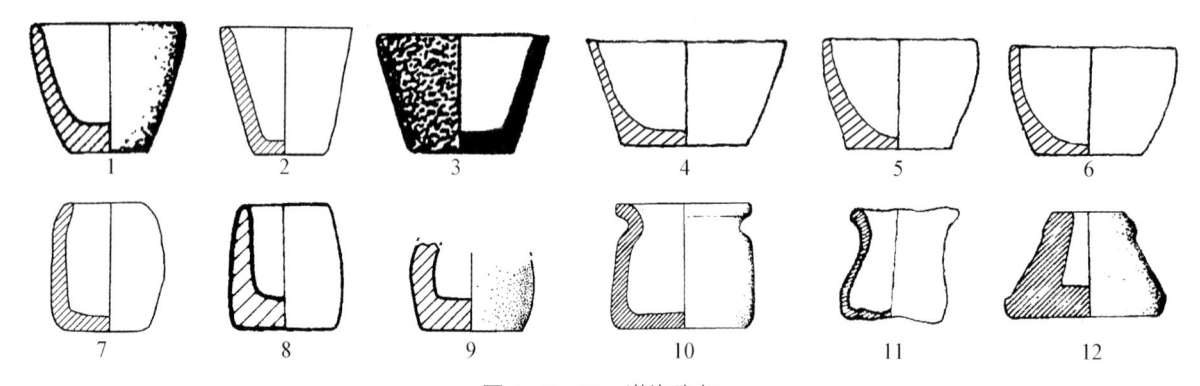

图 1-2-17 渤海陶杯
1.兴农城址　2、7.细鳞河遗址　3.克拉斯基诺城址　4~6.七道河遗址　8.河口遗址四期　9.上京郭城正南门基址　10、12.小地营遗址　11.二道河子 M1

宁安三陵坟 M4[1]（图 1-2-18，5）、上京城（图 1-2-18，7）出土过与 A 型相近的釉陶三足器，前者还带有镂孔的器盖，表明其为焚香的炉，据此可以推测陶三足器也很有可能是香炉。

（十二）陶砚

渤海遗址出土的陶砚，可复原者有 10 余例，以上京城址发现最多，此外见于和龙北大墓地、俄罗斯克拉斯基诺城址以及朝鲜咸镜北道花台郡锦城里壁画墓。除可复原者外，1964 年发掘上京城址，在"堆房"发现砚台残片 8 件，在官署遗址发现 3 件。陶质之外，

---

[1] 三陵坟 M4，1996 年发现并清理，资料未刊。中国文物精华编委会：《中国文物精华》，文物出版社，1997 年。第 99 页。马自树：《中国边疆民族地区文物集萃》，上海辞书出版社，1999 年。第 20 页。黑龙江省文物考古研究所李陈奇、赵哲夫：《海曲华风——渤海上京城文物精华》，文物出版社，2010 年。第 274、275 页。

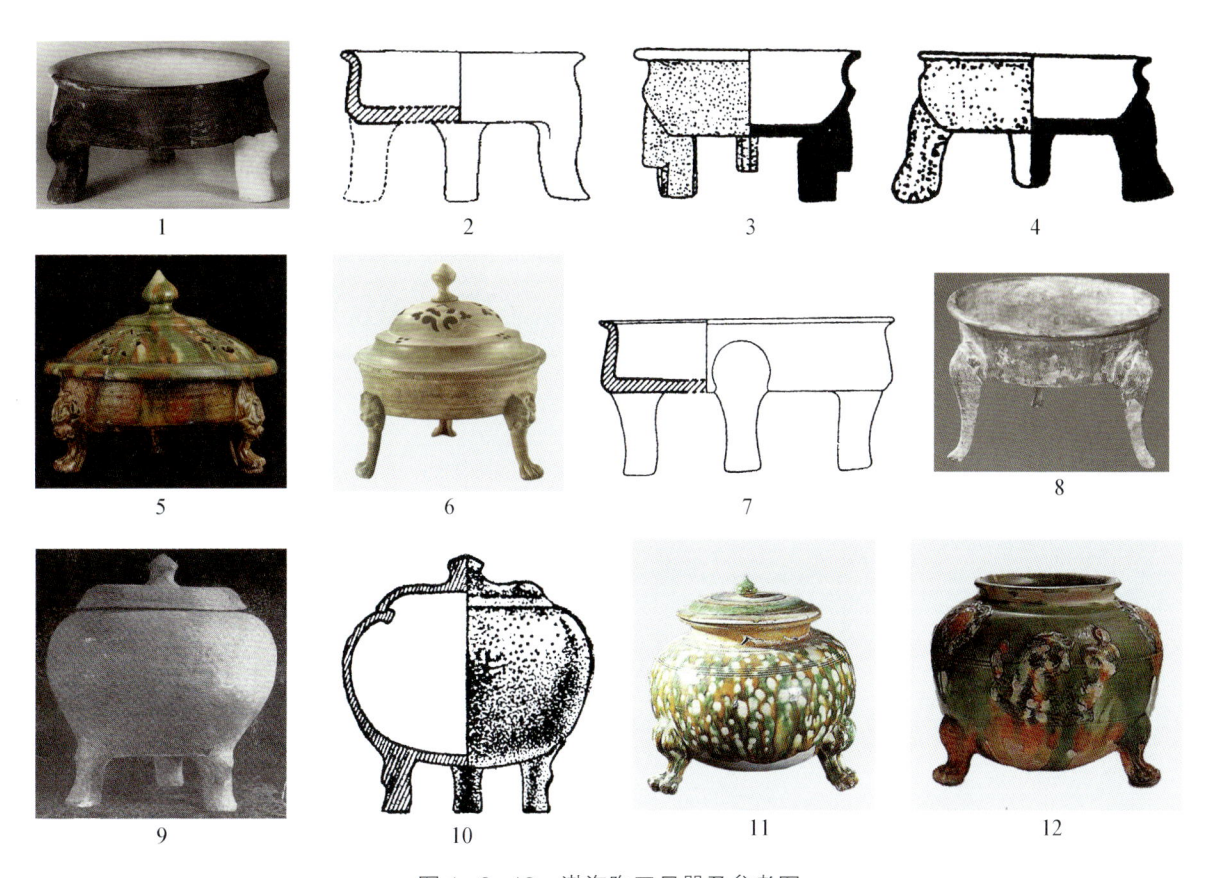

图 1-2-18 渤海陶三足器及参考图

1、2、7.上京城（T301、T302、T302） 3、4.克拉斯基诺城址内寺庙 5.三陵坟 M4 6.观叶楼藏 8.偃师杏园 M5036 9、10.北大 73M20 11.巩义芝田 88HGZM89 12.朝阳韩贞墓

（1~4.A 型；9、10.B 型）

（1~4、9、10.陶；5、7.釉陶；6、8.青铜；11、12.三彩）

上京城址还出土了单色及三彩釉陶砚台的残片。分为两型。

A 型：亚腰形（图 1-2-19，1~8）。圆形台面，中心内凹，边缘有一周凹槽，下附喇叭状圈足，中腰多有桃形镂孔。上京城 T308 陶砚台面上刻划戴幞头的人物头像。

B 型：簸箕形（图 1-2-19，9、10）。前大后小，前高后低，底附三足。

（十三）器座

集中出土于俄罗斯滨海边疆区科克沙罗夫卡 1 号城址的器座（图 1-2-20，1~6），是渤海陶器中甚为特殊的器类。这些器座胎色红褐，器体高大，完整器的高度在 50 厘米以上（有 1 件残高 73.5 厘米）。器体中空，上端为外敞的盘口，下端为覆盆状台座，中段为数个依次增大的算珠形圆腹。器体上有多处镂孔，呈圆形、心形或波浪形，其中圆孔有单枚，也有三个一组的。器身有多条附加堆纹，有的附加堆纹上压出花牙。这种器座应为

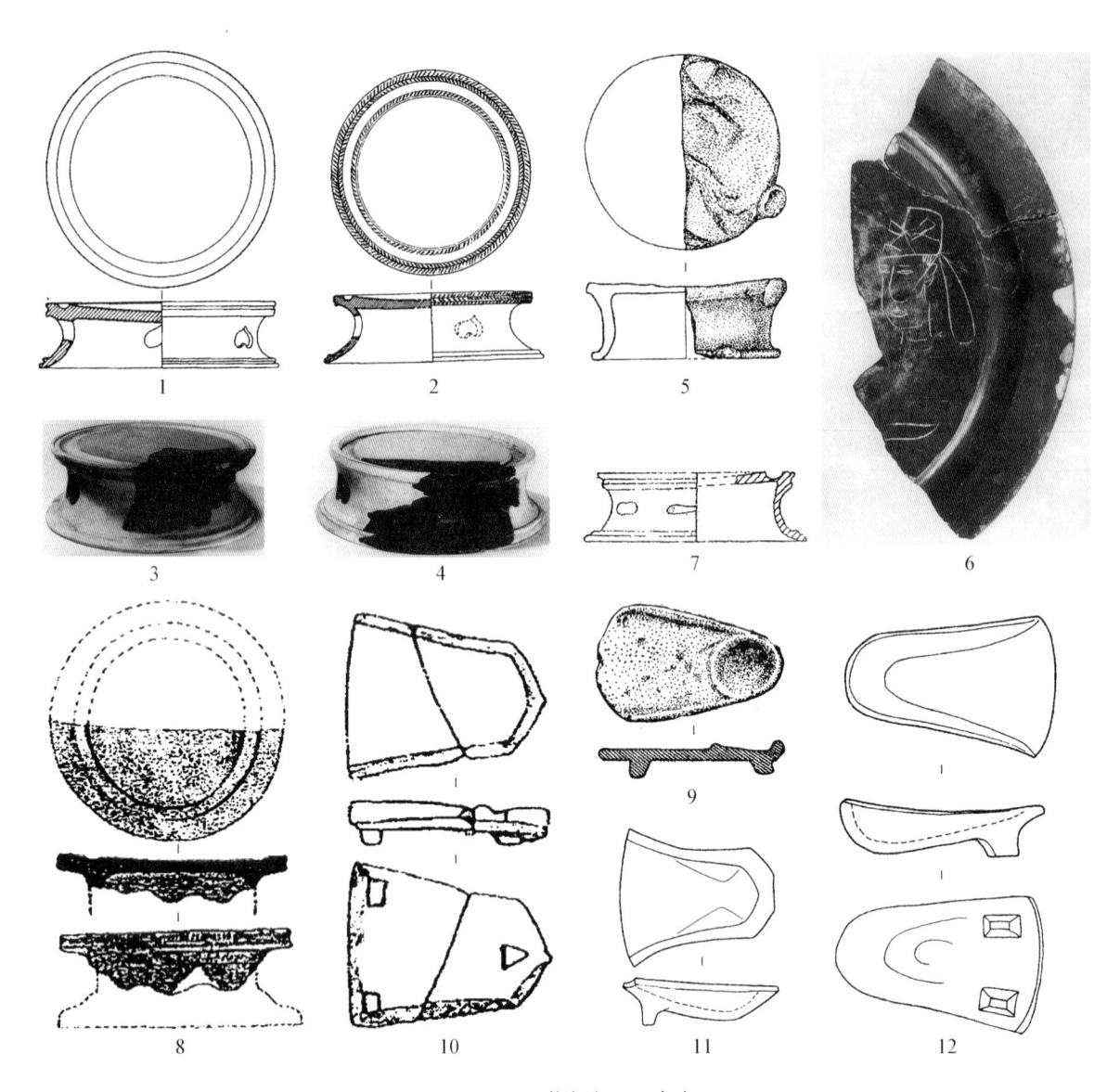

图 1-2-19 渤海陶砚及参考图

1～4. 上京城址 T306 5、6. 上京城址（2号殿、T308） 7. 咸镜北道锦城里墓 8、10. 克拉斯基诺城址 9. 北大 73M4 11、12. 偃师杏园（M4537 李棁墓、M9112 李杼墓）

（1～8. A 型；9、10. B 型）

分段制成后依次套接，附加堆纹起到加固胎体的作用。克拉斯基诺城址（图 1-2-20，7）出土过这种器座的残段。科克沙罗夫卡 1 号城址出土的陶器座（图 1-2-20，1～6），功能不明。仅从造型上来看，与河北蔚县晚唐墓葬如九宫口唐墓 M1（图 1-2-20，8）[1]、

---

[1] 蔚县博物馆：《河北省蔚县九宫口唐墓》，《考古》1993 年第 8 期。

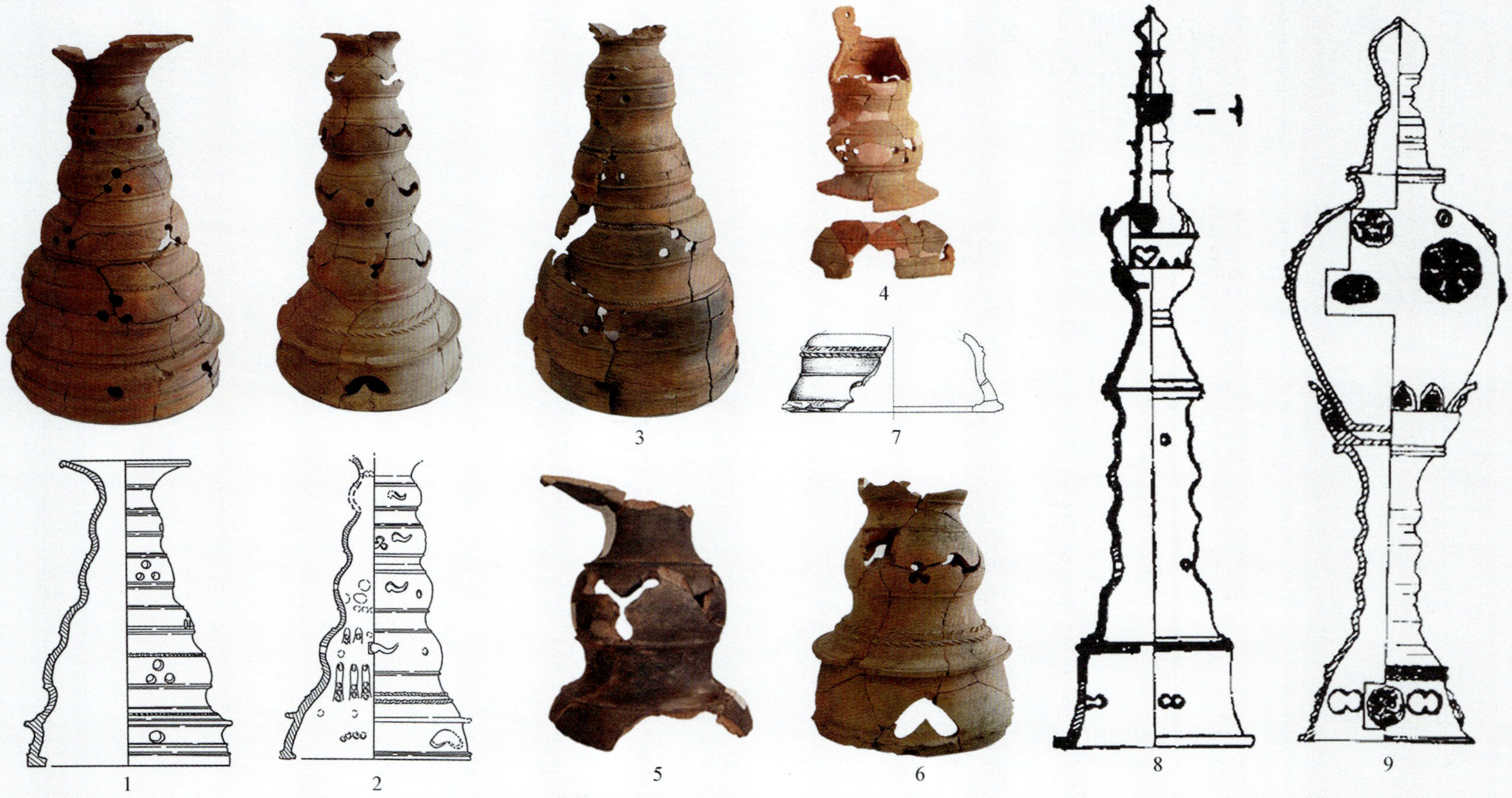

图 1-2-20 渤海陶器座及参考图

1~6. 科克沙罗夫卡 1 号城址 7. 克拉斯基诺城址 8、9. 蔚县唐墓（九宫口 M1、南洗翼 M2）

南洗翼唐墓 M2（图 1-2-20，9）[1] 出土绿釉陶塔式罐的底座以及邢台市桥西区唐墓（95QXM27）出土陶器座[2] 颇为相似。

（十四）陶熏

仅敦化六顶山一区 M1 出土 1 件（图 1-2-21，3），通体呈椭球形，小口内敛，平底，腹部有多个圆孔。

（十五）陶釜

2 件，形制不同。东宁小地营 F2 出土陶釜为斜直腹筒形（图 1-2-21，5），腹部有一周錾耳。虹鳟鱼场 M2264 出土陶釜为高领罐形，腹部有 4 个扁宽的横耳（图 1-2-21，1）。

（十六）唾壶

仅 1 件，见于六顶山一区 M5（图 1-2-21，4），敞口宽大，扁圆腹，圜底下接圈足，圈足残缺。此器与渤海上京城址二殿出土黄釉唾壶形制相近。

（十七）陶盒

盒盖与盒体共存者仅见于海林山嘴子 M15，子母口，直腹，圜底，盖弧顶（图 1-2-21，8）。上京城址出土的器盖（图 1-2-21，9）应为盒盖。

（十八）注壶

仅上京城宫城内房址 F1 外地层出土 1 件（图 1-2-21，6），残，侈口，束颈，中有凸弦纹一道，溜肩，弧腹，肩部有一短直流。残高 17.2 厘米。

（十九）筒形器

1 件，出土于上京城第 50 号宫殿址（图 1-2-21，10），大口，卷沿，直筒腹，无底，腹壁底部有一半圆形镂孔，腹部有三周附加堆纹带。高达 157.6 厘米。

（二十）斜口器

仅白山永安遗址出土 2 件，通体呈椭圆的簸箕形（图 1-2-21，7）。

---

[1] 李新威：《蔚县发现的三座唐墓》,《文物春秋》1998 年第 1 期。
[2] 邢台市文物管理处：《河北邢台市唐墓的清理》,《考古》2004 年第 5 期。

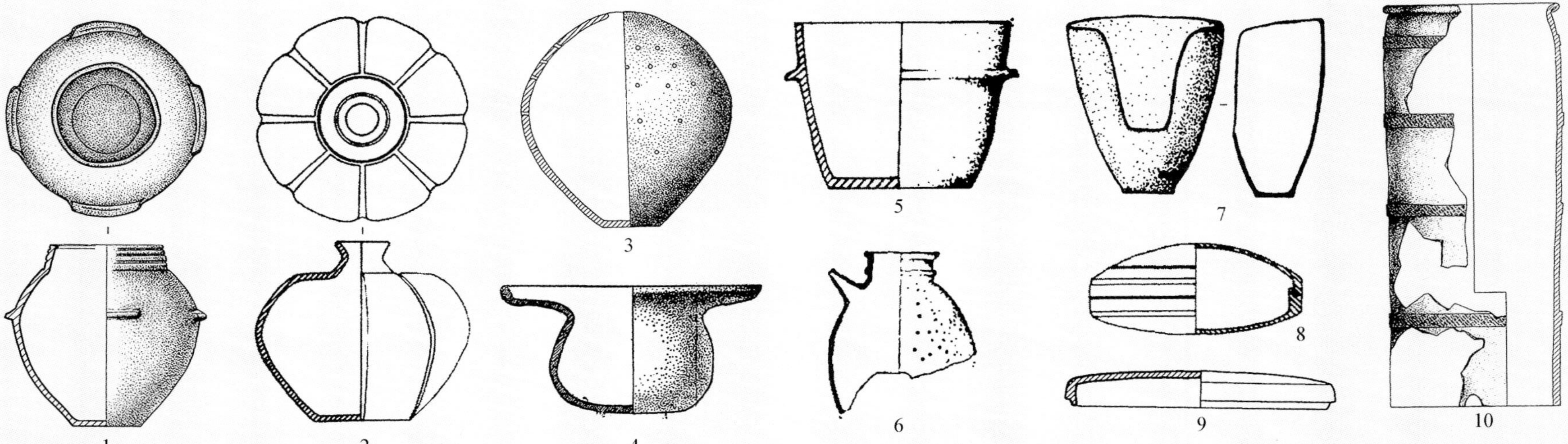

图 1-2-21 其他渤海陶器

1、5. 釜; 2. 瓜棱罐; 3. 盉; 4. 唾壶; 6. 注壶; 7. 斜口器; 8. 盒; 9. 盒盖; 10. 筒形器

(1、5. 虹鳟鱼场 M2264 2. 山嘴子 M3 3. 六顶山一区 M1 4. 六顶山一区 M5 5. 小地营 F2 6. 上京宫城内 F1 地层 7. 永安遗址 F1 8. 山嘴子 M15 9. 上京城"堆房" 10. 上京城 50 号宫殿址)

二、渤海陶器的文化渊源

渤海陶器中，文化属性特性较为鲜明、可作文化溯源的器类主要有筒腹罐、鼓腹罐、敛口罐、扁腹罐、壶、盆、瓮、碗、三足器、砚台、唾壶等。这些陶器中，靺鞨传统形制是主流，沿袭高句丽陶器风格者占相当比重，部分陶器体现了中原唐文化的影响，个别陶器具有统一新罗风格。

（一）靺鞨传统形制

筒腹罐：是渤海陶器的主要器类，出土数量最多，地域分布最广。虹鳟鱼场墓地323座墓葬出土539件陶器中，筒腹罐227件，约占42%；羊草沟墓地26座墓葬出土陶器51件，其中筒腹罐35件，约占69%；查里巴墓地1987～1988年发掘的45座墓葬出土46件陶器中，筒腹罐21件，约占46%；细鳞河遗址出土35件陶器，其中筒腹罐9件，约占26%。B型筒腹罐具有鲜明的黑水靺鞨特征[1]，多见于渤海建国之前及渤海早期。A型筒腹罐远较B型数量为多，且一直流行至渤海灭亡，可视为以粟末靺鞨为主体建立的渤海政权的典型器物。

碗：A型颇具地方特色。在三江平原地区，从滚兔岭文化的双鸭山滚兔岭遗址[2]、桦南小八浪遗址[3]，到凤林文化的友谊县凤林遗址[4]，再到早期黑水靺鞨的绥滨同仁遗址[5]，此型碗一脉相承，均有发现（参见图1-2-15、25～36），它们或是渤海A型陶碗的形制源头。这与A型碗主要出土于海林、宁安等渤海境内的北部，其他地区迄今未见的情况也是契合的。

斜口器：常见于黑龙江中游的黑水靺鞨遗址，如绥滨四十连遗址[6]、绥滨同仁一期遗址等，应是受到黑水靺鞨影响而出现的器形。斜口器仅白山永安遗址出土2件，说明其在渤海境内并未流行。

（二）高句丽陶器风格的沿袭

体现高句丽文化因素的渤海陶器主要有鼓腹罐、扁腹罐、敛口罐、壶、盆、瓮等，

---

[1] 刘晓东、胡秀杰：《渤海陶器的分类、分期与传承渊源研究》，《北方文物》2003年第1期。
[2] 黑龙江省文物考古研究所：《黑龙江省双鸭山市滚兔岭遗址发掘报告》，《北方文物》1997年第2期。赵永军：《试论滚兔岭文化》，《北方文物》2006年第1期。
[3] 黑龙江省佳木斯市文物管理站：《黑龙江桦南县小八浪遗址的发掘》，《考古》2002年第7期。
[4] 黑龙江省文物考古研究所：《黑龙江友谊县凤林城址1998年发掘简报》，《考古》2000年第11期。黑龙江省文物考古研究所：《黑龙江友谊县凤林城址1999年发掘简报》，《北方文物》2016年第4期。
[5] 黑龙江省文物考古研究所、中国社会科学院考古研究所：《黑龙江绥滨同仁遗址发掘报告》，《考古学报》2006年第1期。
[6] 黑龙江省文物考古研究所：《黑龙江省绥滨县四十连遗址发掘报告》，《北方文物》2010年第2期。

以各类横耳器最为明显。

鼓腹罐：横耳鼓腹罐与集安民主六队遗址、沈阳石台子山城、桓仁五女山城等高句丽遗址出土者（参见图1-2-3，9～12）类似。A型无耳鼓腹罐多见于高句丽墓葬及城址（参见图1-2-4，16～20），如集安洞沟古墓群禹山墓[1]、抚顺施家墓[2]、沈阳石台子山城墓[3]、桓仁五女山城等，应是受到高句丽陶器影响的器形。高句丽的这种罐，亦见于朝阳地区的北朝墓葬。

扁腹罐：B型扁腹罐与集安民主六队、沈阳石台子山城等高句丽遗址出土扁腹罐（参见图1-2-6，11，12）形制相近。

敛口罐：关于其渊源，有学者认为是受到唐代中原文化影响出现的器形。应称为"盂"[4]。也有学者认为是受到了辽宁朝阳地区即唐代营州文化的影响[5]。朝阳南大街唐墓M2[6]、重型机械厂唐墓M3[7]、双塔小区住宅楼唐墓M8、M3[8]等朝阳市内唐墓，确实出土过类似的A型敛口罐（参见图1-2-7，32～34）。但值得注意的是，类似的敛口罐在辽宁桓仁五女山城出土数量颇多，如F26，F27，F32，F63以及地层[9]，辽源市龙首山城[10]、集安霸王朝山城也出土过敛口罐[11]。抚顺洼浑木[12]高句丽晚期墓葬、抚顺高尔山城[13]则发现过带有双横耳的敛口罐。高句丽遗存中的这些敛口罐（参见图1-2-7，24～31），时代较朝阳唐墓为早，且A、B两型都有，它们或是渤海陶敛口罐的形制源头。

壶：Aa型陶壶的大喇叭口展沿，与朝阳北魏墓（如朝阳第一建筑公司96M2[14]）陶壶

---

[1] 吉林省文物考古研究所、集安市文物保管所：《集安洞沟古墓群禹山墓区集锡公路墓葬发掘》，《高句丽研究文集》，延边大学出版社，1993年。第21～79页。
[2] 辽宁省文物考古研究所、抚顺市博物馆：《辽宁抚顺市施家墓地发掘简报》，《考古》2007年第10期。
[3] 辽宁省文物考古研究所等：《石台子山城》，文物出版社，2012年。第314页等。
[4] 胡秀杰、刘晓东：《渤海陶器类型学传承渊源的初步探索》，《北方文物》2001年第4期。刘晓东、胡秀杰：《渤海陶器的分类、分期与传承渊源研究》，《北方文物》2003年第1期。
[5] 乔梁：《朝阳地区隋唐墓葬出土陶器所反映的文化关系试析》，吉林大学边疆考古研究中心：《庆祝魏存成先生七十岁论文集》，科学出版社，2015年。第344页。
[6] 李新全：《朝阳市朝阳大街唐墓清理报告》，《辽海文物学刊》1997年第1期。
[7] 辽宁省文物考古研究所：《朝阳王德等7座墓葬发掘简报》，辽宁省文物考古研究所、日本奈良文化财研究所：《朝阳隋唐墓葬发现与研究》，科学出版社，2012年。
[8] 朝阳市双塔区文物管理所：《朝阳双塔区零散唐墓出土文物》，辽宁省文物考古研究所、日本奈良文化财研究所：《朝阳隋唐墓葬发现与研究》，科学出版社，2012年。
[9] 辽宁省文物考古研究所：《五女山城——1996～1999、2003年桓仁五女山城调查发掘报告》，文物出版社，2004年。
[10] 辽源市文物管理所：《吉林辽源市龙首山城内考古调查简报》，《考古》1994年第3期。
[11] 吉林省文物考古研究所2018年发掘资料。
[12] 王增新：《辽宁抚顺市前屯、洼浑木高句丽发掘简报》，《考古》1964年第10期。
[13] 徐家国、孙力：《辽宁抚顺高尔山城发掘简报》，《辽海文物学刊》1987年第2期。
[14] 朝阳市博物馆：《辽宁朝阳北魏墓》，《边疆考古研究》第5辑，科学出版社，2007年。

(图1-2-22,11)、集安高句丽遗址(如通沟河口遗址[1],图1-2-22,6)陶壶相近,腹部横耳的做法也见于高句丽四耳展沿壶。B型、C型陶壶,在集安霸王朝山城[2]、山城下墓葬[3]、桓仁五女山城[4]、抚顺施家墓地[5]等高句丽遗址(图1-2-22,7~10)以及朝阳唐墓[6](图1-2-22,1~4)中都可以找到类似的器形,而它们均是对朝阳北魏陶壶[7](图1-2-22,12~15)造型的沿袭。D型陶壶的形制,亦见于朝阳双塔小区住宅楼唐墓[8](图1-2-22,5)。渤海陶壶体现了唐代营州地区文化以及高句丽文化的共同影响。

瓮:集安霸王朝山城[9]、集安洞沟JWM0[10]、桓仁五女山城、抚顺高尔山城、沈阳石台子山城[11]等高句丽遗址出土的陶瓮(参见图1-2-11,16~19),以腹部带横桥耳双系或四系者最为常见,但也有无耳者,与渤海的陶瓮在形制上甚为接近。

盆:渤海的陶盆,多数与集安国内城(参见图1-2-12,29~31、34~36)、桓仁五女山城(参见图1-2-12,27、28、32、33)、集安霸王朝山城[12]、抚顺高尔山城[13]等遗址出土盆形制接近,应是沿袭高句丽陶器的造型。

渤海陶器中的横耳器,以盆数量最多,其次为鼓腹罐、甑、瓮。有学者指出渤海横耳器与老河深中层的汉代夫余陶器存在继承关系[14],甚至将其渊源追溯到西周到战国时期

---

[1] 吉林省文物考古研究所等:《集安出土高句丽文物集粹》,科学出版社,2010年。第8页。
[2] 吉林省文物考古研究所2018年发掘资料。
[3] 张雪岩:《吉林集安东大坡高句丽墓葬发掘简报》,《考古》1991年第7期。
[4] 辽宁省文物考古研究所:《五女山城——1996~1999、2003年桓仁五女山城调查发掘报告》,文物出版社,2004年。第127页。
[5] 辽宁省文物考古研究所、抚顺市博物馆:《辽宁抚顺市施家墓地发掘简报》,《考古》2007年第10期。
[6] 朝阳重型机械厂M3、M6见辽宁省文物考古研究所:《朝阳王德等7座墓葬发掘简报》,辽宁省文物考古研究所、日本奈良文化财研究所:《朝阳隋唐墓葬发现与研究》,科学出版社,2012年。朝阳衬布厂03M1见辽宁省文物考古研究所等:《朝阳市衬布厂历年清理的9座唐墓出土文物》,辽宁省文物考古研究所、日本奈良文化财研究所:《朝阳隋唐墓葬发现与研究》,科学出版社,2012年。
[7] 朝阳第一建筑公司96M3北魏墓见朝阳市博物馆:《辽宁朝阳北魏墓》,《边疆考古研究》第5辑,科学出版社,2007年。朝阳工程机械厂91M9见辽宁省文物考古研究所、朝阳市博物馆:《辽宁朝阳北朝及唐代墓葬》,《文物》1998年第3期。西上台珍珠岩厂M2见朝阳地区博物馆、朝阳县文化馆:《辽宁朝阳发现北燕、北魏墓》,《考古》1985年第10期。朝阳养路费征稽处96M4见寇玉峰、于俊玉:《辽宁朝阳养路费征稽处北魏唐代墓葬》,《边疆考古研究》第3辑,科学出版社,2005年。
[8] 朝阳市双塔区文物管理所:《朝阳市双塔零散唐墓出土文物》,辽宁省文物考古研究所、日本奈良文化财研究所:《朝阳唐墓葬发现与研究》,科学出版社,2012年。
[9] 吉林省文物考古研究所2018年发掘资料。
[10] 孙仁杰:《集安洞沟古墓群三座古墓葬清理》,《博物馆研究》1994年第3期。
[11] 辽宁省文物考古研究所等:《石台子山城》,文物出版社,2012年。第70、116、228页等。
[12] 吉林省文物考古研究所2018年发掘资料。
[13] 徐家国、孙力:《辽宁抚顺高尔山城发掘简报》,《辽海文物学刊》1987年第2期。
[14] 乔梁:《靺鞨陶器的分区、分期及相关问题研究》,《边疆考古研究》第9辑,科学出版社,2010年。第174页。

图 1-2-22　渤海陶壶参考图

1、2. 朝阳重型机械厂 M3　3. 朝阳重型机械厂 M6　4. 朝阳衬布厂 03M1　5. 朝阳双塔小区 M9　6. 集安通沟河口遗址　7. 集安山城下 M365　8. 集安霸王朝山城　9. 桓仁五女山城 F30　10. 抚顺施家墓地 M5　11、12. 朝阳第一建筑公司墓地（96M2、96M3）　13. 朝阳工程机械厂 91M9　14. 西上台珍珠岩厂 M2　15. 朝阳养路费征稽处 96M4

（7、10. 釉陶；余为陶）

的西团山文化[1]。这种溯源似无法解释两者之间的时代悬隔。从直接的造型渊源来看，渤海的横耳陶器，还应来自高句丽横耳器的影响。

（三）中原唐文化因素

受中原唐文化影响出现的器类主要有三足器、砚台、唾壶等。

三足器：河南偃师杏园唐墓 M5036（中唐时期）出土（参见图 1-2-18，8）[2] 以及

---

[1] 刘晓东、胡秀杰：《渤海陶器的分类、分期与传承渊源研究》，《北方文物》2003 年第 1 期。
[2] 中国社会科学院考古研究所：《偃师杏园唐墓》，科学出版社，2001 年。第 134 页。发掘报告称此件青铜三足器为用于温酒的"铛"，实际上铛是有耳的，参孙机：《鹦鹉杯与力士铛》，《文物天地》1987 年第 1 期。

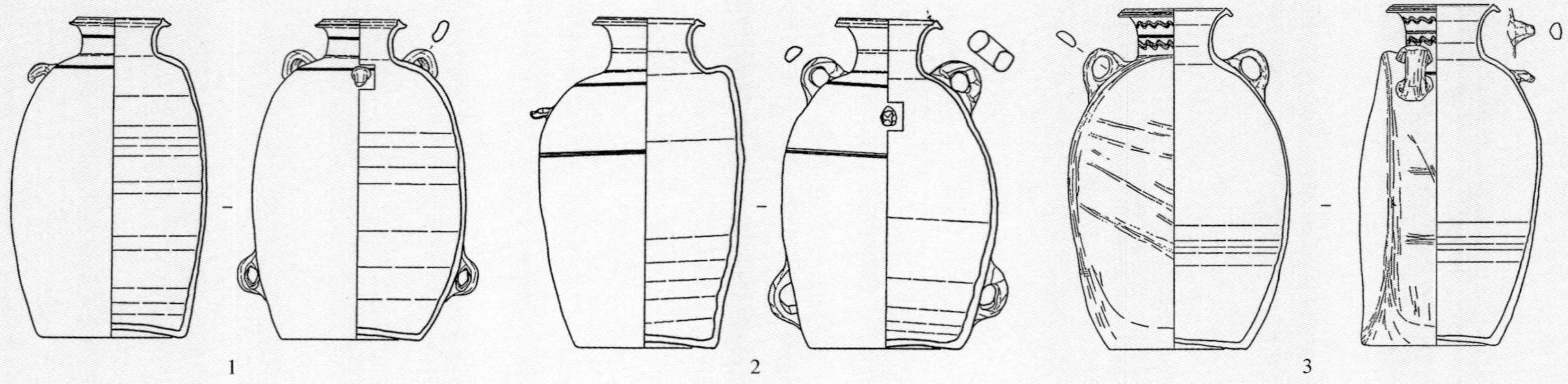

图 1-2-23 庆州出土统一新罗陶扁壶
1、2. 庆州牟梁坊内里 6 号水井　3. 庆州博物馆南侧基址 1 号水井

观叶楼私人收藏的唐代青铜三足器（参见图1-2-18，6）[1]，与渤海釉陶及陶质A型三足器形制近同，或是后者模仿的原型。B型陶三足器球腹、带盖、圜底的特征，与唐三彩中习见的鍑，如巩义芝田唐墓[2]（参见图1-2-18，11）、朝阳韩贞墓[3]（参见图1-2-18，12）等出土者相近，唯口部稍有差别。

砚台：B型砚亦被称为"风"字砚，习见于唐代墓葬，如偃师杏园唐墓M4537（869年李棁墓）（参见图1-2-19，11）、M9112（882年李杼墓）（参见图1-2-19，12）[4]等。A型砚高座、宽台面、窄凹槽（墨汁槽）的特征，与唐初非常流行的辟雍砚，如辽宁朝阳643年蔡须达墓绿釉砚[5]颇为接近，台座上的镂孔，或是模仿辟雍砚蹄状足之间的空隙。

唾壶：六顶山一区M5出土陶唾壶，与中原地区晚唐墓葬中[6]习见的瓷唾壶形制相近。

（四）统一新罗风格陶器

克拉斯基诺城址水井出土的一件陶壶，直口，颈部宽短，腹部一侧扁平，另一侧有桥形系（参见图1-2-9，22），这种用于汲水的壶，与韩国庆州[7]等地出土的统一新罗时期陶扁壶（图1-2-23，1~3）形制相近。

第三节　其他渤海陶器

主要有生产工具（坩埚、模具、纺轮、网坠）、版位、多孔器等。

一、生产工具

（一）陶坩埚

上京城宫城内房址出土过2件（图1-3-1，1、2）[8]，手制泥质灰陶、直腹、圜底，腹部厚，有一件内尚存熔铜。俄罗斯滨海边疆区马里亚诺夫斯克城址、新戈尔杰耶夫斯

---

[1] 深圳市文物考古鉴定所：《唐人器用》，文物出版社，2013年。
[2] 郑州市文物考古研究所：《巩义芝田晋唐墓葬》，科学出版社，2003年。彩版二四，6。
[3] 朝阳地区博物馆：《辽宁朝阳唐韩贞墓》，《考古》1973年第6期。
[4] 中国社会科学院考古研究所：《偃师杏园唐墓》，科学出版社，2001年。第192页。
[5] 辽宁省文物考古研究所、朝阳市博物馆：《辽宁朝阳北朝及唐代墓葬》，《文物》1998年第3期。
[6] 如偃师杏园唐墓M1819李归厚夫妇合葬墓（834~858年）出土者，前引《偃师杏园唐墓》第197页。
[7] 경주 모량, 방내리 유적-6호 우물 출토영남문화재연구원，2015《庆州牟梁坊内里遗迹-6号水井》，岭南文化财研究院，2015）；경주박물관 남측부지（2차）유적-1호 우물 출토신라문화유산연구원，2014［庆州博物馆南侧基址（第2次发掘）-1号水井，新罗文化遗产研究院，2014］。此资料蒙釜山大学梁银景教授提供。
[8] 黑龙江省文物考古研究所：《渤海上京宫城内房址发掘简报》，《北方文物》1987年第1期。

图1-3-1 渤海陶坩埚
1、2.上京宫城内房址 3、4.戈尔巴特卡城址 5.杏山村落址

克城址[1]、戈尔巴特卡城址[2](图1-3-1,3、4)、杏山村落址[3](图1-3-1,5)也发现过陶坩埚,有的坩埚口部有流,用来倾倒金属熔液。

(二)陶模具

海林河口遗址出土一件陶模具(图1-3-2,1、2)[4],长13.2、宽5.6厘米,其内2个拟铸件纹饰相同,按此模具所铸出的器物尺寸与渤海的方形青铜牌饰相近,且垂帐纹及圆泡也较为接近。上京城址3、4号宫殿址出土的一件所谓"陶牌饰"[5](图1-3-2,3、4),长方形,长8、宽6.3厘米,一面扁平,一面刻出镊子(?)、菱形花饰等图案,推测也应为制作小型饰件的模具。俄罗斯滨海边疆区新戈尔杰村落遗址出土模具57件[6],用来制作铜泡、小型铜花饰等。

(三)陶网坠

绝大多数出土于居住址,如永安遗址[7]、细鳞河遗址[8]、振兴遗址[9]、兴农城址[10]、

---

[1] [俄]Э.В.沙弗库诺夫等著,宋玉彬译:《渤海国及其俄罗斯远东部落》,东北师范大学出版社,1997年。第139页。
[2] 吉林省文物考古研究所、俄罗斯科学院远东分院远东民族历史·考古·民族研究所:《俄罗斯滨海边疆区渤海文物集粹》,文物出版社,2013年。第209~211页。
[3] 吉林省文物考古研究所、俄罗斯科学院远东分院远东民族历史·考古·民族研究所:《俄罗斯滨海边疆区渤海文物集粹》,文物出版社,2013年。第11页。
[4] 黑龙江省文物考古研究所、吉林大学考古学系:《河口与振兴——牡丹江莲花水库发掘报告(一)》,科学出版社,2001年。图版一九,4。
[5] 黑龙江省文物考古研究所:《渤海上京城——1998~2007年度考古发掘调查报告》,文物出版社,2009年。图版二六,3。
[6] [俄]Н.В.列申科著,裴石译:《滨海地区渤海遗址中的粘土制品》,《东北亚考古资料译文集》第4辑,《北方文物》杂志社,2002年。第284页。
[7] 吉林省文物考古研究所:《吉林浑江永安遗址发掘报告》,《考古学报》1997年第2期。
[8] 黑龙江省文物考古研究所、吉林大学边疆考古研究中心:《黑龙江海林市细鳞河遗址发掘报告》,《北方文物》2018年第1期。
[9] 黑龙江省文物考古研究所、吉林大学考古学系:《河口与振兴——牡丹江莲花水库发掘报告(一)》,科学出版社,2001年。第146页。
[10] 黑龙江省文物考古研究所等:《黑龙江省海林市兴农渤海时期城址的发掘》,《考古》2005年第3期。

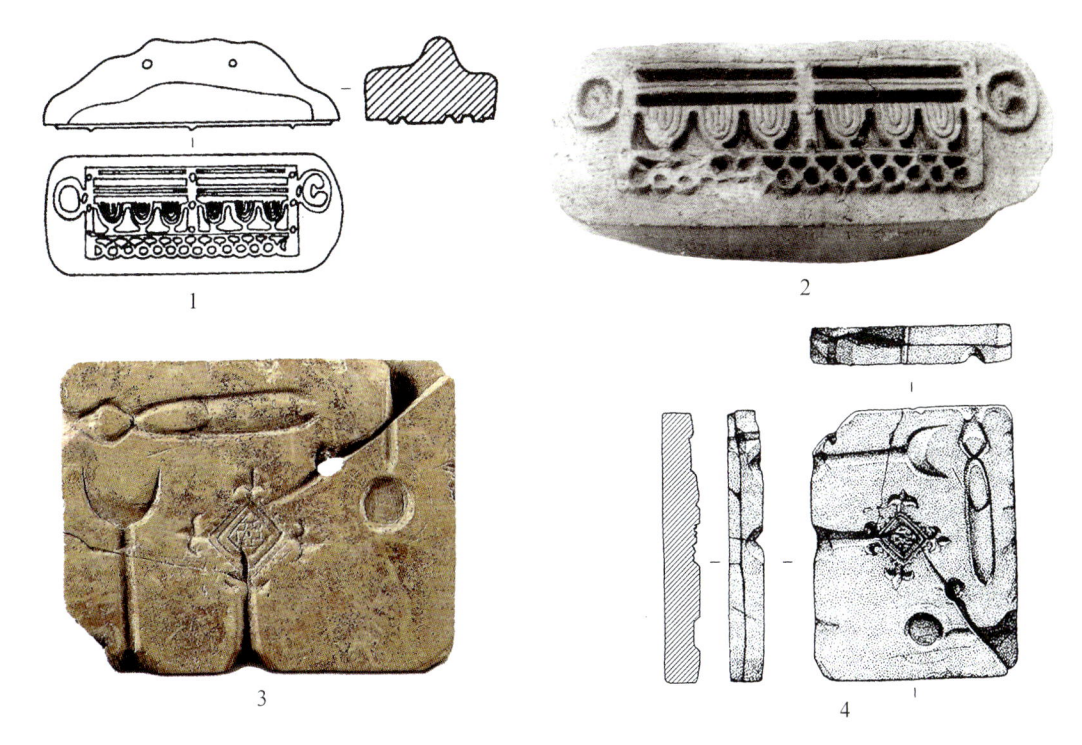

图 1-3-2　渤海陶模具
1、2. 河口遗址　3、4. 上京城 3、4 号宫殿址

上京城[1]、克拉斯基诺城址[2]等。形制多样，有长圆柱两端做出凹槽者（图 1-3-3，1~5），有短圆柱中部做出凹槽者（图 1-3-3，6~8），有枣核形中部做出凹槽（图 1-3-3，9~14）或中心做出穿孔者（图 1-3-3，15）。宁安渤海砖瓦窑址出土网坠 17 件[3]，形制基本相同，应是该窑场专门烧制的。此外，也有用板瓦等陶器残片改制而成的网坠（图 1-3-3，16）。

（四）陶纺轮

见于海林细鳞河遗址[4]、河口遗址[5]、东宁小地营遗址[6]、抚松新安遗址[7]、

---

[1] 中国社会科学院考古研究所：《六顶山与渤海镇——唐代渤海国的贵族墓地与都城遗址》，中国大百科全书出版社，1997 年。图版 73，6。
[2] 吉林省文物考古研究所、俄罗斯科学院远东分院远东民族历史·考古·民族研究所：《俄罗斯滨海边疆区渤海文物集粹》，文物出版社，2013 年。第 146、147 页。
[3] 黑龙江省文物考古研究所：《渤海砖瓦窑址发掘报告》，《北方文物》1986 年第 2 期。
[4] 黑龙江省文物考古研究所、吉林大学边疆考古研究中心：《黑龙江海林市细鳞河遗址发掘报告》，《北方文物》2018 年第 1 期。
[5] 黑龙江省文物考古研究所、吉林大学考古学系：《河口与振兴——牡丹江莲花水库发掘报告（一）》，科学出版社，2001 年。第 39、51 页。
[6] 黑龙江省文物考古研究所：《黑龙江东宁县小地营遗址渤海房址》，《考古》2003 年第 3 期。
[7] 吉林省文物考古研究所：《吉林抚松新安遗址发掘报告》，《考古学报》2013 年第 3 期。

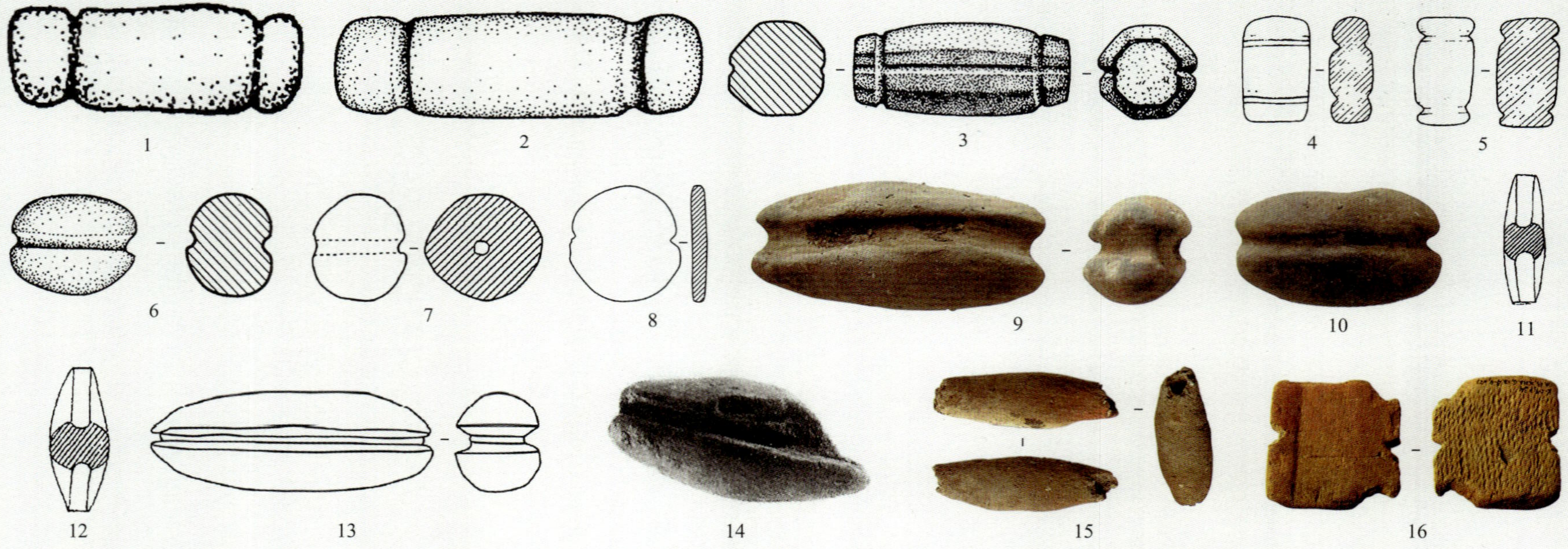

图 1-3-3 渤海陶网坠

1.永安遗址 2、3、6.振兴遗址 4、5.兴农城址 7、8、13.细鳞河遗址 9、10、15、16.克拉斯基诺城址 11、12.杏山砖瓦窑址 14.上京城址

上京城址[1]、海林兴农城址[2]、俄罗斯滨海戈尔巴特卡城址[3]等[4]。捏制烧成或以陶片改制而成，中部均穿圆孔[5]，形制有扁平圆饼（图1-3-4，1~11）、矮圆台形（图1-3-4，12、13）、凸字形（图1-3-4，14~17）3种。

有关渤海的纺织业，文献仅有只鳞片爪的记载。《新唐书·渤海传》记："（渤海）俗所贵者……显州之布，沃州之绵，龙州之紬"。《册府元龟》卷九七二《朝贡第五》记925年"渤海国王大諲譔遣使裴璆贡人参……细布、貂鼠皮被一、褥……"渤海织物的考古发现也屈指可数。和龙北大M35铜饰帽内壁的平纹麻布[6]，残块长8、宽4厘米，每平方厘米经纬线各12根。俄罗斯滨海地区戈尔巴特卡城址出土过一段（麻？）绳[7]。1975年上京城内发现成组的舍利函，其中用来包裹银盒、玻璃瓶的织物（衬垫、包布、口袋）有40余层，保存很差，织物的种类有刺绣、锦缎、绸缎、纱、罗，颜色有红、绿、黄等，有的织成花纹。有几件织物边上还缝有以银丝、铜丝等穿成的珍珠串[8]。2010年上京城发现的舍利函也有织物痕迹[9]。舍利函内发现的这些织物，不排除来自唐代中原之可能。

二、陶版位

渤海的陶版位，仅见于上京城址（图1-3-5，1~4），均为青砖制成，但未有完整者。文字皆楷书，刻在青砖的一面上。宫城北门址出土的1件版位，存3字，"立"字清晰可辨，另一字推测为"位"[10]。2号宫殿基址出土版位上的文字，有"（四？）品位""客""未"[11]。此外上京还发现过"六品"字样的版位。

---

[1] 东亚考古学会：《東京城——渤海國上京龍泉府址の発掘調査》，《東方考古学叢刊》第5册，1939年。图六七，34。上京城二殿出土了一件被认为是用废瓦当改制的纺轮，但中心无孔，似无法用来纺线。见黑龙江省文物考古研究所：《渤海上京城——1998~2007年度考古发掘调查报告》，文物出版社，2009年。第147页。
[2] 黑龙江省文物考古研究所等：《黑龙江省海林市兴农渤海时期城址的发掘》，《考古》2005年第3期。
[3] 吉林省文物考古研究所、俄罗斯科学院远东分院远东民族历史·考古·民族研究所：《俄罗斯滨海边疆区渤海文物集粹》，文物出版社，2013年。第212页。
[4] 永吉杨屯遗址1979年发掘被认为属渤海时期的陶纺轮19件，但均出土于探方或探沟的第一层（即表土层），其形制与该遗址第一期文化即西团山文化的陶纺轮相近。吉林市博物馆：《吉林永吉杨屯大海猛遗址》，《考古学集刊》第5集，中国社会科学出版社，1987年。陶纺轮的时代及文化特征不突出，在有多个时期文化堆积的遗址中，往往存在早期遗物混入渤海地层的情况。
[5] 不同种类纤维的纺织，对纺轮形制及重量的要求各有差异。
[6] 延边朝鲜族自治州博物馆、和龙县文化馆：《和龙北大渤海墓葬清理简报》，《东北考古与历史》第1辑，文物出版社，1982年。
[7] 吉林省文物考古研究所、俄罗斯科学院远东分院远东民族历史·考古·民族研究所：《俄罗斯滨海边疆区渤海文物集粹》，文物出版社，2013年。第240页。
[8] 宁安县文物管理所等：《黑龙江省宁安县出土的舍利函》，《文物资料丛刊》第2辑，文物出版社，1978年。第291页。朱国忱、朱威：《渤海遗迹》，文物出版社，2002年。第250页。
[9] 黑龙江省文物考古研究所：《黑龙江宁安渤海上京城出土渤海国舍利函》，《文物》2015年第6期。
[10] 黑龙江省文物考古研究所：《黑龙江宁安渤海上京城宫城北门址发掘简报》，《文物》2015年第6期。
[11] 黑龙江省文物考古研究所：《渤海上京城——1998~2007年度考古发掘调查报告》，文物出版社，2009年。第150页。

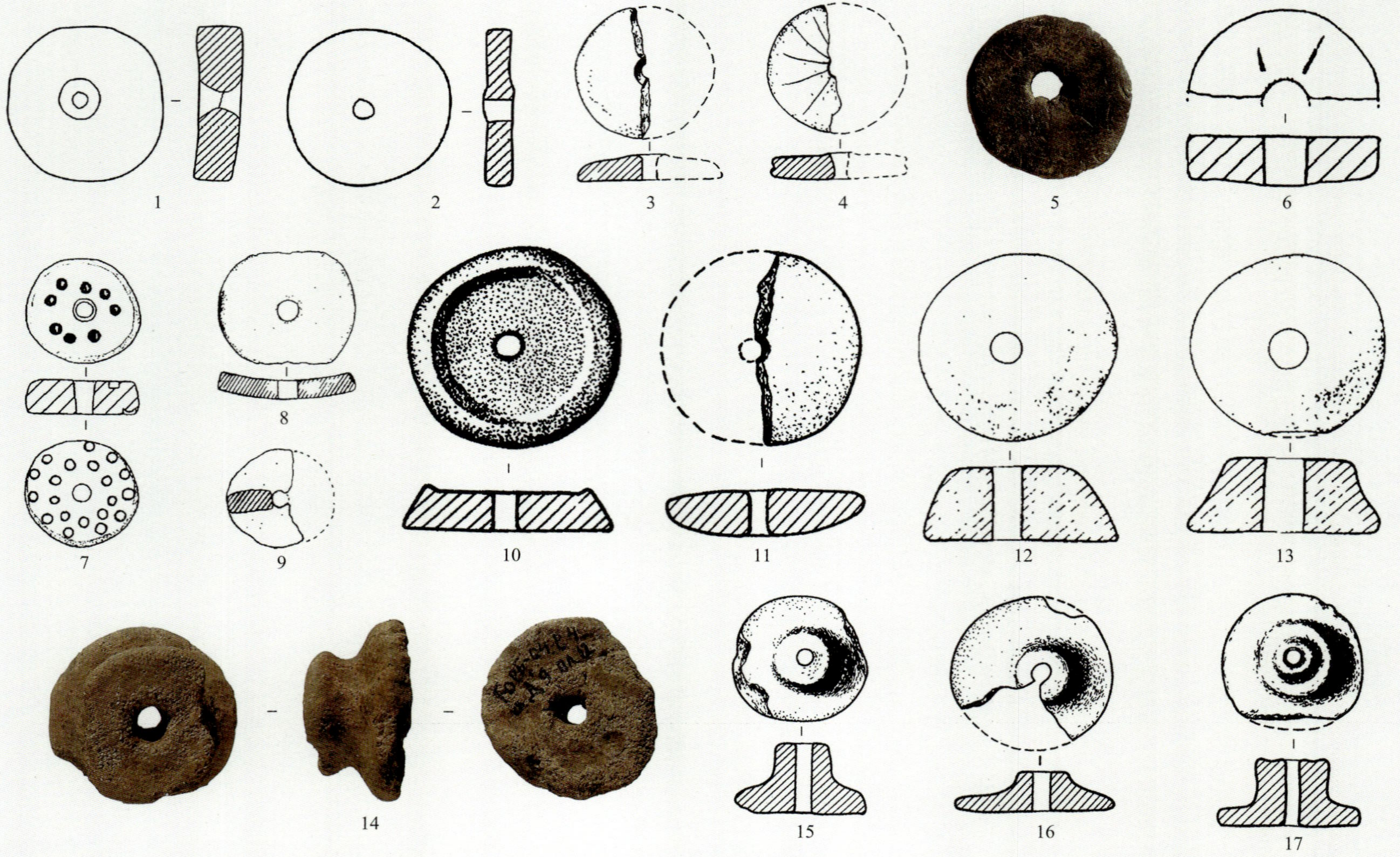

图1-3-4 渤海陶纺轮

1、2.细鳞河遗址 3、4、12、13.兴农城址 5、14.戈尔巴特卡城址 6、7.新安遗址 8、9.小地营遗址 10、11、15～17.河口遗址

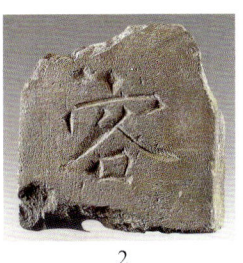

图 1-3-5 渤海陶版位
1～4.上京城址

按照唐朝礼制，唐代宫廷举行朝会、祭祀等大型活动，需要按照参加者的身份、品级、地位等，以版位安排座次和位置。《唐六典》卷十四："奉礼郎掌设君臣之版位，以奉朝会、祭祀之礼。版位，黑质赤文。天子方尺有二寸，厚三寸；太子方九寸，厚二寸；公卿已下方七寸，厚一寸有半。天子版位题曰'皇帝位'，太子曰'皇太子位'，百官题曰'某品位'。凡祭祀、朝会，以赞导焉。"[1]《新唐书·志第三十八·百官三》："奉礼郎二人，从九品上。掌君臣版位，以奉朝会、祭祀之礼。"《通典·礼八十九》"公主出降"条："又设文武群官版位：五品以上于横街北，六品以下于横街南，文东武西，俱重行。""黑质赤文"的唐代版位，目前还没有发现。按《唐会要》卷三十六记，开元二十六年六月二十七日"渤海遣使求写《唐礼》及《三国志》《晋书》《三十六国春秋》，许之"[2]。《新唐书·渤海传》记渤海官制仿自唐朝，"以品为秩"，"大抵宪象中国制度"。考古发现的渤海版位应是对唐代版位的仿效。

三、多孔器

多孔器是一种带有多处穿孔的立方体陶器[3]，见于渤海时期的城址和遗址中，尺寸多在10厘米上下，孔径多在2厘米左右，按结构大体可分为三型。

A 型　长方体，三孔，正面对称开两孔，侧面开一孔（图 1-3-6，1～8）。侧面孔多为贯穿，呈柱状或锥状，少数不贯穿，只开孔至半。按装饰风格可分为两种：一种通体素面；另一种饰以眉毛状的刻划线条，整体形如鸮首，各边棱切削成圆弧状。此型多孔器出土数量最多，在渤海上京城、敦化六顶山墓葬、抚松新安遗址、海林细鳞河遗址、俄罗斯克拉斯基诺城址中均有出土。

---

[1]（唐）李林甫等著，陈仲夫点校：《唐六典》卷十四，中华书局，2014年。第397页。
[2]（宋）王溥撰：《唐会要》卷三十六，中华书局，1955年。第667页。
[3] 也有少数为石质。

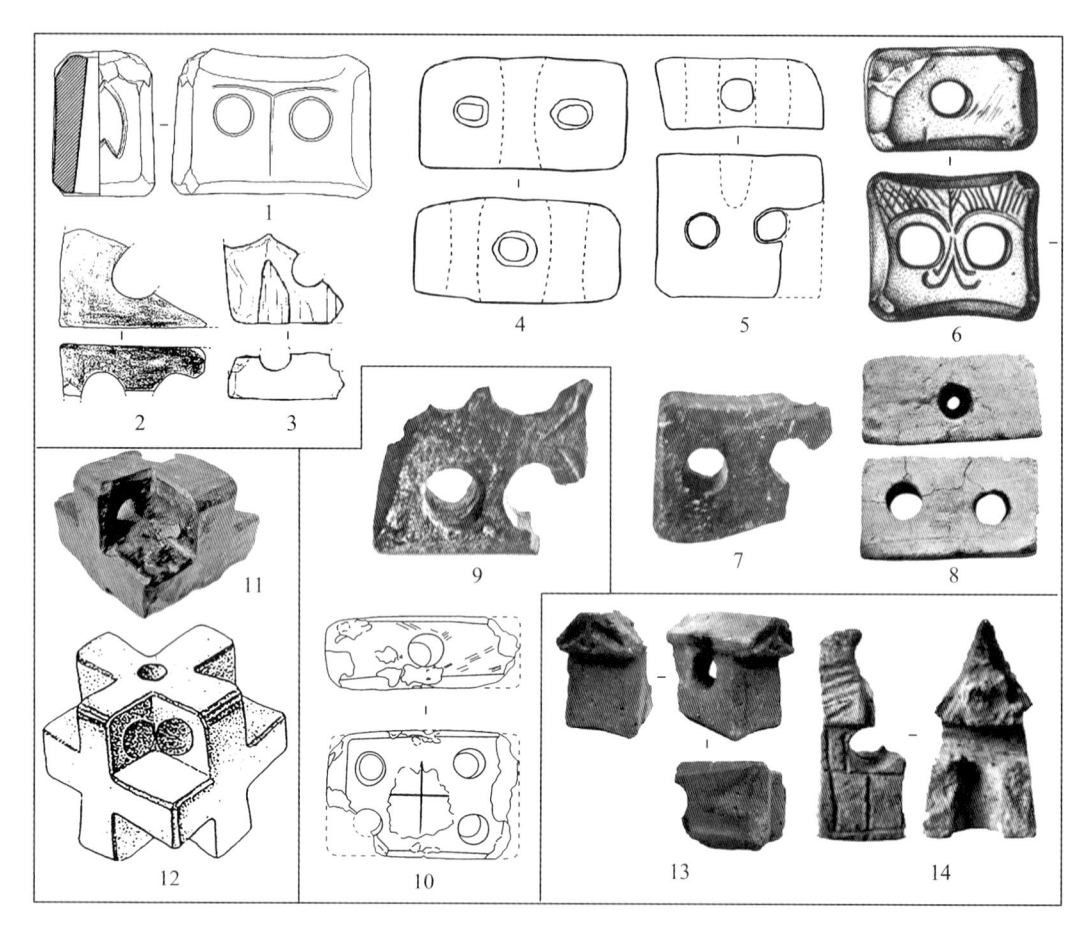

图 1-3-6　渤海陶多孔器

1. 上京城址　2. 六顶山墓葬　3. 抚松新安遗址　4、5. 细鳞河遗址　6～8、14. 克拉斯基诺城址　9. 新戈尔杰耶夫斯科耶城址　10. 科克沙罗夫卡1号城址　11、12. 尼古拉耶夫斯科耶2号城址　13. 契尔良基诺2号村落址

B型　长方体，五孔，正面对称开四孔，侧面开一孔（图1-3-6，9、10）。装饰风格与A型类似，亦分为两种。此型多孔器出土数量较少，见于俄罗斯新戈尔杰耶夫斯科耶城址、科克沙罗夫卡1号城址[1]。

C型　缺角正方体，九至十五孔，为正方体切去八个角（图1-3-6，11、12），切去的部分占边长的三分之一，各面正视呈十字形。此型多孔器出土数量较少，仅见于俄罗斯尼古拉耶夫斯科耶2号城址。

此外还有一种房屋造型的陶器（图1-3-6，13、14），在俄罗斯契尔良基诺2号

---

[1] 大韩民国文化财厅国立文化财研究所、俄罗斯远东支部历史学考古学民俗学研究所：《滨海边境地区科克沙罗夫卡遗址——科克沙罗夫卡-1平地城、科克沙罗夫卡-8石筑构造物》，2015年。

村落址、克拉斯基诺城址中见有出土，其与A型多孔器在结构上颇为相似，但意匠明显不同，与素面或鸮首造型的多孔器相比，似乎是两类不同的器物。

多孔器的分布遍及渤海国的核心区域，但在中原尚未有见，或可视为靺鞨文化的特有器物。其中A型多孔器最早在高句丽时期就已出现，在通化自安山城、抚顺高尔山城等高句丽城址中均有出土，应当是渤海多孔器的祖源。B型、C型多孔器则是渤海时期新创[1]，其中B型多孔器在渤海灭亡之后完全消失，而到了金代，A型、C型多孔器在东北地区又重新流行起来，出土材料十分丰富，如前郭塔虎城、白城城四家子金代陶窑、大安尹家窝铺金代盐场等遗址均有出土。根据相关研究[2]，多孔器在辽代遗址中极少见到[3]，这种时间上的断层更从侧面说明了这类陶器应是流行在靺鞨－女真一系人群中的特有器物。

对于多孔器的用途，目前学界看法不一[4]，就A型多孔器而言，有祭祀用具、节约、制绳工具、井具等说；就C型多孔器而言，有冶炼工具、建筑构件、制绳工具等说。目前来看，上述说法多为猜测，尚难形成定论，有待进一步探讨。

第四节　渤海釉陶新探
——以日用釉陶器为中心

唐代是中国古代铅釉陶器发展的鼎盛时期，中原窑场的釉陶产品向东北亚地区（今中国东北、俄罗斯滨海边疆区、朝鲜、韩国、日本）的输出，釉陶生产工艺向东北亚地区的传播，是鼎盛期的突出表现之一。有着"海东盛国"之称的渤海国，是唐王朝在东北亚地区的地方民族政权，其境内出土的釉陶和瓷器，对于探讨东北亚"陶瓷之路"形成与发展的过程具有重要意义。

渤海低温铅釉陶器的发现，始于1933～1934年东亚考古学会对黑龙江宁安渤海上京城址的发掘[5]。1964年中国科学院考古研究所东北考古工作队第二队发掘上京城址，出土日用釉陶器残片1 500片，这些残片绝大多数出土于宫城西区的"堆房"遗址[6]。

---

[1] C型多孔器仅见于一城一地出土，发掘者将其定为渤海时期，存疑，在正式报告发表之前暂从此说。
[2] 赵里萌：《多孔器研究》，吉林大学硕士学位论文，2016年。
[3] 仅指辽国直接统治的城镇，不包括辽代同时期的生女真、五国部等羁縻部族。
[4] 武松：《渤海文化来源研究——以考古资料为中心》，吉林大学博士学位论文，2019年。
[5] 东亚考古学会：《東京城——渤海國上京龍泉府址の発掘調査》，《東方考古学叢刊》第5册，1939年。
[6] 中国社会科学院考古研究所：《六顶山与渤海镇——唐代渤海国的贵族墓地与都城遗址》，中国大百科全书出版社，1997年。第104页。此次发掘的部分釉陶资料，被朱荣宪《渤海文化》（雄山阁，1979年。第98～100页）一书提前抄袭发表。

此后随着上京城的历次发掘，宁安三陵坟、和龙北大等渤海墓地的清理，中国境内的渤海釉陶的资料不断积累；俄罗斯滨海边疆区克拉斯基诺城址、马蹄山寺庙址等，也发现了一些釉陶器皿。中、日、俄三国学者，都曾从各个角度对渤海釉陶做过研究[1]。2009年以来新资料刊布大幅增多，相关科技检测也提出了一些新认识，关于渤海釉陶的类型、文化因素、年代、产地等问题，实有重新检讨的必要。需要说明的是，渤海釉陶从功能上可分为建筑构件、日用器皿、俑三类，本节仅重点讨论数量众多、体现文化交流较为显著的日用釉陶器。

一、日用釉陶器的类型

渤海境内发现的釉陶器，有单色釉陶和多色釉陶两种，前者包括黄釉、绿釉、酱釉陶器以及淡黄釉绞胎器，后者为黄、绿、赭、白等多种组合釉彩，亦称为三彩。由于低温铅釉流动性好，故釉彩交融斑斓。釉陶器的胎，有白胎、灰黄色胎、砖红色胎等多种。器形主要有缸、壶、熏炉、三足器、盆、盘、盒、砚、唾壶、罐、碗、盏、枕等，其中碗、盏、枕为绞胎器。另外还有器盖、器座及一些器形不明的残片。

（一）缸

可复原者仅上京城 2 号宫殿址 1 件（04NSG Ⅲ T002007 ②：1）（图 1-4-1，1、2、5）[2]，大口，卷唇，曲腹，腹部两侧附有两个横耳，平底。外口沿下滚印麦穗纹一周，腹部贴塑两条纹饰带，纹饰带上下为竖条，中部为连续的卷草纹（忍冬纹），以两朵宝相花间隔，纹饰应为模印施加，有浅浮雕的效果。白胎，釉彩以黄、绿、赭为主，交融流淌，色彩斑斓。口径 138.5、底径 108、高 46.3 厘米，体型硕大，堪称迄今所知唐代釉陶容器之冠。2 号宫殿址还出土过此类缸的纹饰残片 1 件（99NS Ⅵ T002002 ②：8）（图 1-4-1，7）[3]，红胎。和

---

[1] 中国学者的研究主要有：冯浩璋：《唐代渤海国釉陶三彩器初探》，《考古》1999 年第 8 期。李红军：《渤海遗址和墓葬出土的三彩器研究》，《文物研究》第 10 辑，黄山书社，1995 年。彭善国：《试析渤海遗址出土的釉陶和瓷器》，《边疆考古研究》第 5 辑，科学出版社，2006 年。谢明良：《中国古代铅釉陶的世界：从战国到唐代》，石头出版股份有限公司，2014 年。俄罗斯学者的研究主要有：Е.И. Гельман. ГЛАЗУРОВАННАЯ КЕРАМИКА И ФАРФОР СРЕДНЕВЕКОВЫХ ПАМЯТНИКОВ ПРИМОРЬЯ, Владивосток, 1999. pp.119. [俄] Е.И. Гельман 著，[日] 金沢阳译：《沿海州における遺跡出土の中世施釉陶器と磁器》，《出光美術館館報》第 105 卷，1998 年。日本学者的研究主要有：[日] 三上次男：《渤海、辽代的陶瓷》，《世界陶瓷全集 13·辽金元》，小学馆，1981 年。[日] 龟井明德：《渤海三彩陶试探》，《アジア游学》，勉诚出版，1999 年。李伊萍译文见《东北亚考古资料译文集》第 4 辑，《北方文物》杂志社，2002 年。
[2] 黑龙江省文物考古研究所：《渤海上京城：1998～2007 年度考古发掘调查报告》，文物出版社，2009 年。第 182 页，图版一九七，1。
[3] 黑龙江省文物考古研究所：《渤海上京城：1998～2007 年度考古发掘调查报告》，文物出版社，2009 年。第 184 页，图版一九八，1。

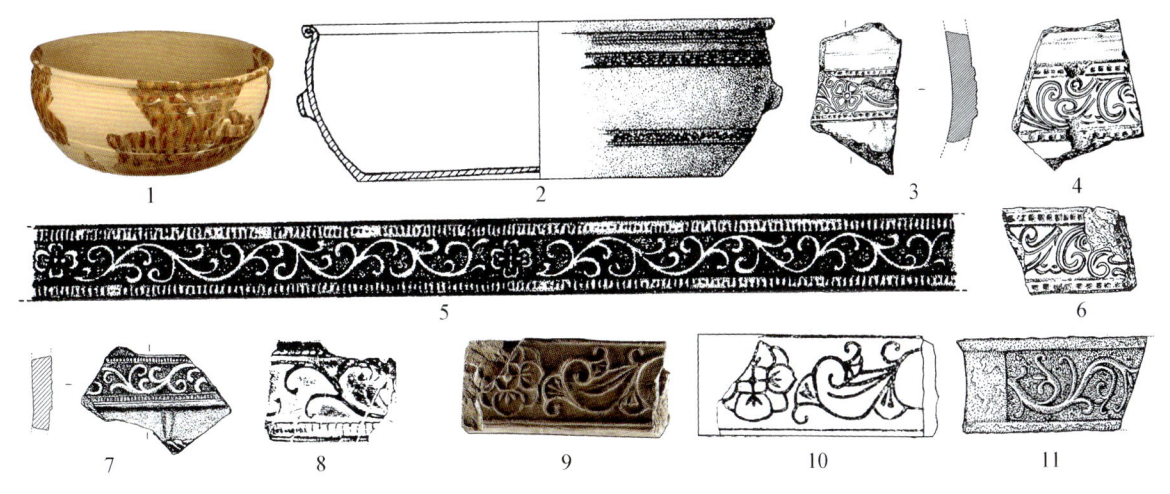

图 1-4-1　渤海釉陶缸及参考图
1、2、5. 上京城 2 号宫殿址釉陶缸及纹饰　3、4、6. 西古城釉陶缸片　7. 上京城 2 号宫殿址釉陶缸片
8. 上京城陶缸　9. 上京城长方形花纹砖　10. 杏山窑址长方形花纹砖　11. 上京城铁饰件
（1～7. 釉陶；8～10. 陶；11. 铁）

龙西古城 1 号宫殿址出土的 3 件釉陶缸残片（2001HXNT12③:10、2001HXNT11③:2、2001HXNT15③:3）（图 1-4-1，3、4、6）[1]，灰白胎，黄绿釉剥蚀严重，其上卷草纹带（1 件以宝相花间隔）与上京城釉陶缸装饰方法、布局相同。

（二）壶

可复原器 2 件，为敦化六顶山 IM5:28（图 1-4-2，1、2）[2]、和龙北大 88M7:5（图 1-4-2，7、8）[3]，形制近同，重唇，盘口外展，束颈，鼓肩，弧腹，平底。区别在于，前者器体高大，重唇明显，肩部有对称的双横桥耳；后者器形较小，重唇不明显，肩部有凹弦纹一周。六顶山 IM5:28，胎色黄褐，外施黄、绿、白三彩，壶内满施绿釉，腹外壁施釉不及足。口径 14.4、底径 12.4、高 32.8 厘米。北大 88M7:5，白胎，外满施黄、绿、白、褐彩，内半釉。口径 8.6、底径 7.8、高 18.1 厘米。此外，上京城址、汪清红云寺庙址（图 1-4-2，6）[4] 出土过此类三彩壶的残片。

---

[1] 吉林省文物考古研究所等：《西古城：2000～2005 年度渤海国中京显德府故址田野考古报告》，文物出版社，2007 年。第 106 页，图版三二，5、6。
[2] 吉林省文物考古研究所等：《六顶山渤海墓葬——2004～2009 年清理发掘报告》，文物出版社，2012 年。第 125 页，图版八四。
[3] 延边博物馆等：《吉林省和龙县北大渤海墓葬》，《文物》1994 年第 1 期。
[4] 吉林省文物考古研究所：《吉林汪清县红云渤海建筑遗址的发掘》，《考古》1999 年第 6 期。

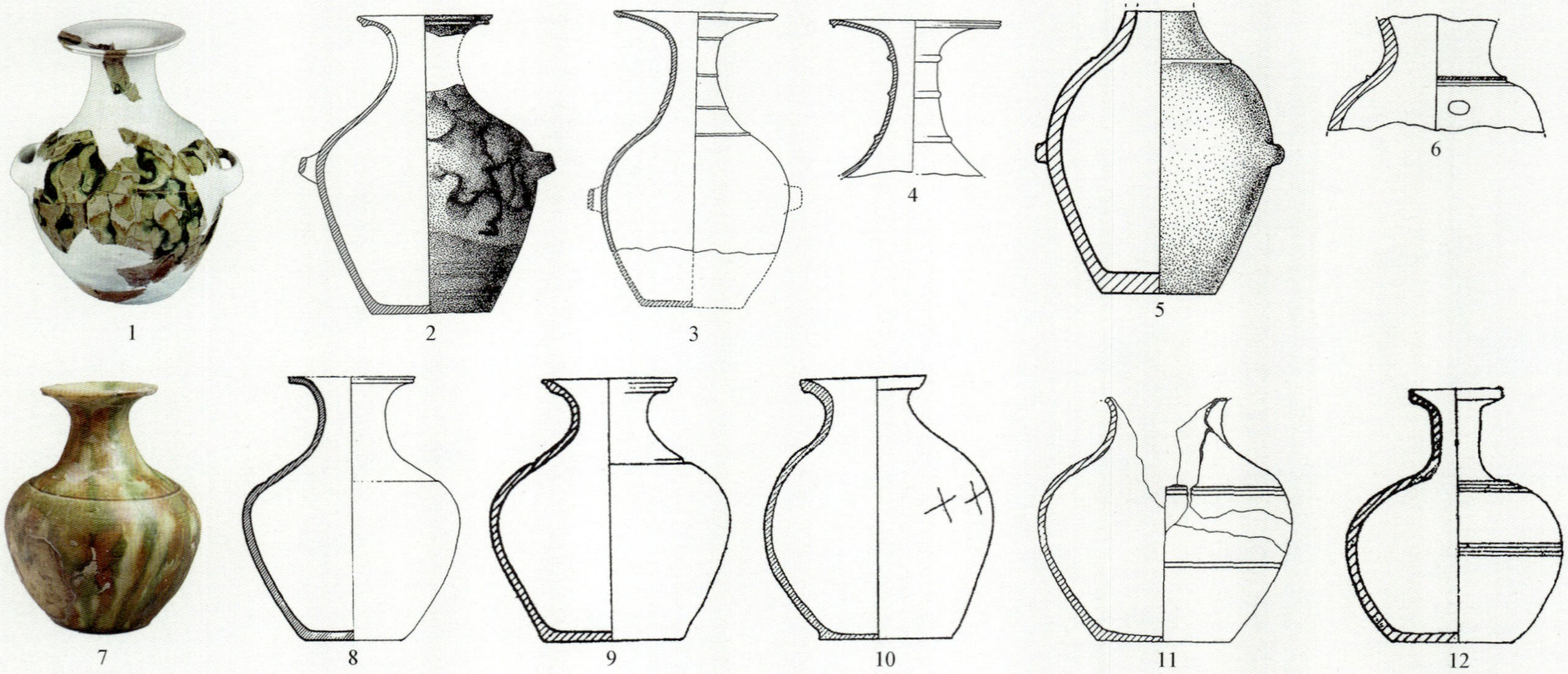

图 1-4-2 渤海釉陶壶及参考图

1、2. 六顶山 I M5：28 3. 上京城 T306：276 4. 振兴遗址 T1501②：9 5. 上京郛城正南门基址 6. 红云寺庙址 7、8. 北大 88M7：5 9. 羊草沟 M110：16 10. 细鳞河遗址 95F1：29 11. 抚顺施家 M5：6 12. 集安山城下 M365
（3～5、9、10. 陶；余为釉陶）

（三）熏炉

仅1件完整器，出土于宁安三陵坟4号墓[1]（图1-4-3，1~3），由炉盖和炉身两部分组成。炉盖母口外折，弧顶，宝珠钮，盖面有四处花式镂孔；炉身子口平折，直腹，腹底平，贴塑三蹄状足，足上部做成兽（狮子）面。白胎，炉盖施黄、绿、白三彩，炉身施黄、绿二彩，釉彩交融斑斓，炉内无釉。胎质较粗，呈白色。炉身口径20、高9.8厘米；炉盖外径22.1、高9.4厘米。上京城址"堆房"（图1-4-3，4）[2]、上京城3、4号宫殿址[3]、敦化六顶山ⅠM5（图1-4-3，5）、六顶山ⅠM2（贞惠公主墓，图1-4-3，6）[4]、珲春古城村寺庙址[5]均出土过带镂孔的熏炉盖。俄罗斯滨海边疆区杏山寺庙址（图1-4-3，8）[6]、汪清红云寺庙址（图1-4-3，7）发现过此类熏炉的兽首状足残件[7]。

（四）三足器

可复原者仅1件，出土于上京城址"堆房"（T302：68）（图1-4-4，1、2），侈口，展沿，直腹，平底下接三蹄状足。器表施黄、绿、赭釉。口径18.5、通高9.5厘米。此三足器与前述熏炉炉身部分形制接近，推测亦应是熏炉。

（五）盆

器形可辨的3件釉陶盆，均发现于上京城址，如"堆房"（T307：34，图1-4-5，1；T306：272，图1-4-5，3）、郭城11号门址（图1-4-5，2）[8]，大口、卷唇、平底。腹部有深浅之别，深腹的2件中1件带有横耳，均为三彩釉；浅腹1件，腹部横桥耳，通体施黄釉。

---

[1] 马自树：《中国边疆民族地区文物集萃》，上海辞书出版社，1999年。第20页。黑龙江省文物考古研究所赵哲夫、李陈奇：《渤海三彩——渤海上京城出土釉陶》，文物出版社，2013年。第218、219页。
[2] 中国社会科学院考古研究所：《六顶山与渤海镇——唐代渤海国的贵族墓地与都城遗址》，中国大百科全书出版社，1997年。第106页。
[3] 黑龙江省文物考古研究所：《渤海上京城：1998~2007年度考古发掘调查报告》，文物出版社，2009年。第392页。
[4] 吉林省文物考古研究所等：《六顶山渤海墓葬——2004~2009年清理发掘报告》，文物出版社，2012年。图版九〇、3、4。Ⅰ区M2残片长7厘米，报告称为"器底"，但其上镂孔（推测有6个），且内壁无釉，"底面"有黄、绿二色釉彩。若为器底，镂孔（除非为甑）、施彩的可能性很小，故推测为熏炉器盖。
[5] 吉林省文物考古研究所2018年发掘资料。
[6] 吉林省文物考古研究所、俄罗斯科学院远东分院远东民族历史·考古·民族研究所：《俄罗斯滨海边疆区渤海文物集粹》，文物出版社，2013年。第89页。
[7] 此类兽足亦不排除是釉陶簋足的可能。
[8] 黑龙江省文物考古研究所、牡丹江市文物管理站：《渤海国上京龙泉府遗址1997年考古发掘收获》，《北方文物》1999年第4期。彩图见黑龙江省文物考古研究所赵哲夫、李陈奇：《渤海三彩——渤海上京城出土釉陶》，文物出版社，2013年。第268页。

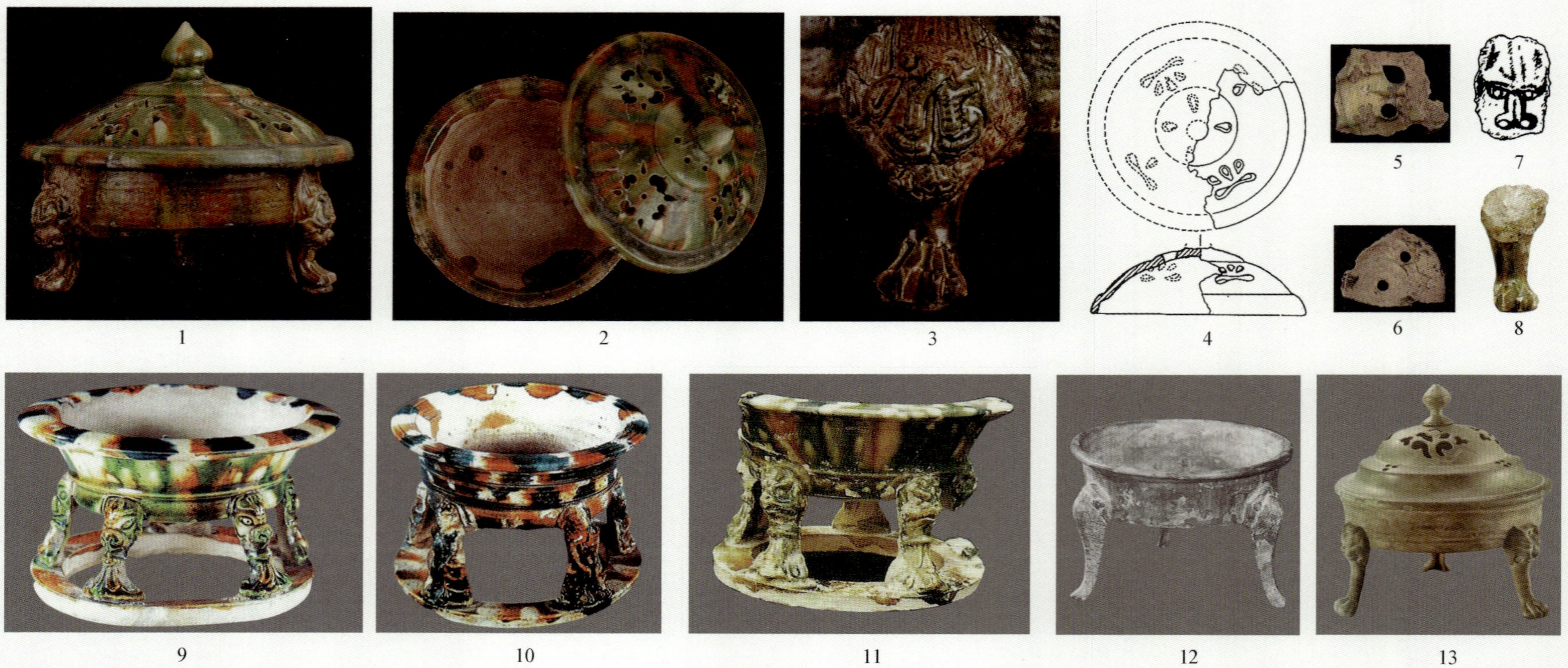

图 1-4-3 渤海三彩熏炉及参考图

1~3. 三陵坟 M4　4. 上京城址 T306：149　5、6. 六顶山墓地（ⅠM5：63、ⅠM2：10）　7. 红云寺庙址　8. 杏山寺庙址　9. 荥阳文管所藏　10. 洛阳唐墓　11. 巩义黄冶窑址　12. 偃师杏园 M5036　13. 观叶楼藏

（1~12. 三彩；13. 青铜）

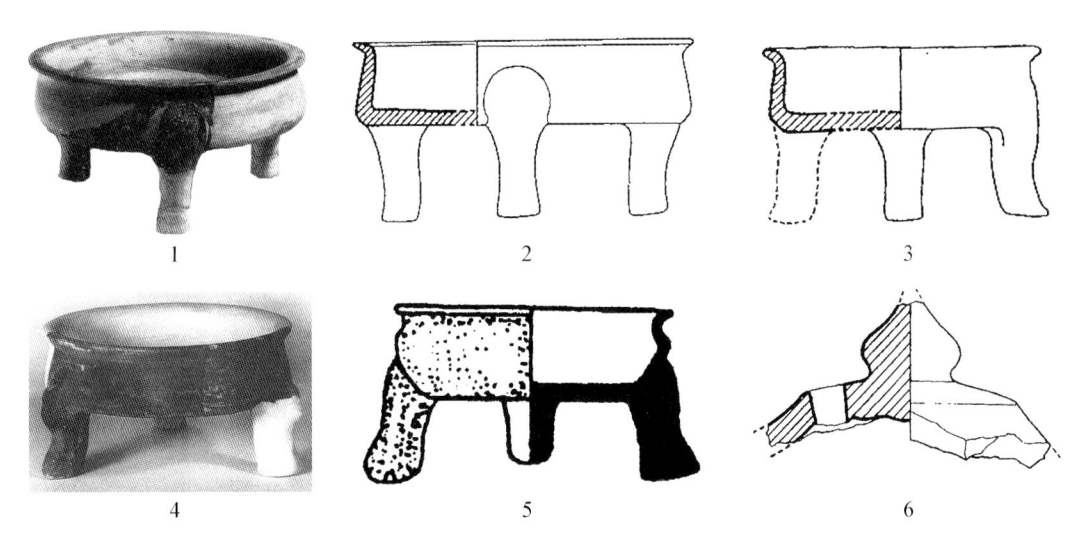

图 1-4-4 渤海釉陶三足器及参考图

1~4、6. 上京城址"堆房"（T302：68、T302：68、T302：2、T301：14、T307：2） 5. 克拉斯基诺城址
（1、2. 釉陶；3-6. 陶）

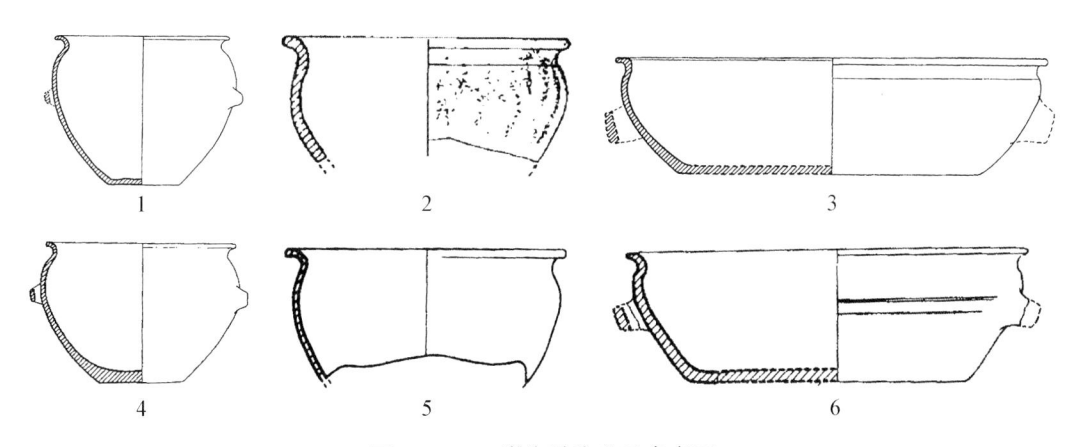

图 1-4-5 渤海釉陶盆及参考图

1、3、4、6. 上京城址（T307：34、T306：272、T302：104、T320：66） 2. 上京城郭城 11 号门址   5. 振兴遗址 H155：7

（1~3. 釉陶；4~6. 陶）

（六）盘

可复原者 5 件，均出土于上京城址"堆房"（图 1-4-6，1~4）。形制相近，大口，卷唇，浅腹，大平底。口径 31~42、高 5.3~6.7 厘米。釉色有黄釉、绿釉及黄绿釉。类似的陶盘在上京城址出土数量甚多（图 1-4-6，5~7）。

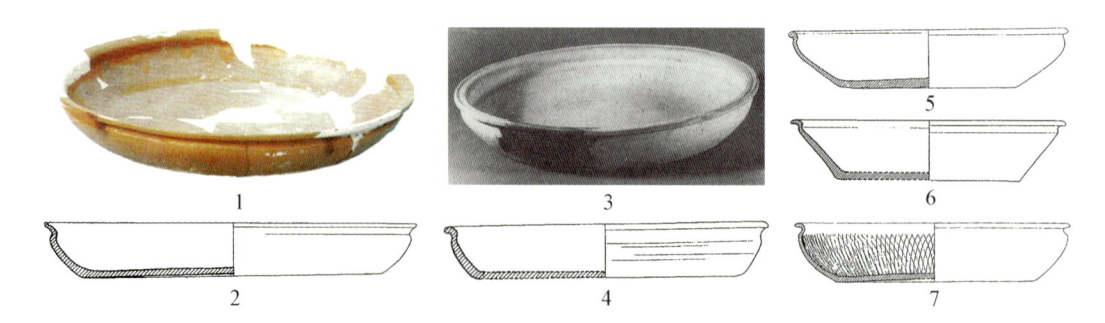

图 1-4-6　渤海上京城出土釉陶盘及参考图
1、2.T305∶1　3.T306∶53　4.T307∶8　5.T306∶3　6.T308∶42　7.T306∶262
（1～4.釉陶；5～7.陶）

（七）盒

3件，完整者仅海林山嘴子墓地征集1件（图1-4-7，1）[1]，由盒盖和盒身组成，通体扁平，平顶平底，子母口，直壁。内黄釉，外绿釉。直径12、通高2.8厘米。上京城址出土的釉陶盒盖（T306∶304）（图1-4-7，2）[2]，母口，顶部略拱起，盒面施绿釉，直径23厘米。俄罗斯滨海边疆区马蹄山寺庙址出土的釉陶盒盖（图1-4-7，3）[3]，子口，顶部略拱，直径13.4厘米，盖面施绿釉，盖内无釉。类似的泥质灰陶盒盖亦见于上京城址（图1-4-7，4）。

（八）砚

上京城址出土9件砚，均为残片，不可复原，形制与该城址出土灰陶砚相同。

（九）唾壶

1件，上京城2号宫殿址出土（图1-4-8，1、2）[4]，喇叭口，束颈，曲腹，圈足。白胎，黄绿釉。口径8.6、高4.6厘米。

（十）双系罐

1件，出土于和龙北大墓地（73M28∶1）（图1-4-9，1）[5]，小口，卷圆唇，短直颈，

---

[1] 黑龙江省文物考古研究所等：《黑龙江省海林市山嘴子渤海墓葬》，《北方文物》2012年第1期。
[2] 中国社会科学院考古研究所：《六顶山与渤海镇——唐代渤海国的贵族墓地与都城遗址》，中国大百科全书出版社，1997年。第106页，图版94，2。
[3] 吉林省文物考古研究所、俄罗斯科学院远东分院远东民族历史·考古·民族研究所：《俄罗斯滨海边疆区渤海文物集粹》，文物出版社，2013年。第111页。
[4] 黑龙江省文物考古研究所：《渤海上京城：1998～2007年度考古发掘调查报告》，文物出版社，2009年。第183页。报告误称为盏。
[5] 延边朝鲜族自治州博物馆、和龙县文化馆：《和龙北大渤海墓葬清理简报》，《东北考古与历史》第1辑，文物出版社，1982年。

图 1-4-7 渤海釉陶盒（盖）及参考图
1. 海林山嘴子墓地征集 2、4. 上京城址（T306:304、T301:13） 3. 马蹄山寺庙址 5、6. 巩义黄冶窑址 7. 洛阳铁路编组站唐墓 8. 巩义博物馆藏唐墓 M1025 9. 杏园
（1~3、5~8. 釉陶；4. 灰陶；9. 白瓷）

图 1-4-8 渤海釉陶唾壶及参考图
1、2. 上京城 2 号宫殿址 3. 洛阳城白居易宅遗址 4、5. 杏园唐墓（M1025、M1819）
（1、2. 釉陶；3. 低温铅绿釉陶；4、5. 白瓷）

95

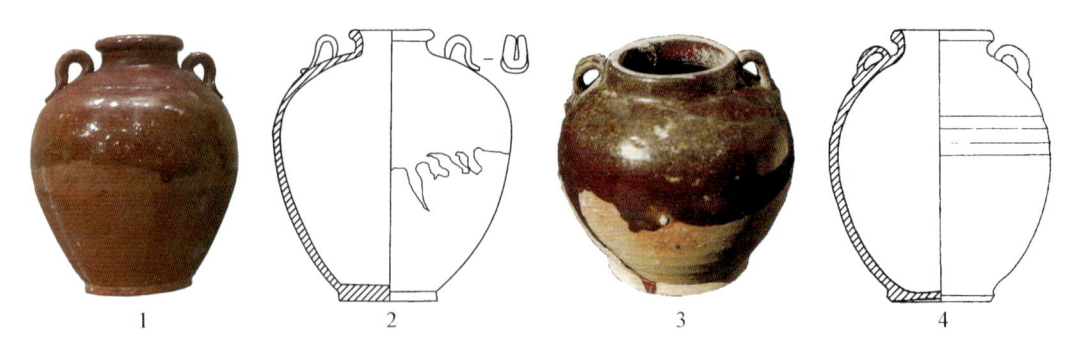

图 1-4-9　渤海褐釉陶双系罐及参考图
1. 和龙北大 73M28∶1　2. 朝阳中心市场唐墓 M9∶11　3. 巩义黄冶窑址　4. 偃师杏园唐墓 M5036∶14

丰肩，肩部附对称条形双系，鼓腹下收，饼状足。砖红色胎，棕褐色釉，釉及化妆土均施于器物上部。口径 6、高 14.8 厘米。

（十一）绞胎器

3 件，均为淡黄色釉，器形为碗、盏、枕，均为器体全绞胎。碗出土于和龙北大 M7（图 1-4-10，1、2），敞口，折腹，圈足，施淡黄釉，浓淡不匀[1]，口径 11.6、高 5.4 厘米。绞胎盏 1 件，敦化六顶山 IM4 出土（图 1-4-10，5、6），残，敞口，折腹，口径 7、残高 4 厘米。绞胎枕 1 件，出土于和龙龙头山墓地石国墓区 1 号墓（图 1-4-10，9）[2]，呈现上宽下窄的箱体，枕面下凹，四角翘起。长 16.5、宽 12、高 10.5 厘米。

除如上器类之外，上京城、西古城[3]、虹鳟鱼场墓地 M2151[4]、海林细鳞河遗址[5]等还发现了器盖（图 1-4-11，1~4）、器座（图 1-4-11，5、6）以及形制不明的釉陶残片（图 1-4-11，7~10）。

二、日用釉陶器的文化因素

上京城釉陶缸的造型，与渤海陶盆类似。麦穗纹是渤海檐头板瓦上常见的纹饰，上

---

[1] 墓葬简报称碗施草绿、米黄、浅黄、白色釉，实际上只施淡黄釉一种，釉层透明，所谓白色釉只是白色绞胎的颜色；绿釉只有局部的条纹，不像是有意施加的。
[2] 吉林省文物考古研究所：《田野考古集粹——吉林省文物考古研究所成立二十五周年纪念》，文物出版社，2008 年。第 81 页，图 3。
[3] 吉林省文物考古研究所等：《西古城：2000~2005 年度渤海国中京显德府故址田野考古报告》，文物出版社，2007 年。第 105 页。
[4] 黑龙江省文物考古研究所等：《宁安虹鳟鱼场：1992~1995 年度渤海墓地发掘报告》，文物出版社，2009 年。第 149 页，图版一三六，2。
[5] 黑龙江省文物考古研究所、吉林大学考古学系：《1996 年海林细鳞河遗址发掘的主要收获》，《北方文物》1997 年第 4 期。

图 1-4-10　渤海绞胎器及参考图
1、2. 和龙北大 M7∶6　3、7、8. 巩义东区唐墓 M253　4. 西安王家坟 M90　5、6 敦化六顶山 Ⅰ M4∶7　9. 和龙石国墓区 1 号墓　10. 巩义黄冶窑址　11. 河南博物院藏品
（1～4. 碗；5～8. 盏；9～11. 枕）

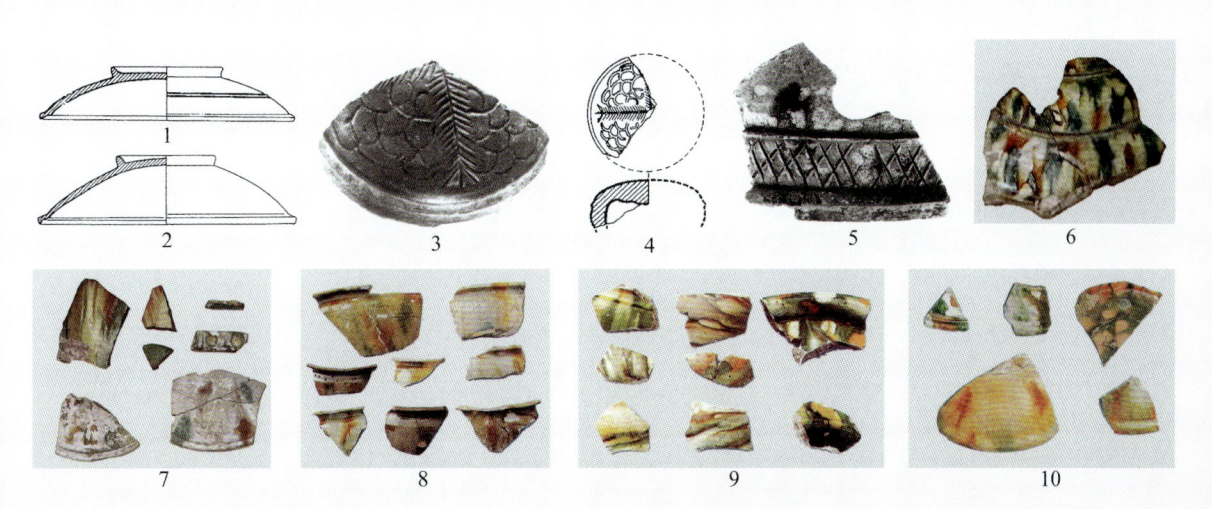

图 1-4-11　渤海上京城出土其他釉陶器
1～4. 器盖　5、6. 器座　7～10. 釉陶残片

京城址出土陶片以及陶砚[1]上均有此类装饰。卷草纹是渤海流行纹饰，习见于长方形砖及铁饰件（参见图1-4-1，11）[2]上。上京城出土的灰陶缸上，也有贴塑卷草纹带的做法（参见图1-4-1，8）[3]。至于以宝相花间隔卷草纹带，则见于上京城（参见图1-4-1，9）[4]、宁安杏山砖瓦窑址（参见图1-4-1，10）[5]出土的灰陶长方形砖的边侧。无论造型，还是纹饰，这类釉陶缸都体现了极为鲜明的渤海本地特点。

与渤海釉陶壶形制近同的产品，目前在唐代陶瓷中尚未发现。宁安上京城址"堆房"（参见图1-4-2，3）、上京郭城正南门基址（参见图1-4-2，5）[6]、海林振兴遗址（参见图1-4-2，4）[7]、海林羊草沟M110（参见图1-4-2，9）[8]、海林细鳞河遗址（参见图1-4-2，10）[9]等，均出土过与之造型类似的渤海陶壶。重唇是靺鞨-渤海陶器最为鲜明的特征，横桥耳亦习见于渤海陶器[10]。可以推测，六顶山1M5:28、和龙北大88M7:5三彩壶，应是脱胎于渤海陶器的釉陶产品。集安山城下墓区东大坡墓地M365出土的酱釉盘口长颈壶（参见图1-4-2，12）[11]，多被认为是渤海釉陶[12]。此壶造型不见于高句丽陶器，相类似的陶器，在朝阳北魏墓、唐墓以及渤海遗址中均有发现，其时代是高句丽晚期还是渤海时期，目前还无法确定。抚顺施家M5出土的铅绿釉陶壶（参见图1-4-2，11）[13]，形制与北大88M7三彩壶近同，但颈部较粗，口部残缺。施家M5、M26、M30、M7还都出土了贝壳。以贝壳作为随葬品，目前未见于高句丽墓葬，但却是中原唐墓、朝阳唐墓（如中山营子唐墓、朝阳衬布厂89M1等）习见的

---

[1] 中国社会科学院考古研究所：《六顶山与渤海镇——唐代渤海国的贵族墓地与都城遗址》，中国大百科全书出版社，1997年。第95页，图版75，3。
[2] 东亚考古学会：《東京城——渤海國上京龍泉府址の発掘調査》，《東方考古学叢刊》第5册，1939年。图版一〇二。黑龙江省文物考古研究所《渤海上京城：1998～2007年度考古发掘调查报告》，文物出版社，2009年。第410页。
[3] 中国社会科学院考古研究所：《六顶山与渤海镇——唐代渤海国的贵族墓地与都城遗址》，中国大百科全书出版社，1997年。第89页。
[4] 黑龙江省文物考古研究所：《渤海上京城：1998～2007年度考古发掘调查报告》，文物出版社，2009年。第360页。
[5] 黑龙江省文物考古研究所：《渤海砖瓦窑址发掘报告》，《北方文物》1986年第2期。
[6] 黑龙江省文物考古研究所：《渤海上京城：1998～2007年度考古发掘调查报告》，文物出版社，2009年。第563页。
[7] 黑龙江省文物考古研究所、吉林大学考古学系：《河口与振兴——牡丹江莲花水库发掘报告（一）》，科学出版社，2001年。第145页。
[8] 黑龙江省文物考古研究所：《黑龙江省海林市羊草沟墓地的发掘》，《北方文物》1998年第3期。
[9] 黑龙江省文物考古研究所、吉林大学边疆考古研究中心：《黑龙江海林市细鳞河遗址发掘报告》，《北方文物》2018年第1期。
[10] 刘晓东、胡秀杰：《渤海陶器的分类、分期与传承渊源研究》，《北方文物》2003年第1期。
[11] 张雪岩：《吉林集安东大坡高句丽墓葬发掘简报》，《考古》1991年第7期。
[12] 董长富：《集安出土的几件渤海时期文物》，《博物馆研究》1997年第1期。
[13] 辽宁省文物考古研究所、抚顺市博物馆：《辽宁抚顺市施家墓地发掘简报》，《考古》2007年第10期。

做法。前述和龙北大88M7同样也随葬有贝壳。因此，施家M5不排除是渤海墓葬的可能[1]。

釉陶盆与上京城（参见图1-4-5，4、6）、振兴遗址（参见图1-4-5，5）等地习见的渤海陶盆造型基本相同，釉陶盘、砚台也都与上京城等地出土的泥质灰陶器形制相同，应都是模仿陶器的釉陶产品。

中原地区唐三彩熏炉出土数量较多，典型如巩义黄冶窑址[2]（参见图1-4-3，11）、洛阳李楼下庄唐墓出土（参见图1-4-3，10）以及荥阳市文物管理所藏唐三彩熏炉（参见图1-4-3，9）[3]，炉身均宽平折沿，斜腹下内收，五个蹄状足，足端附于圆环形座上，与三陵坟4号墓三彩熏炉存在明显差异。河南偃师杏园唐墓M5036出土（参见图1-4-3，12）[4]以及观叶楼私人藏唐代青铜熏炉（参见图1-4-3，13）[5]，与三陵坟4号墓三彩熏炉形制相近。

与釉陶三足器类似的陶器，在上京城址"堆房"（参见图1-4-4，3、4）、克拉斯基诺城内寺庙址（参见图1-4-4，5）均有发现，上京城还出土过带镂孔的宝珠钮陶器盖（参见图1-4-4，6），推测是此类三足陶器的盖子。

渤海境内发现的釉陶及灰陶盒（盖），均为扁圆体、字母口，形制与巩义黄冶窑址（参见图1-4-7，5、6）[6]、洛阳编组站唐墓（参见图1-4-7，7）[7]、偃师杏园唐墓M1025（参见图1-4-7，9）[8]出土及巩义博物馆藏（参见图1-4-7，8）[9]唐代釉陶或瓷盒形制近同。

与上京城第2号宫殿基址出土黄绿釉唾壶形制近同的白瓷唾壶，在中原地区晚唐墓葬中出土过多例，如河南偃师杏园唐墓M1025（847年穆悰墓；参见图1-4-8，4）、M1819（834年、858年李归厚及卢氏合葬墓；参见图1-4-8，5）[10]等，唐洛阳城白居易宅遗址[11]还出土过低温铅绿釉陶的唾壶（参见图1-4-8，3）。

---

[1] 有关山城下M365、施家M5年代的讨论，参彭善国、张欣怡：《集安东台子遗址出土玉璧的年代——鸭绿江流域渤海遗存辑录》，《边疆考古研究》第26辑，科学出版社，2019年。
[2] 河南省巩义市文物保护管理所：《黄冶唐三彩窑》，科学出版社，2000年。彩版六，1。
[3] 均见郑州市文物考古研究所：《河南唐三彩与唐青花》，科学出版社，2006年。第70页。
[4] 中国社会科学院考古研究所：《偃师杏园唐墓》，科学出版社，2001年。第134页。
[5] 深圳市文物考古鉴定所：《唐人器用》，文物出版社，2013年。第65页。
[6] 河南省巩义市文物保护管理所：《黄冶唐三彩窑》，科学出版社，2000年。彩版三一，6、7。
[7] 郑州市文物考古研究所：《河南唐三彩与唐青花》，科学出版社，2006年。第191页。
[8] 中国社会科学院考古研究所：《偃师杏园唐墓》，科学出版社，2001年。图版20，5。
[9] 郑州市文物考古研究所：《河南唐三彩与唐青花》，科学出版社，2006年。第190页。
[10] 中国社会科学院考古研究所：《偃师杏园唐墓》，科学出版社，2001年。第197页，图版22，2、3。
[11] 中国社会科学院考古研究所：《隋唐洛阳城——1959~2001年考古发掘报告》，文物出版社，2014年。彩版11，4。

辽宁朝阳市区中心市场唐墓出土的罐（M9：11）（参见图1-4-9，2）[1]，形制与前述北大73M28出土者相同，砖红色胎，半施绿釉。河南偃师杏园唐墓M5036（778年郑洵夫妇墓）出土黄褐釉罐（参见图1-4-9，4），形制亦与之近同[2]。河南巩义黄冶窑址发现的双系罐（参见图1-4-9，3）[3]，不仅形制接近，釉色、胎色、施釉方式亦近同。

唐宋时期的绞胎器是釉陶还是瓷器，学术界认识并不一致。张福康将绞胎器的釉分为三种，其中透明淡黄色釉有细纹片，釉层中不见气泡，表明其为低温釉[4]。廖永民等称黄冶窑的绞胎器为低温釉陶，但并未给出任何证据[5]。高阿申等对1件黄冶窑褐黄色釉绞胎枕残片进行了检测[6]，结果表明，绞胎层中深褐色部分与浅黄色部分的氧化铁含量分别为5.62%和1.24%，釉中氧化铅的含量达40.96%，氧化铁的含量为4.89%，属以铁为着色剂的低温铅釉。敦化六顶山IM4渤海墓出土绞胎碗，经检测釉中氧化铅含量为25.74%，氧化铁含量为2.25[7]，显然也属以铁为着色剂的低温铅釉。

与北大88M7：6形制近同的绞胎碗，见于盛唐时期的西安王家坟M90唐墓（参见图1-4-10，4）[8]、巩义东区唐墓M253（参见图1-4-10，3）[9]。8世纪前半的中原唐墓，如永泰公主李仙蕙墓（706年）[10]、节愍太子李重俊墓（710年）[11]、越王李贞墓（718年）[12]等，此种仿自金银器的釉陶或瓷质折腹碗出土较多，时代特征鲜明。河南巩义唐代黄冶窑址中，此类型的素胎[13]、釉陶及瓷质折腹碗[14]均有发现。与敦化六顶山IM4：7形制近同的两件绞胎盏，见于巩义东区唐墓M253（参见图1-4-10，7、8）。与石国墓区1号墓相近的绞胎枕，见于巩义黄冶窑址（参见图1-4-10，10）[15]以及河南博物院藏品（参

---

[1] 朝阳市博物馆：《朝阳市区中心市场唐墓发掘简报》，辽宁省文物考古研究所、日本奈良文化财研究所：《朝阳隋唐墓葬发现与研究》，科学出版社，2012年。第91页。
[2] 中国社会科学院考古研究所：《偃师杏园唐墓》，科学出版社，2001年。第127页。
[3] 河南省巩义市文物保护管理所：《黄冶唐三彩窑》，科学出版社，2000年。彩版一三，2。
[4] 张福康：《中国古陶瓷的科学》，上海人民美术出版社，2000年。第154页。
[5] 廖永民、张毅敏：《黄冶窑唐三彩的绞胎器》，《中原文物》2003年第4期。
[6] 高阿申、钱伟君：《唐绞胎器的胎釉和制作工艺研究》，《收藏家》2005年第11期。
[7] 崔剑锋等：《六顶山墓群绞胎、三彩等样品的检测分析报告》，吉林省文物考古研究所等：《六顶山渤海墓葬——2004～2009清理发掘报告》附录七，文物出版社，2012年。第268页。
[8] 陕西省文物管理委员会：《西安王家坟村第90号唐墓清理简报》，《文物》1956年第8期。
[9] 巩义市文物考古研究所：《河南巩义东区唐墓（M253）发掘简报》，《文物》2018年第12期。
[10] 陕西省文物管理委员会：《唐永泰公主墓发掘简报》，《文物》1964年第1期。
[11] 陕西省考古研究所、富平县文物管理委员会：《唐节愍太子墓发掘报告》，科学出版社，2004年。彩版一五，1。
[12] 昭陵文物管理所：《唐越王李贞墓发掘简报》，《文物》1977年第10期。
[13] 河南省文物考古研究所等：《黄冶窑考古新发现》，大象出版社，2005年。第158页。
[14] 河南省文物考古研究院等：《巩义黄冶窑》，科学出版社，2016年。彩版五〇、七四、七七。
[15] 河南省巩义市文物保护管理所：《黄冶唐三彩窑》，科学出版社，2000年。彩版六二，1。河南省文物考古研究院等：《巩义黄冶窑》，科学出版社，2016年。彩版四八，4。

见图 1-4-10，11）[1]。

综合以上对比分析，可将渤海遗址出土日用釉陶器中文化因素鲜明者分为 3 组。

A 组：缸、壶、盆、砚，器形、纹饰源自渤海陶器，与中原北方地区唐代陶瓷迥异；

B 组：熏炉、三足器、盒，在渤海的陶器中有近同的形制，与中原北方地区同类产品形制近同或有差别；

C 组：绞胎器（碗、盏、枕）、双系罐、唾壶，仅见于中原北方地区唐代陶瓷器，渤海陶器中不见这些器形。

三、日用釉陶器的年代

目前渤海境内有两处纪年墓葬出土了釉陶器，分别为敦化六顶山 I M2、和龙龙头山 M3[2]。前者墓主贞惠公主，777 年卒，780 年葬，该墓出土了三彩熏炉盖残片；后者为顺穆皇后即渤海简王皇后泰氏墓，建兴十二年（829 年）迁安，该墓出土了釉陶俑 3 件。经过与中原唐墓出土资料的比较可知，前述绞胎折腹碗、盏，时代约在 8 世纪前半；双系罐时代约为 8 世纪后半；唾壶则为 9 世纪中叶前后的形制。另外，渤海以上京城为都，始于唐玄宗天宝（742～756 年）末期，该城址及周边地区墓葬如三陵坟等出土釉陶器的年代，当不早于 8 世纪中叶。综上，可推断渤海境内出土釉陶器的时代为 8 世纪前半至 9 世纪中叶前后。

四、日用釉陶器产地讨论

尽管渤海境内目前尚未发现烧造釉陶产品的窑址，但上京城、西古城、八连城[3]等渤海城内的宫殿、佛寺，釉陶建筑构件的使用已较为普遍，且柱围、心形莲花纹瓦当等颇具地方特色，为中原地区唐代釉陶建筑构件所未见，可见渤海本身具备烧造低温铅釉产品的能力。与建筑构件不同，日用釉陶器便于携带，流通性强，更能反映渤海与唐代中原地区的文化交流，故其产地问题一直为古陶瓷界所关注。

前引《六顶山与渤海镇》报告，根据胎地（细纯/粗）、釉色（发亮、鲜艳/发暗、发黄）的差别，将上京城出土日用釉陶器分为中原产品和本地制造两类。这种简单化的区分方法显然具有较强的主观性。依据形制（造型）、纹饰以及工艺特征，比较日用釉陶器文化因素的异同，是判定产地来源的基本方法。前文将渤海境内的日用釉陶器分为 3 组，A 组应为地域特色鲜明的渤海本地产品，C 组为来自中原地区唐代窑场的产品，B 组

---

[1] 河南省巩义市文物保护管理所：《黄冶唐三彩窑》，科学出版社，2000 年。彩版六一，2。
[2] 吉林省文物考古研究所等：《吉林和龙市龙海渤海王室墓葬发掘简报》，《考古》2009 年第 6 期。
[3] 吉林省文物考古研究所等：《八连城——2004～2009 年度渤海国东京故址田野考古报告》，文物出版社，2014 年。

应是渤海工匠模仿中原唐代陶瓷器（或其他工艺品）的釉陶产品。

近年来崔剑锋等对敦化六顶山墓葬ⅠM5、ⅠM4、ⅠM2出土的三彩壶、熏炉盖、绞胎盏进行了检测分析（表1-4-1，1~4），认为这几件器物的胎体成分落入了巩义黄冶窑胎体成分分布范围[1]。经过测试的巩义黄冶窑低温铅釉陶器的80件标本，胎体成分中SiO_2含量无一例低于60%；Al_2O_3含量高于30%者仅3例，且均在31%以下（31.00%、30.34%、30.12%）[2]。六顶山ⅠM5∶28三彩壶SiO_2含量58.08%，Al_2O_3含量35.34%（表1-4-1，1），与巩义黄冶窑胎体成分分布存在显著差异，何况其重唇、横耳等形制特征，亦绝不见于中原地区釉陶器。山崎一雄检测了上京城址宫殿出土的绿釉瓦的胎体成分（表1-4-1，6，1933~1934年东亚考古学会发掘）[3]，上京城2号宫殿出土的三彩缸、兽头以及50号宫殿出土套兽的胎体成分也作过检测（表1-4-1，5、7、8）[4]。从表1-4-1这些数据可见，渤海境内出土釉陶胎体的主成分含量差别较大，在对比材料不充分的情况，不宜据此简单推测产地。

表1-4-1　渤海遗址出土部分釉陶器胎体成分表（wt%）

		SiO_2	Al_2O_3	Fe_2O_3	Na_2O	MgO	K_2O	CaO	TiO_2	P_2O_5
1	ⅠM5∶28	58.08	35.34	2.10	0.52	0.77	1.32	0.36	0.93	0.53
2	ⅠM5∶63	68.12	23.13	3.40	0.70	0.64	2.65	0.67	0.66	
3	ⅠM2∶10	65.83	25.90	2.88	0.65	1.30	2.25	0.52	0.63	
4	ⅠM4∶7（平均）	66.96	22.39	4.93	0.71	1.10	2.32	0.91	0.65	
5	上京2号宫殿缸	65.32	21.25	4.67	1.04	1.03	3.12	1.43	0.79	
6	上京宫殿绿釉瓦	62.40	32.10	1.66	0.21	0.53	1.92	0.39		
7	上京50号宫殿套兽	67.19	25.25	2.11	0.21	0.39	2.20	0.92	1.12	
8	上京2号宫殿兽头	64.67	15.75	6.18	1.44	1.92	2.99	4.70	0.79	

崔剑锋等依据釉中铅同位素的比值，推断六顶山渤海墓葬出土釉陶器可能都是黄冶窑产品。但仅就前述ⅠM5∶28三彩壶而言，这一推论颇难令人信从。降幡顺子等对俄

---

[1] 崔剑锋等：《六顶山墓群绞胎、三彩等样品的检测分析报告》，吉林省文物考古研究所等：《六顶山渤海墓葬——2004~2009年清理发掘报告》附录七，文物出版社，2012年。第268页。
[2] 刘松等：《巩义黄冶窑出土陶瓷器的无损分析研究》，河南省文物考古研究院等：《巩义黄冶窑》附录四，科学出版社，2016年。第381~384页。
[3] [日]山崎一雄著，姚义田译：《渤海三彩与唐三彩的釉药及胎土的比较》，《博物馆研究》1996年第4期。
[4] 哈尔滨工业大学分析测试中心：《渤海上京城出土釉陶器、白灰测试报告》，黑龙江省文物考古研究所：《渤海上京城：1998~2007年度考古发掘调查报告》附录，文物出版社，2009年。第638页。

罗斯滨海地区渤海时期克拉斯基诺城址等出土釉陶残片做过测试分析，认为釉中铅的来源除了中原、南方之外，有些还可能来自日本[1]。釉陶生产中作为助熔剂的铅料使用量不大，在渤海与中原唐王朝以及日本的频繁交往中，不排除将异地的铅料带入渤海境内的可能。釉、彩（铜、铁等着色剂）原料的跨区域流动，是探讨东北亚地区唐代釉陶生产工艺传播、扩展及交流不可忽视的一个方面。

第五节　"宪象中国"的渤海葬制
——以铅釉陶俑为中心

渤海国的制度、文化深受唐王朝之影响，《新唐书·渤海传》称其"大抵宪象中国制度如此"[2]。唐人所谓渤海"常习华风"[3]，"与华夏同风"[4]，"远慕华风"[5]；渤海人自言之"慕中华文物"[6]，在官制、服饰、京城建制、日用器物等诸方面均有体现，显然并非臆构的虚辞。具体到唐朝丧葬制度对渤海的影响，文献并无明确记载，考古发现为探究这一问题提供了丰富的资料。丧葬习俗，植根民族传统，深受制度约束，是文化特征、文化变化的集中表现。俑区别于一般随葬品，是反映丧葬礼仪的专用明器。使用釉陶俑，即是渤海葬制"宪象中国"、接受唐朝丧葬制度的一个突出方面[7]。

一、釉陶俑的类型与年代

专门用来随葬的釉陶俑，目前见于吉林和龙龙头山渤海墓群的石国1号墓、龙海M10、M3，有男女人物侍俑、动物俑两类。

---

[1] Furihata Junko（降幡顺子），etc, "In Pursuit of Evidence for Local Production of Bohai Tricolored Earthenware: Chemical Analyses of Lead Glaze Ceramics Excavated from Kraskino and Gorbatka in the Russian Martime Province". *Asian Archaeology*, 2015, Volume 3, pp.145-165.
[2] 《新唐书》卷二一九《渤海传》："（渤海）官有宣诏省、左相、左平章事、侍中、左常侍、谏议居之……其武员有左右猛贲、熊卫、罴卫，南左右卫，北左右卫，各大将军一、将军一。大抵宪象中国制度如此。以品为秩，三秩以上服紫，牙笏、金鱼。五秩以上服绯，牙笏、银鱼。六秩、七秩浅绯衣，八秩绿衣，皆木笏。"第6183页。
[3] （唐）张九龄：《曲江集》（文渊阁《四库全书》本）卷九，唐玄宗敕大武艺书："卿地虽海曲，常习华风。"
[4] （唐）元稹：《元氏长庆集》（文渊阁《四库全书》本）卷四九，唐穆宗敕制："慎能至、王伎大公则等，洲（海）东之国，知义之道，与华夏同风者，尔辈是也。"
[5] （宋）李昉：《文苑英华》（文渊阁《四库全书》本）卷四七一，唐文宗与渤海王大彝震书："远慕华风，聿修诚节。"
[6] （宋）王钦若：《册府元龟》卷四十一《帝王部·宽恕》记唐代宗大历八年（773年）闰十一月："渤海质子盗修裒龙，擒之。词云：'慕中华文物。'帝矜而舍之。"中华书局，1960年。第468页。
[7] 目前关于渤海釉陶俑的专题研究尚属空白。

石国1号墓1998年清理，为三穴同封石室墓。墓内出土三彩俑4件[1]，形制、胎釉基本相同，立于矮圆形台座之上，面部丰满，细目，着勾头履。发施黑彩（非釉），脸部、颈部露白胎（化妆土？），衣服及底座施黄、绿釉，座底无釉。有3件身着女装（图1-5-1，1~4），圆领衫系于曳地长裙之内，裙带系结于腋下。双手拱于胸前，合握处有一小孔。其中两件俑梳倭堕髻，一件发式中分，双鬟，耳鬓处发辫折叠，中部系一红绳。另1件双鬟（图1-5-1，5），发式中分，发辫折叠，身着男装，圆领长衫，腰系细带，左手衣袖下垂，右手握拳置于胸前。4件俑通高41.3~42.8厘米，底座直径13.5~14.5厘米。

　　2004年发掘的龙海M10为大型砖室墓，墓上建有砖塔（仅存塔基），出土釉陶俑10余个，复原男立俑1件、女立俑4件[2]。其中M10:5女俑（图1-5-1，6、7）立于矮圆形台座之上，面部较为丰满，细目，发中分，双鬟，耳鬓处发辫折叠，中部系红绳。着男装，圆领长衫，腰系细带，带的铊尾在后腰处下垂。双手拱于胸前，着勾头履。头、颈部露白胎（化妆土？），以黑彩描绘眉发，其余部位施绿釉、黄釉，釉面交融。通高36厘米，底座直径14.5厘米。M10:6男俑（图1-5-1，8、9）整体形制、衣服、胎釉与女俑近同，但较为壮硕，张目，露齿，头戴幞头，幞头双脚垂于后背。通高33.5厘米，底座直径12.5厘米。

　　以上5件俑，2件女俑身着女装，2件女俑和1件男俑着男装，尽管服装上都施黄、绿二釉，但釉色表现各不相同。男装俑的黄绿釉流淌交融，釉色驳杂；女装俑的衫、裙分施黄、绿釉，只是由于高温时铅釉的流淌才形成局部的黄绿釉交融的现象。据此可推测两种俑采用了不同的施釉方式。

　　2004~2005年发掘的龙海M3为大型石室墓，墓内出土的马俑残存马头（参见图1-5-3，1）、马身（参见图1-5-3，2）两部分（无法拼合，不能确定属于同一个体），马头短脸，双目圆睁，施深黄釉；马身跪卧于椭圆形台座之上，施绿釉，残长15.5、残高8.2厘米。兽俑1件（参见图1-5-3，3），卧伏于椭圆形台座之上，面部前突，猪鼻獠牙，鬃毛后卷，施黄绿釉，通长11.6厘米。这3件俑均为高岭土胎。

　　出土釉陶俑的3座墓葬中，龙海M3根据墓碑记载为顺穆皇后即渤海简王皇后泰氏墓，建兴十二年（829年）迁葬。龙海M10墓上建塔的构筑方式，与其北侧的贞孝公主墓（792年葬）[3]完全相同，时代亦应相近。贞孝公主墓也出土了2件俑，但仅存面部

---

[1] 墓葬材料尚未详细发表，4件俑的材料分别见：（1）《文物》1999年第10期。第1页，图1。文见同期"中国文物事业五十年"展览筹展组《"中国文物事业五十年（1949~1999）"展览巡礼》。（2）吉林省文物考古研究所：《田野考古集粹——吉林省文物考古研究所成立二十五周年纪念》，文物出版社，2008年。第81页，图2。（3）李刚、安文荣：《吉林省馆藏珍贵文物》，吉林人民出版社，2015年。第100、101页，附图570~573。
[2] 吉林省文物考古研究所等：《吉林和龙市龙海渤海王室墓葬发掘简报》，《考古》2009年第6期。
[3] 延边朝鲜族自治州博物馆：《渤海贞孝公主墓发掘清理简报》，《社会科学战线》1982年第1期。

图 1-5-1　渤海釉陶人物俑
1～5.石国1号墓（1、2为同一件）　6、7.龙海 M10∶5　8、9.龙海 M10∶6

（灰褐色泥质）残片，不排除是釉陶俑的可能。石国1号墓出土绞胎枕1件，此类绞胎器为巩义黄冶窑典型产品[1]，多见于盛唐时期的墓葬[2]。综上，出土釉陶俑的渤海墓葬的年代，当在8世纪中叶前后至9世纪前半。

二、渤海釉陶俑使用的动因

"在'俑'的历史上，唐代乃是一个黄金时代"[3]。《大唐开元礼》对唐代品官丧葬使用明器的数量、尺寸有明确、详细的规定："凡明器，三品已上，不得过九十事；五品已上，六十事；九品已上，四十事。四神、駞马及人不得过一尺，余音乐卤簿等，不过七寸。三品已上，帐高六尺，方五尺，女子等不过三十人，长八寸；园宅方五尺，奴婢等不过二十人，长四寸。五品已上，帐高五尺五寸，方四尺五寸，音乐仆从二十五人，长七寸五分，园宅方四尺，奴婢等十六人，长三寸。六品已下，帐高五尺，方四尺，音乐仆从二十人，长七寸，园宅方三尺，奴婢十二人，长二寸。"[4]《唐六典》卷二十三记："甄官令，掌供琢石、陶土之事……凡砖瓦之作，瓶缶之器，大小高下，各有程准。凡丧葬则供其明器之属，别敕葬者供，余并私备。三品以上九十事，五品以上六十事，九品以上四十事。当圹、当野、祖明、地轴、鞁马、偶人，其高各一尺，其余音声队与僮仆之属，威仪、服玩，各视生之品秩所有，以瓦、木为之，其长率七寸。"[5]中原地区唐代墓葬中，作为模型明器的俑大量发现，以（釉）陶俑随葬，是典型的唐代品官、贵族的葬仪。

渤海是唐代东北地区以靺鞨族为主体建立的地方政权，在渤海建国前的靺鞨墓葬中，迄今未见陶俑出土。随葬专属明器尤其是陶俑并非靺鞨传统葬俗[6]，而是受到中原唐朝葬仪影响的产物。根据文献记载，渤海政权与唐王朝建立朝贡册封关系的200余年间，派遣遣唐使的次数为109次[7]。《新唐书·渤海传》记："初，其王数遣诸生诣京师太学，习识古今制度，至是遂为海东盛国。"文王大钦茂统治时期，是渤海与唐政治、文化交流频繁的一个阶段。大钦茂在位56年（737～793年）间，遣使38次，约占整个渤海时期遣

---

[1] 河南省文物考古研究院等：《巩义黄冶窑》，科学出版社，2016年。
[2] 巩义市文物考古研究所：《河南巩义东区唐墓（M253）发掘简报》，《文物》2018年第12期。陕西省文物管理委员会：《西安王家坟村第90号唐墓清理简报》，《文物》1956年第8期。这两座盛唐墓葬均出土有绞胎碗、盏。
[3] 陕西省文物管理委员会：《陕西省出土唐俑选集》，文物出版社，1958年。第3页。
[4] （唐）萧嵩监修，（唐）王仲丘等撰：《大唐开元礼》卷三，文渊阁《四库全书》本。
[5] （唐）李林甫等著，陈仲夫点校：《唐六典》卷二十三，中华书局，2014年。第597页。
[6] 渤海墓葬中的随葬品，以日常实用器为主，专门用于丧葬的明器仅有个别墓葬发现的小型陶杯。
[7] 渤海遣唐的次数，学者统计数量不一，此从马一虹说。马一虹：《靺鞨、渤海与周边国家、部族关系史研究》，中国社会科学出版社，2011年。第231页。

唐使的35%。其于738年遣使"求写《唐礼》及《三国志》《晋书》《三十六国春秋》"[1]。此处《唐礼》，应即732年颁行的《大唐开元礼》。所求写的《大唐开元礼》中关于丧仪明器的记录，或是触发渤海统治阶层使用陶俑随葬的动因之一。

石国1号墓、龙海M10出土的釉陶人物俑，与唐代两京地区墓葬、窑址等出土的（釉）陶俑在形制、服饰、发式方面，具有显著的相似性。可资比较的材料有洛阳龙门安菩夫妇墓（709年迁葬）（图1-5-2，8）[2]、西安西郊鲜于庭诲墓（723年）[3]、西安南郊沈和墓（738年）（图1-5-2，3）[4]、西安郊区杨思勖墓（740年）（图1-5-2，1）[5]、西安南郊高夫人墓（750年）（图1-5-2，7、9）[6]、偃师杏园M5109郑夫人墓（754年）[7]（图1-5-2，2、6）、西安东郊李玄德墓（755年）[8]、西安西郊中堡村唐墓（图1-5-2，4）[9]以及西安醴泉坊窑址（图1-5-2，5、10）[10]。石国1号墓中女装女俑与男装女俑共存，这种现象在偃师杏园M5109郑夫人墓中同样存在。女着男装作为唐代中原地区的流行风尚[11]，在渤海贞孝公主墓（792年）的壁画乐伎上亦有体现。

前述唐代纪年墓葬的材料集中于中宗景龙（707～710年）至玄宗天宝（742～756年）年间。这一时期正是两京地区明器陶俑，即所谓"偶人象马"的盛行时期。《唐会要》卷三十八："太极元年六月，右司郎中唐绍上疏曰：'臣闻王公以下，送终明器等物，具标格令，品秩高下，各有节文……比者王公百官，竞为厚葬，偶人象马，雕饰如生。徒以炫耀路人，本不因心致礼，更相煽动，破产倾资，风俗流行，下兼士庶。'"[12]从8世纪中叶之后的渤海墓葬出土釉陶俑来看，这一"风俗流行"，不仅"下兼士庶"，且已远播到与唐"疆理虽重海"[13]的渤海国境内了。

文献记载隋开皇（581～600年）年间，酋帅突地稽率靺鞨部落内附柳城（营州），"悦中国风俗，请被冠带"[14]。隋唐以来，内附的靺鞨人均被安置在营州（今辽宁朝阳），

---

[1]（宋）王钦若：《册府元龟》卷九九九《外臣部·请求》，中华书局，1960年。第11723页。
[2] 洛阳市文物考古研究院：《洛阳龙门唐安菩夫妇墓》，科学出版社，2017年。
[3] 中国社会科学院考古研究所：《唐长安城郊隋唐墓》，文物出版社，1980年。第59页。
[4] 西安市文物保护考古研究院：《西安南郊唐吴兴郡夫人沈和墓发掘简报》，《文物》2019年第7期。
[5] 中国社会科学院考古研究所：《唐长安城郊隋唐墓》，文物出版社，1980年。第69页。
[6] 陕西省考古研究院：《西安南郊唐渤海郡君高夫人墓发掘简报》，《西部考古》第七辑，三秦出版社，2014年。
[7] 中国社会科学院考古研究所：《偃师杏园唐墓》，科学出版社，2001年。图版10，4、5。
[8] 陕西省文物管理委员会：《陕西省出土唐俑选集》，文物出版社，1958年。图版108。
[9] 陕西省文物管理委员会：《西安西郊中堡村唐墓清理简报》，《考古》1960年第3期。
[10] 陕西省考古研究院：《唐长安醴泉坊三彩窑址》，文物出版社，2008年。第132页。
[11] 钮小雪：《唐代女着男装形象再考察》，《艺术史研究》第12辑，中山大学出版社，2010年。
[12]（宋）王溥：《唐会要》卷三十八，中华书局，1998年。第692页。
[13]（唐）温庭筠著，（清）曾益等笺注，王国安标点：《温飞卿诗集笺注》卷九，上海古籍出版社，1998年。
[14]《隋书》卷八十一《靺鞨传》。第1822页。所引《隋书》，均据中华书局1973年点校本。

图 1-5-2 渤海釉陶俑参考图

1. 西安杨思勖墓　2、6. 偃师杏园 M5109 郑夫人墓　3. 西安南郊沈和墓　4. 西安中堡村墓　5、10. 西安醴泉坊窑址　7、9. 西安南郊高夫人墓　8. 洛阳安菩夫妇墓

其人数推测有十万之众[1]。营州成为这一时期胡汉夷狄杂处错居的民族熔炉。在697年大祚荣率众东奔[2]之前的数十年间，靺鞨人应接受了当地汉文化的濡染[3]。朝阳地区隋唐墓葬数量众多，其中汉人墓葬随葬（釉）陶俑者不在少数[4]。渤海墓葬以陶俑明器随葬的做法，除了深受唐两京葬俗的影响外，还应考虑来自唐代营州地区影响的可能。顺穆皇后墓出土的蹲伏状马俑，在唐两京地区唐墓中习见，如西安南郊沈和墓（738年）（图1-5-3，5）、偃师杏园M1204崔悦墓（745年）（图1-5-3，4）[5]等。然该墓出土兽俑，并非普通动物模型明器，而是明器中的神煞俑[6]，这种俑在唐两京地区罕见[7]。类似的陶兽俑，多见于辽宁朝阳以及河北地区唐墓，典型如朝阳七道泉子M1陈英夫妇合葬墓（673年）（图1-5-3，6）[8]、朝阳黄河路唐墓M1[9]、文安麻各庄董满墓（673年）（图1-5-3，7，8）[10]、定县南关唐墓[11]、南和东贾国唐墓等[12]。这件神煞兽俑，体现的或是唐代营州或河北地区的文化因素。

三、渤海釉陶俑的来源

唐代是中国古代低温铅釉陶器发展的鼎盛时期，中原窑场的釉陶产品向东北亚地区的输出以及釉陶生产工艺向东北亚地区的传播，是鼎盛期的突出表现之一。渤海国境内目前尚未发现烧造釉陶的窑址，但上京城[13]、西古城（中京）[14]、八连城（东京）[15]

---

[1] 范恩实：《靺鞨兴嬗史研究——以族群发展、演化为中心》，黑龙江教育出版社，2014年。第190页。辽宁朝阳黄河路唐墓出土石俑中有1件女着男装者，曾被认为是靺鞨人形象，见姜念思：《辽宁朝阳市黄河路唐墓出土靺鞨石俑考》（《考古》2005年第10期）；最近的研究认为其为粟特人，见霍巍：《辽宁朝阳黄河路唐墓石俑族属考》（《社会科学战线》2019年第6期）。
[2] 关于靺鞨东奔的时间，此据魏国忠等：《渤海国史（修订版）》，黑龙江人民出版社，2014年。第35页。
[3] 杨晓燕：《唐代平卢军与环渤海地域》，王小甫：《盛唐时代与东北亚政局》，上海辞书出版社，2003年。第165页。
[4] 辽宁省文物考古研究所、日本奈良文化财研究所：《朝阳隋唐墓葬发现与研究》，科学出版社，2012年。
[5] 中国社会科学院考古研究所：《偃师杏园唐墓》，科学出版社，2001年。第119页。
[6] 齐东方：《隋唐环岛文化的形成与展开——以朝阳隋唐墓研究为中心》，王小甫：《盛唐时代与东北亚政局》，上海辞书出版社，2003年。第138页。
[7] 形制相近者仅见河南巩义第二造纸厂1号唐墓出土的彩绘陶俑，郑州市文物考古研究所：《中国古代镇墓神物》，文物出版社，2004年。第208页。
[8] 朝阳市龙城区博物馆：《辽宁朝阳七道泉子唐墓发掘简报》，《文物》2018年第6期。
[9] 辽宁省文物考古研究所、朝阳市博物馆：《辽宁朝阳市黄河路唐墓的清理》，《考古》2001年第8期。
[10] 廊坊市文物管理所、文安县文物管理所：《河北文安麻各庄唐墓》，《文物》1994年第1期。
[11] 信立祥：《定县南关唐墓发掘简报》，《文物资料丛刊》第6辑，文物出版社，1982年。第112页。
[12] 李振奇等：《河北南和东贾郭唐墓》，《文物》1993年第6期。
[13] 中国社会科学院考古研究所：《六顶山与渤海镇——唐代渤海国的贵族墓地与都城遗址》，中国大百科全书出版社，1997年。黑龙江文物考古研究所：《渤海上京城：1998～2007年度考古发掘调查报告》，文物出版社，2009年。
[14] 吉林省文物考古研究所等：《西古城：2000～2005年度渤海国中京显德府故址田野考古报告》，文物出版社，2007年。
[15] 吉林省文物考古研究所等：《八连城——2004～2009年度渤海国东京故址田野考古报告》，文物出版社，2014年。

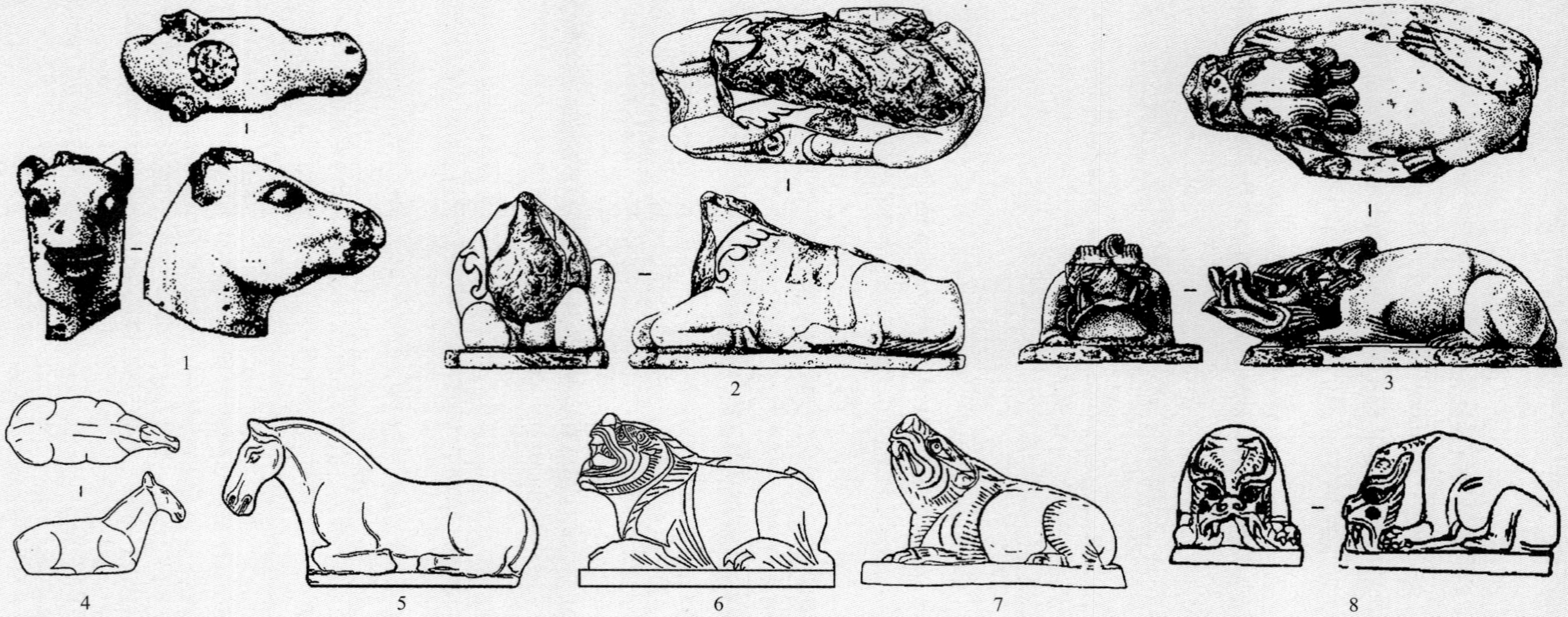

图1-5-3 渤海釉陶动物俑及参考图

1～3. 龙海M3 4. 偃师杏园崔悦墓 5. 西安南郊沈和墓 6. 朝阳陈英夫妇墓 7、8. 文安董满墓

等城址中，釉陶建筑构件的使用较为普遍；敦化六顶山[1]、和龙北大[2]等墓葬出土的一些日用釉陶，其造型与装饰与唐代釉陶器迥异，凸显了渤海自身的文化特点。这表明渤海本土具有烧造低温铅釉陶器的技术能力[3]。渤海釉陶俑发现数量不多，造型、服饰、发髻等与唐两京地区俑几无差别，不排除其为中原窑场产品的可能性[4]。《旧唐书》记唐鸿胪寺下属典客署"典客令，掌二王后之版籍及四夷归化在蕃者之名数。丞为之贰。凡朝贡、宴享、送迎，皆预焉。辨其等位，供其职事。凡酋渠首领朝见者，皆馆供之。如疾病死丧，量事给之。还蕃，则佐其辞谢之节"[5]。《册府元龟》记唐玄宗开元十六年（728年）四月癸未，"渤海王子留宿卫大都利行卒，赠特进兼鸿胪卿，赐绢三百匹、粟三百石，命有司吊祭，官造灵舆归蕃"[6]。"量事给之""官造灵舆"中，是否包括陶俑之类明器亦未可知。从蒙古国中央省发现的突厥仆固乙突墓（678年）来看[7]，这种情况是有可能的。根据出土墓志，仆固乙突卒后，唐廷"敕朝散大夫、守都水使者、天山郡开国公麹昭监护吊祭。赗物三百段、锦袍、金装带、弓箭、胡禄、鞍辔等各一具。凡厥丧葬，并令官给，并为立碑"。该墓所随葬的彩绘精美的陶俑，显然来自官赐，而非当地制作。

四、余论

渤海葬俗"宪象中国"之表现，除前述陶俑明器外，还有墓葬结构、墓室壁画、墓碑、石狮等方面，前人研究均有所涉及[8]，本节仅就墓碑、石狮略作补论如下。

（一）墓碑

渤海墓葬目前出土墓碑5通。和龙龙头山M3顺穆皇后墓内石碑呈圭形，上端两角

---

[1] 吉林省文物考古研究所、敦化市文物管理所：《六顶山渤海墓葬——2004～2009年清理发掘报告》，文物出版社，2012年。
[2] 延边博物馆等：《吉林省和龙县北大渤海墓葬》，《文物》1994年第1期。
[3] ［日］龟井明德著，李伊萍译：《渤海三彩陶试探》，《东北亚考古资料译文集》第4辑，《北方文物》杂志社，2002年。彭善国：《试析渤海遗址出土的釉陶和瓷器》，《边疆考古研究》第5辑，科学出版社，2006年。
[4] 目前也不能排除渤海墓葬出土釉陶俑为本地生产的可能。这一问题，未来有望通过胎釉原料的成分分析等科技检测手段解决。
[5] 《旧唐书》卷四十四《职官三》。第1885页。所引《旧唐书》，均据中华书局1975年点校本。
[6] 《册府元龟》卷九七五《外臣部·褒异第二》，中华书局，1960年。第11451页。
[7] 冯恩学：《蒙古国出土金微州都督仆固墓志考研》，《文物》2014年第5期。杨富学：《蒙古国新出土仆固墓志研究》，《文物》2014年第5期。［日］东潮著，［日］筱原典生译：《蒙古国境内的两座突厥墓——乌兰克热姆墓和仆固乙突墓》，《北方民族考古》第3辑，科学出版社，2016年。
[8] 王承礼：《唐代渤海〈贞惠公主墓志〉与〈贞孝公主墓志〉的比较研究》，《社会科学战线》1982年第1期。魏存成：《渤海王室贵族墓葬及相关问题再探讨》，《中国考古学会第十四次年会论文集》，文物出版社，2012年。

圆弧形，通高55厘米，碑文9列共141字。孝懿皇后墓碑出土于龙头山M12内，详细资料未刊。贞惠公主墓碑出土于敦化六顶山ⅠM2甬道[1]，呈圭形，通高90厘米，碑文15列725字，周边阴刻花纹。龙头山贞孝公主墓碑出土于甬道，呈圭形，通高105厘米，碑文18列728字。蛟河七道河墓葬[2]石碑发现于墓道，上下两端残断，形制不明，残高55厘米，碑文9列，文字漫漶不可识。

唐人封演《封氏闻见记》记："墓前碑碣，未详所起……隋氏制，五品以上立碑，螭首龟趺，趺上不得过四尺，载在丧葬令。近代碑碣稍众，有力之家，多镌金帛以祈作者之遗。虽人子冈极之心，顺情虚饰，遂成风俗。"[3]《大唐开元礼》卷三记："凡立碑，五品已上，螭首龟趺，高不得过九尺；七品已上，立碣，圭首方趺，上高四尺。"渤海墓葬的这5通墓碑，形制明确者均为圭首，最高者105厘米，不超过四尺，均符合唐制七品以上的规定。不过这几通碑均无碑趺，且置于墓内而非墓前，体现了对唐制的简省，其功能与墓志近同。

（二）石狮

目前共有3座渤海墓葬发现有石狮。六顶山贞惠公主墓出土一对，高度分别为60、64厘米，两狮形态近同，蹲踞于方形石座之上，昂首怒目，张口卷舌，颈部有卷鬃，前肢伸直，后肢弯曲，造型雄健。六顶山ⅠM6石狮仅存狮耳，与贞惠公主墓狮耳相同。三陵坟1号墓出土石狮仅存上半身[4]，残高45厘米。

唐代葬仪使用石兽的等级、数量情况，《大唐开元礼》卷三、《唐六典》卷四记载基本相同。前者作"其石兽等，三品已上六事，五品已上四事"。后者作"凡石人、石兽之类，三品已上用六，五品已上用四"。石兽的种类并无明确规定。已发掘的几座唐代太子墓，如懿德、节愍、章怀、惠庄，墓前石刻中均发现了石狮[5]。与之不同的是，这3座渤海墓葬石狮均置于墓道或墓室之内，且缺乏与石人、石柱等的组合，应是模仿唐代葬仪而加以变通的形式。

明器陶俑、墓碑、石狮等唐代丧葬礼仪因素，出现在渤海墓葬中，无疑是渤海"宪

---

[1] 王承礼：《敦化六顶山渤海墓清理发掘记》，《社会科学战线》1979年第3期。
[2] 吉林市博物馆：《吉林省蛟河市七道河村渤海建筑遗址清理简报》，《考古》1993年第2期。此墓葬既往多被认为是亭站或宗教性质建筑。根据墓葬形制等各方面考察，其为渤海高等级墓葬无疑。参彭善国：《蛟河七道河村渤海遗址属性辨析》，《东北史地》2010年第3期。
[3] （唐）封演撰，赵贞信校注：《封氏闻见记校注》卷六《碑碣》，中华书局，2005年。第57、58页。
[4] 黑龙江省文物考古研究所李陈奇、赵哲夫：《海曲华风——渤海上京城文物精华》，文物出版社，2010年。第24页。
[5] 程义：《关中地区唐代墓葬研究》，文物出版社，2012年。第40页。

象中国制度"的文物证据。不过,前述孝懿皇后、顺穆皇后、贞惠公主、贞孝公主,均为渤海王室成员;龙海 M10、石国 1 号墓、三陵坟 1 号墓、六顶山Ⅰ M6 的墓主,同为渤海王室成员的可能性很大[1]。这表明唐代丧葬礼仪制度的影响,似仅限于渤海统治阶级的上层,尤其是王室贵族,并未触动、波及渤海普通墓葬。

第六节　东北亚地区贸易陶瓷的初兴
——以渤海遗址出土瓷器为中心

瓷器是古代中国的伟大发明之一。以瓷土为胎的高温钙釉瓷器,始自夏商(所谓原始瓷),东汉晚期至于成熟。瓷器在北方地区的普及使用,约在 8 世纪的盛唐-中唐时期,李肇《国史补》记唐开元至长庆间(713~824 年)事,即提到邢窑瓷器"天下无贵贱通用之"[2]。9 世纪初前后,瓷器开始成为唐朝对外贸易的主要商品,通过陆、海丝绸之路远播亚非各地。中国瓷器对外输出的路线,也被形象地称为"陶瓷之路"[3]。既往关于陶瓷之路的探究,多集中于东亚、东南亚及印度洋周边,对于环渤海、黄海及环日本海的东北亚地区的陶瓷贸易关注不多。本节拟以渤海遗址出土瓷器为切入点,讨论 9~10 世纪初东北亚地区贸易陶瓷的样貌;以渤海国交通道为线索,讨论这一时段贸易陶瓷初兴的历史动因。

一、渤海遗址出土瓷器的窑口与类型

出土唐代瓷器的渤海遗址,分布在吉林省、黑龙江省以及俄罗斯滨海边疆区。具体地点有黑龙江宁安上京城、吉林和龙西古城、吉林桦甸苏密城、俄罗斯滨海克拉斯基诺城址、科克沙罗夫卡 1 号城址、马里亚诺夫斯科耶城址等。出土瓷器的窑口以越窑、长沙窑、邢窑为主,另有少量瓷器窑口不明。

(一)越窑瓷器

3 件标本,均出于俄罗斯滨海边疆区渤海城址。

---

[1] 刘晓东:《渤海王陵及相关问题续论》,《北方文物》2012 年第 3 期。
[2] (唐)李肇:《国史补》卷下:"凡货贿之物,侈于用者,不可胜纪……内丘白瓷瓯,端溪紫石砚,天下无贵贱通用之。"《丛书集成初编》据《津逮秘书》排印本,中华书局,1991 年。第 156 页。
[3] [日]三上次男著,李锡经、高喜美译:《陶瓷之路》,文物出版社,1984 年。

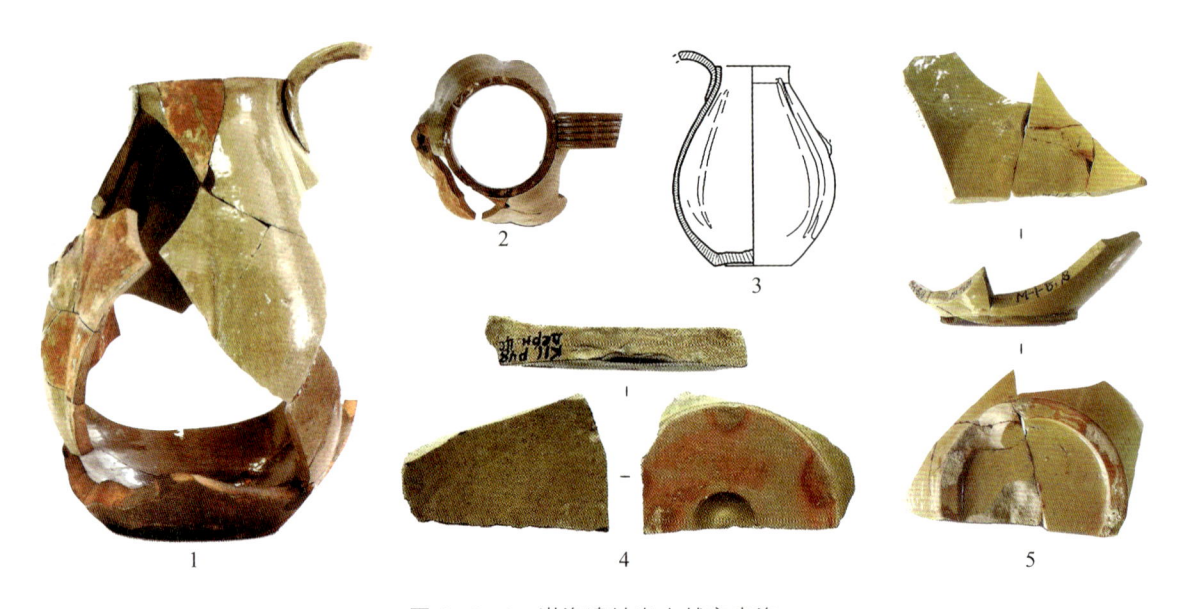

图 1-6-1　渤海遗址出土越窑青瓷

1～3.科克沙罗夫卡 1 号城址（同一件）　4.克拉斯基诺城址　5.马里亚诺夫斯科耶城址
（1～3.注壶；4、5.碗）

青瓷注壶，1件。科克沙罗夫卡 1 号城址出土[1]，直口、短颈、溜肩、瓜棱形腹、平底，口颈部附曲柄，柄面有四条凸棱，流残缺。灰胎，青黄釉。口径6.4、底径6.5、高18厘米（图1-6-1，1～3）。

青瓷碗，2件，均仅存碗底部分。马里亚诺夫斯科耶城址出土青瓷碗[2]，宽圈足，圈足外底满釉，足根有数枚支烧痕。灰胎，青黄釉。圈足直径6.8厘米（图1-6-1，5）。克拉斯基诺城址出土青瓷碗[3]，玉璧底，足根有数枚支烧痕。灰胎，青黄釉（图1-6-1，4）。

（二）长沙窑瓷器

5件标本，均不可复原。

---

[1] 대한민국 문화재청 국립문화재연구소·러시아과학원 극동지부 역사학고고학민속학연구소. 연해주 콕샤로프카-1 평지성Ⅰ, 2012.pp123,171. ГОРОДИЩЕ КОКШАРОВКА-1 В ПРИМОРЬЕ: ИТОГИ РАСКОПОК РОССИЙСКО-КОРЕЙСКОЙ ЭКСПЕДИЦИИ В 2008-2011 ГОДАХ. 金智铉、宋玉彬：《科克沙罗夫卡 1 号 （КОКШАРОВКА-1）城址的考古发现与研究》，《边疆考古研究》第25辑，科学出版社，2019年。吉林省文物考古研究所、俄罗斯科学院远东分院远东民族历史·考古·民族研究所：《俄罗斯滨海边疆区渤海文物集粹》，文物出版社，2013年。第274页。

[2] 吉林省文物考古研究所、俄罗斯科学院远东分院远东民族历史·考古·民族研究所：《俄罗斯滨海边疆区渤海文物集粹》，文物出版社，2013年。第206页。

[3] 克拉斯基诺城址 2011 年发掘资料，何雨濛提供。

图1-6-2　渤海遗址出土长沙窑瓷器
1～3.桦甸苏密城　4.和龙西古城 T5 排水沟：1　5、6.上京城（T439∶24）

桦甸苏密城出土淡黄釉瓜棱壶残片1件（图1-6-2，1），带有贴花褐彩的瓷片2件（图1-6-2，2、3）[1]。和龙西古城内城3号宫殿排水沟出土的瓷片（图1-6-2，4）[2]，应为罐或壶，斜立领，鼓腹，竖条状耳，灰白胎，淡青釉，耳侧施褐绿彩。上京东半城1号佛寺出土的黑瓷罐[3]，上部残缺，鼓肩，深直腹，平底，近底处有一道凹槽。底径15.8、残高19.5厘米（图1-6-2，5、6）。

（三）邢窑瓷器

均为碗，共12件。科克沙罗夫卡1号城址出土2件（图1-6-3，5、6），白胎，釉色洁白，1件为玉璧底，上部残缺；1件为唇口，底足不存。上京城址里坊1号街基址出土白瓷碗，唇口外敞，弧腹，壁较厚，玉璧形圈足，口径13.8、高3.5厘米（图1-6-3，1、2）。上京城宫城西区寝殿、皇城东区官署、东半城1号佛寺、西半城里坊等遗址内，出土白瓷碗9件，其中仅里坊遗址出土的1件可复原，唇口外敞，弧腹，玉璧底，口径15.4、高4.8厘米（图1-6-3，3、4）。

除了以上信息刊布较为详细的资料外，俄罗斯滨海边疆区尼古拉耶夫斯科耶2号城址、新戈尔杰耶夫斯科耶城址、马里亚诺夫斯科耶城址、克拉斯基诺城址等，也出土了一些被认为是越窑、邢窑产品的碗、盒以及瓷器残片[4]。

---

[1] 桦甸苏密城2016年发掘资料，王志刚提供。
[2] 吉林省文物考古研究所等：《西古城：2000～2005年度渤海国中京显德府故址田野考古报告》，文物出版社，2007年。图版五一，4。
[3] 中国社会科学院考古研究所：《六顶山与渤海镇——唐代渤海国的贵族墓地与都城遗址》，中国大百科全书出版社，1997年。第106页。
[4] Е.И. Гельман. ГЛАЗУРОВАННАЯ КЕРАМИКА И ФАРФОР СРЕДНЕВЕКОВЫХ ПАМЯТНИКОВ ПРИМОРЬЯ, Владивосток，1999.pp135.［俄］Е.И. Гельман 著，［日］金沢陽译：《沿海州における遺跡出土の中世施釉陶器と磁器》，《出光美術館館報》第105卷，1998年。

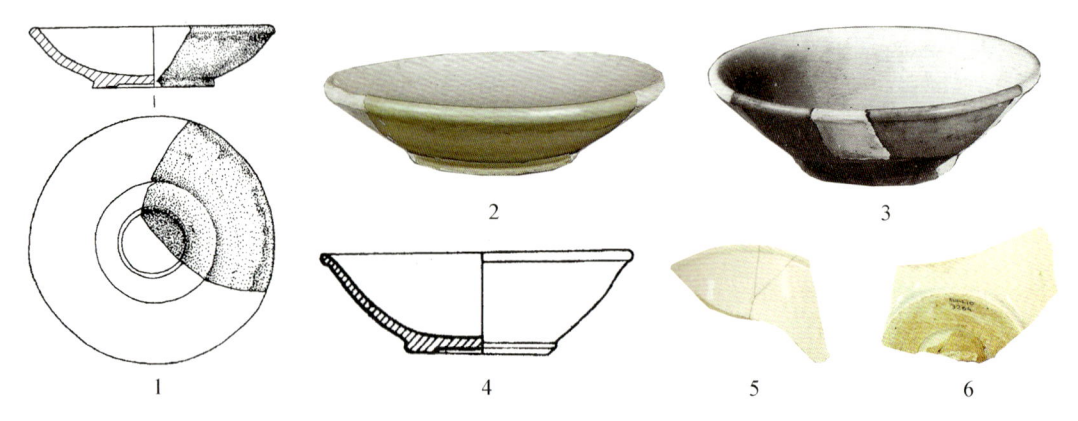

图 1-6-3 渤海遗址出土邢窑瓷器

1、2. 上京城1号街基址（04SYLTG1②:1） 3、4. 上京城址（64T502:1） 5、6. 科克沙罗夫卡1号城址

（1～6. 碗）

目前考古资料表明，渤海境内瓷器仅见于城址，墓葬及普通居住址迄今未发现。和龙西古城为渤海中京故址即"天宝中王所都"，天宝末年之后，其性质或为陪都，或为中京显德府府治。天宝末年，渤海迁都上京城，此后除唐德宗贞元（785～805年）时一度迁都东京（今珲春八连城，793年还都上京）外，直至渤海灭亡，一直为渤海的王城。桦甸苏密城为长岭府府治，克拉斯基诺城址为盐州故址，科克沙罗夫卡1号城址推测为安边府治所故址。这表明瓷器在渤海境内的消费，似仅局限于王城和府、州城。

二、渤海遗址出土瓷器的年代

渤海遗址出土的邢窑碗，多为玉璧底、唇口。上京西半城里坊碗，与河北临城刘府君墓（大中十年，856年）[1]、邢台市邢钢东生活区唐墓M19[2]出土碗相同，里坊第1号街基址碗，形制与前引刘府君墓盏托上的碗、邢台旅馆唐墓02XLM13碗[3]相同。唇口、玉璧底的特征，与邢窑窑址第四期遗存（9世纪初～10世纪初）白瓷碗[4]相同。据此可以推测，渤海遗址邢窑瓷器的年代，均不早于9世纪初。

科克沙罗夫卡1号城址出土的越窑青瓷注壶，与江苏扬州西湖乡工地墓葬出土者相近[5]，时代约在唐末五代，这种注壶的早期形态，见于浙江绍兴户部侍郎北海王府君夫人

---

[1] 李振奇等：《河北临城七座唐墓》，《文物》1990年第5期。
[2] 李恩玮：《邢台市邢钢东生活区唐墓发掘简报》，《文物春秋》2005年第2期。
[3] 邢台市文物管理处：《邢台旅馆唐、金墓葬》，《文物春秋》2006年第6期。
[4] 河北省文物研究所等：《邢窑遗址调查、试掘报告》，《考古学集刊》第14集，文物出版社，2004年。
[5] 张柏：《中国出土瓷器全集·江苏卷》，科学出版社，2008年。第89页。

墓（810年）[1]、郑州张宗武墓（830年）[2]等。越窑青瓷玉璧底碗目前较早的纪年墓葬材料，有河南三门峡唐大历四年（769年）或大历十四年（779年）墓[3]、洛阳唐兴元元年（784年）墓[4]，浙江慈溪上林湖越窑遗址也曾出土过唐贞元十年（794年）玉璧底碗[5]。这类玉璧底碗在越窑荷花芯窑址[6]、寺龙口窑址[7]晚唐堆积中较为常见。据此可以推知，渤海遗址出土越窑青瓷的年代，当在9世纪初之后至10世纪初。

苏密城瓷片上的贴花褐彩、西古城瓷片上的绿彩斑块，都是长沙窑瓷器习见装饰。上京城黑釉罐与扬州城宋大城西城墙中段灰坑（YSZH1∶21）[8]以及长沙窑遗址[9]出土的黑釉瓷罐的下部形制相同。目前所见长沙窑瓷器纪年材料，均在9世纪至10世纪初[10]。渤海遗址出土长沙窑瓷器也应在此年代范围内。

综合以上分析可以看出，渤海遗址出土瓷器的时代均在9世纪初前后至10世纪初，瓷器的窑口为邢窑、越窑、长沙窑。相同时段类似的窑口组合，亦体现在朝鲜半岛统一新罗遗址[11]以及日本列岛[12]出土的唐代瓷器上，这正是9世纪初中国陶瓷贸易初兴阶段的普遍特征。

---

[1] 张柏：《中国出土瓷器全集·浙江卷》，科学出版社，2008年。第101页。
[2] 郑州市文物考古研究所：《河南郑州市永威鑫城唐墓发掘简报》，《文物研究》第17辑，科学出版社，2010年。第152～158页。
[3] 许天申：《试论河南出土的越窑瓷器》，《江西文物》1991年第4期。
[4] 汤苏婴、王轶凌：《青色流年——全国出土浙江纪年瓷图集》，文物出版社，2017年。第162页。
[5] 浙江省博物馆：《浙江纪年瓷》，文物出版社，2000年。第161页。
[6] 浙江省文物考古研究所、慈溪市文物管理委员会：《慈溪上林湖荷花芯窑址发掘简报》，《文物》2003年第11期。
[7] 浙江省文物考古研究所、北京大学考古文博学院、慈溪市文物管理委员会：《寺龙口越窑址》，文物出版社，2002年。第40页。
[8] 中国社会科学院考古研究所、南京博物院、扬州市文物考古研究所：《扬州城：1987～1998年考古发掘报告》，文物出版社，2010年。图版五四，2。
[9] 湖南省文物考古研究所：《焰红石渚——长沙铜官窑遗址2016年度考古发掘出土瓷器》，文物出版社，2018年。图版123。
[10] 湖南省文物考古研究所等：《长沙窑》，紫禁城出版社，1996年。第232页。
[11] [日]三上次男：《朝鲜半岛出土的中國唐代陶磁とその史的意義》，《朝鲜学报》第87辑，1978年。[韩]申浚：중국 장사요의 편년과 한국 출토 장사요 자기 연구（《中国长沙窑的编年与韩国出土长沙窑瓷器研究》），《田野考古学》第12号，2011年。[韩]李喜宽：《庆州地域出土越窑青瓷》，《韩国古代史探究》第15号，2013年。国立大邱博物馆：《韩国文化中的中国陶瓷器》图录（韩文），2004年。第42～63页。
[12] [日]三上次男著，贾玉芹译：《从陶瓷贸易看中日文化的友好交流》，《社会科学战线》1980年第1期。[日]龟井明德：《初期输入陶瓷器的受容构造的特征》，《九州历史资料馆10周年纪念·太宰府古文化论丛（下）》，吉川弘文馆，1983年第12月。奈良县立橿原考古学研究所附属博物馆：《贸易陶瓷——奈良·平安的中国陶瓷》，由良大和古文化研究协会，1993年。[日]长谷部乐尔、[日]今井敦：《中国的陶瓷》第12卷《日本出土的中国陶瓷》，平凡社，东京，1995年。长岚：《7～14世纪中日文化交流的考古学研究》，中国社会科学出版社，2001年。第25页。

三、渤海交通道与东北亚陶瓷贸易

《新唐书·渤海传》记："龙原东南濒海，日本道也。南海，新罗道也。鸭渌，朝贡道也。长岭，营州道也。扶余，契丹道也。"[1] 这5条渤海与周边地区往来的交通路线中，朝贡道、日本道与陶瓷贸易的关系较为密切，契丹道迄无线索可寻，其余各道与陶瓷贸易的关联不大。

（一）朝贡道

《新唐书·地理志七》："登州东北海行，过大谢岛、龟歆岛、末岛、乌湖岛三百里。北渡乌湖海，至马石山东之都里镇二百里。东傍海壖，过青泥浦、桃花浦、杏花浦、石人汪、橐驼湾、乌骨江八百里。乃南傍海壖，过乌牧岛、贝江口、椒岛，得新罗西北之长口镇。又过秦王石桥、麻田岛、古寺岛、得物岛，千里至鸭渌江唐恩浦口。乃东南陆行，七百里至新罗王城。自鸭渌江口舟行百余里，乃小舫泝流东北三十里至泊汋口，得渤海之境。又泝流五百里，至丸都县城，故高丽王都。又东北泝流二百里，至神州。又陆行四百里，至显州，天宝中王所都。又正北如东六百里，至渤海王城。"

由登州海行入高丽、渤海道，是唐朝"入四夷之路与关戍走集最要者"[2]，尤其是在营州道阻隔后，以登州为起点，渡渤海，溯鸭绿江而上，终至渤海王城即上京城的朝贡道，几乎成了渤海与唐王朝交通的唯一路线[3]。安史之乱后，唐朝先后授李正己及其孙李师古、李师道平卢淄青节度观察使、海运陆运押新罗渤海两蕃使，登州贸易处于淄青镇节度使控制之下，"货市渤海名马，岁岁不绝"[4]。《册府元龟》记："开成元年六月淄青节度使奏，新罗、渤海将到熟铜，请不禁断。"[5] 唐文宗开成四年（839年）八月，曾有渤海之交关船泊于文登县青山浦[6]。圆仁《入唐求法巡礼行记》卷二记载："（开成五年）登州都督府……城北是大海……城正东是市……城南街东有新罗馆、渤海馆。"[7] 此外，9世纪上半在新罗张保皋势力的推动下，登州-清海镇（新罗）-博多（日本）的海上贸易航路

---

[1]《新唐书》卷二一九《渤海传》。第6183页。
[2]《新唐书》卷四三《地理志七下》。第1146页。
[3] 1956年出土于北京德胜门外的张建章墓志载其于唐文宗大和七年秋（833年）受幽州节度府的派遣出使渤海，"方舟而东，海涛万里，明年秋杪，达忽汗州"。可见张建章的出使，走的是海路，而非经由营州的陆路。张建章墓志情况见徐自强：《〈张建章墓志〉考》，《文献》1979年第2期。
[4]《旧唐书》卷一二四《李正己传》。第3534～3538页。
[5]（宋）王钦若撰：《册府元龟》卷九九九《互市》，中华书局，1960年。第11727、11728页。
[6] 圆仁：《入唐求法巡礼行记》，顾承甫等点校本，上海古籍出版社，1986年。第67页。
[7] 圆仁：《入唐求法巡礼行记》，顾承甫等点校本，上海古籍出版社，1986年。第86页。

开始形成[1]。东北亚地区9世纪陶瓷贸易的主线,即是基于这一历史背景,以登州为起点而展开的。

山东半岛沿海一带出土的唐代长沙窑、越窑瓷器（表1-6-1）,为探索以登州为中心的东北亚陶瓷贸易提供了线索。载有这些瓷器的船只,应是从扬州城[2]或张家港黄泗浦[3]等瓷器货品集散地出港,顺长江入海,沿海岸线北上,抵达登州（蓬莱）,再由此中转至渤海、新罗、日本。登州作为陶瓷之路初兴阶段的节点,应该给予充分关注。

表1-6-1　山东半岛沿海一带出土的唐代瓷器

序号	出土地点		出土瓷器情况	插图
1	蓬莱[4]	蓬莱水城小海港池	越窑青瓷注壶	图1-6-4,1
		蓬莱市医院	长沙窑黄釉贴人物纹注壶	图1-6-4,3
		登州镇东关村	长沙窑青黄釉贴花褐彩注壶	图1-6-4,2
2	乳山[5]	海阳所镇西泓赵家村唐墓	长沙窑青釉绿彩注壶、碗（？）	图1-6-4,6
3	胶南（今青岛市黄岛区）[6]	寨里乡东安子村	长沙窑青釉褐蓝彩双系罐	图1-6-4,5
		胶南镇祝家庄村	长沙窑青釉贴花人物注壶	图1-6-4,4

（二）日本道

位于波谢特湾的克拉斯基诺城址为盐州治所,也是渤海"日本道"的主要出海口,由此扬帆横渡日本海,抵达日本列岛西海岸。渤海国与日本经由"日本道"的往来频繁,8世纪中叶之后,贸易成为双方交往的主要内容[7]。有学者指出,渤海人李延孝等参与了唐朝江南地区到日本太宰府间的贸易活动[8]。9世纪外销到日本的中国陶瓷主要为越窑、

---

[1] 陈尚胜:《东亚贸易体系形成与封贡体制衰落——以唐后期登州港为中心》,《清华大学学报（哲学社会科学版）》2012年第4期。林士民:《唐、吴越时期浙东与朝鲜半岛通商贸易和文化交流之研究》,《海交史研究》1993年第1期。
[2] 中国社会科学院考古研究所、南京博物院、扬州市文物考古研究所:《扬州城:1987~1998年考古发掘报告》,文物出版社,2010年。徐忠文等:《扬州出土唐代长沙窑瓷器研究》,文物出版社,2015年。
[3] 顾篔:《江苏张家港市黄泗浦遗址的发掘》,《东南文化》2010年第1期。南京博物院:《江海滔滔留胜迹,瓷光层层书青史——张家港黄泗浦遗址发掘的收获和意义》,《中国文物报》2019年12月20日第7版。
[4] 李小宇、袁晓春:《蓬莱古船博物馆藏唐宋时期瓷器》,《文物》2016年第6期。
[5] 姜书振:《乳山发现一座唐墓》,《中国文物报》1998年5月20日。乳山市文化广电新闻出版局、乳山市文物管理所:《乳山市文物发现、研究与收藏》,山东省地图出版社,2013年。第65、292页。
[6] 王云霞:《胶南出土唐长沙窑瓷器》,《中国文物报》1990年11月1日。王磊:《青岛海上丝绸之路研究》,中国广播影视出版社,2015年。第313、314页。
[7] 王承礼:《中国东北的渤海国与东北亚》,吉林文史出版社,2000年。第201、265页。
[8] 黄约瑟:《"大唐商人"李延孝与九世纪中日关系》,《历史研究》1993年第4期。马一虹:《靺鞨、渤海与周边国家、部族关系史研究》,中国社会科学出版社,2011年。第346页。

图 1-6-4　山东半岛沿海一带出土越窑、长沙窑瓷器

1. 蓬莱水城小海港池　2. 登州镇东关村　3. 蓬莱市医院　4. 胶南镇祝家庄村　5. 胶南寨里乡东安子村　6. 乳山海阳所镇西泓赵家村
（1~4、6. 注壶；5. 双系罐）

邢窑、长沙窑瓷器，浙东越窑青瓷产品数量最多。前述出土越窑青瓷的几处渤海遗址如科克沙罗夫卡1号城址、马里亚诺夫斯科耶城址、克拉斯基诺城址均位于渤海国东部近海地区，这一现象提示我们，9~10世纪很有可能存在跨越日本海的日本与渤海间的陶瓷贸易。

（三）营州道

《新唐书·地理志七》："营州东百八十里至燕郡城。又经汝罗守捉，渡辽水至安东都护府五百里……自都护府东北经古盖牟、新城，又经渤海长岭府，千五百里至渤海王城。"隋唐以来，内附的靺鞨人均被安置在营州（今辽宁朝阳），其人数推测有十万之众[1]，营州亦是697年大祚荣率众东奔的起点。安史之乱后，契丹势力坐大，唐在营州设置的平卢军被迫渡海迁至山东，唐与渤海交通的营州道就此阻隔。朝阳地区隋唐墓葬数量众多，但时代绝大多数在安史之乱之前，出土釉陶和瓷器的类型代表8世纪中叶之前内地产品流布东北的样貌[2]，与渤海境内出土的釉陶和瓷器迥异。营州入安东道虽为唐朝"入四夷之路与关戍走集最要者"之一，但其与9世纪东北亚陶瓷贸易的兴起应无关联。

（四）新罗道

新罗道是从渤海东京沿朝鲜半岛东海岸南行经渤海南京南海府（府治一般认为在朝鲜咸镜南道北青郡青海土城）到达新罗境内的交通道[3]。青海土城据报道出土很多碗、盘、钵等瓷器。咸镜南道梧梅里据说还发现了被认为是渤海时期的瓷窑址，产品有素面青瓷和镶嵌青瓷[4]。由于报道过于简略，尚无法确定这些瓷器的确切年代及窑口，但根据高丽青瓷已有的编年成果，朝鲜半岛开始烧造青瓷的年代不早于10世纪后期[5]，黄海南道峰泉郡门山里窑址中发现的高丽"淳化三年"（992年）铭瓷器即其显例[6]，而镶嵌青瓷

---

[1] 范恩实：《靺鞨兴嬗史研究——以族群发展、演化为中心》，黑龙江教育出版社，2014年。第190页。
[2] 朝阳唐墓出土三彩釉陶的讨论，参[日]高桥照彦：《辽宁省唐墓出土文物的调查与朝阳出土三彩枕的研究》，辽宁省文物考古研究所、日本奈良文化财研究所：《朝阳隋唐墓葬发现与研究》，科学出版社，2012年。第221~240页。朝阳唐墓出土瓷器的讨论，参高义夫：《北方唐墓出土瓷器的考古学研究》，吉林大学博士学位论文，2019年。第292页。
[3] 魏存成：《渤海考古》，文物出版社，2008年。第162页。
[4] [朝]金宗赫：《朝鲜东海岸一带渤海遗迹研究》，（韩国）图书出版中心，2002年。该书主要章节的译文见《历史与考古信息·东北亚》2003年第1期。
[5] [韩]郑良谟著，[韩]金英美译：《高丽青瓷》，文物出版社，2000年。
[6] 金荣摺：《从门山里青瓷窑址来看我国早期陶瓷器的发展》，在日本朝鲜社会科学者协会历史部会：《高句丽·渤海与古代日本》，雄山阁，东京，1993年。第85~118页。大阪市立东洋陶瓷美术馆：《高丽青瓷诞生——初期高丽青瓷及其展开》，财团法人大阪市美术振兴协会，2004年。第24~26页。

的年代更是不早于12世纪。朝鲜东海岸发现的所谓渤海瓷窑址及城址出土的瓷器很有可能是高丽时期的遗存。

渤海与新罗长期处于敌对状态[1],双方贸易、文化往来几无文献记载。克拉斯基诺城址水井出土的一件陶壶[2],腹部一侧扁平,另一侧有桥形系。这种用于汲水的壶,与韩国庆州出土的新罗时期陶扁壶[3]形制相近,或是受到后者影响的器形。至于唐朝内地的瓷器,通过"新罗道"辗转流入渤海境内的可能性不大。

四、结语

渤海境内的瓷器,均发现于城市遗址,时代集中于9世纪初前后至10世纪初,窑口以越窑、邢窑、长沙窑为主,器形有碗、注壶、罐等。出土瓷器虽然数量不多,但窑口组合特征鲜明,与同时段新罗、日本出土唐代瓷器相同,代表着东北亚地区贸易陶瓷初兴阶段的基本样貌。唐代南北窑场的产品,似应主要通过朝贡道,以登州为起点,越过渤海海峡输至渤海国境内。由于渤海国与日本存在密切的商业往来,亦不排除唐代瓷器横跨日本海由日本输入渤海国的可能。9～10世纪初环黄、渤海以及环日本海的东北亚区域的陶瓷贸易,是海上丝绸之路(陶瓷之路)的重要一环。考古出土的瓷器,是将有着"海东盛国"之誉的渤海国与海上丝绸之路连接起来的直接物证。

第七节　真实还是传奇
——渤海"紫瓷盆"问题

唐代渤海国之"紫瓷盆",见于唐人苏鹗《杜阳杂编》:

> 武宗皇帝会昌元年,夫余国(夫余国见《汉·东夷传》)贡火玉三斗及松风石。……上好神仙术,遂起望仙台以崇朝礼。复修降真台,舂百宝屑以涂其地,瑶楹金栱,银槛玉砌,晶荧炫耀,看之不定。内设玳瑁帐、火齐床,焚龙火香,

---

[1] 马一虹:《靺鞨、渤海与周边国家、部族关系史研究》,中国社会科学出版社,2011年。第351页。
[2] 吉林省文物考古研究所、俄罗斯科学院远东分院远东民族历史·考古·民族研究所:《俄罗斯滨海边疆区渤海文物集粹》,文物出版社,2013年。第123页。
[3] 경주 모량、방내리 유적-6호 우물 출토,영남문화재연구원,2015(《庆州牟梁坊内里遗迹-6号水井》,岭南文化财研究院,2015)。경주박물관 남측부지(2차)유적-1호 우물 출토,신라문화유산연구원,2014〔庆州博物馆南侧基址(第2次发掘)-1号水井,新罗文化遗产研究院,2014〕。资料蒙釜山大学梁银景教授提供。

荐无忧酒。此皆他国所献也。亡其国名。上每斋戒沐浴，召道士赵归真已下共探希夷之理。由是室内生灵芝二株，皆如红玉。又渤海贡马脑柜、紫瓷盆。……紫瓷盆量容半斛，内外通莹，其色纯紫，厚可寸余。举之则若鸿毛。上嘉其光洁，遂处于仙台秘府，以和药饵。后王才人掷玉环，误缺其半菽，上犹叹息久之。传于濮州刺史杨坦。[1]

研究者经常援引这段记载，证明渤海国陶瓷工艺的发展水平以及唐武宗会昌元年（841年）渤海与唐朝的朝贡关系[2]。揆诸《杜阳杂编》此段记载的细节以及考古所见9世纪唐、渤海陶瓷生产的情况，渤海国"紫瓷盆"，应是苏鹗铺陈缛艳的小说家言，是其虚构的灵异物品的传奇之一，不宜作为真实可靠的史料看待。

一、《杜阳杂编》记载的虚与实

（一）《杜阳杂编》其书

按苏鹗《杜阳杂编》自序，是书于唐僖宗乾符三年（876年）秋八月编次，所记之事"自代宗广德元年癸卯，讫懿宗咸通癸巳，合一百一十载"[3]。历代关于该书的评价，以四库馆臣最具代表性。《四库全书总目·子部·小说家类三》云：

> 其中述奇技宝物，类涉不经。大抵祖述王嘉之《拾遗》、郭子横之《洞冥》，虽必举所闻之人以实之，殆亦俗语之为丹青也。所称某物为某年某国所贡者……《唐书·外国传》皆无此名，诸帝本纪亦无其事。即如夫余国，久并于渤海大氏，而云武宗会昌元年夫余来贡；罽宾地接葱岭，《汉书》《唐书》均有明文，而云在西海，尤舛迕之显然者矣。

国外汉学家E. H. Schafer也曾指出：

---

[1] （唐）苏鹗撰，阳羡生校点：《杜阳杂编》卷下，"历代笔记小说大观"《开元天宝遗事（外七种）》，上海古籍出版社，2012年。第126页。
[2] 如[日]津田左右吉著，陈清泉译：《渤海史考》，台湾商务印书馆，1970年。第87页。李殿福、孙玉良：《渤海国》，文物出版社，1987年。第91页。张泽咸：《唐代工商业》，中国社会科学出版社，1995年。第139页。王承礼：《中国东北的渤海国与东北亚》，吉林文史出版社，2000年。第122、190页。朱国忱、朱威：《渤海遗迹》，文物出版社，2002年。第207页。
[3] 现存各版本《杜阳杂编》，仅中国国家图书馆藏清黄廷鉴抄本收录有苏鹗自序。有关《杜阳杂编》版本情况以及历代对于该书史料价值的评价，参蔡雅萍：《〈杜阳杂编〉研究》，台湾大学硕士学位论文，2016年。第17、5~8页。

如果我们将唐代的可靠文献中的朝贡记录加以考查的话，就会发现在这些文献中并没有记载《杜阳杂编》中描述的任何一种贡物，甚至连那些"现实中存在的国家"的贡物也不见于正史记载。……苏鹗本人的作用仅仅是用一些诡怪灵异、赏心悦目的物品填充了这个没落时代在实际进口物品方面的空白。……这些记载只能用作怀古感今的好素材，而不能作为经济学家研究工作的依据[1]。

四库馆臣的质疑当然具有合理性。如夫余国，早在494年即为勿吉所逐，亡入高句丽[2]，无论如何也不会穿越至841年来唐朝贡。夫余故地7世纪末已为渤海国统治范围，将两者并列实属无稽。

（二）武宗好道术与筑望仙台

唐武宗崇尚道教，史有明载。《旧唐书》卷一八《武宗本纪》："帝在藩时，颇好道术修摄之事。""帝志学神仙，师归真。""帝重方士，颇服食修摄，亲受法箓。"受道士赵归真蛊惑，武宗于会昌五年春正月敕造望仙台。望仙台的位置，《旧唐书·武宗本纪》[3]、《孙樵集》[4]、《册府元龟》[5]等均记在长安城南郊坛；《剧谈录》云在"禁中"[6]；《东观奏记》[7]、《唐会要》[8]则说在大明宫。王才人是唐武宗爱宠，《资治通鉴》卷二四八："王才人宠冠后庭，上（唐武宗）欲立以为后。李德裕以才人寒族，且无子，恐不厌天下之望，乃止。"武宗崩，王才人即自缢。但王才人掷玉环事，仅见于《杜阳杂编》的演绎。

（三）濮州刺史杨坦

苏鹗常把《杜阳杂编》中的奇异事物，归诸某人的口耳相传。渤海"紫瓷盆"，即自注"传于濮州刺史杨坦"。今人郁贤皓广搜文献及金石碑刻，辑唐高祖武德三年（620年）

---

[1] E. H. Schafer. *The Golden Peaches Of Samarkand: A Study of Tang Exotics*. The University of California Press, 1963. pp.37–39. 中译本见［美］谢弗著，吴玉贵译：《唐代的外来文明》，中国社会科学出版社，1995年。第61～66页。
[2] 李健才：《夫余的疆域与王城》，《东北史地考略》，吉林文史出版社，1986年。第21页。
[3] 《旧唐书》卷一八《武宗本纪》："（会昌）五年春正月己酉朔，敕造望仙台于南郊坛。"第585页。
[4] （唐）孙樵：《孙樵集》卷一（《四部丛刊初编》本）《露台遗基赋并序》："武皇郊天，明年作望仙台于城之南。"
[5] （宋）王钦若撰：《册府元龟》卷一四《帝王部·都邑二》："（会昌）五年正月造望仙台于郊坛。"中华书局，1960年。第161页。
[6] （唐）康骈撰，萧逸校点：《剧谈录》卷下《说方士》："武宗皇帝好神仙异术，海内道流方士多至辇下。赵归真探赜元机，善制铅汞，气貌清爽、见者无不竦敬。请于禁中筑仙台，高百尺，以为鸾骖鹤驭，可指期而降。"《历代笔记小说大观》《开元天宝遗事（外七种）》，上海古籍出版社，2012年。第169页。
[7] （唐）裴庭裕：《东观奏记》卷一（《藕香零拾》本）："武宗好长生久视之术，于大明宫筑望仙台，势侵天汉。"
[8] （宋）王溥：《唐会要》卷五〇："会昌中，武宗好神仙之事，于大明宫筑台，号曰望仙。"中华书局，1955年。第881页。

至昭宗景福元年（892年）历任濮州刺史，得46名[1]，其中并无杨坦其人。

（四）会昌年间的渤海朝贡

唐武宗时期的渤海朝贡，正史记载仅有会昌六年正月的一次。《旧唐书》卷一八《武宗本纪》："（会昌）六年春正月……己未，南诏、契丹、室韦、渤海、牂柯、昆明等国遣使入朝，对于麟德殿。……己（乙之误）丑，渤海王子大之萼入朝。"[2] 而这一年的三月，武宗驾崩。《杜阳杂编》所记会昌元年的渤海朝贡，是否存在实属疑问。

二、"紫瓷盆"的考古证伪

（一）渤海境内出土的瓷器

渤海境内的高温钙釉瓷器，均发现于城市遗址，如宁安上京城[3]、和龙西古城[4]、桦甸苏密城[5]、克拉斯基诺城址[6]、科克沙罗夫卡1号城址[7]、马里亚诺夫斯科耶城址[8]，时代集中于9世纪初前后至10世纪初，窑口以越窑、邢窑、长沙窑为主，品种有青瓷、白瓷、青（黄）釉高温釉上彩绘瓷、黑釉瓷4种。迄今为止，渤海境内未发现烧造高温釉瓷器的窑址，渤海瓷器均系输自内地窑场的产品。渤海国自身并不具备烧造高温釉瓷器的技术能力。

（二）所谓紫釉的问题

日本学者爱宕松男曾认为渤海的"紫瓷盆"可能是以氧化锰或钴呈色的低温铅釉陶

---

[1] 郁贤皓：《唐刺史考全编》，安徽大学出版社，2000年。第976～987页。
[2] 又见（宋）王钦若撰：《册府元龟》卷九七二《外臣部·朝贡五》，中华书局，1960年。
[3] 中国社会科学院考古研究所：《六顶山与渤海镇——唐代渤海国的贵族墓地与都城遗址》，中国大百科全书出版社，1997年。第106页。
[4] 吉林省文物考古研究所等：《西古城：2000～2005年度渤海国中京显德府故址田野考古报告》，文物出版社，2007年。图版五一，4。
[5] 桦甸苏密城2016年吉林省文物考古研究所发掘资料。
[6] Е.И. Гельман. ГЛАЗУРОВАННАЯ КЕРАМИКА И ФАРФОР СРЕДНЕВЕКОВЫХ ПАМЯТНИКОВ ПРИМОРЬЯ, Владивосток，1999.pp135.［俄］Е.И. Гельман 著，金泽阳译：《沿海州における遺跡出土の中世施釉陶器と磁器》，《出光美術館報》第105卷，1998年。
[7] 대한민국 문화재청 국립문화재연구소·러시아과학원 극동지부 역사학고고학민속학연구소. 연해주 콕샤로프카-1 평지성Ⅰ, 2012.pp123,p.171. ГОРОДИЩЕ КОКШАРОВКА-1 В ПРИМОРЬЕ: ИТОГИ РАСКОПОК РОССИЙСКО-КОРЕЙСКОЙ ЭКСПЕДИЦИИ В 2008-2011 ГОДАХ. 金智铉：宋玉彬：《科克沙罗夫卡1号（КОКШАРОВКА-1）城址的考古发现与研究》，《边疆考古研究》第25辑，科学出版社，2019年。吉林省文物考古研究所、俄罗斯科学院远东分院远东民族历史·考古·民族研究所：《俄罗斯滨海边疆区渤海文物集粹》，文物出版社，2013年。第274页。
[8] 吉林省文物考古研究所、俄罗斯科学院远东分院远东民族历史·考古·民族研究所：《俄罗斯滨海边疆区渤海文物集粹》，文物出版社，2013年。第206页。

器[1]。中国台湾学者谢明良也认为可能是低温钴蓝釉陶器[2]。中国古陶瓷中符合标准的紫色釉彩，是以金红和钴蓝配制而成，这种工艺清代康熙后期才出现[3]。标准的紫色釉彩，在唐代釉陶和瓷器中迄今没有发现。谢明良曾以唐代服制推论"紫"瓷盆的"紫"为青蓝之色，实际上隋唐服色之"紫""绿""青"，分野鲜明，难以混称。如《旧唐书》卷四五《舆服志》：

> 大业元年，炀帝始……宪章古则，创造衣冠，自天子逮于胥吏，章服皆有等差。始令五品以上，通服朱紫……六年，复诏……五品已上，通著紫袍，六品已下，兼用绯绿。胥吏以青，庶人以白，屠商以皂，士卒以黄。

同卷又记：

> 上元元年八月又制……文武三品已上服紫，金玉带。四品服深绯，五品服浅绯，并金带。六品服深绿，七品服浅绿，并银带。八品服深青，九品服浅青，并鍮石带。庶人并铜铁带。[4]

《杜阳杂编》中苏鹗对奇异宝物的颜色描述，有数处提到"纯紫"，如"常燃鼎，量容三斗，光洁类玉，其色纯紫，每修饮馔，不炽火而俄顷自熟，香洁异于常等"。"灵光豆，大小类中国之绿豆。其色殷红，而光芒长数尺，本国人亦呼为诘多珠。和石上菖蒲叶煮之，即大如鹅卵，其中纯紫，秤之可重一斤"。该书还记载：

> 敬宗皇帝宝历元年，南昌国献玳瑁盆、浮光裘、夜明犀。其国有酒山、紫海。盖山有泉，其味如酒，饮之甚美，醉则经月不醒。紫海，水色如烂椹，可以染衣。其龙鱼龟鳖、砂石草木，无不紫焉。

"色如烂椹"的"紫海"之色，显然不能理解为蓝色。此外，渤海虽然具有烧造低温铅釉陶器的能力，但迄今为止尚未发现钴蓝釉陶的产品[5]。

---

[1] [日]爱宕松男：《中国陶瓷产业史》，三一书房，1987年。第117页。
[2] 谢明良：《中国古代铅釉陶的世界——从战国到唐代》，石头出版股份有限公司，2014年。第184页。
[3] 张福康：《中国古陶瓷的科学》，上海人民美术出版社，2000年。第140页。
[4] 《旧唐书》卷四五《舆服志》。第1952、1953页。
[5] 彭善国：《试析渤海遗址出土的釉陶和瓷器》，《边疆考古研究》第5辑，科学出版社，2006年。

唐宋时期所谓紫色釉瓷器，实际上是以铁为呈色剂的棕褐釉或酱釉产品。这种棕褐釉陶罐，在吉林和龙北大渤海墓葬出土过（1973M28∶1）[1]，小口，卷圆唇，短直颈，丰肩，肩部附对称条形双系，鼓腹下收，饼状足。砖红色胎，釉及化妆土均施于器物上部。这件罐子，与河南巩义唐代黄冶窑址发现的棕褐釉双系罐[2]，在形制、釉色、胎色、施釉方式上均近同，应是来自中原窑场的产品。这种棕褐釉陶器或瓷器，胎、釉均粗糙，遑论"内外通莹"且"举之若鸿毛"？

三、结语

通过前文讨论，《杜阳杂编》所记武宗服食修摄、筑望仙台为实；夫余国、濮州刺史、会昌元年渤海朝贡为虚。渤海本身并不具备烧造高温钙釉瓷器的能力，更不用说高质量的紫釉瓷器了。当代陶瓷学者推测"紫瓷盆"为钴蓝釉陶，既是对文献的误读，也不符合渤海低温铅釉陶器生产的实际。台湾学者蔡雅萍曾指出，渤海"紫瓷盆"的虚设，意在突出其作为药饵之用的道教色彩，为唐武宗好摄长生的形象增添奇异元素[3]。《杜阳杂编》关于"紫瓷盆"之记载，实可理解为异域远方宝物传奇的小说家言，不能作为渤海陶瓷生产工艺的证据，也不宜作为会昌元年渤海入唐朝贡的确凿史料。

---

[1] 延边朝鲜族自治州博物馆、和龙县文化馆：《和龙北大渤海墓葬清理简报》，《东北考古与历史》第1辑，文物出版社，1982年。
[2] 河南省巩义市文物保护管理所：《黄冶唐三彩窑》，科学出版社，2000年。彩版一三，2。
[3] 蔡雅萍：《〈杜阳杂编〉研究》，台湾大学硕士学位论文，2016年。第61页。

第一章

渤海金属器研究

第一节 渤海金银器述论

一、考古发现的渤海金银器

渤海国境内金银器出土于墓葬、城址、村落以及佛塔地宫，数量不多。作为渤海物质文化的重要资料，金银器的综合研究较为薄弱[1]。本节拟系统搜集渤海金银器的考古资料，对其类型、来源作初步讨论。

为研究方便，兹将渤海金银器发现情况列为表2-1-1。

表2-1-1 渤海遗址出土金银器

序号	出土地点/单位	金银器出土情况（件）
1	榆树老河深上层墓地[2]	M1，银钏1、银耳环2；M2，银耳环1；M8，银丝1；M9，银耳环2；M33，银钏1
2	永吉查里巴墓地[3]	M10，银钏1；M20，银铃1
3	永吉杨屯遗址1979年发掘[4]	银钏1、银钗1
4	永吉杨屯墓地1980年发掘[5]	银钗1、银耳环1、银提梁1
5	敦化六顶山墓地1949、1959年发掘[6]	一区M5，金环
6	敦化六顶山墓地1964年发掘[7]	M211，金指环1；M204，银耳环2（图2-1-2，3、5）；M211，银耳环1（图2-1-2，6）；M213，银耳环1（图2-1-2，4）
7	敦化六顶山墓地2004～2009年发掘[8]	一区M1，银耳环1；一区M6，银耳环1（图2-1-2，9）；一区M3，银耳环1（图2-1-2，10）；一区石台ST5，银钏1；二区M44，金环1；二区M7，银耳环1（图2-1-2，7）；二区M39，银耳环1；二区M48，银耳环4（图2-1-2，8、11）；二区M94，银耳环1；二区M126，银耳环1

[1] 朱国忱、朱威：《渤海遗迹》，文物出版社，2002年。第227页。魏国忠等：《渤海国史（修订本）》，黑龙江人民出版社，2014年。第402页。
[2] 吉林省文物考古研究所：《榆树老河深》，文物出版社，1987年。
[3] 吉林省文物考古研究所：《吉林永吉查里巴靺鞨墓地》，《文物》1995年第9期。
[4] 吉林市博物馆：《吉林永吉杨屯大海猛遗址》，《考古学集刊》第5集，中国社会科学出版社，1987年。
[5] 吉林省文物工作队：《吉林永吉杨屯遗址第三次发掘》，《考古学集刊》第7集，科学出版社，1991年。
[6] 王承礼：《敦化六顶山渤海墓清理发掘记》，《社会科学战线》1979年第3期。
[7] 中国社会科学院考古研究所：《六顶山与渤海镇——唐代渤海国的贵族墓地与都城遗址》，中国大百科全书出版社，1997年。
[8] 吉林省文物考古研究所等：《六顶山渤海墓葬——2004～2009年清理发掘报告》，文物出版社，2012年。

续　表

序号	出土地点/单位	金银器出土情况（件）
8	和龙龙海墓地[1]	M14，金冠饰1（图2-1-1，1、2）、金条2、金托玉带1组（带銙17，图2-1-1，4）；M13，金钏2（图2-1-1，5）、金钗
9	和龙北大墓地1973年发掘[2]	M35，银钗1（图2-1-2，1）
10	和龙河南屯墓[3]	M1，金带扣2、金龙首形带饰2、金钏1、金耳环2、银钏1；M2，金带扣1、金带銙18、金铊尾1（图2-1-1，3）、金方环14、小金带扣8、金吊环9、鞍形金饰9、刀具金饰件8、金钗2（图2-1-1，8）、金花饰件26（图2-1-1，9）、其他各型饰件245
11	图们凉水果园墓地[4]	M8，银耳环1；M7，银耳环1
12	安图东清墓地[5]	M1，银耳环1
13	五常香水河墓地[6]	M2，银指环1；M19，银指环1
14	海林北站墓地[7]	M3，银耳环1
15	海林羊草沟墓地[8]	M201，银环4；M206，银环2
16	宁安西石岗墓地[9]	采集，银耳环1
17	宁安虹鳟鱼场墓地[10]	M2001，银鸟头形饰2（图2-1-2，22、23）、银钏1（图2-1-2，13）、银铊尾2（图2-1-2，20、21）；M2124，银链1（图2-1-2，19）；M2234，银耳环1；M2240，银镊耳勺1（图2-1-2，18）；M2261，银耳环1；M2283，银耳环1（图2-1-2，15）；M2286，银耳环1（图2-1-2，14）；M2070，银耳环1（图2-1-2，12）；方坛FT6，金耳环1（图2-1-1，7）；方坛FT1，银带銙1
18	牡丹江桦林石场沟墓[11]	M12，银耳环3

[1] 吉林省文物考古研究所等：《吉林和龙市龙海渤海王室墓葬发掘简报》，《考古》2009年第6期。
[2] 延边朝鲜族自治州博物馆、和龙县文化馆：《和龙北大渤海墓葬清理简报》，《东北考古与历史》第1辑，文物出版社，1982年。
[3] 郭文魁：《和龙渤海古墓出土的几件金饰》，《文物》1973年第8期。
[4] 图珲铁路发掘队：《吉林省图们市凉水果园渤海墓葬清理简报》，《博物馆研究》1995年第3期。
[5] 延边博物馆：《东清渤海墓葬发掘报告》，郑永振、严长录：《渤海墓葬研究》附录一，吉林人民出版社，2000年。
[6] 黑龙江省文物考古研究所：《黑龙江五常市香水河墓地发掘简报》，《考古》2016年第4期。
[7] 黑龙江省文物考古研究所：《黑龙江海林北站渤海墓试掘》，《北方文物》1987年第1期。
[8] 黑龙江省文物考古研究所：《黑龙江省海林市羊草沟墓地的发掘》，《北方文物》1998年第3期。
[9] 黄林启：《宁安县渤海镇西石岗古墓群出土文物简介》，《北方文物》1990年第4期。
[10] 黑龙江省文物考古研究所等：《宁安虹鳟鱼场：1992~1995年度渤海墓地发掘报告》，文物出版社，2009年。
[11] 黑龙江省文物考古研究所：《黑龙江省牡丹江桦林石场沟墓地》，《北方文物》1991年第4期。

续　表

序号	出土地点/单位	金银器出土情况（件）
19	白山永安遗址[1]	银簪1
20	海林细鳞河遗址[2]	银簪1（图2-1-2，2）
21	上京城3、4号宫殿址[3]	银镊1
22	宁安上京城土台子寺庙址舍利函1975年[4]	方形银舍利函1（图2-1-2，17）、卵形银舍利函1（图2-1-2，16）、金钏1（图2-1-1，6）
23	宁安渤海镇白庙子寺庙址[5]	金舍利函1（图2-1-1，11）、银舍利函1
24	东宁大城子寺庙址[6]	银舍利函1
25	俄罗斯滨海边疆区契尔良基诺5号墓地[7]	银耳环、银钏

二、渤海金银器的类型

根据附表，可将渤海境内出土的金银器分为服饰用品、佛教用器以及日用杂器等3类，服饰用品出土数量最多，日用金银容器迄今未发现，与唐代金银器形成鲜明反差。

（一）服饰用品

数量最多，包括冠饰、带具、装饰品。

1. 冠饰

仅见于和龙龙海渤海王室墓葬M14，高16.8、展宽20.7厘米，以金片制成三叶状，

---

[1] 吉林省文物考古研究所：《吉林浑江永安遗址发掘报告》，《考古学报》1997年第2期。
[2] 黑龙江省文物考古研究所、吉林大学考古学系：《1996年海林细鳞河遗址发掘的主要收获》，《北方文物》1997年第4期。黑龙江省文物考古研究所、吉林大学边疆考古研究中心：《黑龙江海林市细鳞河遗址发掘报告》，《北方文物》2018年第1期。
[3] 黑龙江省文物考古研究所李陈奇、赵哲夫：《海曲华风——渤海上京城文物精华》，文物出版社，2010年。第222页。
[4] 宁安县文物管理所等：《黑龙江省宁安县出土的舍利函》，《文物资料丛刊》第2辑，文物出版社，1978年。
[5] 徐秀云：《渤海故地再次发现舍利函》，《北方文物》2008年第2期。黑龙江省文物考古研究所李陈奇、赵哲夫：《海曲华风——渤海上京城文物精华》，文物出版社，2010年。第297页。
[6] 张太湘：《大城子古城调查记》，《文物资料丛刊》第4辑，文物出版社，1981年。
[7] ［俄］Ю.Г.尼基京著，宋玉彬译：《绥芬河流域契尔良基诺5号早期中世纪时代墓地考察的某些结果》，《东北亚历史与考古信息》2004年第1期。［俄］尼基京、［韩］郑熺培著，孙危译：《俄罗斯滨海地区切勒尼雅乡纳5号墓地2003～2004年考古发掘报告》，《东北亚考古资料译文集》第8辑，哈尔滨地图出版社，2014年。吉林省文物考古研究所、俄罗斯科学院远东分院远东民族历史·考古·民族研究所：《俄罗斯滨海边疆区渤海文物集粹》，文物出版社，2013年。

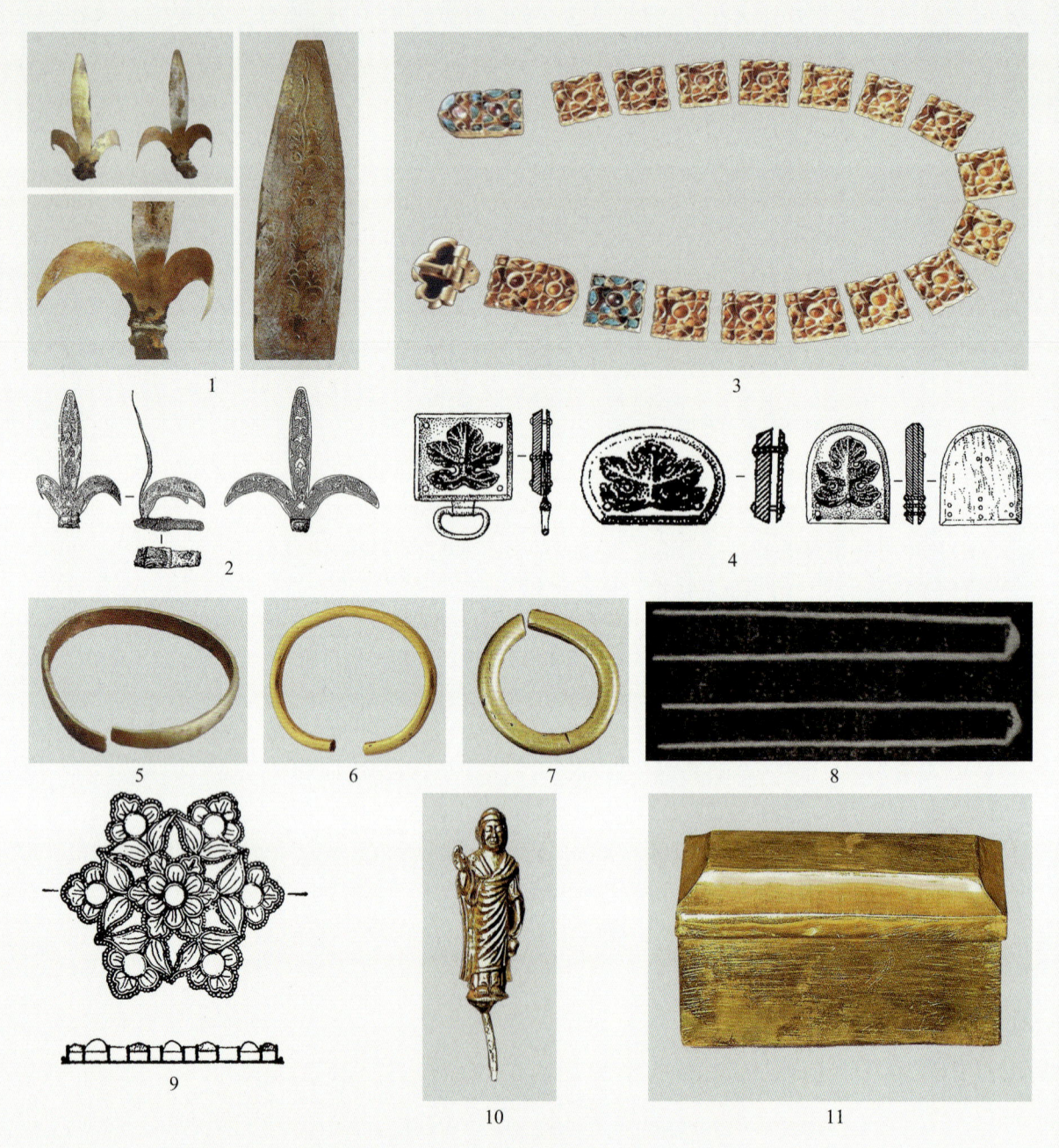

图 2-1-1 渤海遗址出土金器

1、2、4. 和龙龙海 M14（1、2 为 1 件） 3、8、9. 和龙河南屯 M2 5. 和龙龙海 M13 6. 上京城土台子舍利函 7. 虹鳟鱼场 FT6 10. 上京城西地村 11. 上京城白庙子村
（1、2. 冠饰；3. 金筐宝钿带；4. 金托玉带；5、6. 钏；7. 耳环；8. 钗；9. 金花饰件；10. 佛像；11. 舍利函）

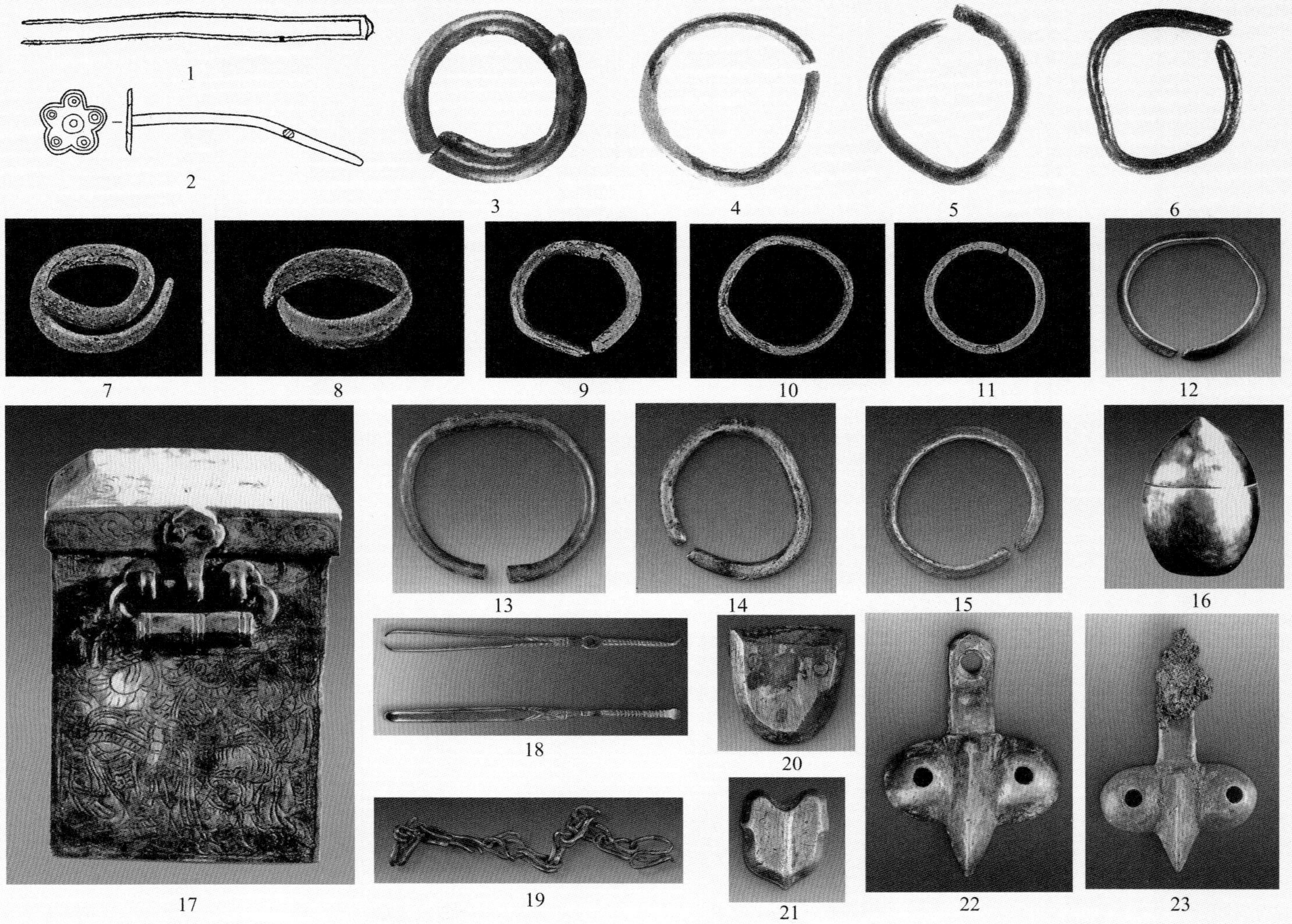

图 2-1-1-2 渤海遗址出土银器

1. 和龙北大 73M35 2. 海林细鳞河遗址 3、5. 六顶山 64M204 4. 六顶山 64M213 6. 六顶山 64M211 7. 六顶山二区 M7 8、11. 六顶山二区 M48 9. 六顶山一区 M6 10. 六顶山一区 M3 12. 虹鳟鱼场 M2070 13、20~23. 虹鳟鱼场 M2286 15. 虹鳟鱼场 M2283 16、17. 上京城土台子寺庙址地宫 18. 虹鳟鱼场 M2240 19. 虹鳟鱼场 M2124
（1. 钗；2. 簪；3~12、14、15. 耳环；13. 钏；16、17. 舍利函；18. 镊耳勺；19. 链；20、21. 铊尾；22、23. 鸟头形饰）

中叶直挺，两侧作展翅状。侧叶两面装饰忍冬（枝蔓）纹，中叶两面装饰忍冬纹。冠饰底部焊接有长方形铜片。

2. 带具

金带具以和龙河南屯 M2 出土者组合最为完整、装饰最为华丽。该带具由 1 件带扣、15 件方形带銙、2 件铊尾组成。带銙表面镶嵌以水晶和绿松石，侧面饰以细小金珠缀成的联珠纹。銙底部四角各有金铆钉一个。铊尾表面镶嵌水晶、绿松石，底部及边缘以细小的金珠组成鱼子地纹。河南屯 M2 还出土束腰形带銙 2 件及椭圆形带銙 1 件，其装饰风格与方形带銙相同。龙海 M14 金托玉带由 17 件带銙（方形 6 件、半圆形 11 件）、1 件铊尾组成（带扣缺失）。带銙以金片为托，正面镶嵌浮雕有五叶花草纹的玉片。有 4 件方形銙底部连接一半圆形的金环。玉质铊尾呈一端平直的舌形，以 9 枚金钉固定两玉片，正面亦浮雕五叶花草纹。其他银带銙、银铊尾以及银鸟头形带饰，在宁安虹鳟鱼场墓地也有零星出土。

3. 装饰品

金质装饰品中的金钏、金钗、金耳（指）环，数量不多，河南屯 M2 集中出土金花及其他各种造型的饰件 271 件。银质装饰品以耳（指）环数量最多，此外为银钏、银簪、银钗等。

（二）佛教用器

包括舍利函、佛像，仅有少量发现。

1. 舍利函

渤海上京城寺庙址成组的舍利函中有金银函。如土台子寺庙址发现银舍利函 2 件，1 件为边长 5.9、高 8.5 厘米的盝顶方盒，以银片压制而成，银盒上有锁。盖顶刻划云朵及忍冬纹，盒四周刻划四天王像。另一件为卵形。白庙子村舍利函中的金函长 8.68、宽 4.38、高 4.87 厘米，以折角冷加工制成，只有一个角留下焊痕。银函长 9.2、宽 4.6、高 5.13 厘米，以 4 片银板铆焊加工而成，板之间有 3 枚铆钉，四角内有焊痕。东宁大城子城址寺庙址发现银函长 2.4、宽 1.6、高 1.1 厘米，函内盛 6 枚舍利子。珲春古城村 2 号寺庙址地宫铁函内发现了内盛 6 颗舍利银珠的金瓶[1]。

2. 佛像

见于报道的仅上京城西地村 1 件[2]，金质，佛像立于莲台插座之上，左手提净瓶，右

---

[1] 吉林省文物考古研究所 2018 年发掘资料。
[2] 黑龙江省文物考古研究所李陈奇、赵哲夫：《海曲华风——渤海上京城文物精华》，文物出版社，2010 年。第 301 页。

手上举结施无畏印（图2-1-1，10）。

（三）日用杂器

数量很少，有刀具金饰件、银镊、银镊耳勺（一端为镊子，一端为耳勺）和银铃等。

三、渤海金银器的来源

《辽史·地理志二·东京道》："银州，富国军，下，刺史。本渤海富州，太祖以银冶更名。""新兴县，本故越喜国地，渤海置银冶，尝置银州。"此记载常被作为渤海开采银矿的证据。唐代文献中渤海诸州中并无银州，《辽史·地理志》所记因银冶而置银州已属无稽。渤海富州为怀远府所领，一说在俄罗斯滨海边疆区[1]，一说在辽宁铁岭县（今铁岭市银州区）[2]。铁岭附近迄今未发现渤海遗存，且无论考古调查，还是地质勘探，均未发现铁岭有银矿及银冶遗存。所谓渤海富州（辽代银州）冶银应为《辽史·地理志》众多舛误记载中的一个而已[3]。

渤海金银冶炼并无文献及考古学的直接证据。《册府元龟》卷九七二记：元和九年（814年）"渤海使高礼进等三十七人朝贡，献金银佛像各一"[4]。然金银佛像流通性大，不能据此来推测其为渤海自产。从文化因素分析，金银舍利函、金带、钏、耳环、钗、簪、镊等唐代中原地区均有发现，然龙海M14三叉形金冠饰、虹鳟鱼场M2001银鸟头形饰，绝不见于唐，相反却是极具渤海民族及地域特点的文物[5]，这也反映了渤海国具备金银制作的能力。此外，鎏金在铜佛像、装饰品及建筑构件上较为普遍的使用也从一个侧面反映了渤海金工技术的发展。

史料中更多的是中原王朝对渤海的各种金银赏赐。《册府元龟》屡有渤海王族入唐宿卫或渤海使节出席宫廷宴会，唐廷赐予"金鱼袋""金带""银带""银器"的记载，这种情况一直持续到五代后梁。兹辑录如下：

> 1.（开元十年）十一月辛未，渤海遣使，其大臣味勃计来朝，并献鹰。授大将军，赐锦袍、金鱼袋，放还蕃（卷九七五）。
> 2.（开元十三年）渤海王大武毅之弟大昌勃价来朝，授左威卫员外将军，赐紫

---

[1] 金毓黻：《渤海国志长编》下编，《社会科学战线》杂志社，1982年。第312页。
[2] 张锡彤等：《〈中国历史地图集〉释文汇编·东北卷》，中央民族学院出版社，1988年。第121页。
[3] 周向永等：《辽代银州考》，《辽金历史与考古》第4辑，辽宁教育出版社，2013年。
[4] 中华书局1982年影印本。
[5] 彭善国：《唐代渤海国的服饰——以考古资料为中心》，《边疆考古研究》第22辑，科学出版社，2017年。彭善国：《鞨鞨-渤海的鸟头形饰》，《东北史地》2013年第4期。

袍、金带、鱼袋，留宿卫（卷九七五）。

3.（开元十七年）三月甲子，渤海靺鞨王大武艺使其弟大胡雅来朝，授游击将军，赐紫袍、金带，留宿卫（卷九七五）。

4.（开元二十五年）八月戊申，渤海靺鞨大首领多蒙固来朝，授左武卫将军，赐紫袍、金带及帛一百匹，放还蕃（卷九七五）。

5.（开元二十七年）二月丁未，渤海王弟大勖进来朝，宴于内殿，授左武卫大将军员外置同正，赐紫袍、金带及帛一百匹，留宿卫（卷九七五）。

6.（开元二十七年）十月乙亥，渤海遣使其臣优福子来谢恩，授果毅，赐紫袍、银带，放还蕃（卷九七五）。

7.（元和十一年）二月癸卯，赐回鹘、渤海使锦彩、银器有差（卷九七六）。

8. 梁太祖开平二年正月，渤海国朝贡，使殿中少令崔礼光已下，各加爵秩，并赐金、帛有差（卷九七六）。

9.（开平）二年闰五月戊申，诏以分物、银器赐渤海进贡首领以下，遣还其国（卷九七六）。

10.（开平）三年五月乙卯，以渤海国入朝，使政当省守和部少卿赐紫金鱼袋（卷九七六）。

《新唐书·车服志》："高宗给五品以上随身鱼银袋，以防召命之诈，出内必合之。三品以上金饰袋。垂拱中，都督、刺史始赐鱼。……景云中，诏衣紫者鱼袋以金饰之，衣绯者以银饰之。"[1]鱼袋为盛鱼符之袋，依品级高低饰以金、银[2]。唐代的金银鱼袋制度，为渤海仿效，《新唐书·渤海传》："（渤海）以品为秩，三秩以上服紫，牙笏，金鱼。五秩以上服绯，牙笏，银鱼。"但金银鱼袋在渤海境内尚未发现。《唐会要》卷三十一记："上元元年八月二十一日敕……文武三品已上服紫，金玉带，十三銙；四品服深绯，金带十一銙；五品服浅绯，金带十銙；六品服深绿，七品服浅绿，并银带九銙。八品服深青，九品服浅青，并鍮石带九銙。庶人服黄，铜铁带七銙。"[3]根据墓葬形制及伴出遗物，龙海M14、河南屯M2均为渤海王室贵族墓，不排除渤海王陵的可能，这两座墓中出土的金托玉带及金筐宝钿带，与墓主人身份是相契合的，它们很有可能为唐廷的赏赐品。出土金银舍利函的上京城寺庙址虽未经过全面揭露，但其属于王室寺庙的可能性很大。这些材料表明，渤海金器的使用，似仅限于上层统治阶级。渤海银器，尤其是银质装饰品，

---

[1]《新唐书》卷二十四《车服志》。第526页。
[2] 孙机：《中国古舆服论丛（增订本）》，上海古籍出版社，2013年。第186页。
[3]（宋）王溥：《唐会要》卷三十一，中华书局，1955年。第569页。

在普通聚落址及平民墓葬均有出土，并未体现出使用的等级性。

第二节　渤海铜器述论

一、冶铜工艺概况

关于渤海国铜料开采、冶炼、铜器铸造及使用的史料文献极其匮乏。金毓黻依《辽史》记载，列铜州为渤海之独奏州[1]。有学者也因此认为渤海在产铜地区设置"铜山郡"[2]，但这种推论没有任何文献上的证据。《册府元龟》卷九九九："开成元年六月，淄青节度使奏，新罗、渤海将到熟铜，请不禁断。"这是关于渤海铜料的唯一文献记载。宝山-六道沟是中国境内发现的一处渤海国大规模开采和冶炼铜矿的遗址，它位于吉林省临江市东南约70公里的宝山、六道沟两镇，分布范围约60平方公里，1998~2000、2004~2005年，吉林省文物考古研究所对其进行过多次调查和发掘，但考古报告迄今未刊。调查发现古冶炼遗迹60余处，古矿洞11处，码头1处，出土典型渤海陶器。三号矿洞内木头标本 ^{14}C 年代测定为公元 $650±60$ 年，部分落入渤海纪年范围内[3]。黑龙江省东宁大城子城址出土过铜锭及铜渣等与冶铜相关的遗存[4]。俄罗斯滨海边疆区马里亚诺夫斯克城址、新戈尔杰耶夫斯克城址及村落址发现过与青铜铸造有关的遗存如陶坩埚等[5]。黑龙江海林河口遗址第五期遗存中的一件陶模具[6]，长13.2、宽5.6厘米，其内2个拟铸件纹饰相同，上部2道横梁，中间3枚垂帐纹，下部2排圆泡。按此模具所铸出的器物尺寸与渤海的方形青铜牌饰相近，且垂帐纹及圆泡也较为接近（数量不同）。目前尚未见到与此模具完全相同的牌饰，但它提供了渤海青铜牌饰铸造工艺的重要线索。

---

[1] 金毓黻：《渤海国志长编》卷十四，《社会科学战线》杂志社，1982年。第315页。《辽史》卷三八《地理二·东京道》："咸州，安东军，下，节度。本高丽铜山县地，渤海置铜山郡。地在汉候城县北，渤海龙泉府南。地多山险，寇盗以为渊薮，乃招平、营等州客户数百，建城居之。""铜州，广利军，刺史。渤海置。兵事隶北兵马司。统县一：析木县。本汉望平县地，渤海为花山县。初隶东京，后来属。"《辽史》卷四八《百官志四》记东京道三十七州：穆、贺、卢、铁……湖、渤、郓、铜、涑、率宾、定理、铁利等。
[2] 朱国忱、朱威：《渤海遗迹》，文物出版社，2002年。第221页。
[3] 赵海龙：《宝山—六道沟冶铜遗址》，吉林省文物考古研究所：《田野考古集粹——吉林省文物考古研究所成立二十五周年纪念》，文物出版社，2008年。
[4] 张太湘：《大城子古城调查记》，《文物资料丛刊》第4辑，文物出版社，1981年。
[5] [俄]Э.В.沙弗库诺夫等著，宋玉彬译：《渤海国及其俄罗斯远东部落》，东北师范大学出版社，1997年。第139页。
[6] 黑龙江省文物考古研究所、吉林大学考古学系：《河口与振兴——牡丹江莲花水库发掘报告（一）》，科学出版社，2001年。图版一九，4。

中国境内出土的渤海铜器只有少量做过成分分析和金相检测。上京城3、4号宫殿址的1件铜片为轧制的铜铅合金[1]；六顶山墓葬的7件铜器标本中，有5件为铜锡铅合金，2件分别为铜铅合金和铜锡合金[2]。除了以上三种青铜合金外，俄罗斯滨海边疆区的铜器据检测还有铅锡砷青铜、铅砷青铜等[3]。通过对吉林临江宝山-六道沟渤海铜矿矿石与冶炼炉渣的检测分析，认为其已能使用冰铜冶炼技术冶炼高硫矿石，表明渤海国掌握了"硫化矿——冰铜——铜"炼铜工艺[4]。

二、铜器的类型

渤海国境内铜制品发现较多，种类有各种服饰品（带具、耳环、钗、簪等）、铜镜、铜钱、铜铃、铜塑像、铜螺旋器、铜钉、铜鱼符、佛教用具（造像、舍利函等）以及日用杂器如镊子等。铜服饰品等另节讨论。这些铜器中，铜钱、铜镜、部分佛像应为唐朝输入，其他多为渤海自制。

（一）铜镜

目前渤海遗址出土的铜镜共11面（表2-2-1），形制明确者有圆形（3面）、菱花形（3面）委角方形（3面）及方形（1面）。

表2-2-1 渤海遗址出土铜镜

序号	出土地点	尺寸（厘米）	形制	花纹
1	六顶山ⅠM73	9.5	圆形镜	瑞兽葡萄
2	上京城址	10	菱花镜	瑞兽鸾鸟
3	和龙龙海M13	20.1	菱花镜	瑞兽鸾鸟
4	和龙北大M10	9	菱花镜	瑞花
5	大城子城址	残，不详	圆形	瑞兽鸾鸟
6	上京城北9号佛寺	残片	不详	团花
7	上京城址内城	边长21.5	委角方形	摩竭

---

[1] 黑龙江省文物考古研究所：《渤海上京城：1998～2007年度考古发掘调查报告》附录，文物出版社，2009年。
[2] 吉林省文物考古研究所等：《六顶山渤海墓葬——2004～2009年清理发掘报告》附录三，文物出版社，2012年。第236页。
[3] [俄]Э.В.沙弗库诺夫等著，宋玉彬译：《渤海国及其俄罗斯远东部落》，东北师范大学出版社，1997年。第136页。
[4] 李辰元、李延祥、傅佳欣、贾莹：《六道沟铜矿冶遗址冶炼技术研究》，《江汉考古》2018年第2期。

续　表

序号	出土地点	尺寸（厘米）	形　制	花　纹
8	虹鳟鱼场 M2239	边长 15.3	委角方形	素面
9	集安上活龙 M4	边长 12.1	委角方形	素面
10	虹鳟鱼场 M2241	边长 11	方形	素面
11	虹鳟鱼场 M2077	残存小块	圆形	不详

敦化六顶山ⅠM73 铜镜[1]，圆形，残半，经过火烧扭曲变形。镜钮兽（蛙？）形，内区为蹲伏的四兽，外区为缠枝葡萄及飞鸟，内外区之间有明显的脊棱。镜缘饰云头形的小花，残存 25 朵（图 2-2-1，1）。与此镜形制、纹饰布局及内容近同的唐镜，可举偃师杏园证圣元年（695 年）宋思真墓（图 2-2-2，1）[2]、西安郊区神功二年（698 年）独孤思贞夫妇墓[3]以及洛阳龙门景龙三年（709 年）安菩夫妇墓[4]出土者。这种镜子在武则天时期最为盛行，延续到玄宗开元时期。经过检测，六顶山ⅠM73 青铜镜含锡量在 28% 左右，铅含量较低，约为 2.35%[5]。

渤海上京城内西侧耕地出土的铜镜[6]，八出菱花形，圆钮，内区主题纹饰为相间排列的鸾鸟瑞兽各一对，同向绕钮飞驰，鸟兽以折枝花间隔。外区纹饰为相间的蜂蝶和流云（图 2-2-1，2）。此镜的形制、花纹布局与内容，均与偃师杏园神龙二年（706 年）延州刺史宋祯墓（M1008）[7]、景龙三年（709 年）宁州录事参军事李嗣本墓（图 2-2-2，2）（M1928）出土铜镜[8]相同。这种鸾鸟瑞兽镜流行的时段集中于武则天长寿年间至玄宗开元年间。

和龙龙海 M13[9]出土的铜镜整体呈八出菱花形，拱腰蟾蜍钮，中穿绶带。镜背镶嵌银片，银片上錾刻鱼子地纹及主题纹饰并鎏金。主题纹饰以镜钮为中心，雌雄凤鸟与雌雄狻猊彼此间隔对称，周围是缠枝花卉及鸾鸟（图 2-2-1，3）。此镜纹饰布局及内容，

---

[1] 吉林省文物考古研究所等：《六顶山渤海墓葬——2004～2009 年清理发掘报告》，文物出版社，2012 年。
[2] 中国社会科学院考古研究所：《偃师杏园唐墓》，科学出版社，2001 年。第 67 页。
[3] 中国社会科学院考古研究所：《唐长安城郊隋唐墓》，文物出版社，1980 年。图版六〇。
[4] 洛阳市文物工作队：《洛阳龙门唐安菩夫妇墓》，《中原文物》1982 年第 3 期。
[5] 吉林省文物考古研究所等：《六顶山渤海墓葬——2004～2009 年清理发掘报告》附录三，文物出版社，2012 年。第 236 页。
[6] 魏学臣：《渤海瑞兽鸾鸟镜》，《黑龙江文物丛刊》1982 年第 2 期。
[7] 前引《偃师杏园唐墓》第 69 页。
[8] 前引《偃师杏园唐墓》第 70 页。
[9] 吉林省文物考古研究所等：《吉林和龙市龙海渤海王室墓葬发掘简报》，《考古》2009 年第 6 期。

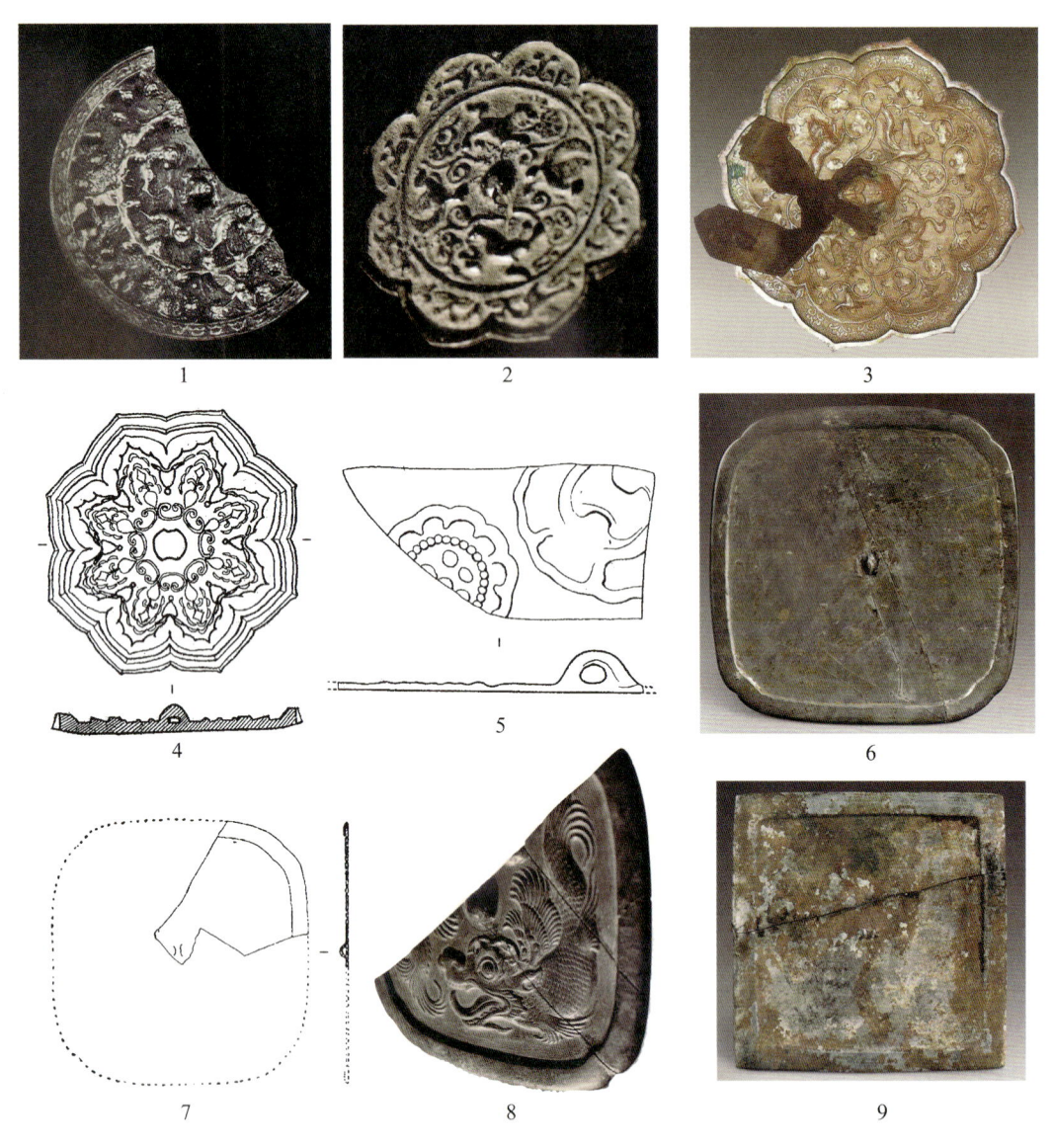

图 2-2-1　渤海遗址出土铜镜

1. 六顶山Ⅰ M73　2、8. 上京城址　3. 和龙龙海 M13　4. 和龙北大 M10　5. 上京城北 9 号佛寺址　6. 虹鳟鱼场 M2239　7. 集安上活龙 M4　9. 虹鳟鱼场 M2241

与偃师杏园开元十七年（729 年）袁氏墓（M1435）[1]出土者（图 2-2-2，3）非常接近。偃师杏园开元二十六年（738 年）蒲州猗氏县令李景由墓（M2603）出土的菱花镜[2]，拱腰蟾蜍钮，纹饰与龙海 M13 镜近同而简化，但其嵌银鎏金的做法完全相同，只是它的最

---

[1] 前引《偃师杏园唐墓》第 71 页。
[2] 前引《偃师杏园唐墓》第 139 页。

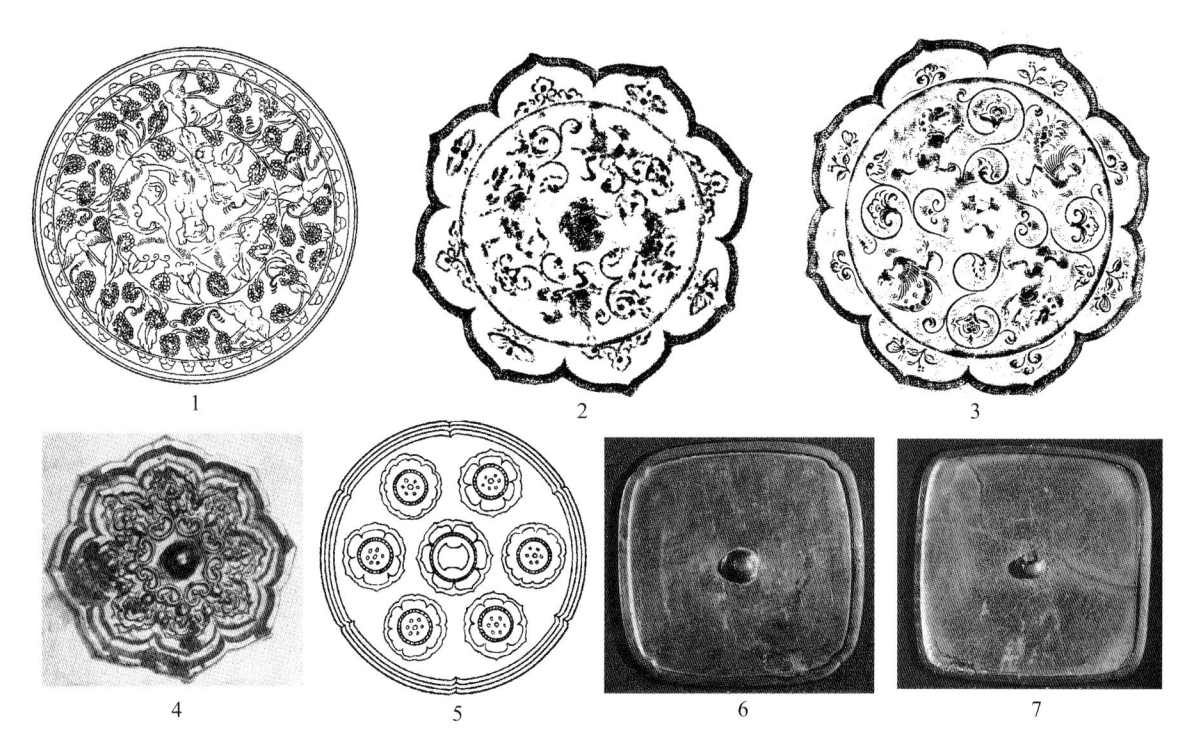

图 2-2-2　渤海遗址出土铜镜参考图

1. 杏园 695 年宋思真墓　2. 杏园 709 年李嗣本墓　3. 杏园 729 年袁氏墓　4. 郑州上街区 55 号唐墓　5. 杏园 778 年郑洵墓　6. 杏园 842 年郑夫人墓　7. 杏园 833 年韦友直墓

大径只有 6.5 厘米，尚不及龙海 M13 镜的三分之一。鎏金银背的铜镜，是唐代特种工艺镜的一种[1]，流行于武则天至唐玄宗开元时期[2]。

和龙北大 M10 出土的铜镜[3]，八出菱花形，扁钮，镜背依镜缘的八曲，铸出八朵瑞花，纹饰布局紧凑，花枝繁密（图 2-2-1，4）。郑州市上街区 55 号唐墓出土的铜镜（图 2-2-2，4）[4]，与此镜在大小、质地、形制、纹饰上完全相同，或为同范镜。根据墓葬形制及共存遗物，上街区 55 号墓的时代为盛唐。

大城子采集的铜镜[5]，残为两半，其上分别残存一麒麟，一鸾鸟。调查者称此镜与沈从文《唐宋铜镜》[6]一书中收录的"八弧鸾衔绶带瑞兽镜"风格一致。而与这种镜子纹饰

---

[1] 尚刚：《唐代的特种工艺镜》，《南方文物》2008 年第 1 期。
[2] 徐殿魁：《唐镜分期的考古学探讨》，《考古学报》1994 年第 3 期。
[3] 延边朝鲜族自治州博物馆、和龙县文化馆：《和龙北大渤海墓葬清理简报》，《东北考古与历史》第 1 辑，文物出版社，1982 年。
[4] 河南省文化局文物工作队：《郑州上街区唐墓发掘简报》，《考古》1960 年第 1 期。
[5] 张太湘：《大城子古城调查记》，《文物资料丛刊》第 4 辑，文物出版社，1981 年。第 224 页。
[6] 沈从文：《唐宋铜镜》，中国古典艺术出版社，1958 年。图版 37。

最为相似的一例，出土于偃师大槐树至德元年（756年）窦承家墓[1]。其流行的时代约在玄宗天宝前后。

渤海上京城北9号佛寺址残铜镜[2]，背部花纹为团花（图2-2-1，5）。极为相近的例子见于偃师杏园大历十三年（778年）沅江县尉郑洵夫妇合葬墓（M5036）（图2-2-2，5）[3]、杏园会昌二年（842年）郑夫人墓（M5013）[4]，这些图案化的团花纹镜，盛行于中唐时期。

委角方形的铜镜共发现3面。虹鳟鱼场M2239（图2-2-1，6）[5]及集安上活龙M4（图2-2-1，7）[6]均为素面，它们与偃师杏园会昌二年（842年）郑夫人墓（M5013）铜镜（图2-2-2，6）[7]如出一手。这种形制的铜镜，流行于晚唐时期。上京城址出土的摩竭纹镜（图2-2-1，8）[8]，残缺一半，半球形钮，中间无孔，镜背两条龙首鱼身的摩竭头尾相连，纹饰饱满，遒劲有力，在唐代铜镜中尚不多见。

虹鳟鱼场M2241方形素面镜（图2-2-1，9）[9]，与杏园大和七年（833年）密州莒县主簿韦友直墓（M2019）铜镜（图2-2-2，7）[10]造型相同，时代应属晚唐。

渤海遗址出土铜镜虽然数量不多，但从如上分析可以看出，它们的时代跨盛唐、中唐、晚唐，且形制、纹饰与唐镜几无差别，有的甚至可能就是同范镜。至于龙海M13鎏金银背铜镜，在唐朝也是较为罕见的特种工艺镜，无疑和该墓属于渤海王室墓葬相关。虽然渤海具有铜的开采、冶炼能力[11]，其熟铜是与唐帝国的贸易品[12]，但是目前还不能说渤海具有规模铸造铜镜的技术能力。渤海遗址出土的铜镜，多数是从唐帝国输入的，不能作为渤海国手工业发展的证据。

（二）铜钱

渤海国境内铜钱出土数量不多，据不完全统计，不足30枚（表2-2-2）。渤海墓

---

[1] 前引《偃师杏园唐墓》第142页。
[2] 中国社会科学院考古研究所：《六顶山与渤海镇——唐代渤海国的贵族墓地与都城遗址》，中国大百科全书出版社，1997年。第109页。
[3] 前引《偃师杏园唐墓》第137页。
[4] 前引《偃师杏园唐墓》第214页。
[5] 黑龙江省文物考古研究所等：《宁安虹鳟鱼场：1992～1995年度渤海墓地发掘报告》，文物出版社，2009年。
[6] 集安县文物保管所：《集安县上、下活龙村高句丽古墓清理简报》，《文物》1984年第1期。
[7] 前引《偃师杏园唐墓》图版37-3。
[8] 张庆国：《渤海上京遗址博物馆馆藏的铜镜》，《北方文物》2004年第2期。
[9] 黑龙江省文物考古研究所等：《宁安虹鳟鱼场：1992～1995年度渤海墓地发掘报告》，文物出版社，2009年。
[10] 前引《偃师杏园唐墓》图版36-6。
[11] 《临江市宝山-六道沟古铜矿遗址群》，《中国考古学年鉴2001年》，文物出版社，2002年。第152页。
[12] 《册府元龟》卷九九九："开成元年六月，淄青节度使奏，新罗、渤海将到熟铜，请不禁断。"

表 2-2-2　渤海遗址出土铜钱

序号	出土单位/地点	铜钱情况	插图
1	榆树老河深上 M33[1]	五行大布，1 枚	图 2-2-3，1
2	永吉查里巴墓地 87~88M27[2]	开元通宝，1 枚，背有掐纹	图 2-2-3，5
3	永吉杨屯大海猛墓地 79M17[3]	开元通宝，1 枚，背有掐纹	图 2-2-3，2
4	牡丹江桦林石场沟 M16[4]	开元通宝，1 枚	
5	珲春凉水庆荣 M4[5]	开元通宝，1 枚	
6	海林兴农城址 H44、T13②[6]	开元通宝，2 枚	图 2-2-3，3、4
7	海林细鳞河遗址 F106、F1:10、T107②[7]	开元通宝，3 枚，2 枚背有掐纹	图 2-2-3，12~14
8	宁安上京城址 2 号宫殿址[8]	开元通宝，1 枚，背有掐纹	图 2-2-3，11
9	宁安上京城址 5 号宫殿址[9]	开元通宝，1 枚，背有掐纹	图 2-2-3，10
10	宁安上京城址官衙遗址[10]	开元通宝，1 枚，背有掐纹	图 2-2-3，9
11	宁安上京城址宫城 3 号门址内侧门房[11]	开元通宝，1 枚	
12	宁安上京城址宫城 4 号宫殿址[12]	和铜开珎，1 枚	
13	抚松新安城址 K1[13]	开元通宝，12 枚，背有掐纹；乾元重宝，2 枚	图 2-2-3，6~8
14	克拉斯基诺城址[14]	开元通宝，1 枚，背有掐纹	

[1] 吉林省文物考古研究所：《榆树老河深》，文物出版社，1987 年。
[2] 吉林省文物考古研究所：《吉林永吉查里巴靺鞨墓地》，《文物》1995 年第 9 期。
[3] 吉林市博物馆：《吉林永吉杨屯大海猛遗址》，《考古学集刊》第 5 集，中国社会科学出版社，1987 年。
[4] 黑龙江省文物考古研究所：《黑龙江省牡丹江桦林石场沟墓地》，《北方文物》1991 年第 4 期。
[5] 呼国柱：《延边珲春渤海墓葬出土"开元通宝"》，《吉林文物》1985 年第 4 期。
[6] 黑龙江省文物考古研究所等：《黑龙江省海林市兴农渤海时期城址的发掘》，《考古》2005 年第 3 期。
[7] 黑龙江省文物考古研究所、吉林大学考古学系：《1996 年海林细鳞河遗址发掘的主要收获》，《北方文物》1997 年第 4 期。黑龙江省文物考古研究所、吉林大学边疆考古研究中心：《黑龙江海林市细鳞河遗址发掘报告》，《北方文物》2018 年第 1 期。
[8] 黑龙江省文物考古研究所：《渤海上京城：1998~2007 年度考古发掘调查报告》，文物出版社，2009 年。
[9] 黑龙江省文物考古研究所：《渤海上京城：1998~2007 年度考古发掘调查报告》，文物出版社，2009 年。
[10] 李陈奇：《靺鞨-渤海考古学的新进展》，《北方文物》1999 年第 1 期。黑龙江省文物考古研究所李陈奇、赵哲夫：《海曲华风——渤海上京城文物精华》，文物出版社，2010 年。第 201 页。
[11] 黑龙江省文物考古研究所：《渤海上京宫城内房址发掘简报》，《北方文物》1987 年第 1 期。
[12] 东亚考古学会：《東京城——渤海國上京龍泉府址の発掘調査》，《東方考古学叢刊》第 5 册，1939 年。
[13] 吉林省文物考古研究所：《吉林抚松新安遗址发掘报告》，《考古学报》2013 年第 3 期。
[14] [俄]博尔金等著，宋玉彬译：《克拉斯基诺城址四年一体化考察》，《东北亚历史与考古信息》2004 年第 1 期。

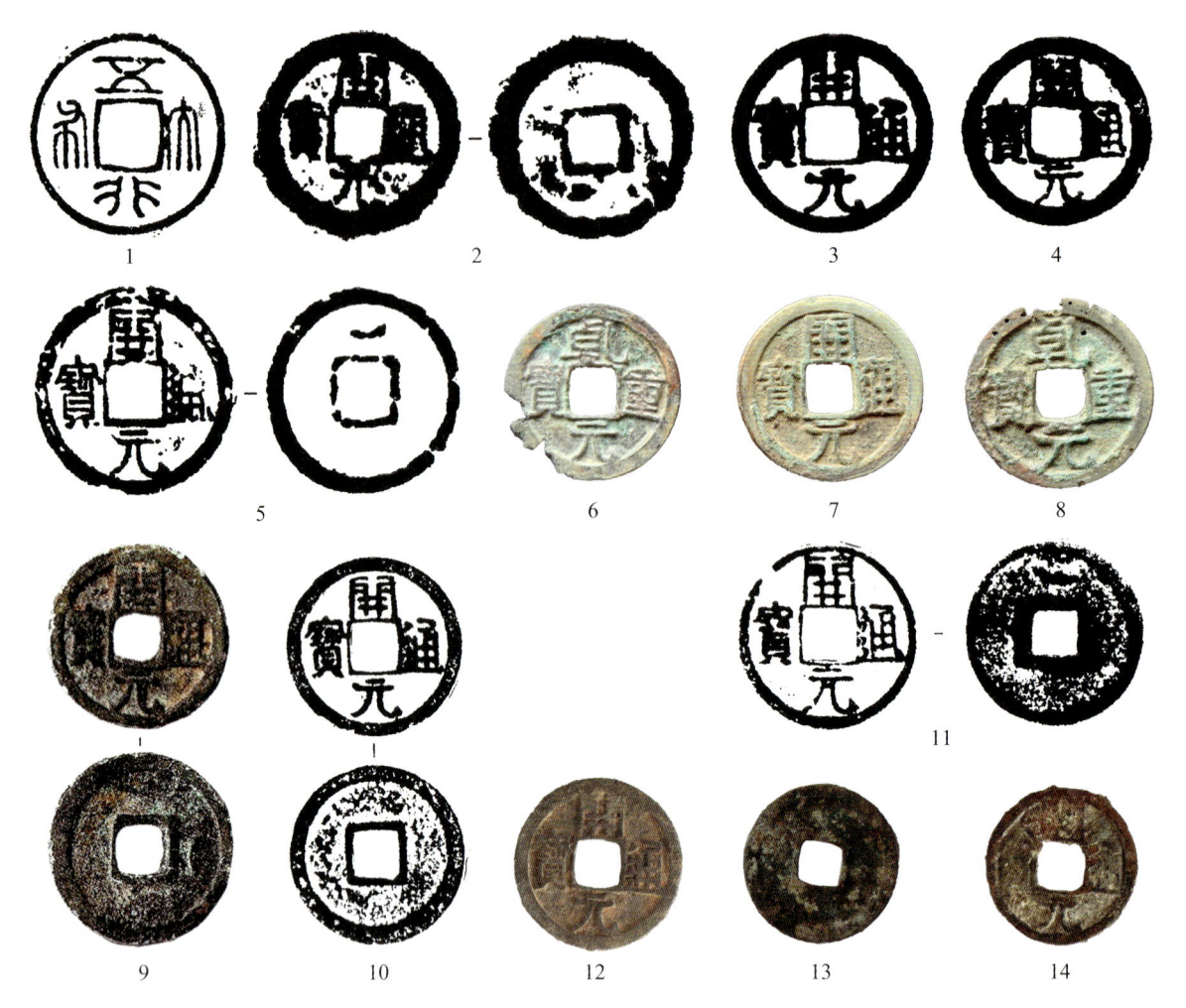

图 2-2-3　渤海遗址出土铜钱

1. 榆树老河深上 M33　2. 永吉杨屯大海猛墓地 79M17　3、4. 海林兴农城址　5. 永吉查里巴墓地 87~88M27　6~8. 抚松新安城址 K1　9. 上京城官衙址　10. 上京城 5 号宫殿址　11. 上京城 2 号宫殿址　12~14. 海林细鳞河遗址

葬出土铜钱，上限时代相对明确。渤海城址存在后期沿用，出土的铜钱不排除晚于渤海的情况，仅具有参考意义。出土铜钱中，始铸于唐高祖武德四年（621 年）的开元通宝占绝大多数，其中背部铸出掐文的开元通宝 20 枚，此种铜钱始见于唐玄宗开元（713~741 年）末季[1]；铸于北周建德三年（574 年）的五行大布发现 1 枚；始铸于唐肃宗乾元元年（758 年）的乾元重宝出土 2 枚；始铸于日本奈良朝元明天皇和铜元年（708 年）的和铜开珎仅见 1 枚。这些铜钱均从渤海国境外输入，不是渤海自铸或仿铸。

---

[1] 徐殿魁：《试论唐开元通宝的分期》，《考古》1991 年第 6 期。

数量如此之少的铜钱说明渤海国似乎并不存在货币经济[1]。这些铜钱在渤海境内的用途目前还不具备讨论的条件。

(三) 铜铃

发现较多（表2-2-3），敦化六顶山M206一座墓葬集中出土了11件。渤海铜铃上部均有圆形或方形的中空旋钮，铃身有球形、扁圆、铎形3种形状，前两种铃尺寸（高或直径）多在2厘米左右，铎形铃尺寸较大，多在5厘米左右，个别达10厘米。这些铜铃应是采用空心蜡型铸造方法而成[2]。

表2-2-3 渤海遗址出土铜铃

序号	出土单位/地点	铜铃数量/尺寸	备注/插图
1	永吉查里巴88M13[3]	1件，球形，直径0.9厘米	简报介绍墓地出土3件，但墓葬登记表中仅统计88M13的1件
2	敦化六顶山M206[4]	11件，椭圆形，内含一珠，上附钮。通高1.9～2.5厘米	2件出于墓内，其余见于填土和封土；图2-2-4，1、15
3	牡丹江桦林石场沟M4[5]	1件，铎形，高5.1厘米	图2-2-4，11
4	牡丹江桦林石场沟M15	1件，铎形，高4.6厘米	图2-2-4，12
5	海林北站墓区征集[6]	3件，1件球形，直径2.5厘米；2件铎形，高分别为10、4.5厘米	图2-2-4，4、9、10
6	白山永安遗址[7]	2件，球形，直径1.7厘米	图2-2-4，3
7	康斯坦丁诺夫卡1号村落址[8]	1件，扁圆形，高2.7、宽1.7厘米	图2-2-4，7
8	克拉斯基诺城址[9]	1件，球形，直径1.4厘米	图2-2-4，6

---

[1] 刘晓东等：《渤海国货币经济初探》，《历史研究》1991年第2期。《渤海货币经济与"自铸币"问题》，刘晓东：《渤海文化研究——以考古发现为视角》，黑龙江人民出版社，2006年。
[2] [苏] Е. И. 杰烈维扬科著，林树山、姚凤译：《黑龙江沿岸的部落》，吉林文史出版社，1987年。第69页。
[3] 吉林省文物考古研究所：《吉林永吉查里巴靺鞨墓地》，《文物》1995年第9期。
[4] 中国社会科学院考古研究所：《六顶山与渤海镇——唐代渤海国的贵族墓地与都城遗址》，中国大百科全书出版社，1997年。
[5] 黑龙江省文物考古研究所：《黑龙江省牡丹江桦林石场沟墓地》，《北方文物》1991年第4期。
[6] 李砚铁：《海林北站征集的几件渤海时期文物》，《北方文物》1999年第2期。
[7] 吉林省文物考古研究所：《吉林浑江永安遗址发掘报告》，《考古学报》1997年第2期。
[8] 吉林省文物考古研究所、俄罗斯科学院远东分院远东民族历史·考古·民族研究所：《俄罗斯滨海边疆区渤海文物集粹》，文物出版社，2013年。第2页。
[9] 吉林省文物考古研究所、俄罗斯科学院远东分院远东民族历史·考古·民族研究所：《俄罗斯滨海边疆区渤海文物集粹》，文物出版社，2013年。第159页。

续 表

序号	出土单位/地点	铜铃数量/尺寸	备注/插图
9	尼古拉耶夫斯科耶2号城址[1]	1件，扁圆形，高2.9、宽1.9厘米	图2-2-4，8
10	契尔良基诺5号墓地[2]	3件，1件球形，直径2厘米；2件铎形，高分别为6.3、3.3厘米	图2-2-4，5、13、14

这三种形制的铜铃，在鲜卑[3]、高句丽[4]墓葬中都很常见，多为车马器，即所谓鸾铃。根据乌苏里岛（黑瞎子岛）科尔萨科沃墓地[5]（黑水靺鞨、女真）等地出土的材料，这些铜铃还往往悬挂于金属牌饰下部，有学者据此将之视为萨满通神法器的腰铃[6]。渤海境内发现的铜铃，作为鸾铃和腰铃使用的可能性都存在。

（四）铜塑像

1. 青铜骑马人像

渤海的青铜骑马人像目前见有7例。根据其造型，可以分为两型。

A型：见于吉林永吉杨屯大海猛遗址T8[7]（长11.2、高5.5厘米）（图2-2-5，1）、黑龙江林口莲花乡江西村（长7.9、高4.5厘米）（图2-2-5，2）[8]、俄罗斯滨海边疆区契尔良基诺5号墓地[9]（2件，尺寸分别为：长9.8、高4.7厘米；长6.6、高2.4厘米）（图2-2-5，3、4）、黑龙江宁安渤海上京城址（高2.8厘米）（图2-2-5，5）[10]、黑龙江东宁

---

[1] 吉林省文物考古研究所、俄罗斯科学院远东分院远东民族历史·考古·民族研究所：《俄罗斯滨海边疆区渤海文物集粹》，文物出版社，2013年。第192页。

[2] 吉林省文物考古研究所、俄罗斯科学院远东分院远东民族历史·考古·民族研究所：《俄罗斯滨海边疆区渤海文物集粹》，文物出版社，2013年。第48、49页。

[3] 钱玉成等：《科右中旗北玛尼吐鲜卑墓群》，《内蒙古文物考古文集》第一辑，中国大百科全书出版社，1994年。第404页。乌兰察布博物馆：《察右后旗三道湾墓地》，《内蒙古文物考古文集》第一辑，中国大百科全书出版社，1994年。第415页。辽宁省文物考古研究所：《三燕文物精粹》，辽宁人民出版社，2002年。第66页（朝阳十二台88M1出土）。

[4] 吉林省文物考古研究所等：《集安出土高句丽文物集粹》，科学出版社，2010年。第156、157页（集安山城下墓区、禹山墓区、千秋墓、太王陵等出土）。

[5] [俄] Е. И. 杰烈维扬科著，林树山、姚凤译：《乌苏里岛的中世纪遗存》，内部资料。

[6] 王培新：《靺鞨-女真系铜带饰及相关问题》，《北方文物》1997年第1期。冯恩学：《考古所见萨满之腰铃与饰牌》，《北方文物》1998年第2期。冯恩学：《黑水靺鞨的装饰品及渊源》，《华夏考古》2011年第1期。

[7] 吉林市博物馆：《吉林永吉杨屯大海猛遗址》，《考古学集刊》第5集，中国社会科学出版社，1987年。

[8] 杨秀全：《林口县出土古代青铜骑马人物像》，《北方文物》1997年第4期。

[9] 吉林省文物考古研究所、俄罗斯科学院远东分院远东民族历史·考古·民族研究所：《俄罗斯滨海边疆区渤海文物集粹》，文物出版社，2013年。第46页。

[10] 首尔大学校博物馆：《海东盛国渤海展》图录，2003年。第78页，图80。黑龙江省文物考古研究所李陈奇、赵哲夫：《海曲华风——渤海上京城文物精华》，文物出版社，2010年。第207页。

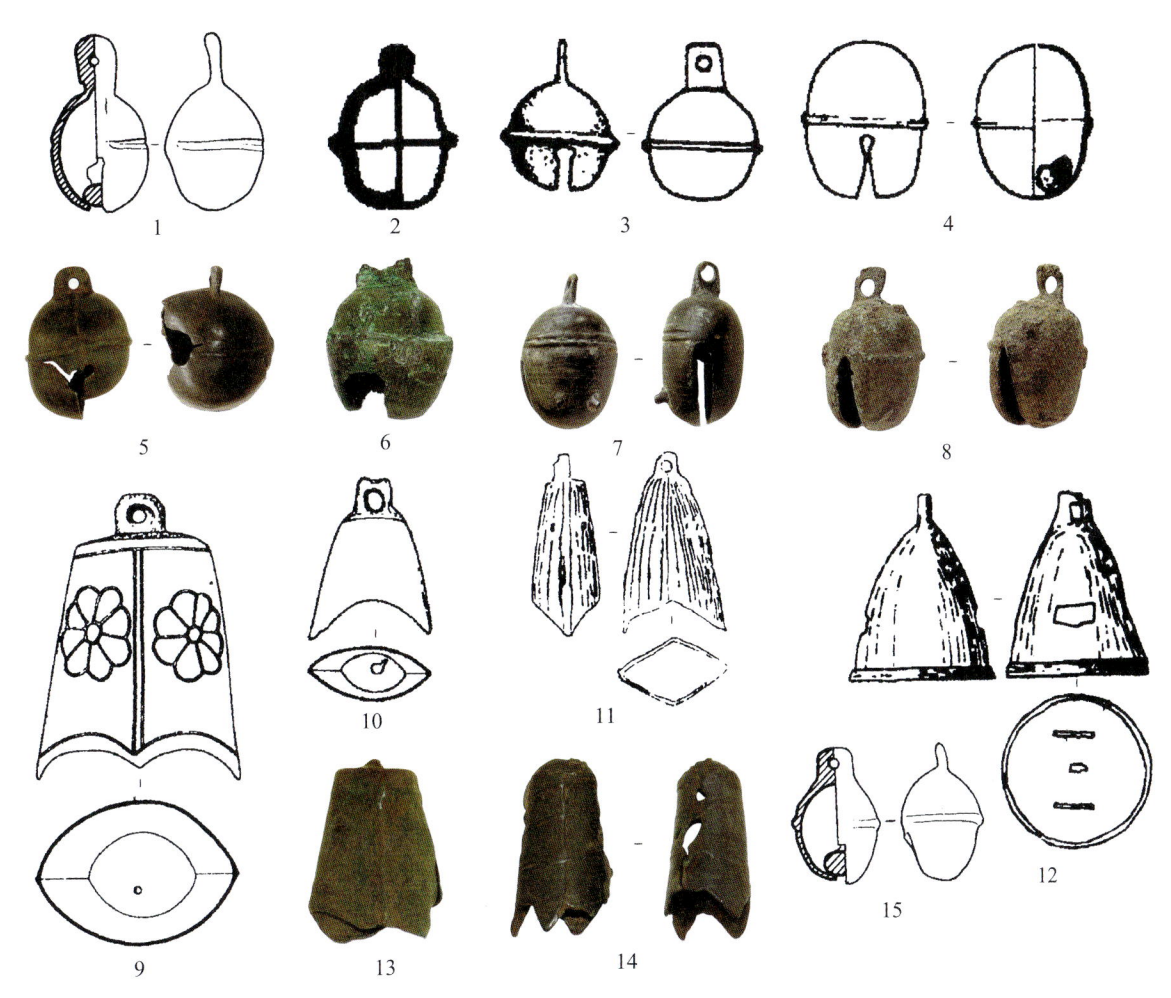

图 2-2-4　渤海铜铃

1、15. 敦化六顶山 M206　2. 永吉查里巴 88M13　3. 白山永安遗址　4、9、10. 海林北站　5、13、14. 契尔良基诺 5 号墓地　6. 克拉斯基诺城址　7. 康斯坦丁诺夫卡 1 号村落址　8. 尼古拉耶夫斯科耶 2 号城址　11、12. 牡丹江桦林石场沟墓地（M4、M15）

团结遗址（尺寸不详）[1]，整体抽象，马及驭马人形体修长。

B 型：仅见渤海上京城址 1 例（高 5.3 厘米）[2]，整体具象，马及骑马人均较为肥胖（图 2-2-5，6）。

A 型青铜骑马人像造型独特，可谓具有鲜明（靺鞨）渤海民族特色的文物。俄罗斯

---

[1] 魏存成：《渤海考古》，文物出版社，2008 年。第 210 页。
[2] 首尔大学校博物馆：《海东盛国渤海展》图录，2003 年。第 78 页，图 80。黑龙江省文物考古研究所李陈奇、赵哲夫：《海曲华风——渤海上京城文物精华》，文物出版社，2010 年。第 208 页。

图 2-2-5 渤海青铜塑像

1. 永吉杨屯大海猛遗址 2. 林口江西村 3、4. 契尔良基诺 5 号墓地 5、6. 上京城 7、8. 上京城西地村 9. 克拉斯基诺城址附近

（1~6.骑马人像；7、8.昆仑奴像；9.官吏像）

滨海边疆区金代（东夏）赛加城址，仍有此类造型的青铜骑马人像[1]，应是承袭了靺鞨渤海传统的艺术作品。

2. 青铜昆仑奴像

均出土于渤海上京城址附近的西地村，现藏渤海上京遗址博物馆[2]。两件铜像分别高

---

[1] 吉林省文物考古研究所、俄罗斯科学院远东分院远东民族历史·考古·民族研究所：《俄罗斯滨海边疆区女真文物集粹》，文物出版社，2013 年。第 205、206 页。

[2] 黑龙江省文物考古研究所李陈奇、赵哲夫：《海曲华风——渤海上京城文物精华》，文物出版社，2010 年。第 204、206 页。

8.4、8.2厘米，人物卷发，眼珠突出，大耳下垂，头部倾于一侧，双手交叉于胸前，一腿跪姿，一腿蹲踞，上身赤裸，肚脐外露，下身着紧身短裤（图2-2-5，7、8）。其姿态应是在表演某种技艺。这两件铜像具有典型的黑人特征，与唐长安地区出土的多件黑人陶俑在体貌及服饰上非常接近（姿势不同）。这些黑人陶俑据研究应为来自南海诸国或南亚地区的黑色或棕褐色人种（而非来自非洲的黑色人种），即文献所记善于伎艺的"昆仑奴"[1]。渤海上京城出土的这两件青铜昆仑奴像是渤海本地铸造，还是输自唐地，目前还无法明确推定，但毫无疑问，它们是渤海与唐文化交流的物证。

值得注意的是，辽宁朝阳纤维厂孙则墓也出土了淡黄釉瓷昆仑俑1件，立于抹角方形底板之上，右臂抬起，左臂置于腰间，似在表演[2]。墓志载孙则卒于唐永徽六年（655年），营州柳城人，贞观四年（630年）曾奉敕"招慰延陁拔曳等诸国君"。贞观六年（632年）又"将诸藩长并其地图入京奉见"。贞观十九年（645年）后授松漠都督府长史。文献记载隋开皇以来，酋帅突地稽率靺鞨部落内附柳城（营州），且"悦中国风俗，请被冠带"[3]。孙则在营州的活动，或与这些靺鞨人颇有关联。这样来说，孙则墓出土的瓷昆仑俑，与渤海上京出土的青铜昆仑像的关系就颇耐人寻味了。

3. 青铜官吏立像

在俄罗斯滨海边疆区距克拉斯基诺城址约1公里的岩杵河左岸，还发现了一尊青铜官吏立像（图2-2-5，9），现藏滨海边疆区B. K.阿尔谢尼耶夫地志博物馆。此像身着长襟宽袖服，手捧书卷，头顶双丫髻。早年苏联学者曾认为这是渤海时期的[4]，后来则认为其年代无法确认[5]。由于目前缺乏可资比较的纪年材料，故此像的年代仍待进一步研究。

（五）铜螺旋器

集中出土于宁安虹鳟鱼场墓地（共24件，表2-2-4），六顶山墓地出土1件。系用细铜丝螺旋拧结成空心管状，直径多在1～2厘米，长1.5～3.4厘米。虹鳟鱼场M2063、M2184、M2205、M2238、M2252还出土了相同制法、相近尺寸的铁螺旋形器，且有些墓葬铜、铁螺旋器共出。

---

[1] 孙机：《唐俑中的昆仑和僧祇》，孙机：《中国圣火》，辽宁教育出版社，1996年。葛承雍：《唐韵胡音与外来文明》，中华书局，2006年。第100页。
[2] 辽宁省文物考古研究所、日本奈良文化财研究所：《朝阳隋唐墓葬发现与研究》，科学出版社，2012年。图版七，4。
[3] 《隋书》卷八一《靺鞨传》。
[4] 林树山译：《苏联滨海边区的渤海文化遗存》，《东北考古与历史》第1辑，文物出版社，1982年。
[5] ［俄］Э. B. 沙弗库诺夫等著，宋玉彬译：《渤海国及其俄罗斯远东部落》，东北师范大学出版社，1997年。第219页。

表 2-2-4 渤海遗址出土铜螺旋器

序号	出土单位/地点	螺旋器数量/尺寸	备注/插图
1	敦化六顶山Ⅰ区 M87[1]	1件，直径1.7~2、长2.3厘米	图2-2-6，1
2	虹鳟鱼场 M2121[2]	1件，直径1.1、长2.8厘米	伴出铁螺旋器2件
3	虹鳟鱼场 M2205	2件，直径、长分别为1.5、1和3.4、2.2厘米	伴出铁螺旋器1件
4	虹鳟鱼场 M2283	1件，直径1.15、长1.8厘米	图2-2-6，3
5	虹鳟鱼场 M2308	1件，直径1.3、长1.5厘米	伴出铁螺旋器1件；图2-2-6，2
6	虹鳟鱼场 M2319	1件，直径1.3、长2.8厘米	图2-2-6，5
7	虹鳟鱼场方坛 T2	17件，直径1~1.5、长2~2.5厘米	图2-2-6，4
8	虹鳟鱼场墓地采集	1件，直径1.3、长3厘米	图2-2-6，6

渤海螺旋器的用途，目前还无法推定。黑龙江泰来平洋、内蒙古巴林左旗南杨家营子等墓葬中，出土过类似的铜管或铜串[3]，但其制法或为铜片卷成的中空管，或为分体的中空铜珠，且其时代最晚不早于东汉。与渤海的螺旋器既有时空的悬隔，又存在制法的差异。但这些铜管或铜串出土时有的还残存穿系的皮绳，有理由推测其为成串的装饰品。据此也可以认为渤海的螺旋器也应是穿连起来用作装饰品。

（六）铜鱼符

渤海遗址中鱼符仅一件，弥足珍贵，对于探究渤海历史与文化具有重要意义。此鱼符采集于俄罗斯滨海边疆区尼古拉耶夫斯科耶1号城址[4]，为青铜质地，长5.6厘米，腹部刻"同"及"左骁卫将军聂利计"字样（图2-2-7，1）。类似鱼符见于洛阳香山路唐墓[5]。《历代牌符图录》著录的鱼符[6]，腹部刻"同"及"右领军卫道渠府第五"字样（图2-2-7，2）。济南市博物馆藏唐代鱼符，长亦为5.6厘米，文字与《历代牌符图录》著录者相同[7]。这几件鱼符可谓唐代鱼符的标准规制。

---

[1] 吉林省文物考古研究所等：《六顶山渤海墓葬——2004~2009年清理发掘报告》，文物出版社，2012年。
[2] 黑龙江省文物考古研究所等：《宁安虹鳟鱼场：1992~1995年度渤海墓地发掘报告》，文物出版社，2009年。
[3] 倪润安：《光宅中原——拓跋至北魏的墓葬文化与社会演进》，上海古籍出版社，2017年。第75、101页。
[4] [苏]沙夫库诺夫著，步平译：《苏联尼古拉耶夫斯克遗址出土的鱼形青铜信符》，《北方文物》1991年第1期。
[5] 洛阳市文物考古研究院：《洛阳新区香山路唐墓发掘简报》，《洛阳考古》2016年第4期。
[6] 罗振玉：《历代牌符图录》前编，中国书店，1998年。第47页。
[7] 李晓峰：《济南文物珍藏》，济南出版社，2010年。第63页。

图 2-2-6 渤海铜螺旋形器
1. 敦化六顶山Ⅰ区 M87 2. 虹鳟鱼场 M2308 3. 虹鳟鱼场 M2283 4. 虹鳟鱼场方坛 T2 5. 虹鳟鱼场 M2319 6. 虹鳟鱼场墓地采集

图 2-2-7 渤海遗址出土铜鱼符及参考图
1. 尼古拉耶夫斯科耶 1 号城址 2.《历代牌符图录》著录唐代鱼符

《新唐书·车服志》记："初，高祖入长安，罢隋竹使符，班银菟符，其后改为铜鱼符，以起军旅、易守长。"秦汉至隋，均用虎符，唐朝因避讳虎字，遂用鱼符[1]。左骁卫为唐代武职中十六卫之一，置"上将军各一人，大将军各一人，将军各二人。掌同左右卫（即掌宫禁宿卫）"[2]。靺鞨诸部人名中最后一个字为"计"者较多，如"铁利靺鞨可娄计""越喜靺鞨勃施计""渤海靺鞨菸夫须计""靺鞨首领聿弃计"等[3]。《册府元龟》卷九七五《褒异第二》记开元十年（722年）十一月辛未："渤海遣使其大臣味勃计来朝，并献鹰，授大将军，赐锦袍、金鱼袋，放还蕃。"渤海来朝唐廷者被授"左武卫将军""右武卫将军""将军"者不乏其例。因此，尼古拉耶夫斯科耶1号城址青铜鱼符，应是唐廷赐给来朝的靺鞨人聂利计的[4]。

（七）其他铜器

包括铜钉、帐钩及各种铜饰件（图2-2-8，1~27）。铜钉一般用于高等级墓葬或宫室建筑，以圆形帽钉为常见。铜饰件形式多样，用于家具、服装之上。海林兴农城址出土的涡形铜饰（图2-2-8，21），与海拉尔谢尔塔拉墓地M1（室韦墓葬）[5]出土的银饰件颇为相似，似可作为靺鞨与室韦文化交流的一个证据。

值得指出的是，和龙北大M34出土青铜鱼饰件1件（图2-2-8，25）[6]，长4厘米，尾部展开，与偃师杏园大中元年（847年）穆悰墓[7]、洛阳北郊唐颍川陈氏墓（卒年不详，推测为中唐）[8]出土的铜鱼形制相同，或为仿自鱼符的革带悬挂饰物。渤海上京城内官衙遗址也出土过鎏金铜鱼（图2-2-8，26），推测也和鱼符有关[9]。

第三节　渤海铁器述论

"海东盛国"渤海存续的二百余年中，铁器的冶炼和加工，是其主要的手工业门

---

[1] 孙机：《中国古舆服论丛（增订本）》，上海古籍出版社，2013年。第467页。
[2] 《新唐书》卷四十九《百官志四上》。
[3] 《册府元龟》卷九七四、九七五。
[4] 姚玉成：《俄罗斯尼古拉耶夫斯克遗址出土鱼形青铜信符考实》，《北方文物》1993年第3期。
[5] 中国社会科学院考古研究所、呼伦贝尔民族博物馆、海拉尔区文物管理所：《海拉尔谢尔塔拉墓地》，科学出版社，2006年。
[6] 延边朝鲜族自治州博物馆、和龙县文化馆：《和龙北大渤海墓葬清理简报》，《东北考古与历史》第1辑，文物出版社，1982年。
[7] 中国社会科学院考古研究所：《偃师杏园唐墓》，科学出版社，2001年。第211页。
[8] 洛阳市文物工作队：《洛阳北郊唐颍川陈氏墓发掘简报》，《文物》1999年第2期。
[9] 黑龙江省文物考古研究所李陈奇、赵哲夫：《海曲华风——渤海上京城文物精华》，文物出版社，2010年。第214页。

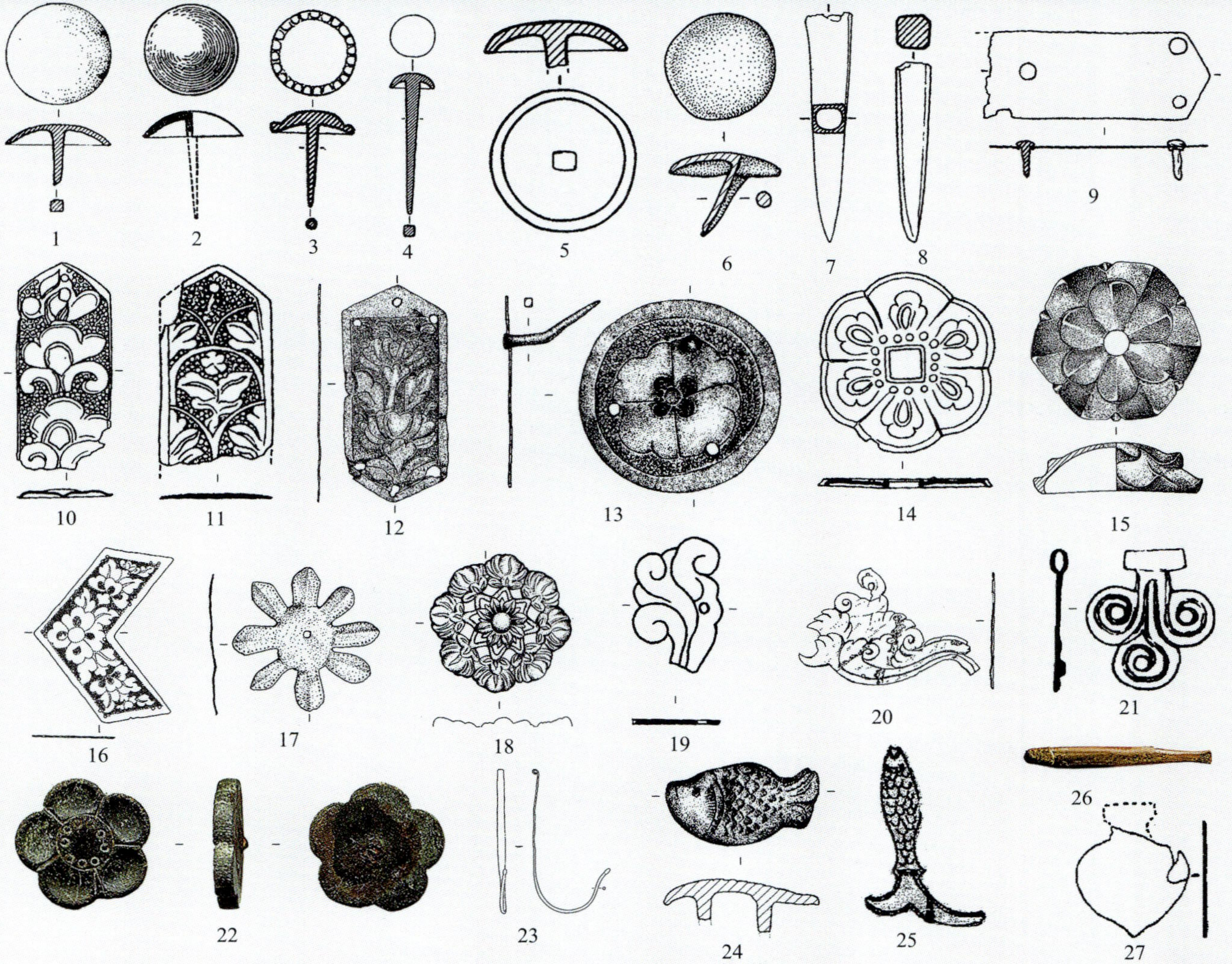

图2-2-8 渤海铜钉、帐钩及其他饰件

1、20. 和龙龙头山M3 2. 敦化六顶山贞惠公主墓 3、4、7~11、14、19. 上京城址 5. 敦化六顶山一区M2 6. 上京城5号宫殿址 12、13、17、18、23、24. 上京城3、4号宫殿址 15、16. 上京城2号宫殿址 21. 海林兴农城 22. 克拉斯基诺城址 25. 和龙北大73M34 26. 上京城官简址 27. 永吉杨屯79M17
(1~8. 铜钉; 22. 帐钩; 其余为饰件)

类之一。《新唐书·渤海传》记渤海:"俗所贵者,曰太白山之菟、南海之昆布……位城之铁。"[1]《辽史》[2]、《契丹国志》[3]等史籍记述了渤海国遗民入辽后的炼铁情况。但文献记载不仅匮乏且语焉不详,而考古调查发现的冶铁遗迹以及发掘出土的铁质文物,为探讨渤海国铁器的整体面貌、全面认识渤海国的物质文化提供了丰富的材料。既往研究中,中国学者朱国忱等概述了渤海国铁器[4],杨雨舒讨论了吉林省发现的渤海铁器[5],梁玉多重点梳理了渤海移民冶炼制作铁器之于辽代的影响[6]。朝鲜学者朱荣宪主要依据上京城出土的资料对渤海铁器作了初步讨论[7]。俄罗斯学者对俄罗斯滨海地区渤海的铁器手工业作了较为深入的研究[8]。近年来随着新材料的不断公布,对渤海铁器进行考古学综合探究的条件已经具备。本节意在系统梳理渤海国铁器的类型,并对相关问题进行初步讨论。

一、铁器的功能与类型

依据功能,可将考古出土的渤海铁器分为农具、加工工具、武备(含渔猎用具)、建筑用具、车马具、日常生活用具等6类。应该指出,有些铁器的功能是多样化的,不宜一概而论。

(一)农具

主要有铧、铲、钁、镰等。

1. 铧

铁铧均见于城址或村落,如上京城址白庙子村[9]、上京宫城内房址[10]、海林细鳞河

---

[1]《新唐书》卷二一九《渤海传》。
[2]《辽史》卷三七《地理志一》。
[3](宋)叶隆礼著,贾敬颜、林荣贵点校:《契丹国志》卷二四,上海古籍出版社,1985年。
[4] 朱国忱、朱威:《渤海遗迹》,文物出版社,2002年。第216~220页。
[5] 杨雨舒:《渤海国时期吉林的铁器述论》,《北方文物》2005年第3期。
[6] 梁玉多:《渤海移民对于辽代社会经济文化发展的作用》,郑永振等:《渤海史研究》第十一辑,延边大学出版社,2009年。第271页。
[7] [朝]朱荣宪著,在日本朝鲜人科学者协会历史部会译:《渤海文化》,雄山阁,1979年。第116~123页。
[8] [俄]В. Д. 列尼科夫著,王德厚译:《渤海人的黑色金属冶炼业和加工业》,《东北亚考古资料译文集·渤海专号》,《北方文物》杂志社,1998年。[俄]Э. В. 沙弗库诺夫等著,宋玉彬译:《渤海国及其俄罗斯远东部落》,东北师范大学出版社,1997年。第121~134页。
[9] 朱国忱、朱威:《渤海遗迹》,文物出版社,2002年。第218页。
[10] 黑龙江省文物考古研究所:《渤海上京宫城内房址发掘简报》,《北方文物》1987年第1期。

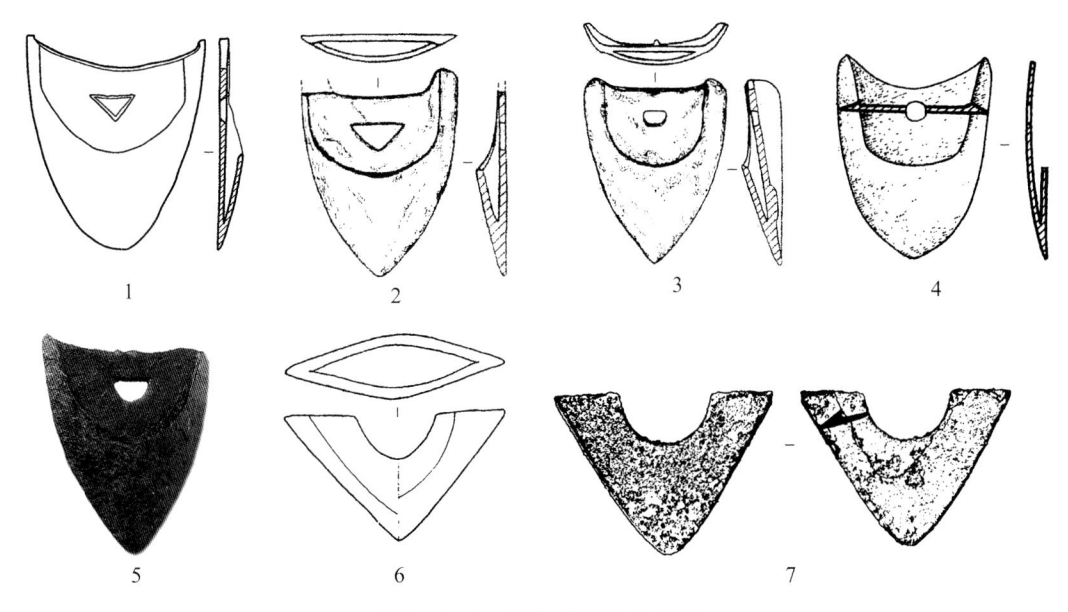

图 2-3-1 渤海铁铧及参考图
1.细鳞河遗址 2、3.新安遗址 4.振兴遗址 5.科尔萨科沃村落址 6.杏园唐墓 7.朝阳孙则墓

遗址[1]、海林振兴遗址、海林河口遗址[2]、抚松新安遗址[3]、俄罗斯滨海边疆区科尔萨科沃村落址[4]等（图2-3-1，1～5），形制基本相同，均呈舌形，后部有三角形或近圆形的穿孔。以长30余、宽27厘米左右者最为常见，也有长16、宽12.8厘米的小型铧。河南偃师晚唐墓（M2954、M2544）[5]、朝阳孙则墓（655年）[6]等唐墓出土的铁铧（图2-3-1，6、7），均呈宽体的"V"字形，长15、宽23厘米左右，与渤海遗址出土的铁铧形制差别较大。

2. 铲

数量不多，均出土于城址或村落遗址，如上京城址[7]、海林细鳞河遗址、东宁小地

---

[1] 黑龙江省文物考古研究所、吉林大学考古学系：《1996年海林细鳞河遗址发掘的主要收获》，《北方文物》1997年第4期。黑龙江省文物考古研究所、吉林大学边疆考古研究中心：《黑龙江海林市细鳞河遗址发掘报告》，《北方文物》2018年第1期。
[2] 黑龙江省文物考古研究所、吉林大学考古学系：《河口与振兴——牡丹江莲花水库发掘报告（一）》，科学出版社，2001年。
[3] 吉林省文物考古研究所：《吉林抚松新安遗址发掘报告》，《考古学报》2013年第3期。
[4] 吉林省文物考古研究所、俄罗斯科学院远东分院远东民族历史·考古·民族研究所：《俄罗斯滨海边疆区渤海文物集粹》，文物出版社，2013年。以下所引铁器材料，除另有注明外，均出此图录。
[5] 中国社会科学院考古研究所：《偃师杏园唐墓》，科学出版社，2001年。
[6] 辽宁省文物考古研究所、日本奈良文化财研究所：《朝阳隋唐墓葬发现与研究》，科学出版社，2012年。
[7] 中国社会科学院考古研究所：《六顶山与渤海镇——唐代渤海国的贵族墓地与都城遗址》，中国大百科全书出版社，1997年。黑龙江省文物考古研究所：《渤海上京城：1998～2007年度考古发掘调查报告》，文物出版社，2009年。

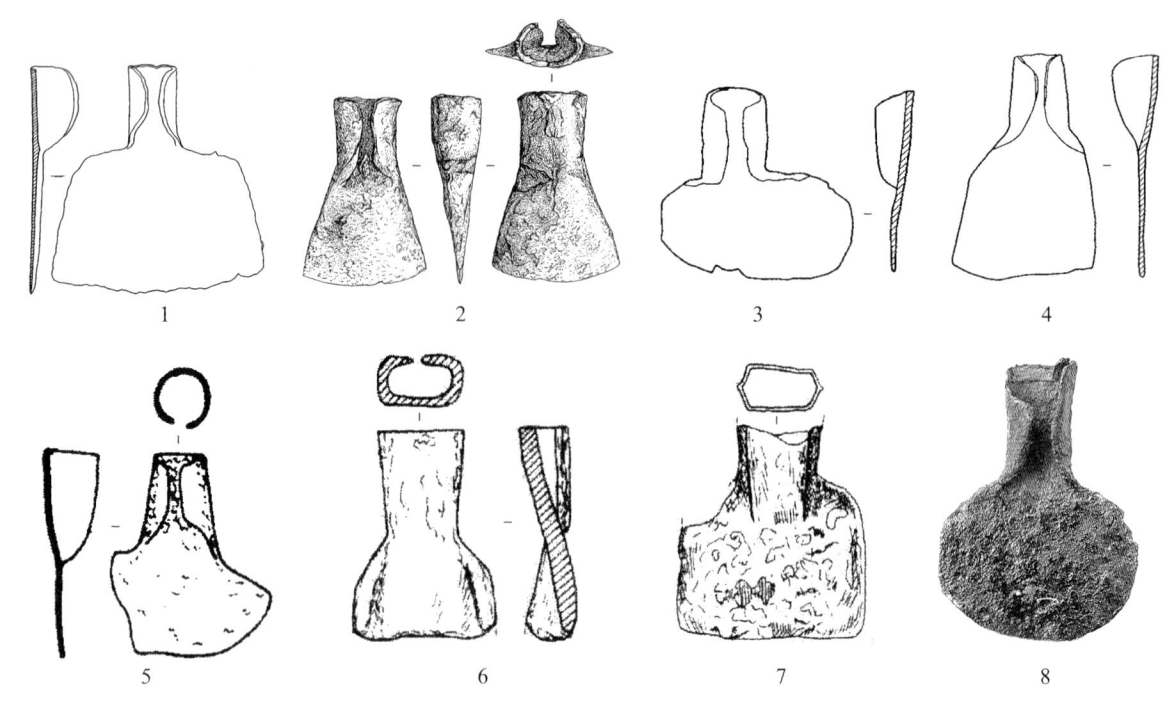

图 2-3-2 渤海铁铲
1、2.上京城址 3、4.细鳞河遗址 5.小地营遗址 6、7.新安遗址 8.康士坦丁诺夫卡村落址

营 F2[1]、抚松新安遗址、俄罗斯滨海康士坦丁诺夫卡村落址等（图2-3-2,1~8），长多在15厘米以下，管銎或扁圆銎，溜肩或平肩，弧刃或平刃，与高句丽及唐代铲形制近同。

3.镬

见于海林河口遗址、牡丹江桦林石场沟墓地[2]（图2-3-3,1、2），均残，深"V"字形銎，銎口长方形。

4.镰

数量较多，见于永吉杨屯墓葬（1979、1980年发掘）[3]、宁安上京城址、海林河口遗址、细鳞河遗址、兴农城址[4]（长12.3厘米，简报称为刀）、东宁小地营遗址、俄罗斯滨海边疆区尼古拉耶夫斯科耶2号城址等地（图2-3-3,3~9），前部弯曲，平背，弧刃，

---

[1] 黑龙江省文物考古研究所：《黑龙江东宁县小地营遗址渤海房址》，《考古》2003年第3期。
[2] 黑龙江省文物考古研究所：《黑龙江省牡丹江桦林石场沟墓地》，《北方文物》1991年第4期。
[3] 吉林市博物馆：《吉林永吉杨屯大海猛遗址》，《考古学集刊》第5集，中国社会科学出版社，1987年。吉林省文物工作队：《吉林永吉杨屯遗址第三次发掘》，《考古学集刊》第7集，科学出版社，1991年。
[4] 黑龙江省文物考古研究所等：《黑龙江省海林市兴农渤海时期城址的发掘》，《考古》2005年第3期。

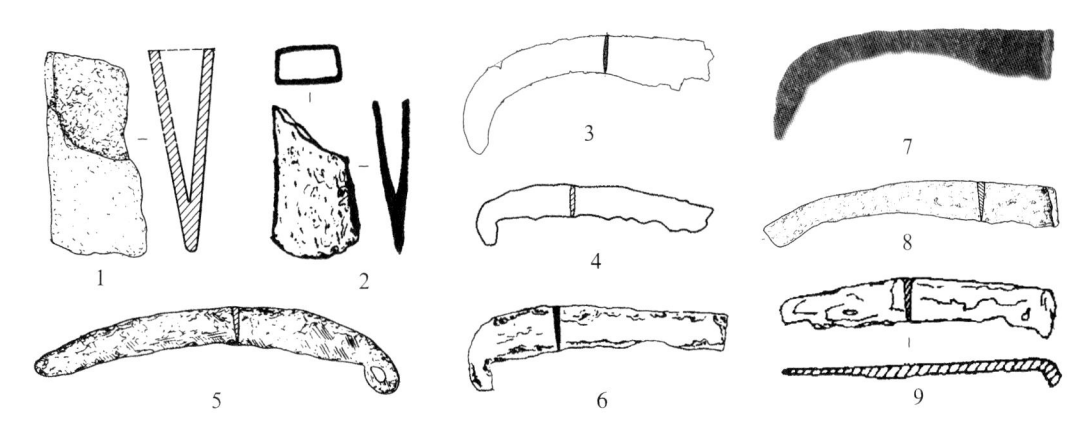

图 2-3-3　渤海铁䦆与铁镰

1. 河口遗址　2. 桦林石场沟墓地　3. 上京城址　4. 细鳞河遗址　5. 兴农城址　6. 小地营遗址　7. 尼古拉耶夫斯科耶 2 号城址　8. 河口遗址　9. 杨屯遗址
（1、2. 铁䦆；余为铁镰）

木柄的部分均不存。尼古拉耶夫斯科耶 2 号城址镰保存较好，长 10.2 厘米，上京城址镰长 25.6 厘米。

（二）加工工具

主要有斧、锛、钳、凿、锯等。

1. 斧

数量不多，见于杨屯 1979M19、和龙惠章墓地[1]、尼古拉耶夫斯科耶 2 号城址等（图 2-3-4，1～3），通体近长方形，平背，中穿扁圆銎，弧刃。

2. 锛

见于上京城 3、4 号宫殿址、上京城郭城正南门基址、宁安虹鳟鱼场 M2280[2]、海林振兴遗址等（图 2-3-4，4～6），通体束腰长方形或梯形，刃端略弧，"V"字形竖銎，銎口扁圆形或长方形。长度为 6.5～10 厘米。

3. 钳

仅见于牡丹江桦林石场沟墓（图 2-3-4，7），形制与现在的钳接近，长 17.2 厘米。

4. 凿

俄罗斯滨海边疆区戈尔巴特卡城址发现的凿（长 23.5 厘米）（图 2-3-4，8），保存较好，上端为开放的管銎，下为长条形板状，末端趋薄起刃。白山永安遗址[3]、海林兴农

---

[1]《吉林省文物志》编辑委员会：《和龙县文物志》，1984 年。
[2] 黑龙江省文物考古研究所等：《宁安虹鳟鱼场：1992～1995 年度渤海墓地发掘报告》，文物出版社，2009 年。
[3] 吉林省文物考古研究所：《吉林浑江永安遗址发掘报告》，《考古学报》1997 年第 2 期。

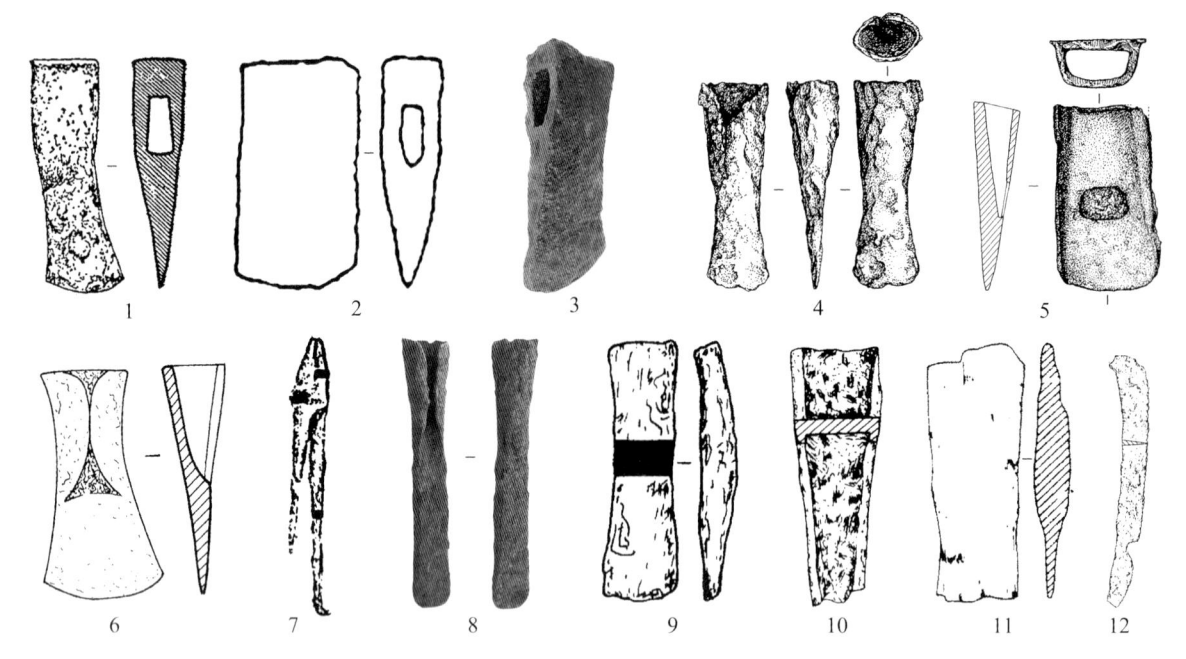

图 2-3-4 渤海铁斧、锛、钳、凿、锯
1. 惠章墓地 2. 杨屯墓地 3. 尼古拉耶夫斯科耶 2 号城址 4、5. 上京城址 6. 振兴遗址 7. 桦林石场沟墓 8. 戈尔巴特卡城址 9. 永安遗址 10. 兴农城址 11. 羊草沟墓地 12. 香水河墓地
（1～3. 斧；4～6. 锛；7. 钳；8～11. 凿；12. 锯）

城址（5件，标本残长6.2厘米）、海林羊草沟 M114[1] 等出土的凿（图 2-3-4，9～11），銎部均缺失。

5. 锯

仅见于永吉杨屯 79T8（残长5.6厘米）、五常香水河 M47[2]（长13.9厘米）（图2-3-4，12），弧背，一端上翘，齿刃，短柄。

（三）武备（含渔猎用具）

主要有矛、刀、短剑（匕首）、镖首、链锤、镞、甲片、盔、多齿器、鱼钩等。

1. 矛

出土数量较多，主要有永吉查里巴墓地（7件）[3]、永吉杨屯大海猛遗址及墓地（23

---

[1] 黑龙江省文物考古研究所：《黑龙江省海林市羊草沟墓地的发掘》，《北方文物》1998年第3期。
[2] 黑龙江文物考古研究所：《黑龙江五常市香水河墓地发掘简报》，《考古》2016年第4期。
[3] 尹郁山：《吉林永吉查里巴村发现两座渤海墓葬》，《考古》1990年第6期。吉林省文物考古研究所：《吉林永吉查里巴靺鞨墓地》，《文物》1995年第9期。

件）、敦化六顶山墓地（1件）[1]、安图东清墓地（2件）[2]、海林细鳞河遗址（2件）、羊草沟墓地（3件）、宁安虹鳟鱼场墓地（2件）、上京城（1件）、俄罗斯滨海边疆区契尔良基诺5号墓地[3]（3件）等（图2-3-5，1～14）。矛为刺兵，由前段的矛头和后段的骹两部分构成，通长20～40厘米不等。矛头中部均有脊，骹多呈圆筒形，末端或有用来固定矛杆的2个小孔，也有铸出箍状者。多数矛出土时锈蚀较重，矛头有柳叶形和枣核形两种，骹的尾端有平口和燕尾两种。

2. 刀

渤海遗址出土铁刀数量较多（表2-3-1，图2-3-6，1～18），长度从10余厘米到80厘米不等，长度不同，功能也有差别。10～20厘米左右的刀，似不宜作为攻击性的武器。刀均为直背，弧刃（有的带血槽），刀尖上翘。可分为环首刀和直柄刀两种，前者数量很少，永吉查里巴墓葬出土环首刀，与集安高句丽禹山墓区、七星山墓区征集[4]、榆树老河深中层墓地[5]出土的环首刀形制相近；西古城出土环首刀[6]，则与辽宁北票喇嘛洞ⅡM325出土的2件刀[7]形制相同，均体现了较早的时代风格。后者数量最多。直柄刀的柄部，或在上部，与刀背平齐，或居中。有的铁刀柄部还有穿孔，应是用来束缚木柄的。

3. 短剑（匕首）

近身防御武器。俄罗斯滨海边疆区契尔良基诺5号墓地集中出土多件（通长在8～14厘米之间），有的短剑柄端还保存有铁链（图2-3-7，3、4）。另有两件分别见于永吉杨屯80M8（16厘米）（图2-3-7，2）、海林河口遗址F1005（长13.4厘米）（图2-3-7，1），形制基本相同，双直刃，扁茎，剑格较粗，柄端双球形，有的还见有系链的圆孔。

4. 镖首

见于永安遗址（7件，标本残长4.8厘米）、上京城3、4号宫殿址（1件，长8厘米）、安图东清M2（1件，长度不详）、虹鳟鱼场M2252（4件，报告称为管饰）（图

---

[1] 中国社会科学院考古研究所：《六顶山与渤海镇——唐代渤海国的贵族墓地与都城遗址》，中国大百科全书出版社，1997年。吉林省文物考古研究所等：《六顶山渤海墓葬——2004～2009年清理发掘报告》，文物出版社，2012年。
[2] 延边博物馆：《东清渤海墓葬发掘报告》，郑永振、严长录：《渤海墓葬研究》附录一，吉林人民出版社，2000年。第251～288页。
[3] ［俄］Ю.Г.尼基京著，宋玉彬译：《绥芬河流域契尔良基诺5号早期中世纪时代墓地考察的某些结果》，《东北亚历史与考古信息》2004年第1期。［俄］尼基京、［韩］郑焟培著，孙危译：《俄罗斯滨海地区切勒尼雅季纳5号墓地2003～2004年考古发掘报告》，《东北亚考古资料译文集》第8辑，哈尔滨地图出版社，2014年。
[4] 吉林省文物考古研究所等：《集安出土高句丽文物集粹》，科学出版社，2010年。第194页。
[5] 吉林省文物考古研究所：《榆树老河深》，文物出版社，1987年。
[6] 吉林省文物考古研究所等：《西古城：2000～2005年度渤海国中京显德府故址田野考古报告》，文物出版社，2007年。
[7] 辽宁省文物考古研究所：《三燕文物精粹》，辽宁人民出版社，2002年。第110页。

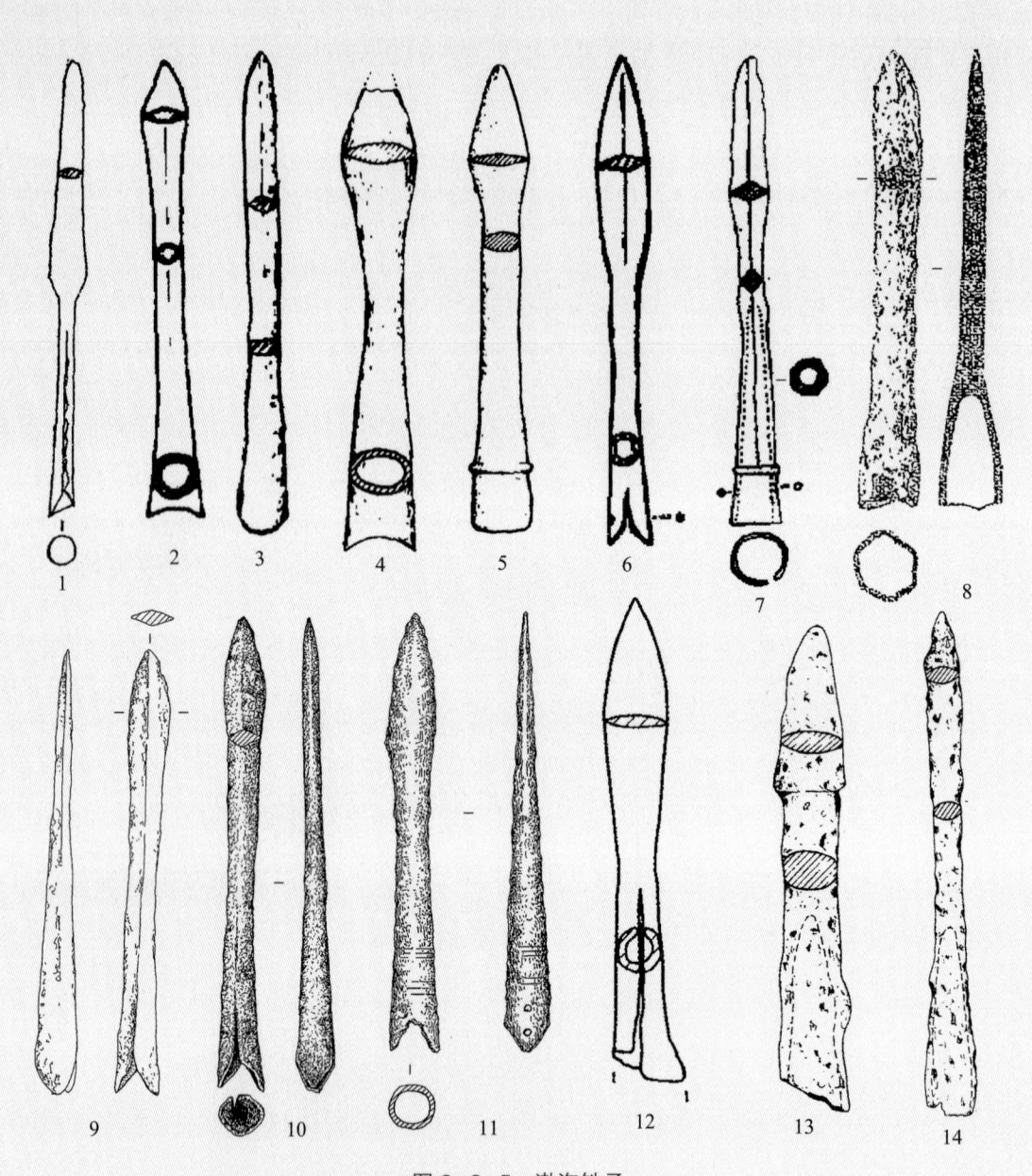

图 2-3-5　渤海铁矛

1～5.查里巴墓地　6、7.杨屯墓地　8.东清墓地　9、10.虹鳟鱼场墓地　11.六顶山墓地　12.细鳞河遗址　13、14.羊草沟墓地

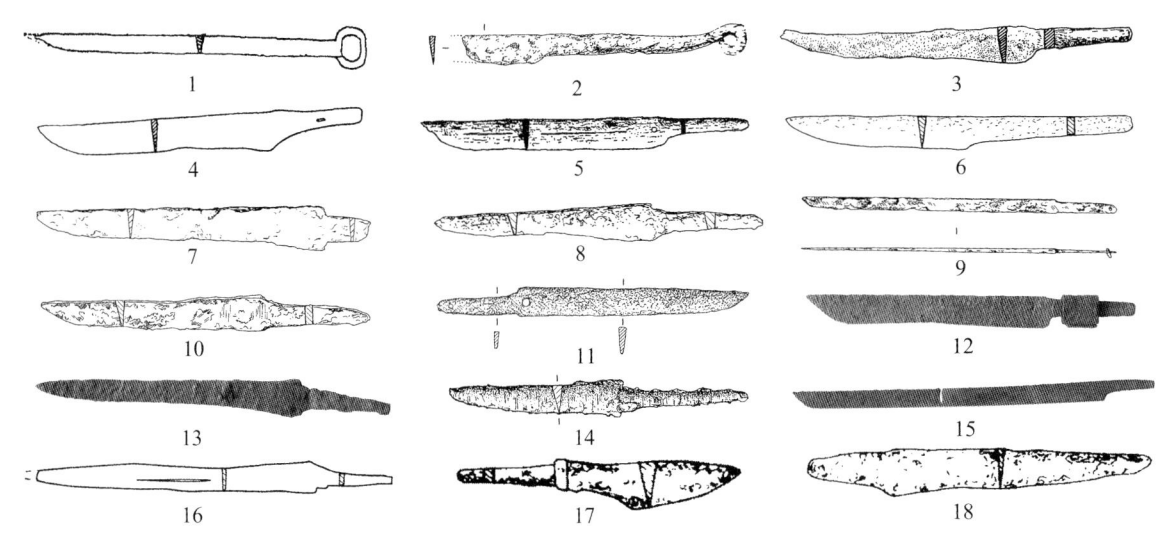

图 2-3-6 渤海铁刀

1. 查里巴墓地 2. 西古城城址 3、4. 老河深墓地 5. 杨屯墓地 6. 河口遗址 7~10. 虹鳟鱼场墓地
11. 六顶山墓地 12、13、15. 契尔良基诺 5 号墓地 14. 上京城址 16. 细鳞河遗址 17、18. 羊草沟墓地

表 2-3-1 渤海遗址出土铁刀

序号	出土单位（地点）	数量	通长（单位：厘米）
1	和龙北大 73M10[1]	1	17.8
2	榆树老河深墓地	8	21.8
3	榆树老河深 M2	1	34.2
4	永吉查里巴 85M2	1	40
5	永吉查里巴 1987~1988 年发掘	8	M19，通长 40；M10，通长 65.2
6	永吉杨屯大海猛遗址 1979 年发掘	29	16.4~20
7	永吉杨屯大海猛遗址 1980 年发掘	9	7 件较短，M8 的标本长 19.5；2 件较长，分别为 30.5、43.5
8	图们凉水果园 M14[2]	1	20.3
9	五常香水河墓地	4	M33，11.9
10	海林羊草沟墓地	12	M202，长 11.1；M110，长 7.3

[1] 延边朝鲜族自治州博物馆、和龙县文化馆：《和龙北大渤海墓葬清理简报》，《东北考古与历史》第 1 辑，文物出版社，1982 年。
[2] 图珲铁路发掘队：《吉林省图们市凉水果园渤海墓葬清理简报》，《博物馆研究》1995 年第 3 期。

续 表

序号	出土单位（地点）	数量	通长（单位：厘米）
11	桦林石场沟墓地	5	M8，残长 34.5
12	契尔良基诺 5 号墓地	不详	长 15.4～80.7
13	东宁小地营遗址	3	长 13.2～16.8
14	海林河口遗址	1	长 13.6
15	海林振兴遗址	1	长 13.1
16	宁安虹鳟鱼场墓地	22	标本：M2013，长 16.9；M2016，长 20.9；M2032，长 14.7；M2208，长 62.8；M2294，长 12.6

注：尺寸只统计保存较好、长度比较明确者。

2-3-7，5～7），前端尖锐，筒銎较深，应配木柄用于投掷猎物或凿冰取鱼。

5. 链锤

仅见于上京宫城北门址（图 2-3-7，8），锻造，通长 51.6 厘米。链 5 节，第一节为 D 字形，后节为"8"字形，锤球形，直径 6.5 厘米。类似的铁链锤，在集安国内城遗址也出土过[1]。

6. 镞

出土数量众多（如杨屯大海猛遗址 1979 年出土 107 件，永吉查理巴墓地 1987～1988 年出土 60 件，榆树老河深墓地出土 40 件，宁安虹鳟鱼场墓地出土 36 件，海林羊草沟墓地出土 25 件，上京城 1963～1964 年出土 19 件，安图东清墓地出土 10 件），类型多样，可分为如下 7 型。

A 型：数量较少，呈等腰三角形或圭形，器体扁圆而薄，底部内凹，无铤。见于老河深墓地 M9、M21、虹鳟鱼场墓地 M2001、M2308、查里巴 87～88M19、M37、图们凉水果园墓地、新安遗址、契尔良基诺墓地等（图 2-3-8，1～8），长度多在 3 厘米左右。

B 型：是渤海铁镞中数量最多的一类，镞身呈柳叶形或三角形，扁平无脊，铤较短，与镞身结合处或有一周凸棱。典型如虹鳟鱼场墓地 M2001、M2107、老河深 M24、六顶山 M206、羊草沟 M111、杨屯大海猛 M21、查里巴墓地、契尔良基诺墓地、东宁小地营 F2、新安遗址、兴农城址、细鳞河遗址、克拉斯基诺城址等遗址出土者（图 2-3-8，9～21）。

---

[1] 吉林省文物考古研究所等：《集安出土高句丽文物集粹》，科学出版社，2010 年。第 199 页。

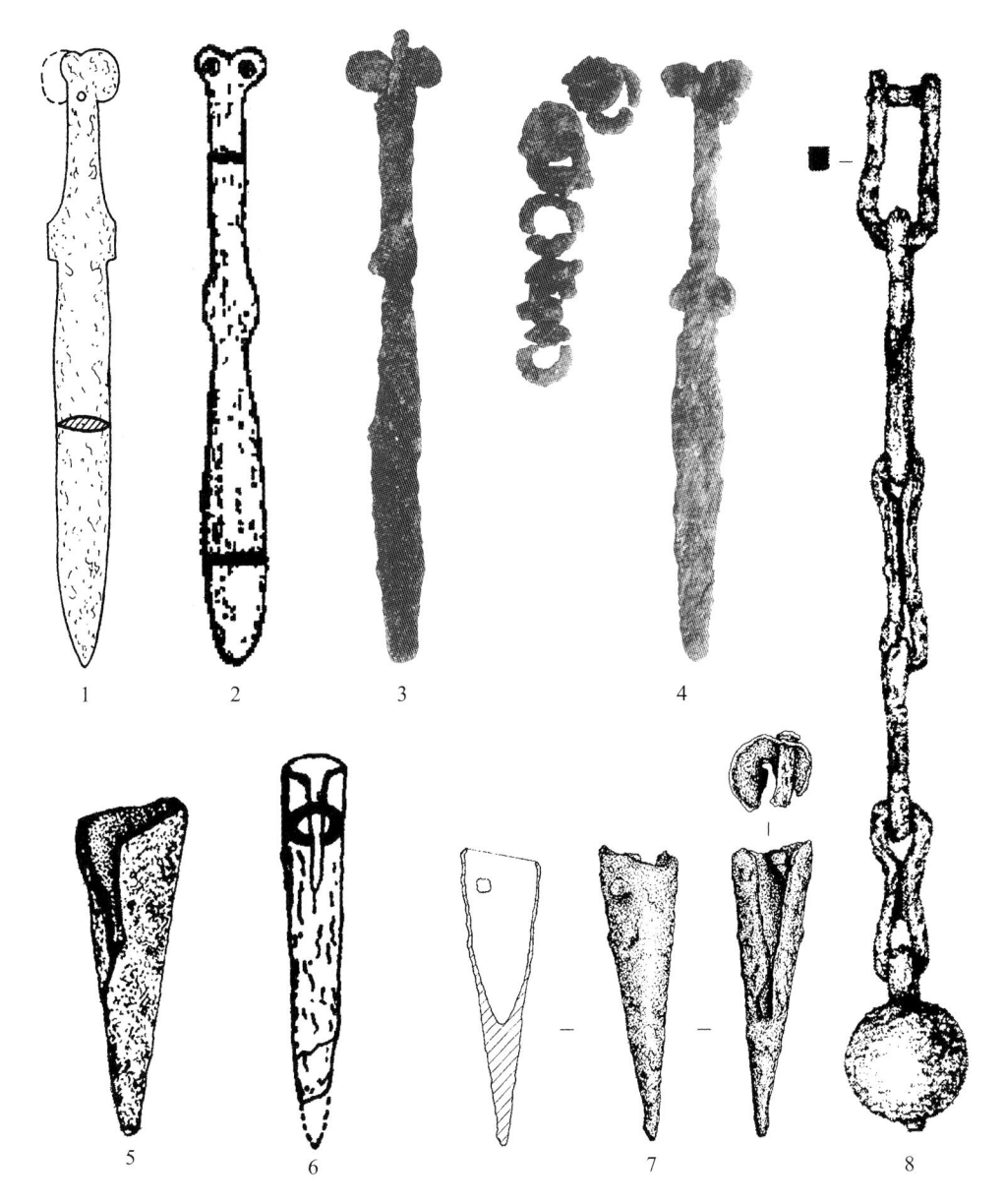

图 2-3-7 渤海短剑、镖首、链锤

1. 河口遗址　2. 杨屯墓地　3、4. 契尔良基诺 5 号墓地　5. 虹鳟鱼场墓地　6. 永安遗址　7、8. 上京城址

（1～4. 短剑；5～7. 镖首；8. 链锤）

C 型：铲形镞身较长，前锋宽平，短铤。上京城址、细鳞河遗址、新安遗址、戈尔巴特卡城址、虹鳟鱼场墓地 M2184、老河深墓地 M18、羊草沟 M106、契尔良基诺墓地等均有出土（图 2-3-8，22～30）。

D 型：镞身扁平，呈燕尾形或心形，圆柱形短铤，与镞身结合处多有关。此型镞在

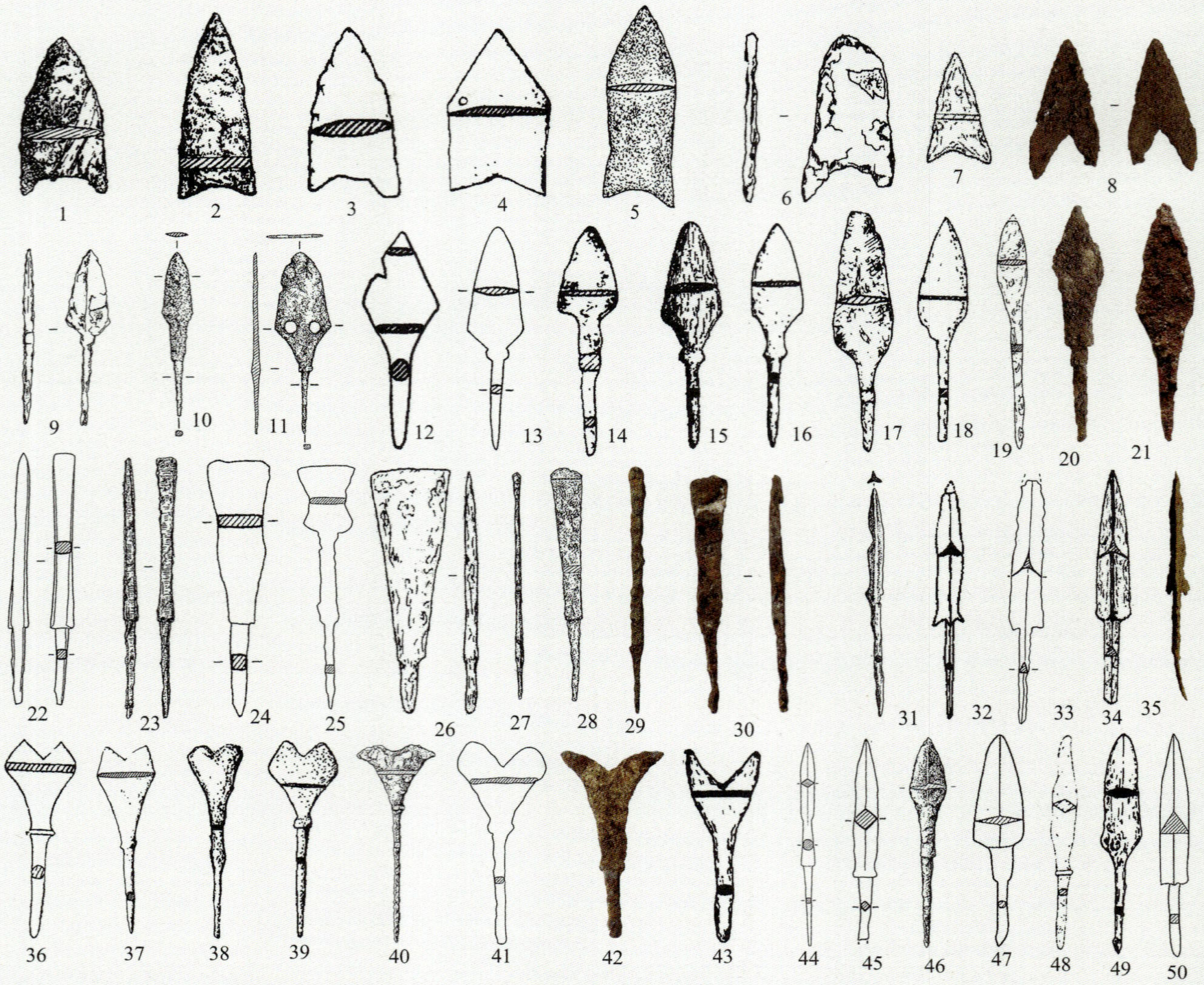

图 2-3-8 渤海铁镞

1、2、12、27、31. 老河深墓地 3、4、16、36、37. 查里巴墓地 5、6、9~11、28. 虹鳟鱼场墓地 7、19、26、34. 新安城址 8、21、29、35. 契尔良基诺墓地 5号墓地 13、33. 六顶山墓地 14、48. 羊草沟墓地 15、32、39. 杨屯墓地 17. 兴农城址 18. 小地营遗址 20. 42. 克拉斯基诺城址 22~24、40、44~46. 上京城址 25、41、47、50. 细鳞河遗址 30. 戈尔巴特卡城址 38. 石场沟墓 43、49. 永安遗址 (1~8.A型；9~21.B型；22~30.C型；31~35.E型；36~43.D型；44~49.F型；50.G型)

查里巴墓地、石场沟墓地、杨屯遗址、上京城址、细鳞河遗址、永安遗址、克拉斯基诺城址等地均有发现（图2-3-8，36～43）。

E型：三翼镞，镞身细长，锋部尖锐。数量不多，见于老河深墓地、杨屯大海猛墓地、六顶山墓地、契尔良基诺墓地、新安城址等（图2-3-8，31～35）。

F型：镞身柳叶形或三角形，两面起脊，截面呈菱形，可称为四棱镞，圆柱形铤。上京城址、细鳞河遗址、永安遗址、河口遗址以及羊草沟墓地等均有出土（图2-3-8，44～49）。

G型：三棱镞，与F型接近，只是镞身截面为正三角形。见于细鳞河遗址（图2-3-8，50），数量很少。

7. 甲片

较为常见，出土数量较多的单位如上京城址（1963～1964年发掘出土62件）、羊草沟墓地（77件）、杨屯遗址（1979年发掘出土400余件），此外，老河深墓地、虹鳟鱼场墓地、契尔良基诺5号墓地、细鳞河遗址等也均有出土（图2-3-9，1～7）。甲片均为扁平的铁片，呈长方形，上端抹去两角，下端弧曲。甲片上的穿孔，多为左右对称的排

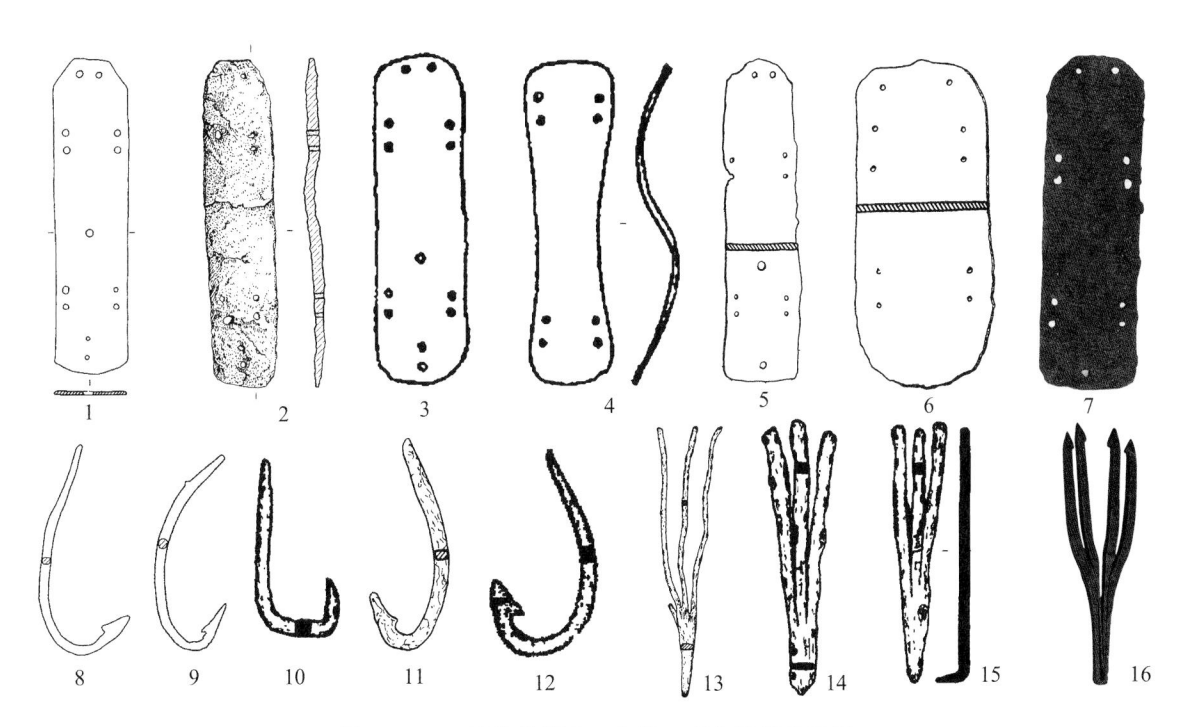

图2-3-9 渤海铁甲片、鱼钩、多齿器及参考图

1、2. 上京城址 3、4. 杨屯墓地 5、6. 老河深墓地 7. 契尔良基诺5号墓地 8、9. 细鳞河遗址 10、14、15. 永安遗址 11. 振兴遗址 12. 杨屯墓地 13. 红云寺庙址 16. 集安板岔遗址

（1～7. 甲片；8～12. 鱼钩；13～16. 多齿器）

列，两孔一组。大型的长10厘米左右，小型的长6厘米左右，厚0.2厘米左右。

8. 盔

上京城址出土过两顶较为完整的盔，现藏黑龙江省博物馆，高分别为16.5和22.5厘米，以锻铁片两层相错铆合，顶端有一圆球。上京外郭城南墙东门址发现的残缺铁盔顶，顶端有竹节状钮。永吉杨屯的铁盔，与铁甲片共出于79M23，其上有一中空的圆柱。

9. 多齿器

爪形，前端三齿或四齿，齿端残缺。永安遗址出土2件（图2-3-9，14、15），三齿，残长10.6～11.4、厚0.3～0.4厘米。汪清红云寺庙址出土1件[1]（图2-3-9，13），四齿，通长28厘米。这种多齿器用途不明，集安板岔遗址（图2-3-9，16）出土以及地沟遗址采集到类似的三齿及四齿铁器[2]，齿端均有倒钩，应是用于渔猎的铁叉。

10. 鱼钩

见于细鳞河、杨屯、永安、振兴等遗址（图2-3-9，8～12），形制基本相同，只有一例钩上无倒刺。

（四）生活用具

主要有锅、盆、碗、熨斗、剪刀、镊子、火镰、锁具等。

1. 锅

出土数量不多，均为铸造。可分为三型。

A型：饼足，见于海林细鳞河遗址（口径32、高28.8厘米）、抚松新安遗址（口径41.4、高41厘米）、图们磨盘村山城遗址[3]（口径53.8、高51厘米）（图2-3-10，1～3），宁安上京城郭城正北门基址出土2件，均残，但也应属此型。广口，高领，领部下端弧曲，外接一周环耳，半球腹，领部有弦纹多道。

B型：三足（也称为铁鼎）。见于和龙军民桥遗址（口径13、残高12.2厘米）[4]、通化江南滑雪场墓葬[5]、朝鲜青海土城遗址（图2-3-10，4～6）[6]等。在A型锅的基础上增加了三足，足外撇，上端靠近环耳。

C型：四足。见于海林细鳞河遗址（口径31.6、高26厘米）、和龙军民桥遗址（口

---

[1] 吉林省文物考古研究所：《吉林汪清县红云渤海建筑遗址的发掘》，《考古》1999年第6期。
[2] 吉林省文物考古研究所等：《集安出土高句丽文物集粹》，科学出版社，2010年。第186页。
[3] 《吉林省文物志》编辑委员会：《图们市文物志》，1984年。第108页。
[4] 《吉林省文物志》编辑委员会：《和龙县文物志》，1984年。
[5] 吉林省文物志编委会：《通化市文物志》，1986年。
[6] [朝]金宗赫：《朝鲜东海岸一带渤海遗迹研究》，(韩国)图书出版中心，汉城，2002年。译文见《东北亚历史与考古信息》2003年第1期。

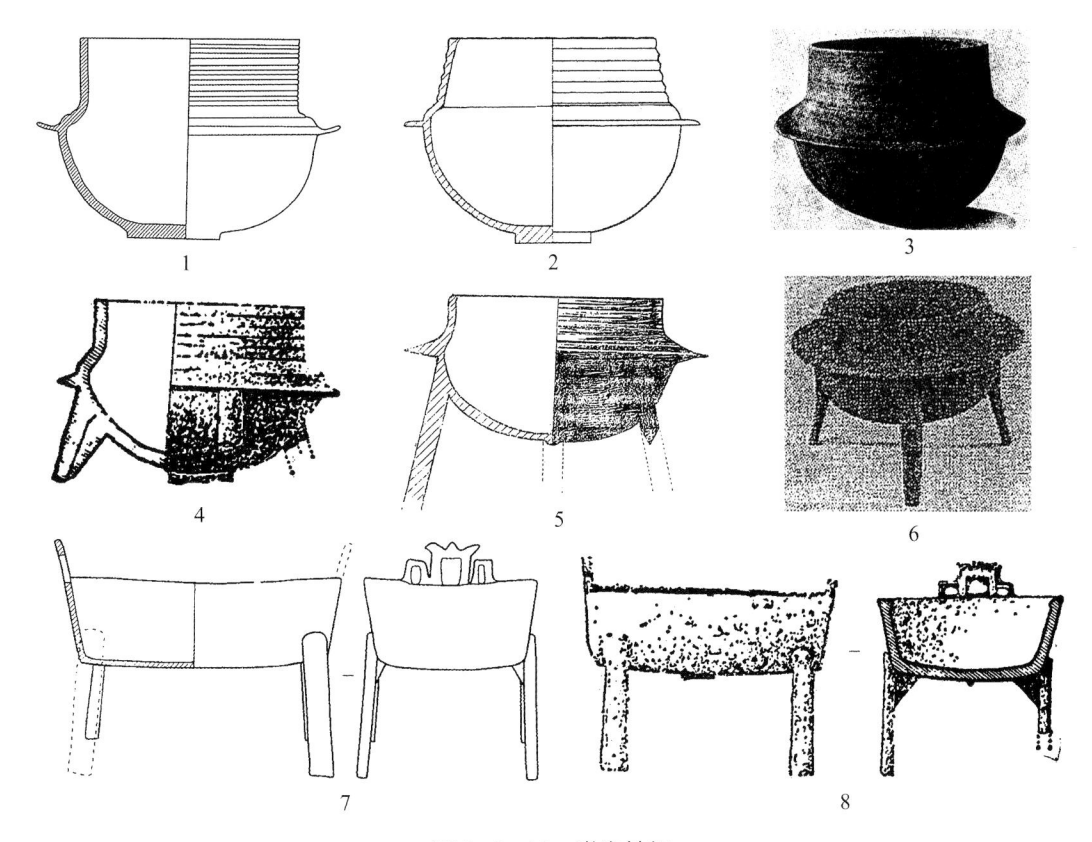

图 2-3-10　渤海铁锅
1、7. 细鳞河遗址　2. 新安遗址　3. 磨盘村山城　4、8. 军民桥遗址　5. 江南滑雪场墓葬　6. 青海土城
（1～3. A 型；4～6. B 型；7、8. C 型）

径 28.1 厘米）等（图 2-3-10，7、8）。长方形，斜直腹，平底，足外撇。口部有"山"字形及长方形耳。

A 型为渤海铁锅的主流形制，与集安胜利村、城后村征集的高句丽铁锅以及集安禹山墓区征集的铜锅[1]相比形制上有明显差别，高句丽的锅领部中段弧鼓，底部铸出短圆柱。辽金时期的铁锅，虽然形制与渤海 A 型近似，但环耳多演变为六分耳。和龙龙新遗址出土的金代铁锅[2]，虽然也是环耳，但口部内敛且领下部不见折收。B 型三足铁锅形制与朝阳唐墓出土者不同[3]。

---

[1] 以上 3 例分别见于吉林省文物考古研究所等：《集安出土高句丽文物集粹》，科学出版社，2010 年。第 192、193、169 页。
[2] 朴润武：《吉林和龙出土的金代窖藏铜铁器》，《北方文物》1990 年第 4 期。
[3] 万欣：《朝阳发现唐代铁器的初步考察》，辽宁省文物考古研究所、日本奈良文化财研究所：《朝阳隋唐墓葬发现与研究》，科学出版社，2012 年。第 170 页。

2. 盆

1件，仅见于上京城址（图2-3-11，1），大口，宽折沿，直腹，平底，口径18.6、高5.6厘米。

3. 碗

2件，均见于上京城址（图2-3-11，2），敞口，平唇，斜腹，平底，口径11、高5.3厘米。

4. 熨斗

仅见于上京城郭城正南门基址（图2-3-11，3），铸造，宽折沿上翘，斜直腹，大平底，一侧有銎柄，柄后部残缺。折沿上部有卷草纹。口径19.3厘米，高度不详。这种形制的熨斗始于汉代，汉晋墓葬中屡有出土，多为铜质，典型如北票冯素弗墓出土者，不仅可资熨烫，亦可作为灯具使用[1]。

5. 剪刀

发现2件，一件出土于海林羊草沟M118，残长18.5厘米（图2-3-11，4）；另一

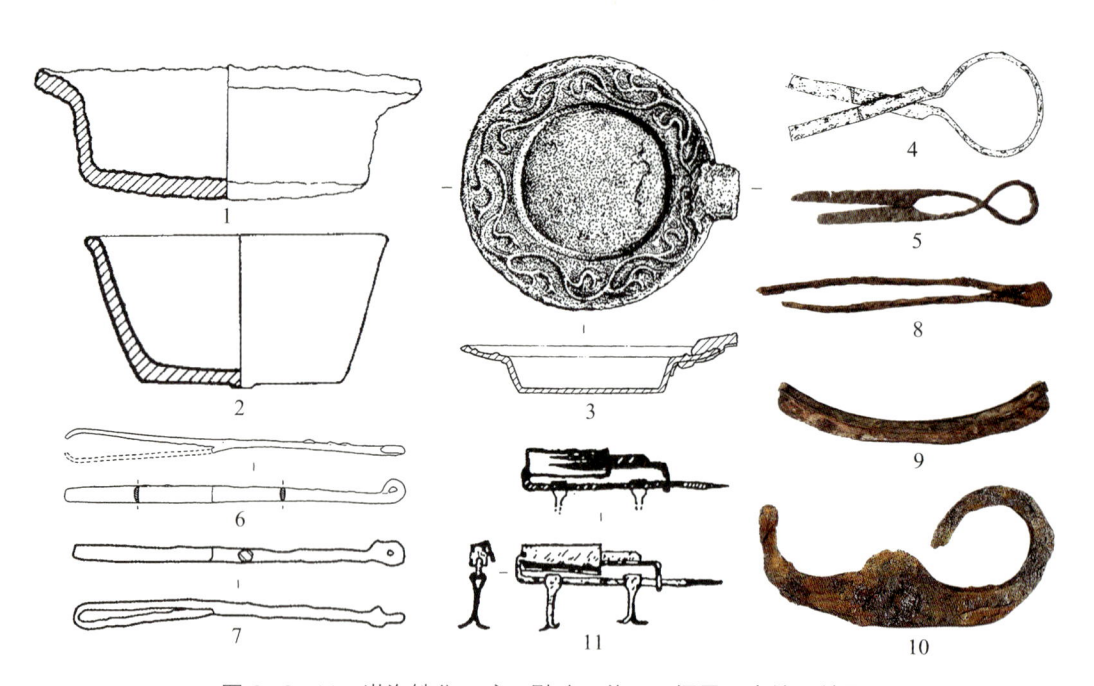

图2-3-11 渤海铁盆、碗、熨斗、剪刀、镊子、火镰、锁具

1～3、9、10.上京城址　4.羊草沟墓地　5.科尔萨科沃城址　6.六顶山墓地　7.细鳞河遗址　8.戈尔巴特卡城址　11.龙湖墓葬

（1.盆；2.碗；3.熨斗；4、5.剪刀；6～8.镊子；9、10.火镰；11.锁具）

---

[1] 刘宁：《记北燕冯素弗墓出土的几件青铜器》，《辽宁省博物馆馆刊》第3辑，辽海出版社，2008年。第119页。

件出土于俄罗斯科尔萨科沃城址（图2-3-11，5），长29.2厘米。这两件铁剪形制相同，"8"字形交股，柄端圆环形。这种交股剪，在河南偃师、辽宁朝阳、河北临城等地的唐代墓葬中出土较多，是汉唐时期最为流行的剪刀形制[1]。

6. 镊子

4件，1件出土于敦化六顶山M215（图2-3-11，6），保存较好，双股，前端内折，长柄，柄端卷曲成环状，通长11.8厘米。1件出土于上京城官署遗址，锈蚀严重，残长5.2厘米。1件出土于俄罗斯滨海边疆区戈尔巴特卡城址（图2-3-11，8），双股似钗，残长9.5厘米。1件出土于海林细鳞河遗址，长9.7厘米（简报称为簪）（图2-3-11，7）。

7. 火镰

仅见于上京城2号宫殿址。一件残，形制不明，存弧状铁片，凹端镶嵌铜片，铜片上有铆钉，用来固定在皮袋上（图2-3-11，9）。另一件保存较完整，呈弯曲的牛角形，长5.6厘米（图2-3-11，10）。这种形制的火镰在渤海遗址罕见，但在辽宁桓仁五女山城F34（房址内最晚的铜钱为元祐通宝）[2]、俄罗斯滨海边疆区赛加城址[3]等金代遗址中较为常见。

8. 锁具

发现很少。和龙龙湖M1出土铁锁[4]（图2-3-11，11），锻造，由锁筒、锁簧、锁杆构成，锁杆上还附有两个门鼻。上京城址出土锁具仅存锁簧，钥匙保存较好，全长15厘米。

（五）车马具

主要有车辖、马镫、马衔、马镳、蹄铁等。

1. 车辖

见于上京城址"堆房"（3件）、寝殿（2件）、城门（1件）、五殿（1件），海林细鳞河遗址（4件），克拉斯基诺城址、康斯坦丁诺夫卡村落址等（图2-3-12，1～6），铸造，圆环形，外附六齿，直径7.1～12.5厘米不等。

2. 马镫

出土于安图东清M1、永吉查里巴M7、杨屯大海猛遗址等，可分为两型。

---

[1] 万欣：《朝阳发现唐代铁器的初步考察》，辽宁省文物考古研究所等：《朝阳隋唐墓葬的发现与研究》，科学出版社，2012年。第171页。
[2] 辽宁省文物考古研究所：《五女山城——1996～1999、2003年桓仁五女山城调查发掘报告》，文物出版社，2004年。第240页。
[3] 吉林省文物考古研究所等：《俄罗斯滨海边疆区女真文物集粹》，文物出版社，2013年。第74页。
[4] 延边朝鲜族自治州文物管理委员会等：《吉林省和龙龙湖渤海墓葬》，《博物馆研究》1993年第1期。

图 2-3-12　渤海铁车辖、蹄铁

1、5. 克拉斯基诺城址　2、7. 上京城址　3、6. 康斯坦丁诺夫卡村落址　4. 细鳞河遗址
（1～6. 车辖；7. 蹄铁）

A 型：可分为两亚型。

Aa 型：长条形柄，前端穿方孔，顶端出尖，镫环呈上小下大的椭圆形（图 2-3-13，1、2）。

Ab 型：柄呈长方形，中有扁孔，顶端不出尖，镫环为圆形或半圆形（图 2-3-13，3、4）。

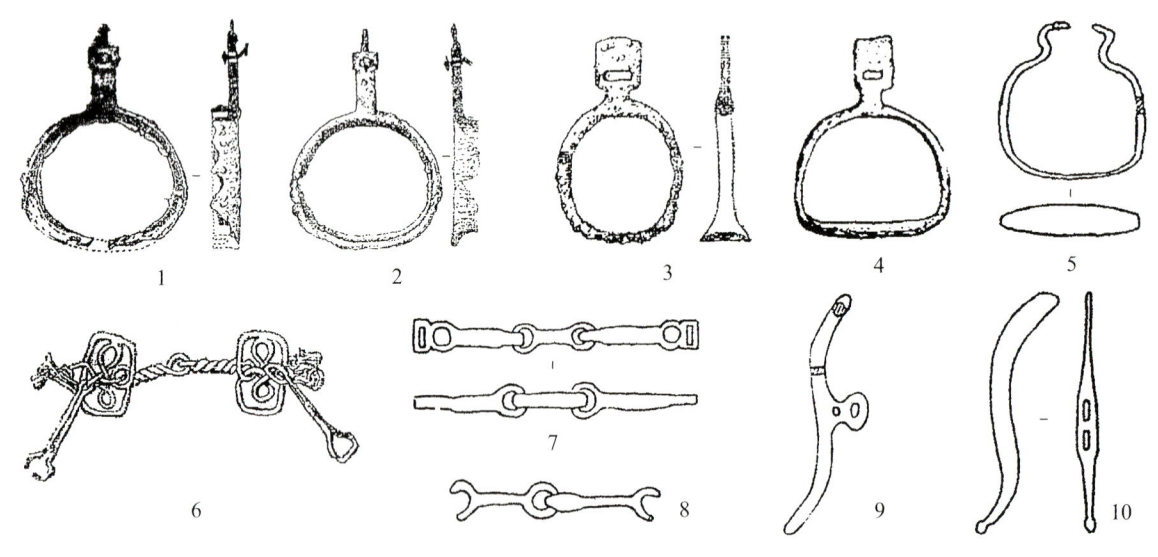

图 2-3-13　渤海铁马镫、马衔、马镳

1～3、6. 东清墓地　4. 查里巴墓葬　5、7～10. 杨屯遗址
（1、2. Aa 型马镫；3、4. Ab 型马镫；5. B 型马镫；6～8. 马衔；9、10. 马镳）

B 型：环柄，镫环圆角方形（图 2-3-13，5）。

Aa 型镫，与辽宁桓仁五女山城四期遗存（4～5 世纪的高句丽时期）镫形制近同，镫柄较细长，柄端均出尖。Aa 型镫具有早期马镫的特点，或是对高句丽镫的继承。Ab 型镫，镫柄扁宽，镫端平齐，中穿长方形孔，是具有中原风格的唐代马镫，这种镫在东北地区还见于沈阳石台子高句丽晚期墓、辽宁朝阳等地。B 型镫形制较为特殊，中国境内此型镫更常见于辽金时期。

3. 马衔

集中出土于永吉查里巴墓地（M10、M19、M21、85M2）、永吉杨屯墓地（M26）、杨屯大海猛遗址（图 2-3-13，7、8），共 10 件，为 2 节或 3 节平列复孔式，此类平列复孔式衔流行于青铜时代，汉及汉以后很少见到，推测是混入渤海时期地层的早期遗物。安图东清 M1 出土的铁马衔（图 2-3-13，6），以铁丝扭曲成绳索状链环，其形制与吉林集安禹山墓区高句丽墓出土者极为相似。

4. 马镳

5 件，均出土于大海猛遗址（图 2-3-13，9、10），"S" 形，中部有两个孔眼。这种 "S" 形镳习见于唐代，如陪葬乾陵的永泰公主墓、西安韦洞墓等[1]。

5. 蹄铁

仅见于上京城址二殿，半月形，上有 3 个圆形钉孔（图 2-3-12，7），另有未穿孔的半成品 1 件。

（六）建筑用具

主要有风铃、门鼻、钉、棺环等。

1. 风铃（含配套使用的铁吊钩）

均出土于寺庙遗址或墓上建筑，如汪清红云寺庙址（长 10 厘米）、和龙高产寺庙址[2]、蛟河七道河子遗址（墓上建筑，残长 9 厘米）[3]、俄罗斯滨海地区克拉斯基诺城内西北寺庙址（长 11.5～13.4 厘米）、科尔萨科沃寺庙址（长 7.7 厘米）等（图 2-3-14，1～7）。高产寺庙址出土者最为完整，通长 50 厘米，顶端孔内插有铁钩，铃内有细铁柱穿过，下接桃形铁叶片。以上风铃形制颇有差异，有六面截锥形、圆顶瓜棱形及馒头形，下端多为连弧形凹槽。

---

[1] 以上关于马镫、马衔、马镳的讨论参彭善国：《渤海物质文化研究札记》,《边疆考古研究》第 20 辑，科学出版社，2016 年。
[2] 何明：《吉林和龙高产渤海寺庙址》,《北方文物》1985 年第 4 期。
[3] 吉林市博物馆：《吉林省蛟河市七道河村渤海建筑遗址清理简报》,《考古》1993 年第 2 期。

图 2-3-14 渤海铁风铃、吊钩、门鼻

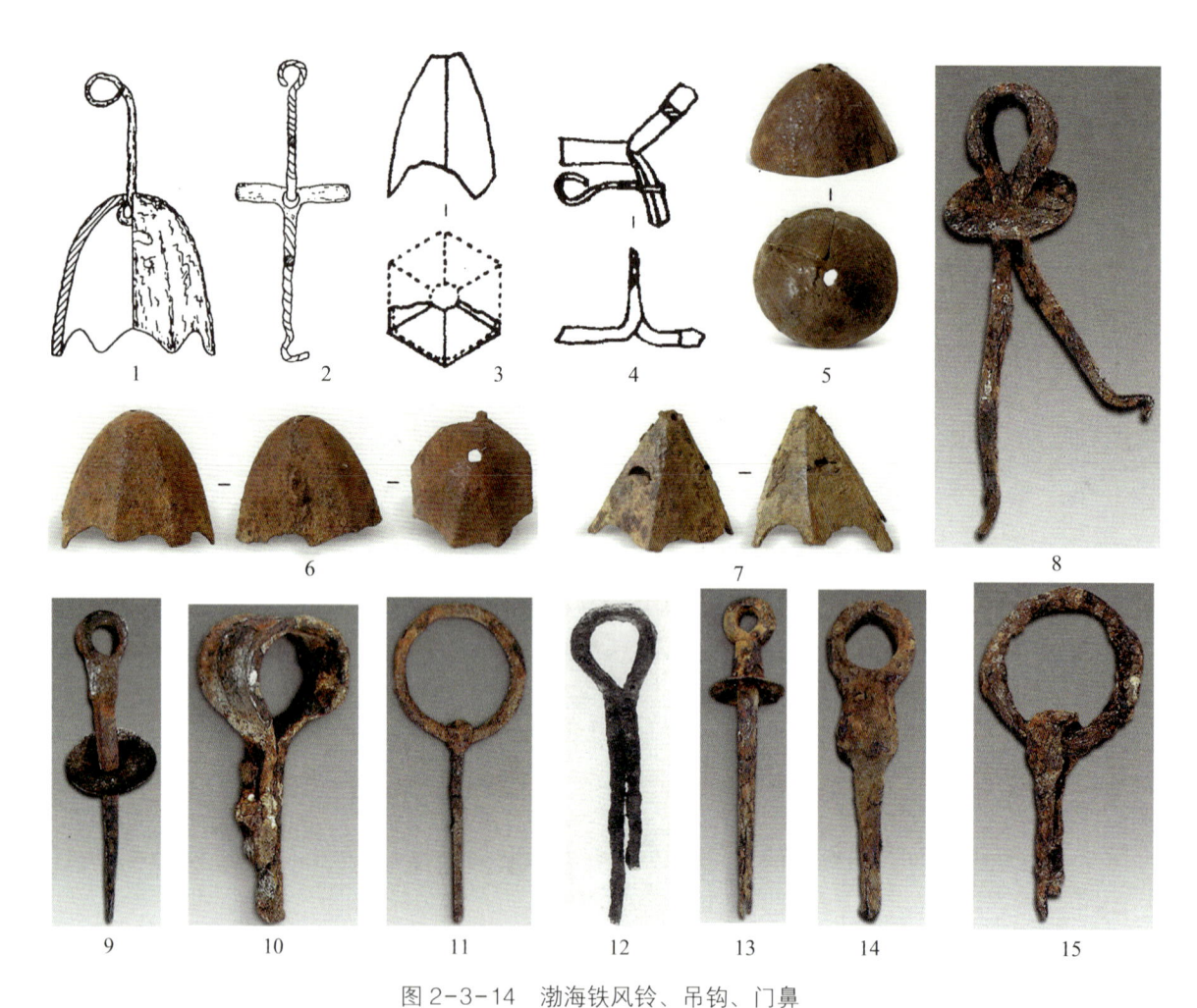

1、2. 红云寺庙址　3、4. 七道河子遗址　5. 科尔萨科沃寺庙址　6、7. 克拉斯基诺城内寺庙址　8～15. 上京城址
（1、3、5～7. 风铃；2、4. 吊钩；8～15. 门鼻）

2. 门鼻

木门上铁质构件，主要出土于上京城宫殿及城门址（图2-3-14，8～15），呈环首单钉或双钉形，有的中部嵌有圆铁片。

3. 钉

数量庞大，墓室棺椁的棺钉、宫殿建筑的铁钉（包括瓦钉），是渤海铁钉的两个主要类型。

渤海墓葬棺钉均为方锥形钉身，钉帽以扁折者最多，其次为无钉帽者，两者长度多为6～9厘米，圆形钉帽者罕见，长度在3厘米左右。渤海墓葬出土棺钉主要情况如下（图2-3-15，1～8）：杨屯1979年发掘墓葬出土棺钉38件，均为长条方锥形，钉帽扁折，长

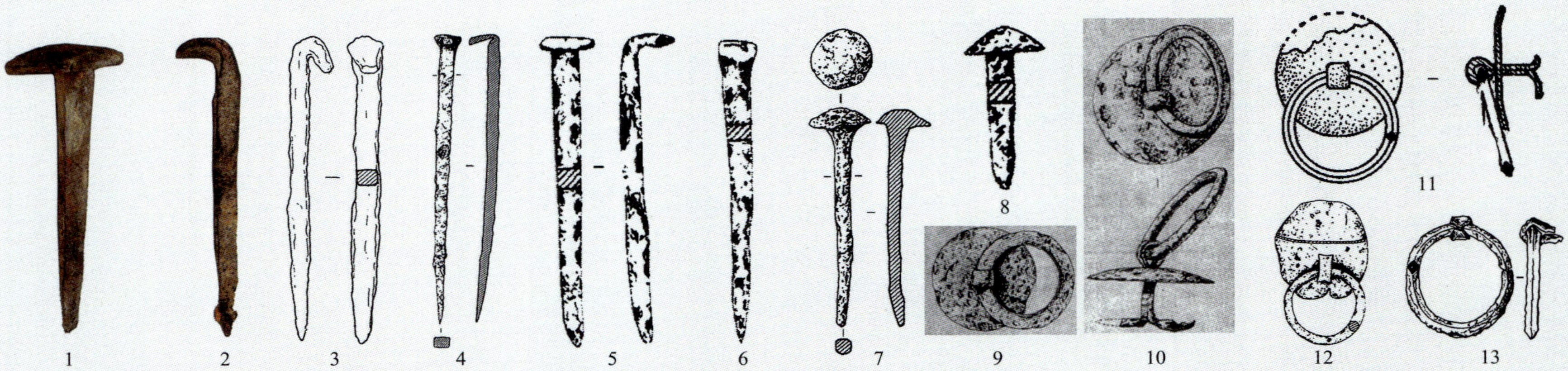

图 2-3-15 渤海铁棺钉、棺环

1、2. 虹鳟鱼场墓地 3、13. 六顶山墓地 4、7. 龙头山墓地 5、6、8、12. 羊草沟墓地 9～11. 和龙北大墓地
（1～8. 棺钉；9～13. 棺环）

9厘米左右；六顶山墓地1949、1959年发掘11座，出土棺钉100余枚，多残断，长3～9厘米，钉帽扁折，钉身方锥形；1963～1964年发掘的六顶山墓地20座墓葬中出土棺钉131件，均为后部弯成钉帽的方锥形，长度在7～10厘米之间；和龙北大墓地1973年发掘的54座墓葬出土铁棺钉350余枚，钉身均为方锥形，钉帽有扁折和圆头两种，前者数量多，长6.3～8.2厘米，后者数量少，长2.4厘米左右，可能是棺木上装饰的泡钉；和龙北大1988年发掘的10座墓葬中出土铁棺钉149件，均为头部扁折的方锥形，长4.5～8.8厘米；五常香水河48座墓葬出土棺钉92件，均为方锥形，其中无钉帽者42件，扁折钉帽者45件，圆形钉帽者仅5件（长3厘米左右）；海林羊草沟墓地出土48件棺钉，3种形制与香水河墓地相似；海林山嘴子6座墓出土棺钉21件，均为方锥形折帽，平均长7.5厘米。

建筑用铁钉数量更多（图2-3-16），木构件、陶瓦件等的连接固定，门上装饰等，都需要铁钉。1933～1934年东亚考古学会发掘上京城址时出土了大量铁钉[1]，1963～1964年发掘上京城址出土了1405件，1997～2007年上京城发掘出土的铁钉数量之多，以致报告没有给出具体的统计数字。建筑用铁钉，钉身绝大多数为方锥形，偶见圆锥形。大型者长30厘米左右，小型的5～9厘米，最为常见的中型一般10～15厘米，明显长于棺钉，形制也更多样化，除了与前述棺钉相同的3种形制外，还有多股钉帽、曲尺形钉帽、环首钉帽者。伞形帽钉也称泡钉，或是装饰用的门钉。此外，还发现了极少量的两端有齿的锔钉。

4. 棺环

集中发现于和龙北大墓地，1973、1988年[2]两次发掘共出土32件，此外，和龙龙湖、海林羊草沟墓地、敦化六顶山墓地[3]也有个别发现（图2-3-15，9～13）。这些棺环形制近同，均由"几"字形榫钉、圆饼状挡头及铁环组成，挡头直径在8～10厘米之间。

（七）装饰品

主要有钗、带具。

1. 钗

渤海的钗以青铜为多，铁钗仅3件，出土于虹鳟鱼场M2001、M2180、M2148，前两件分别长9、7.7厘米（图2-3-17，1、2），两股锥形，钗首光素。

---

[1] [日]笹田朋孝：《上京龙泉府址出土的金属制品》，[日]田村晃一：《东亚的都城与渤海》，东洋文库，2005年。第335页。
[2] 延边博物馆等：《吉林省和龙县北大渤海墓葬》，《文物》1994年第1期。
[3] 王承礼：《敦化六顶山渤海墓清理发掘记》，《社会科学战线》1979年第3期。吉林省文物考古研究所等：《六顶山渤海墓葬——2004～2009年清理发掘报告》，文物出版社，2012年。

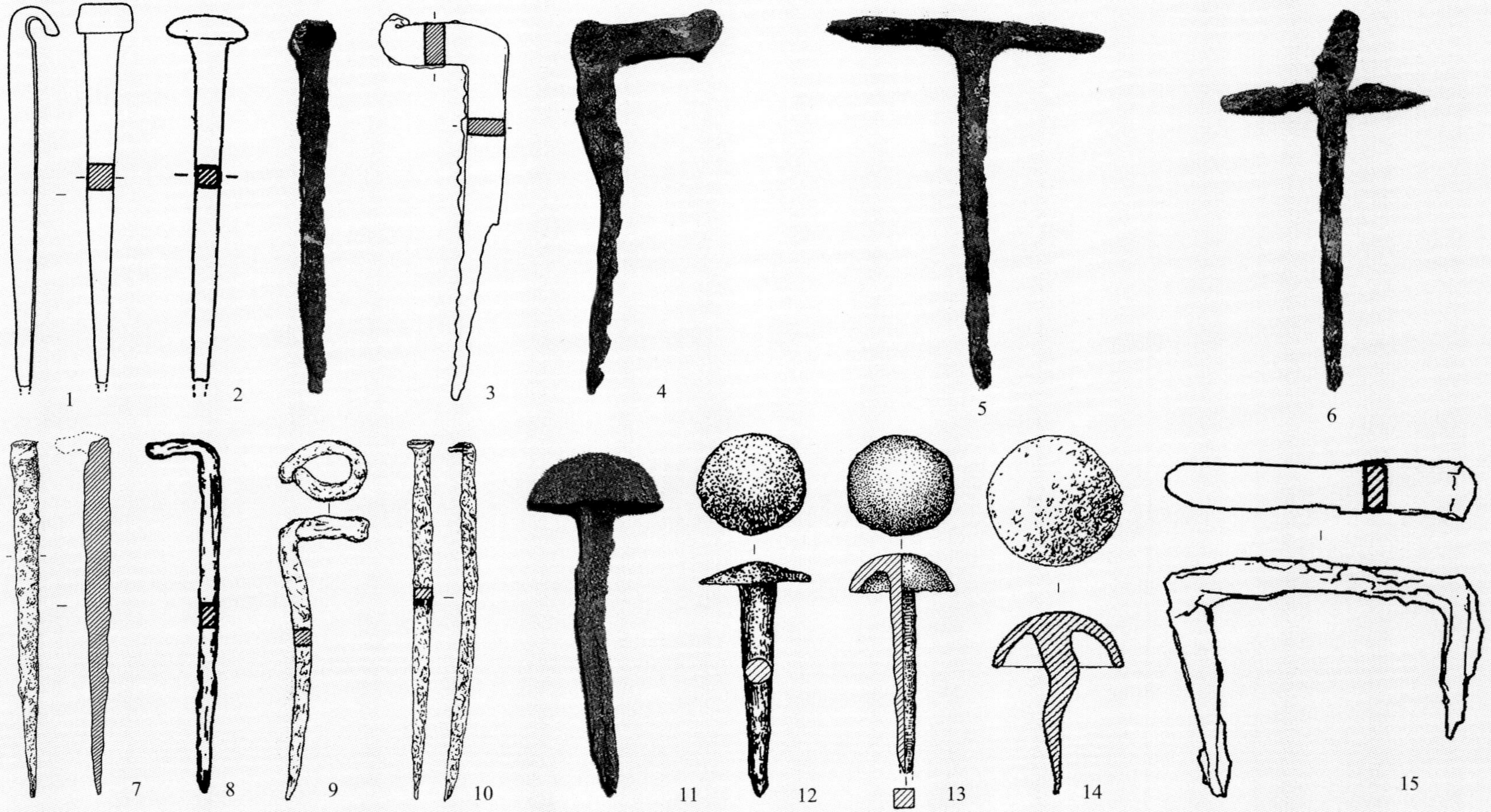

图 2-3-16 渤海建筑用铁钉

1～6、11～13、15. 上京城址 7、14. 西古城址 8. 红云寺庙址 9、10. 新安遗址

2. 带具

銙饰系统的带具占绝大多数，牌饰系统的带具仅在六顶山一区ST5出土一件（图2-3-17，3），锈蚀严重，上下两端分别做出8个和5个联珠，牌面有竖条形和圆形穿孔。銙饰系统的铁带具，以安图东清M9、虹鳟鱼场M2001组合较为完整，包括带扣、带銙及鉈尾。铁带扣除虹鳟鱼场M2308由扣身、扣针和扣环组成，与渤海铜带扣相似外，其余均只有扣环和扣针两部分，体现了简省的做法（图2-3-17，4～14）。铁鉈尾为长短不等的舌形（图2-3-17，27～29），带銙有方形、"D"形两种（图2-3-17，15～26），与铜带具几乎没有差别。

二、铁器的特点及工艺

铁器绝大多数为生产、生活的实用器，形制变化，尤其是生产工具因时更易无多，且铁器材质特点决定其不尚装饰，因此对渤海铁器进行分期的条件并不具备。渤海铁器中，铁锅、带具等少数的几类具有时代和区域特点，其余则与唐[1]、高句丽差别不大。

渤海国境内山川河湖密布，谷地、盆地土质肥沃，自然条件优越。《新唐书·渤海传》记渤海"俗所贵者，曰太白山之菟，南海之昆布，栅城之豉，扶余之鹿，鄚颉之豕，率宾之马，显州之布，沃州之绵，龙州之紬，位城之铁，卢城之稻，湄沱湖之鲫。果有九（丸）都之李，乐游之梨"。据此可见渤海存在农业（稻、豆）、渔猎（鹿、兔、鲫）、畜牧（猪、马）等多种经济形态。出土渤海铁器中的（犁）铧、铲、钁、镰等农具，矛、镞、镖首、链锤、鱼钩、多齿器等渔猎用具，均是渤海经济形态的具体物证。

中国境内被认为与渤海炼铁相关的遗址主要有吉林汪清高城城址[2]、和龙勇化乡惠章遗址[3]、抚松新安城址[4]等，但是这些遗址均未经过科学发掘，其时代及内涵尚无法确认。俄罗斯滨海边疆区尼古拉耶夫斯科耶2号城址发现了包括炼铁炉、锻铁炉以及锻造作坊等成组的冶铸遗迹，新戈尔杰耶夫斯克城址也发现了熟铁吹炼炉[5]。

近年来中国学者对出土渤海铁器做了一些金相学考察。上京城分析了36件标本，绝

---

[1] 白云翔：《隋唐时期铁器与铁器工业的考古学论述》，《考古与文物》2017年第4期。
[2] 《吉林省文物志》编辑委员会：《汪清县文物志》，1984年。第41页。
[3] 国家文物局：《中国文物地图集·吉林分册》，中国地图出版社，1993年。第214页。
[4] 国家文物局：《中国文物地图集·吉林分册》，中国地图出版社，1993年。第139页。
[5] [俄] Э.В.沙弗库诺夫等著，宋玉彬译：《渤海国及其俄罗斯远东部落》，东北师范大学出版社，1997年。第123、127页。

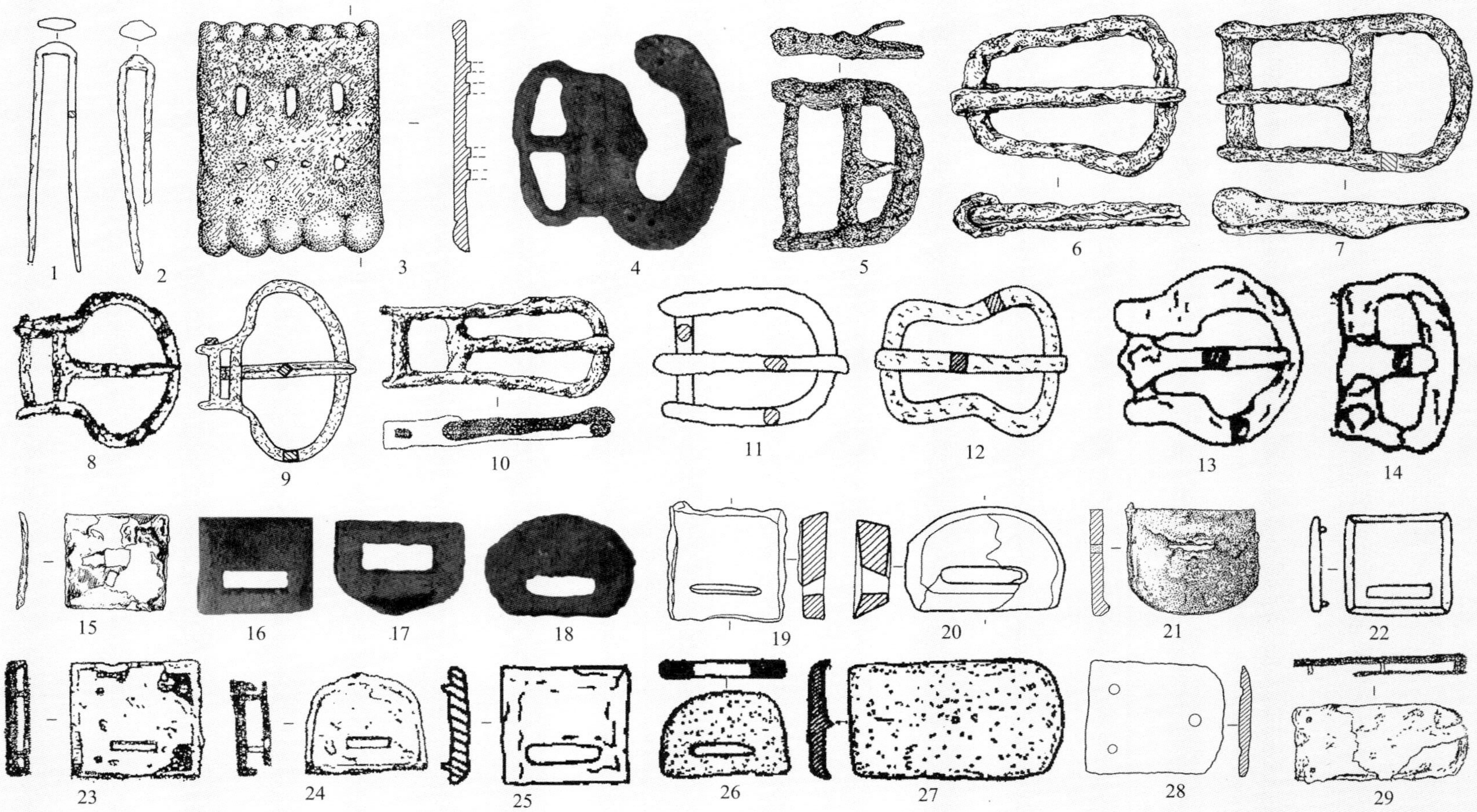

图 2-3-17 渤海铁钗、带具

1~7、15~18. 虹鳟鱼场墓地 8、10、23、24、29. 东清墓地 9. 振兴遗址 11. 细鳞河遗址 12. 小地营遗址 13、14、25~27. 杨屯墓地 19、20、28. 六顶山墓地 21. 上京城址 22. 丰草沟墓地
（1、2. 铁钗；3. 牌饰；4~14. 带扣；15~26. 带銙；27~29. 铊尾）

大部分为铁钉，其余为铁块、铁片[1]；西古城分析了15件铁钉[2]；六顶山墓葬分析标本种类较为丰富，为16件铁钉、2件甲片、2件铁镞、2件铁刀、2件带銙、2件带饰、1件铁镳[3]；宁安虹鳟鱼场墓地分析了19件标本，其中铁甲片15件、铁刀1件、铁带銙1件、残器2件[4]。这些分析结果表明，渤海铁器中的带饰、带銙、铁镳均以麻口铁铸造，其余铁器均以碳钢（低碳钢、中碳钢、高碳钢）加熟铁锻造，锻造后普遍淬火。其中铁刀的刃部添加高碳钢以保证硬度，刀身则使用熟铁以保持柔韧度。虽然目前金相分析并未涵盖渤海铁器的所有类型，但基本上反映了其制作工艺。

---

[1] 贾莹等：《渤海上京城遗址出土铁器金相学与工艺探讨》，黑龙江省文物考古研究所：《渤海上京城：1998～2007年度考古发掘调查报告》附录，文物出版社，2009年。

[2] 贾莹：《西古城城址出土铁器的金属学研究》，吉林省文物考古研究所等：《西古城：2000～2005年度渤海国中京显德府故址田野考古报告》附录，文物出版社，2007年。

[3] 贾莹等：《六顶山渤海墓葬出土铁器金相学及工艺研究》，吉林省文物考古研究所等：《六顶山渤海墓葬——2004～2009年清理发掘报告》附录，文物出版社，2012年。

[4] 贾莹等：《宁安虹鳟鱼场渤海墓地出土铁器的金相学考察》，黑龙江省文物考古研究所等：《宁安虹鳟鱼场：1992～1995年度渤海墓地发掘报告》附录，文物出版社，2009年。

第三章

渤海玉石器研究

第一节　渤海玉璧述论

考古发现的渤海玉器中，玉璧数量最多，有30余件（表3-1-1），是渤海玉器中最为典型的一种。《尔雅·释器》："肉倍好谓之璧，好倍肉谓之瑗，肉好若一谓之环。"[1]夏鼐先生曾主张，环、瑗实际上是圆孔较大的璧，可以不加区分，三者可以总称为璧环类，或简称璧[2]。就表3-1-1的统计来看，多数渤海的玉璧，实际上都是肉好相若的玉环。有的考古报告虽然也将渤海的玉璧、玉环作了区分，但为行文的方便，本节统称为玉璧。这些玉璧外径2～11.7、内径1～5.5厘米不等，尺寸差别较大。厚度在0.3厘米左右，工艺水平不一，磨制的精细程度也不相同，但均光素无纹，有青玉、乳白色玉、灰白色玉数种，但目前尚无一例能够确定玉的矿物种类及其来源。

表3-1-1　渤海遗址出土玉璧

序号	出土单位/数量	尺寸（厘米）	备注	插　图
1	榆树老河深上层 M8[3]	直径4、孔径1.35	白玉	图3-1-1，6
2	榆树老河深上层 M4/2	直径2.6、孔径0.4	白玉	图3-1-1，7
3	和龙惠章墓[4]/2	不详	淡绿色	图3-1-1，8
4	敦化六顶山 IM3[5]	外径6、内径2.3	淡绿色	图3-1-1，15
5	敦化六顶山 IM8	外径3.6、内径1.1	淡绿色	图3-1-1，16
6	宁安虹鳟鱼场 M2112[6]	残甚，肉宽3.1	灰白色	
7	永吉查里巴 88M6[7]	不详		
8	永吉查里巴 88M27	不详		

---

[1]《武英殿十三经注疏》本，齐鲁书社，2019年。
[2] 夏鼐：《汉代的玉器——汉代玉器中传统的延续和变化》，《考古学报》1983年第2期。夏鼐：《商代玉器的分类、定名和用途》，《考古》1983年第5期。
[3] 吉林省文物考古研究所：《榆树老河深》，文物出版社，1987年。第105页。
[4]《吉林省文物志》编辑委员会：《和龙县文物志》，1984年。第43页。《文物志》称其中的一件直径1.7、孔径2.8厘米，数据疑有误。
[5] 吉林省文物考古研究所等：《六顶山渤海墓葬——2004～2009年清理发掘报告》，文物出版社，2012年。图版七九。
[6] 虹鳟鱼场墓地材料均来自黑龙江省文物考古研究所等：《宁安虹鳟鱼场：1992～1995年度渤海墓地发掘报告》，文物出版社，2009年。图版一八九、一九〇。
[7] 吉林省文物考古研究所：《吉林永吉查里巴靺鞨墓地》，《文物》1995年第9期。

续　表

序号	出土单位/数量	尺寸（厘米）	备注	插图
9	永吉杨屯大海猛 79M1[1]	不详		
10	永吉杨屯大海猛 79M39	不详		
11	海林北站墓地[2]	外径5.3、内径2.1	青绿色	图3-1-1，5
12	永吉查里巴 85M1[3]	外径8、内径3.2	乳白色	
13	永吉查里巴 88M31	外径10.7、内径3.7	乳白色	图3-1-1，19
14	永吉杨屯遗址[4]/3	外径3.9、内径1.6	乳白色	
15	杨屯大海猛 79M19	外径4.1、内径1.7	灰白色	
16	杨屯大海猛 79M24	外径11.7、内径4.9	乳白色	
17	虹鳟鱼场 M2112/M2127	残段	灰白色	
18	六顶山 IM4[5]	外径11.5、内径4.7	青玉	
19	宁安大朱屯 M1[6]	残段，不详	乳白色	
20	虹鳟鱼场6号方坛	残段，肉宽3.5	浅灰色	图3-1-1，2
21	虹鳟鱼场1号方坛	残段，肉宽3.3	浅灰色	图3-1-1，3
22	宁安西石岗墓地采集[7]	外径10.2、内径4.5		图3-1-1，1
23	契尔良基诺5号墓地[8]/4	外径5.9～11.5、内径3.15～5.5	青玉/乳白色	图3-1-1，17、18
24	尼古拉耶夫斯科耶2号城址[9]/2	外径2～3.6、内径1～1.6	乳白色	图3-1-1，4、9

[1] 吉林市博物馆：《吉林永吉杨屯大海猛遗址》，《考古学集刊》第5集，中国社会科学出版社，1987年。
[2] 李砚铁：《海林北站征集的几件渤海时期文物》，《北方文物》1999年第2期。
[3] 尹郁山：《吉林永吉县查里巴村发现二座渤海墓》，《考古》1990年第6期。
[4] 吉林省文物工作队：《吉林永吉杨屯遗址第三次发掘》，《考古学集刊》第7集，科学出版社，1991年。
[5] 王承礼：《敦化六顶山渤海墓清理发掘记》，《社会科学战线》1979年第3期。
[6] 中国社会科学院考古研究所：《六顶山与渤海镇——唐代渤海国的贵族墓地与都城遗址》，中国大百科全书出版社，1997年。
[7] 黄林启：《宁安县渤海镇西石岗古墓群出土文物简介》，《北方文物》1990年第4期。
[8] 吉林省文物考古研究所、俄罗斯科学院远东分院远东民族历史·考古·民族研究所：《俄罗斯滨海边疆区渤海文物集粹》，文物出版社，2013年。第71、72页。
[9] 吉林省文物考古研究所、俄罗斯科学院远东分院远东民族历史·考古·民族研究所：《俄罗斯滨海边疆区渤海文物集粹》，文物出版社，2013年。第200页。

图 3-1-1 渤海玉璧

1. 西石岗墓地 2、3. 虹鳟鱼场墓地 4、9. 尼古拉耶夫斯科耶 2 号城址 5. 北站墓地 6、7. 老河深墓地（M8、M4） 8. 惠章墓地 10～14. 杨屯墓地及遗址 15、16. 六顶山墓地一区（M3、M8） 17、18. 契尔良基诺 5 号墓地 19. 查里巴 88M31

玉璧多数发现在渤海早期墓葬中，渤海晚期基本不见[1]。永吉杨屯、查里巴（现属吉林市龙潭区）是玉璧出土最为集中的地点。杨屯大海猛墓葬出土玉璧11件（图3-1-1，10~14）[2]，其中79M24人骨头部右侧随葬半件玉璧，另一半发现于距离墓葬西南2米处的文化层内。虹鳟鱼场墓地的玉璧，均为残段，无一例完整器。这或许是靺鞨"毁器"葬俗的一种表现。渤海的玉璧，应为实用器，永吉杨屯大海猛墓地的3件玉璧，有2件以银片锔补，1件有清楚的锔孔。永吉查里巴88M31玉璧，存有7个锔钉。契尔良基诺5号墓地出土玉璧有用银片锔补过的现象。宁安西石岗墓地、尼古拉耶夫斯科耶2号城址发现的玉璧也均有锔痕。如此多见的锔钉表明当时玉璧的使用频度及人们对其珍视程度。海林细鳞河遗址[3]、虹鳟鱼场M2205还出土过仿玉的石璧。尺寸较小的玉璧，或是随身的装饰物，类似于汉代杂佩中的组成部分。尺寸达11厘米的玉璧，目前也无法推知其是否为祭祀之瑞玉。

有人认为渤海的玉璧，形制与中原唐王朝的风格接近[4]，甚至认为多数应来自唐王朝的赐赠和交流[5]，但这都是罔顾材料的臆测。玉器发展到唐代，实用性明显增强，逐步走向世俗化、生活化[6]。考古发现的唐朝玉器，类型主要有带具、容器（多仿金银器）、各种玉饰件及小型雕塑等[7]。尽管唐朝皇家祭祀仪式，璧、圭、琮、璋是标准的祭器，然除陕西富平节愍太子墓外[8]，考古出土的唐代玉璧资料很少，传世品中能确定为唐代玉璧的亦寥寥无几[9]。渤海的玉璧，可谓具有地方特色的玉器，是应该引起重视的渤海文物。

第二节　集安东台子遗址出土玉璧的年代及相关问题

一、东台子遗址玉璧年代的检讨

东台子遗址在高句丽考古中地位颇为重要，它位于吉林省集安市高句丽国内城遗址东约500米的一处地势较高的黄土台地上，早年曾遭日本人盗掘破坏，1958年吉林省博

---

[1] 查里巴墓地88M27与玉璧共出一枚背部铸出掐文的"开元通宝"，此种铜钱始见于唐玄宗开元（713~741年）末年。
[2] 查里巴、大海猛出土的玉璧，发掘简报中均选择标本进行介绍，因此玉璧仅有几件有具体信息。其中的5件见古方主编《中国出土玉器全集》第二卷（科学出版社，2005年，第183~188页），但也没有标出详细出土单位。
[3] 黑龙江省文物考古研究所：《考古黑龙江》，文物出版社，2011年。第192页。
[4] 古方：《中国出土玉器全集》第二卷，科学出版社，2005年。第Ⅲ页概述。
[5] 曲艳丽、刘景文：《吉林省出土玉器概述》，《北方文物》2014年第2期。
[6] 卢兆荫等：《略论唐代仿金银器的玉石器皿》，《文物》2004年第2期。
[7] 尚刚：《隋唐五代工艺美术史》，人民美术出版社，2005年。第212~215页。
[8] 陕西省考古研究所、富平县文物管理委员会：《唐节愍太子墓发掘报告》，科学出版社，2004年。彩版一六。
[9] 曲石：《唐代玉器》，《华夏考古》1995年第3期。

物馆发掘了2 000平方米，清理出布局、结构复杂的4组建筑（编号为Ⅰ～Ⅳ室），发掘简报认为是宫室和祭祀社稷的地方[1]。方起东先生进一步推定，东台子建筑址很可能是高句丽故国壤王九年（392年）兴修的王室社稷和宗庙[2]。集安博物馆藏一件玉璧，在《集安出土高句丽文物集粹》《中国出土玉器全集》等图录中，一直被认为是出土于东台子遗址的高句丽文物[3]，甚至有研究者推断其为故国壤王九年三月下令修建的国社和宗庙的祭祀用璧[4]。纵观考古发现，中国境内高句丽遗址中玉器发现极少[5]，高句丽似乎也没有使用玉器的传统。经过对这件玉璧出土环境、共存遗物（即所谓context）以及形制的综合分析，我们认为它并非高句丽时期的遗物，而是一件典型的渤海玉璧。

这件玉璧直径8.6、孔径3.4、厚0.3厘米。淡青色半透明，中有白瑕，通体磨光，上部有系磨痕迹（图3-2-1，1）。最早报道此件玉璧的《集安县文物志》称，1963年7月郊区乡（即郊区公社）胜利二队村民在东台子遗址西侧一座高句丽古墓附近挖土，在已

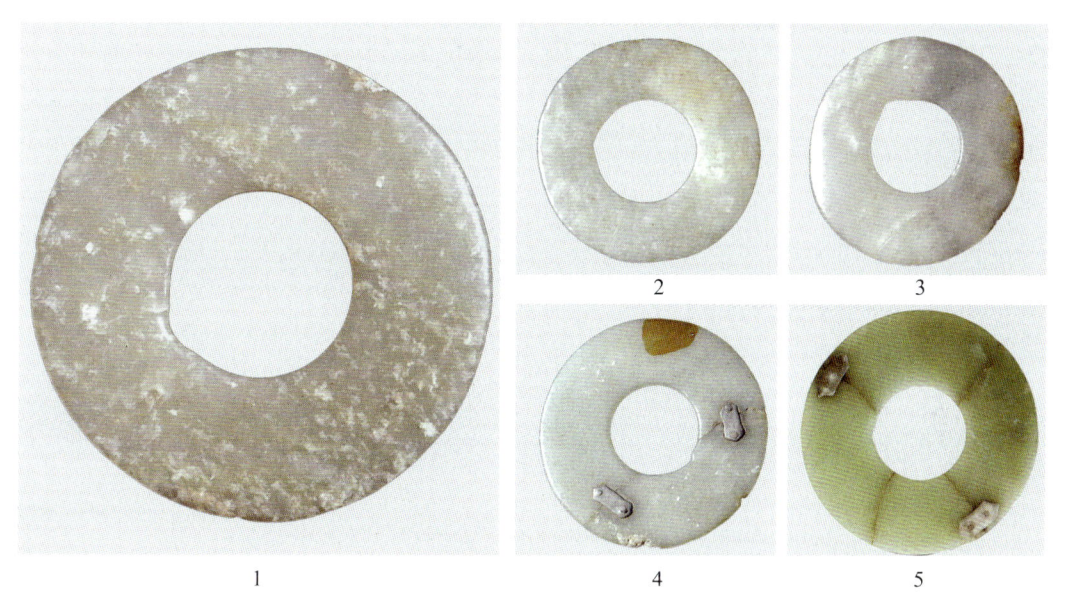

图3-2-1　集安东台子遗址出土玉璧与渤海玉璧比较图
1. 东台子遗址　2～4. 永吉杨屯遗址（墓葬）　5. 契尔良基诺5号墓地

[1] 吉林省博物馆：《吉林辑安高句丽建筑遗址的清理》，《考古》1961年第1期。
[2] 方起东：《集安东台子高句丽建筑遗址的性质和年代》，《东北考古与历史》第1辑，文物出版社，1982年。
[3] 古方：《中国出土玉器全集》第二卷，科学出版社，2005年。第181页。吉林省文物考古研究所等：《集安出土高句丽文物集粹》，科学出版社，2010年。第83页。李刚、安文荣：《吉林省馆藏珍贵文物》将此玉璧定为一级文物。吉林人民出版社，2015年。第90页。
[4] 王飞峰：《吉林集安东台子遗址研究》，《北方文物》2016年第3期。
[5] 目前见于报道者仅有集安梨树园子南遗址出土的1件和田玉耳杯，见吉林省文物考古研究所等：《集安出土高句丽文物集粹》，科学出版社，2010年。第82页。

破坏的墓内发现该玉璧[1]。该《志》及集安博物馆董长富[2]又提及,1963年7月,通沟乡(即郊区公社通沟大队)胜利村村民在东台子遗址西侧约110米平整土地时,下挖一锹多深,在石堆中挖出5件铜牌饰,出土地点周围有40多座封土墓。根据以上对发现时间、出土地点及环境的描述,有理由认为这件玉璧与5件铜牌饰应出土于同一单位。

5件铜牌饰形制相同,模制,长方形,长6、宽4.2、厚0.1厘米。牌饰背面有4个圆形穿鼻,正面由上至下依次为三角形镂孔一排、内凹小三角纹4排、长方形镂孔3列、内凹小三角纹4排、圆涡及三角纹带、弦纹3条、联珠5个(图3-2-2,1)。这种长方形牌饰为典型的靺鞨－渤海系遗物,形制、纹饰近同的例子见于吉林安图东清M2(图3-2-2,2)[3]、黑龙江宁安虹鳟鱼场M2184(图3-2-2,3)、M2205(图3-2-2,4)[4]、吉林永吉杨屯遗址(图3-2-2,5)[5]、俄罗斯滨海契尔良基诺5号墓地(图3-2-2,6)[6]等。这种长方形铜牌饰与玉璧共存于同一墓葬的例子,可举永吉查里巴87~88M31(玉璧乳白色,外径10.7、内径3.7厘米)[7]、查里巴85M1(玉璧乳白色,外径8、内径3.2厘米)[8]、永吉杨屯79M19[9]、和龙惠章墓[10]等多处渤海墓葬。在永吉杨屯遗址(1980年发掘)[11]、宁安渤海镇西石岗墓地[12]、海林北站墓地[13]等渤海遗址中,也同时出土有方形铜牌饰和玉璧。有助于说明玉璧年代的墓葬为前述永吉查里巴墓地的87~88M27,该墓中与玉璧共出了一枚背部铸出掐文的"开元通宝"。此种铜钱始见于唐玄宗开元(713~741年)末年[14]。此外,东台子遗址玉璧的形制,尤其是内径有一处微凹(是制作时有意做出,还是使用过程磨损所致,尚无法推断,但依常理分析,用于悬挂的绳子不会对玉造成如此磨损,应该是为避免转动而有意制作的凹槽)的做法,在前述渤海玉璧中习见

---

[1]《吉林省文物志》编辑委员会:《集安县文物志》,1984年。第177页。
[2] 董长富:《集安出土的几件渤海时期文物》,《博物馆研究》1997年第1期。
[3] 延边博物馆:《东清渤海墓葬发掘报告》,郑永振、严长录:《渤海墓葬研究》附录一。吉林人民出版社,2000年。第251~288页。
[4] 黑龙江省文物考古研究所等:《宁安虹鳟鱼场:1992~1995年度渤海墓地发掘报告》,文物出版社,2009年。
[5] 吉林市博物馆:《吉林永吉杨屯大海猛遗址》,《考古学集刊》第5集,中国社会科学出版社,1987年。第120~151页。
[6] 吉林省文物考古研究所、俄罗斯科学院远东分院远东民族历史・考古・民族研究所:《俄罗斯滨海边疆区渤海文物集粹》,文物出版社,2013年。第50页。
[7] 吉林省文物考古研究所:《吉林永吉查里巴靺鞨墓地》,《文物》1995年第9期。
[8] 尹郁山:《吉林永吉县查里巴村发现二座渤海墓》,《考古》1990年第6期。
[9] 吉林市博物馆:《吉林永吉杨屯大海猛遗址》,《考古学集刊》第5集,中国社会科学出版社,1987年。
[10]《吉林省文物志》编辑委员会:《和龙县文物志》,1984年。
[11] 吉林省文物工作队:《吉林永吉杨屯遗址第三次发掘》,《考古学集刊》第7集,科学出版社,1991年。第23~50页。
[12] 黄林启:《宁安县渤海镇西石岗古墓群出土文物简介》,《北方文物》1990年第4期。
[13] 黑龙江省文物考古研究所:《黑龙江海林北站渤海墓试掘》,《北方文物》1987年第1期。
[14] 徐殿魁:《试论唐开元通宝的分期》,《考古》1991年第6期。

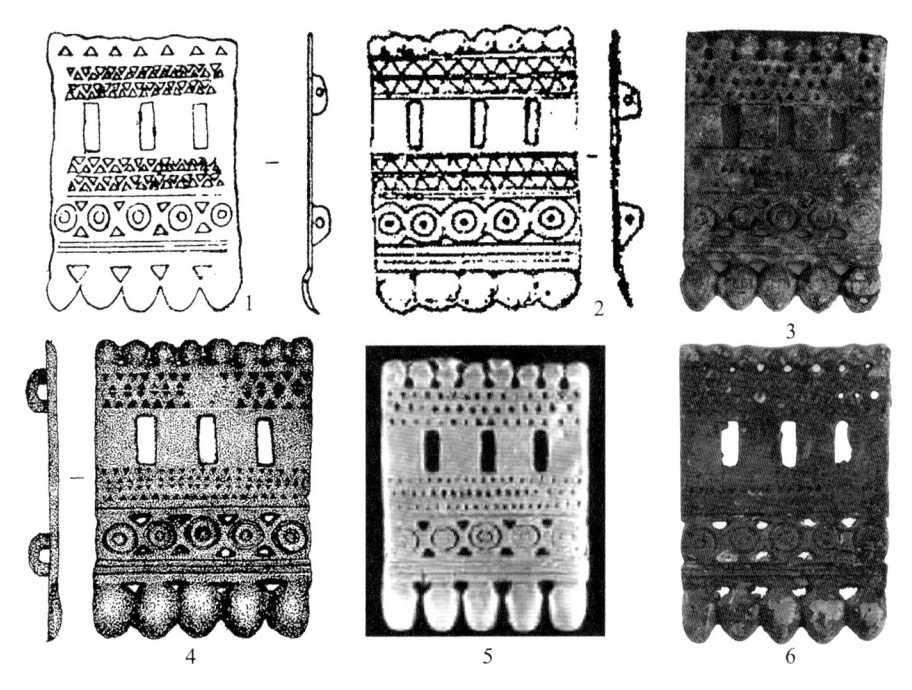

图 3-2-2 集安东台子遗址出土铜牌饰与渤海铜牌饰比较图
1. 东台子遗址　2. 安图东清 M2　3、4. 虹鳟鱼场（M2184、M2205）　5. 杨屯遗址征集　6. 契尔良基诺 5 号墓地

（参见图 3-2-1，2～5）[1]，在其他时代和地区的玉璧中罕见。

综合以上几条证据，可以推断，东台子遗址出土玉璧的年代，不是既往认为的高句丽，而应在渤海时期。它常与铜牌饰共出，且有明显的使用痕迹（有些在断裂后以金属片缀合），应该属于装饰品的一种，而非祭祀用玉。韩国学者姜贤淑认为东台子遗址的性质并非高句丽"国社"，且依据铜牌饰和忍冬纹瓦当认为东台子Ⅱ室为渤海时期的[2]。实际上如前文所述，铜牌饰和玉璧并非东台子建筑遗址内出土品，而是东台子遗址西侧百余米外的封土石室墓内的随葬品，不能用它们来否定东台子建筑址为高句丽国社的推论。

二、集安境内渤海遗存辑录

除东台子遗址（墓葬）出土的铜牌饰及玉璧之外，集安境内的渤海遗存尚有如下数例。

---

[1] 永吉杨屯查里巴、大海猛出土的玉璧，发掘简报中均选择标本进行介绍，因此玉璧仅有几件有具体信息。其中的 5 件见古方主编《中国出土玉器全集》第二卷（科学出版社，2005 年，第 183～188 页），但均没有标出详细出土单位。
[2] [韩]姜贤淑：《中国吉林省集安东台子遗址再考》，《韩国考古学报》第 75 辑，2010 年。包艳玲译文见《历史与考古信息·东北亚》2015 年第 2 期。

1. 集安上活龙4号墓（82JSM4）[1]，位于集安市区西南8公里，1982年发掘。该墓为封土石室墓，平面呈铲形，墓室建于原地表下10厘米，四壁以石块垒砌3～4层，上部有盖顶石，墓道在南壁正中，墓道中以石砌封门墙。同样形制的墓在上活龙有4座。M4出土委角方形铜镜1件，素面，边长12.1厘米，厚0.2厘米（图3-2-3，1）。这种铜镜始见于中唐，晚唐五代流行，河南偃师杏园李荣初墓（794年）、韦友直墓（833年）、郑夫人墓（842年）等纪年唐墓均有出土[2]。

2. 集安煤建公司油库管道[3]、集安电线厂北发现的瑞兽葡萄镜[4]，前者直径9.4厘米，后者直径10.9厘米，形制花纹近同，圆形，兽钮，镜背内区为4个蹲伏的瑞兽，外区为缠枝葡萄和飞鸟。这种镜子为典型的唐镜，河南偃师杏园证圣元年（695年）宋思真墓[5]、西安郊区神功二年（698年）独孤思贞夫妇墓[6]、洛阳龙门景龙三年（709年）安菩夫妇墓[7]以及朝阳市区中心市场唐墓M7[8]都出土过。这种铜镜在武则天时期最为盛行，延续到玄宗开元时期。吉林敦化六顶山渤海墓葬ⅠM73也出土过类似的铜镜[9]。

3. 集安通沟乡胜利村铜钗[10]，发现地点在东台子遗址东北约50米处，村民在一个凸起的土包下约30厘米挖出长方形石圹，铜钗即出土于其中。两件铜钗大小形制相同（一件通体鎏金），通长14.3厘米（一件残），通体呈"U"形，钗首呈"山"字形，浅浮雕花纹（图3-2-3，2）。类似的铜钗，见于永吉杨屯M2（图3-2-3，4）[11]、宁安虹鳟鱼场M2241[12]、安图东清M4（图3-2-3，3）[13]、和龙龙海M5[14]等，为典型的渤海铜钗。胜利村的这件铜钗，应亦是渤海墓葬的随葬品。

4. 国内城遗址莲花纹瓦当。早年日本人调查国内城时，收集到两件莲花纹瓦当[15]。

---

[1] 集安县文物保管所：《集安县上、下活龙村高句丽古墓清理简报》，《文物》1984年第1期。
[2] 中国社会科学院考古研究所：《偃师杏园唐墓》，科学出版社，2001年。
[3] 《吉林省文物志》编辑委员会：《集安县文物志》，1984年。第207页。张雪岩：《吉林集安出土的古镜》，《文物》1986年第6期。
[4] 华岩：《集安出土的几面铜镜》，《北方文物》1987年第3期。
[5] 中国社会科学院考古研究所：《偃师杏园唐墓》，科学出版社，2001年。第67页。
[6] 中国社会科学院考古研究所：《唐长安城郊隋唐墓》，文物出版社，1980年。图版六〇。
[7] 洛阳市文物工作队：《洛阳龙门唐安菩夫妇墓》，《中原文物》1982年第3期。
[8] 辽宁省文物考古研究所、日本奈良文化财研究所：《朝阳隋唐墓葬发现与研究》，科学出版社，2012年。图版二六。
[9] 吉林省文物考古研究所等：《六顶山渤海墓葬——2004～2009年清理发掘报告》，文物出版社，2012年。
[10] 董长富：《集安出土的几件渤海时期文物》，《博物馆研究》1997年第1期。
[11] 吉林省文物工作队：《吉林永吉杨屯遗址第三次发掘》，《考古学集刊》第7集，科学出版社，1991年。第23～50页。
[12] 黑龙江省文物考古研究所等：《宁安虹鳟鱼场：1992～1995年度渤海墓地发掘报告》，文物出版社，2009年。
[13] 延边博物馆：《东清渤海墓葬发掘报告》，郑永振、严长录：《渤海墓葬研究》附录一，吉林人民出版社，2000年。第251～288页。
[14] 延边博物馆：《和龙县龙海渤海墓葬》，《博物馆研究》1983年第3期。
[15] [日]三上次男：《高句丽与渤海》，吉川弘文馆，1990年。第182页。

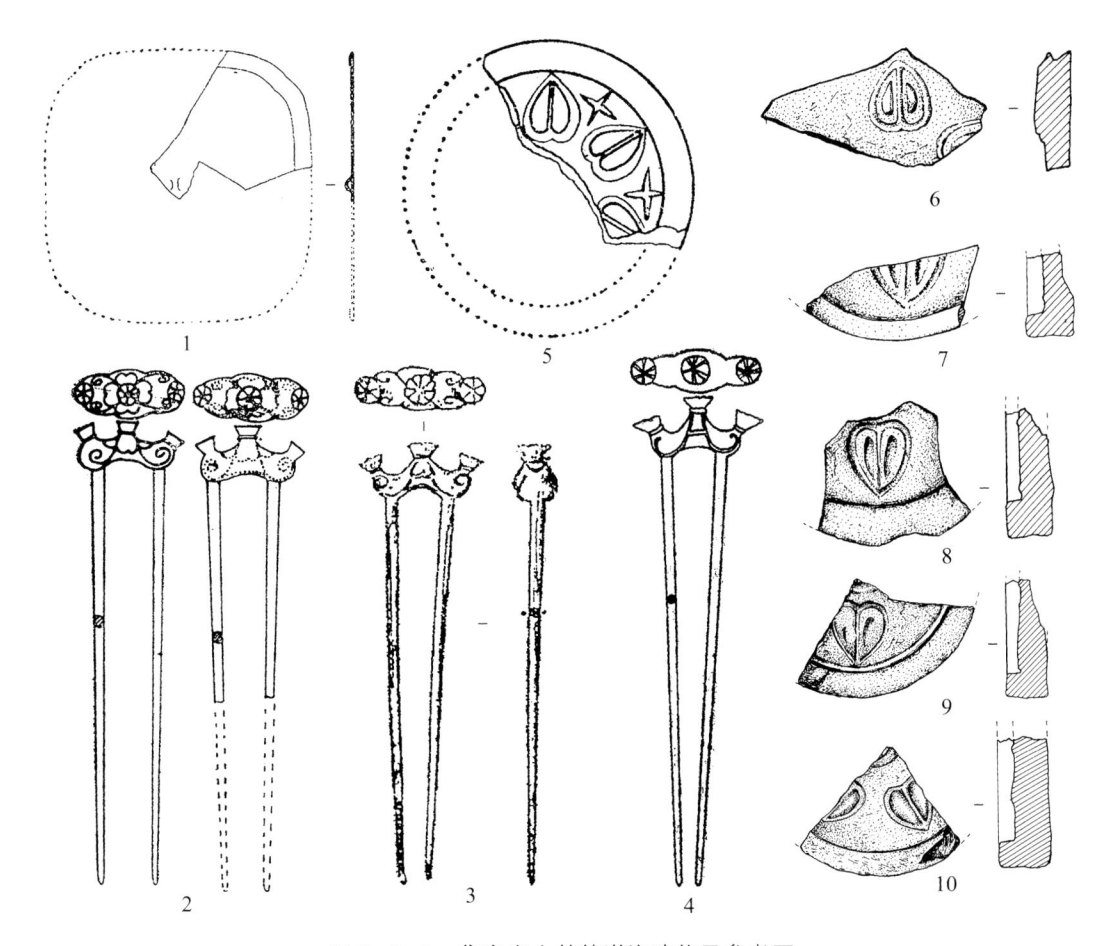

图 3-2-3　集安出土其他渤海遗物及参考图

1. 上活龙 82JSM4　2. 胜利村　3. 安图东清 M4　4. 永吉杨屯 M2　5. 国内城北墙采集　6～9. 国内城门球场地点　10. 国内城东市场地点

（1. 铜镜；2～4. 铜钗；5～10. 瓦当）

1976 年方起东曾在国内城北墙采集到莲花纹瓦当（图 3-2-3，5）[1]。2001 年在国内城东市场旧房改造地点（2001JGDSC）的第 3 层堆积中，发现有性质不明的石砌遗迹及莲纹瓦当（图 3-2-3，10）[2]。2003 年在城内门球场地点（2003JGMQC）F2 的垫土中出土 4 块莲纹瓦当（图 3-2-3，6～9）[3]。这些瓦当均为泥质灰陶，边轮高 0.8～1.1 厘米，当面纹饰均为心形复瓣莲花，有四瓣和六瓣两种类型，六瓣莲花瓦当均有十字形间饰，四瓣瓦当有的

---

[1] 董长富：《集安出土的几件渤海时期文物》，《博物馆研究》1997 年第 1 期。
[2] 吉林省文物考古研究所、集安市博物馆：《国内城——2002～2003 年集安国内城与民主遗址试掘报告》，文物出版社，2004 年。第 97 页。
[3] 吉林省文物考古研究所、集安市博物馆：《国内城——2002～2003 年集安国内城与民主遗址试掘报告》，文物出版社，2004 年。第 153 页。

存在"十"字形间饰，有的没有。有六瓣十字形间饰的瓦当，是渤海瓦当中最为常见的类型之一[1]。四瓣心形瓦当，在渤海瓦当中数量不多，其中带十字形间饰者，见于抚松新安城址[2]，不带十字形间饰者，目前似乎仅见于集安，体现了较为鲜明的地域特征。

5. 集安洞沟墓群 JYGM0 位于好太王碑东30米，为封土墓，盖顶石无存，长方形墓室，以加工过的石材垒砌，白灰勾缝，墓底平铺片石。仅出土棺钉5枚。发掘者认为此墓距离好太王碑甚近，不可能是高句丽墓葬，且墓葬形制与渤海墓葬近似，故推测为渤海时期墓葬[3]。

以往学者常将集安太王乡民主六队遗址出土的陶器视为渤海时期的[4]。民主六队遗址出土陶器中的2件泥质灰陶罐，腹部有双横耳。这种横耳罐，虽然在敦化六顶山墓地Ⅰ M56[5]、榆树老河深上层墓地 M21[6]、海林振兴遗址 G2[7]、永吉杨屯大海猛遗址[8]等渤海遗址中屡有发现，但在集安国内城西北角城墙[9]、丸都山城内宫殿址[10]、霸王朝山城[11]、气象站遗址[12]、桓仁五女山城第四期地层及遗迹（如F32、F66、H1、T53③层等）[13]、抚顺高尔山城[14]、辽源龙首山城[15]等高句丽中晚期遗址中也常常出土，它们和该遗址出土的另外4件陶器以及麻线墓区 M2165 出土的灰陶罐，都难称渤海的典型陶器。

同样被视为渤海时期遗存的还有集安山城下墓区东大坡墓地 M365[16]。该墓为铲形封土石室，墓壁以石块垒砌，上铺大石板，墓底铺小石板，墓室四壁涂抹白灰，局部残存

---

[1] 宋玉彬：《渤海瓦当研究》，吉林大学博士学位论文，2011年。
[2] 吉林省文物考古研究所：《吉林抚松新安遗址发掘报告》，《考古学报》2013年第3期。
[3] 孙仁杰：《集安洞沟古墓群三座古墓葬清理》，《博物馆研究》1994年第3期。
[4] 集安县文物保管所：《吉林集安发现一处渤海时期遗址》，《北方文物》1985年第4期。董长富：《集安出土的几件渤海时期文物》，《博物馆研究》1997年第1期。
[5] 吉林省文物考古研究所等：《六顶山渤海墓葬——2004～2009年清理发掘报告》，文物出版社，2012年。第22页。
[6] 吉林省文物考古研究所：《榆树老河深》，文物出版社，1987年。第97、104页。
[7] 黑龙江省文物考古研究所、吉林大学考古学系：《河口与振兴——牡丹江莲花水库发掘报告（一）》，科学出版社，2001年。第141页。
[8] 吉林市博物馆：《吉林永吉杨屯大海猛遗址》，《考古学集刊》第5集，中国社会科学出版社，1987年。第139页。
[9] 吉林省文物考古研究所、集安市博物馆：《国内城——2000～2003年集安国内城与民主遗址试掘报告》，文物出版社，2004年。第34页。
[10] 吉林省文物考古研究所、集安市博物馆：《丸都山城——2001～2003年集安丸都山城调查试掘报告》，文物出版社，2004年。第153页。
[11] 吉林省文物考古研究所2017年发掘资料。
[12] 耿铁华、林至德：《集安高句丽陶器的初步研究》，《文物》1984年第1期。
[13] 辽宁省文物考古研究所：《五女山城——1996～1999、2003年桓仁五女山城调查发掘报告》，文物出版社，2004年。第134、164、165、189页等。
[14] 徐家国、孙力：《辽宁抚顺高尔山城发掘简报》，《辽海文物学刊》1987年第2期。
[15] 辽源市文物管理所：《吉林辽源市龙首山城内考古调查简报》，《考古》1994年第3期。
[16] 张雪岩：《吉林集安东大坡高句丽墓葬发掘简报》，《考古》1991年第7期。

有壁画。墓道位于南壁正中。出土酱釉盘口长颈壶1件。董长富认为这件长瓶和敦化六顶山渤海墓地一墓区M9出土瓶相似，是典型的渤海遗物[1]。耿铁华则认为可能是高句丽政权中靺鞨族人的器用[2]。笔者曾认为这件陶壶与北魏釉陶存在某种联系[3]。此壶毫无疑问不属于高句丽文化陶器，但与此壶形制相近的陶器，既有北魏的材料，也有朝阳唐墓（重型机械厂M3，时代约在7世纪中叶至8世纪初）的例子[4]，渤海釉陶和陶器中也不乏其例（典型如海林细鳞河遗址[5]、敦化六顶山墓葬[6]等）。因此，山城下墓区东大坡墓地M365的年代是高句丽晚期还是渤海时期，目前还无法确定。

集安境内目前可以确认的渤海遗存数量不多，从国内城数个地点发现的莲花纹瓦当推测，城内应有渤海时期的建筑；从铜牌饰、玉璧、铜镜等出土遗物来看，东台子、上活龙一带应存在渤海时期的墓葬，这种平面呈铲形（墓道居中）或刀形（墓道偏于一侧）的封土石室墓，既往多认为是高句丽晚期的，但其在敦化六顶山等渤海墓地极为常见，不排除有一部分应为渤海时期的。

集安作为公元3~427年间的高句丽王城，是其族群活动和政权统治的中心区域。公元668年高句丽政权灭亡后，"（高丽余众）不能自保，散投新罗、靺鞨，旧国土尽入于靺鞨，高氏君长遂绝"[7]。《新唐书·地理志七下》："登州东北海行……自鸭渌江口舟行百余里，乃小舫溯流东北三十里至泊汋口，得渤海之境。又溯流五百里，至丸都县城，故高丽王都。又东北溯流二百里，至神州。"《新唐书》卷二一九《渤海传》记："（渤海）地有五京、十五府、六十二州。以肃慎故地为上京……高丽故地为西京，曰鸭渌府，领神、桓、丰、正四州。"同传又记："（渤海）俗所贵者……果有九（丸）都之李。"《辽史·地理志二·东京道》记："桓州，高丽中都城。故县三：桓都、神乡、淇水，皆废。高丽王于此创立宫阙，国人谓之新国……隶渌州，在西南二百里。"根据这些文献记载，集安为渤海桓州州治殆无疑问[8]，其境内的渤海时期遗存，或因体现了较多的高句丽文化

---

[1] 董长富：《集安出土的几件渤海时期文物》，《博物馆研究》1997年第1期。
[2] 耿铁华：《高句丽釉陶器的类型与分期》，《考古与文物》2001年第3期。
[3] 彭善国：《3~6世纪中国东北地区出土的釉陶》，《边疆考古研究》第7辑，科学出版社，2008年。王飞峰也持类似观点，参见其《中国境内发现的高句丽陶器研究》，中国社会科学院研究生院硕士学位论文，2009年。第69页。
[4] 乔梁：《朝阳地区隋唐墓葬出土陶器所反映的文化关系试析》，吉林大学边疆考古研究中心：《庆祝魏存成先生七十岁论文集》，科学出版社，2015年。
[5] 黑龙江省文物考古研究所、吉林大学边疆考古研究中心：《黑龙江海林市细鳞河遗址发掘报告》，《北方文物》2018年第1期。
[6] 王承礼：《敦化六顶山渤海墓清理发掘记》，《社会科学战线》1979年第3期。
[7] （唐）杜佑：《通典》卷一八六《边防二·高句丽》，中华书局，1988年。
[8] 韩国学者以两地遗存的多寡，推测渤海西京鸭渌府首治桓州，后迁神州（今临江）（[韩]韩圭哲：《渤海西京鸭绿府研究》，《韩国古代史研究》14，1998年。李东源译文见《东北亚考古资料译文集·高句丽渤海专号》，《北方文物》杂志社，2001年），既无文献的证据，也无考古资料的支撑，充其量只能算是一种假说而已。

传统，有待进一步从考古学上进行细致的甄别。

三、鸭绿江流域其他渤海遗存

与牡丹江中上游、图们江流域、珲春河流域等相比，鸭绿江流域发现的渤海遗迹少、密度小（似乎体现了渤海国境内文化发展的地域不平衡性），但遗迹沿河谷分布的特点与其他地区是一致的。兹将集安之外鸭绿江流域的其他渤海遗存辑录如下。

1. 通化县大川乡白石砬子村瑞兽葡萄镜[1]，直径14.1厘米，圆形，兽钮，镜背内区为6个蹲伏的瑞兽，外区为瑞兽、飞鸟和缠枝葡萄。

2. 通化市江南村石板沟门江南滑雪场墓葬[2]，墓葬形制不明，出土陶壶1件（图3-2-4，1），形制与和龙龙海M1陶壶近似[3]，而肩部装饰水波纹及底部刻划"十"字符号的做法，见于白山永安遗址F1[4]、永吉杨屯墓地80M2[5]等。该墓出土铜带銙（方形、舌形）、铊尾（图3-2-4，2~4）也是习见的渤海带具[6]。

3. 长白灵光塔。为砖造楼阁式空心方塔，由地宫、塔身和塔刹3部分组成，高12.8米。地宫长方形，南北1.9、东西1.42、高1.49米，砖砌墙壁，底铺砖，顶盖石板。壁面白灰涂抹。地宫后部中央有一石砌台座，可能是放置舍利之处。地宫南砌甬道，有土阶和地面相连。塔的性质，一说是舍利塔，一说是墓塔[7]。

4. 长白新房子遗址。位于长白县新房子乡新房子村八道沟河台地上，1986年调查。采集的遗物有铜钗、绳纹板瓦、筒瓦等[8]。铜钗通长18.5厘米，"U"形，钗首做出双重的"山"形花饰（图3-2-4，5）。类似的铜钗，见于宁安渤海上京城3、4号宫殿址[9]、俄罗斯滨海边疆区克拉斯基诺城址[10]。

5. 长白县长白镇城址。位于长白朝鲜族自治县长白镇东南鸭绿江右岸二级台地上，1960年调查发现鹅卵石砌筑的长方形围墙，南北26、东西20米，墙高残0.5~1.5米。

---

[1] 吉林省文物志编委会：《通化县文物志》，1987年。第97页。
[2] 吉林省文物志编委会：《通化市文物志》，1986年。
[3] 延边博物馆：《和龙县龙海渤海墓葬》，《博物馆研究》1983年第3期。
[4] 吉林省文物考古研究所：《吉林浑江永安遗址发掘报告》，《考古学报》1997年第2期。
[5] 吉林省文物工作队：《吉林永吉杨屯遗址第三次发掘》，《考古学集刊》第7集，科学出版社，1991年。
[6] 彭善国：《唐代渤海国的服饰——以考古资料为中心》，《边疆考古研究》第22辑，科学出版社，2017年。
[7] 吉林省文物志编委会：《长白朝鲜族自治县文物志》，1988年。邵春华：《长白灵光塔》，《博物馆研究》1983年第1期。
[8] 吉林省文物志编委会：《长白朝鲜族自治县文物志》，1988年。第48页。
[9] 黑龙江省文物考古研究所：《渤海上京城——1998~2007年度考古发掘调查报告》，文物出版社，2009年。图版三一〇，1。
[10] 吉林省文物考古研究所、俄罗斯科学院远东分院远东民族历史·考古·民族研究所：《俄罗斯滨海边疆区渤海文物集粹》，文物出版社，2013年。第164、165页。

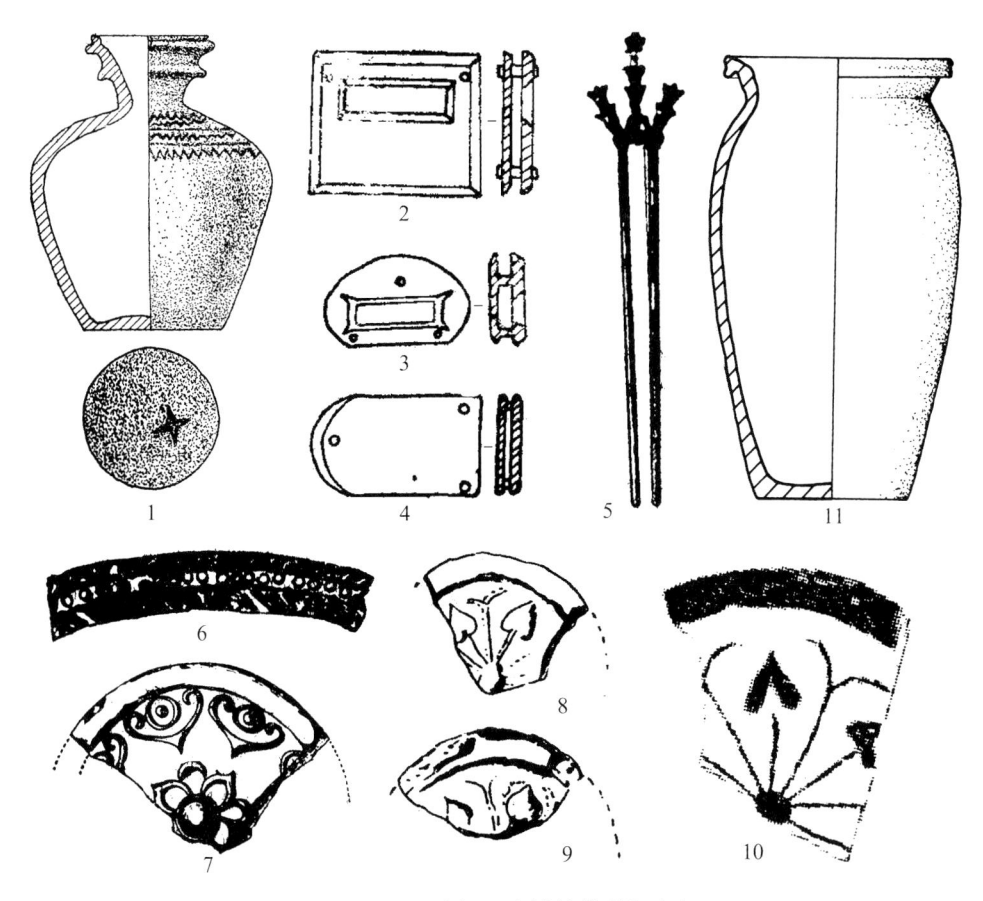

图 3-2-4　鸭绿江流域其他渤海遗存

1~4. 通化江南滑雪场墓葬　5. 长白新房子遗址　6、7. 长白镇遗址　8~10. 临江河南屯遗址
11. 桓仁五女山城

（1、11. 陶罐；2~4. 铜带銙；5. 铜钗；6. 檐头板瓦；7~10. 瓦当）

发现有戳印圈点纹的檐头板瓦（图 3-2-4，6）。1986 年复查时又发现莲花纹瓦当（图 3-2-4，7）。此次调查推断古城东西 380、南北 240 米，围墙院落可能是城内的建筑[1]。

6. 临江市四道沟镇河南屯遗址。位于河南屯村鸭绿江边的台地上，西北距临江镇 10 公里。范围南北 100、东西 50 米。1984 年调查发现残长 50、高 0.2~0.4 米的夯土城垣，但破坏严重。城的布局形制不明。是否神州领县（神化、剑门）之一尚待验证[2]。1995 年复查采集到带梗茎的莲纹瓦当等遗物（图 3-2-4，8、9）[3]。2005 年吉林省文物考古研究所对该遗址进行了抢救性发掘，未发现遗迹，仅采集到莲花瓦当（图 3-2-4，10）、檐头

---
[1] 吉林省文物志编委会：《长白朝鲜族自治县文物志》，1988 年。第 53 页。
[2] 吉林省文物志编修委员会：《浑江市文物志》，1987 年。第 18 页。
[3] 张殿甲：《鸭绿江中上游高句丽、渤海遗址调查综述》，《北方文物》2000 年第 2 期。

第三章｜渤海玉石器研究　195

板瓦及陶器等渤海时期遗物[1]。

7. 临江镇遗址。位于白山市临江镇鸭绿江右岸的冲积台地上，现遗址已基本在现代建筑下面。1959年曾出土一批铁镞，1984年调查时在基建工地上采集到具有渤海特征的泥质灰陶器，20世纪70年代末期基建时曾挖掘出一尊下承方台蹲伏石狮子，据说与敦化六顶山贞惠公主墓出土的石狮子相似，遗憾的是现去向不明。临江镇北文成街原有一段压在现代建筑下的墙垣[2]。临江镇遗址多被认为是渤海西京鸭渌府暨神州治所[3]，为渤海朝贡道水路北端起点，这与《新唐书·渤海传》所记契合。《辽史·地理志二·东京道》记："渌州，鸭渌军，节度。本高丽故国，渤海号西京鸭渌府。城高三丈，广轮二十里。都督神、桓、丰、正四州事。"按唐代一里约合540米，周长二十里在10 000米以上。此渌州的周长，不仅远大于中京显德府（和龙西古城2 700米）、东京龙原府（珲春八连城2 894米）、长岭府（桦甸苏密城2 590米）等渤海京府诸城，也明显大于长春州（白城城四家子城址，5 748米）等辽代节度州城，因此不太可能是渤海西京鸭渌府城址（包括辽代渌州）的规模。

8. 临江市宝山－六道沟古铜矿遗址群。该铜矿遗址1984年发现，1999年发掘。重点考察了古矿洞遗址，古矿洞遗址分若干坑口，集中分布在现临江铜矿勘探9～11号线的小铜沟一带，因近年采矿遗址多被破坏。发掘的2号坑口及巷道长度总约30米，巷道壁面密布钎痕、凿窝，未见遗物。古铜矿群周围20平方公里的范围内分布有大量炼铜废渣，1999年发掘宝山干饭锅废渣点，证明是渤海辽金时期的[4]。在宝山镇下乱泥塘遗址还采集到铁渣[5]，或与前述冶铜遗址有关。

9. 辽宁桓仁五女山城城址，出土有夹砂黄褐陶重唇长腹罐（图3-2-4，11）等渤海遗物，但未见遗迹及堆积[6]。

10. 辽宁桓仁镇凤鸣石室墓外西侧发现铜钗2件[7]，长15.3厘米，形制与前述集安胜利村出土的铜钗完全相同。

四、辽东地区渤海遗存问题

如果我们把研究的视角从鸭绿江流域扩展到辽河以东的广大地区，会发现这一地区

---

[1] 吉林省文物考古研究所：《吉林省临江市河南屯遗址调查和试掘简报》，《北方文物》2016年第1期。
[2] 吉林省文物志编修委员会：《浑江市文物志》，1987年。
[3] 谭其骧：《〈中国历史地图集〉释文汇编·东北卷》，中央民族学院出版社，1988年。第104页。
[4] 《临江市宝山——六道沟古铜矿遗址群》，《中国考古学年鉴2001》，文物出版社，2002年。第152页。
[5] 张殿甲：《鸭绿江中上游高句丽、渤海遗址调查综述》，《北方文物》2000年第2期。
[6] 辽宁省文物考古研究所：《五女山城——1996～1999、2003年桓仁五女山城调查发掘报告》，文物出版社，2004年。第219页。
[7] 梁志龙、王俊辉：《辽宁桓仁出土青铜遗物墓葬及相关问题》，《博物馆研究》1994年第2期。该文将这两件铜钗视为汉代的。

的渤海遗存基本未见报道，这与渤海国曾入据辽东之地的历史地理学界共识[1]颇难契合。辽阳曾出土过典型的渤海莲花纹瓦当[2]，由于缺乏具体的遗迹单位，其是渤海时期的，还是东丹国渤海遗民工艺沿袭，目前还无法得出定论。抚顺高尔山城[3]及其附近的施家墓地[4]、抚顺前屯及洼浑木墓地[5]、沈阳石台子山城及其附近的石台子山城墓葬[6]，都被认为是高句丽晚期或末期的。从墓葬形制来看，前述几处墓地与敦化六顶山等渤海墓地的封土石（室）墓几无差异；抚顺施家M1墓室四壁绘制壁画，但多数漫漶不清，保存稍好的北壁石灰面隐约可见成排的人物形象。中国境内高句丽7世纪前后的壁画墓，题材主要是绘制在石壁上的四神[7]，与施家M1差别较大。施家M1具有典型高句丽风格的莲花纹瓦当出土于墓内扰土，不足以作为年代判断的依据。施家M5出土的铅绿釉陶壶，形制与和龙北大渤海墓葬88M7三彩壶相同[8]。施家M5、M26、M30、M7还都出土了贝壳。以贝壳作为随葬品，目前未见于高句丽墓葬，但却是中原地区唐墓[9]、朝阳地区唐墓（中山营子唐墓、朝阳衬布厂89M1等）[10]习见的做法。和龙北大渤海墓葬88M7同样也随葬有贝壳。施家M18出土带銙2组、开元通宝2枚，M33出土铁镜，均表现了较晚的时代特征。此外，抚顺前屯M13出土酱釉陶罐，上腹部弦纹条带内装饰凹点纹的做法亦见于安图东清M1渤海墓葬陶罐。抚顺施家墓地在高尔山城东约1.5公里，高尔山城为高句丽的新城所在，高宗仪凤二年（677年）唐将安东都护府迁至新城。杜佑《通典》卷一八六记"（高丽余众）不能自保，散投新罗、靺鞨，旧国土尽入于靺鞨"。开元二年（714年）安东都护府移至平州，实为渤海势力南骘辽东导致。因此，抚顺、沈阳这几处所谓高句丽晚期墓葬的年代及文化因素复杂，它们是敦化六顶山等渤海早期封土石室墓的源头，还是有些墓葬就是渤海时期的（或是唐统治辽东时期的），都有进一步考虑的必要。

---

[1] 金毓黻：《渤海国志长编》卷十九，《社会科学战线》杂志社，1982年。第504页。谭其骧：《中国历史地图集释文汇编·东北卷》，中央民族学院出版社，1988年。第90、91页。魏国忠等：《渤海国史（修订版）》，黑龙江人民出版社，2014年。第206页。

[2] [日]向井佑介：《契丹的遗民政策和渤海系瓦当》，《辽文化·庆陵一带调查报告书》，京都大学，2011年。孙琳译文见《东北亚历史与考古信息》2013年第2期。

[3] 徐家国、孙力：《辽宁抚顺高尔山城发掘简报》，《辽海文物学刊》1987年第2期。

[4] 辽宁省文物考古研究所、抚顺市博物馆：《辽宁抚顺市施家墓地发掘简报》，《考古》2007年第10期。

[5] 王增新：《辽宁抚顺市前屯、洼浑木高句丽墓发掘简报》，《考古》1964年第10期。

[6] 辽宁省文物考古研究所、沈阳市文物考古研究所：《沈阳市石台子山城高句丽墓葬2002~2003年发掘简报》，《考古》2008年第10期。沈阳市文物考古研究所：《2004年度沈阳石台子山城高句丽墓葬发掘简报》，《北方文物》2006年第2期。

[7] 魏存成：《高句丽遗迹》，文物出版社，2002年。第194页。

[8] 延边朝鲜族自治州博物馆、和龙县文化馆：《和龙北大渤海墓葬清理简报》，《东北考古与历史》第1辑，文物出版社，1982年。

[9] 齐东方：《贝壳与贝壳形盒》，《华夏考古》2007年第3期。

[10] 辽宁省文物考古研究所、日本奈良文化财研究所：《朝阳隋唐墓葬发现与研究》，科学出版社，2012年。

第三节　渤海上京城址出土"玉石杖首"考

2004年发掘黑龙江宁安渤海上京城第2号宫殿基址时，出土了淡黄色玉石质器物一件（04NSGⅢT002006②：1），高10.4厘米，管箍状，中空，上为母口，下为子口，器表透雕3条首尾相逐的龙（图3-3-1，1、2）[1]。此器物在上京城址发掘报告、《海曲华风》等图录或著述[2]中均定名为杖首，这显然是错误的。秦汉以来杖顶端有横出之扶手，呈丁字形，直到唐代尚沿袭此风[3]。这件器物上下通透，且雕龙突出，不宜作为杖首握持，考古出土及传世品亦未见此类所谓杖首者。河南偃师杏园唐墓M1921为会昌三年（843年）李郁与崔氏合葬墓，该墓出土滑石熏炉2件[4]，形制相近（1件缺盖子）（图3-3-1，3~6），通高24厘米，由器盖、器身、器座三部分组成。器盖雕成蹲狮状，蹲于弧顶盖之上，腹部中空，口部大张，以出熏香。器身圆筒形，腹身雕刻三龙相互追逐。器座外方内圆，外腹部雕刻成博山炉形，并镂刻一进气孔眼，座内尚存少量白色灰烬。陕西西安东郊纺织城乾符三年（876年）曹氏墓出土滑石香薰（图3-3-1，7）[5]、西安西郊第三印染厂晚唐墓出土汉白玉香薰[6]，均与李郁墓出土者相近，唯独缺失了器身。渤海上京城2号宫殿址出土的玉石质所谓"杖首"，毫无疑问应是这种熏炉的炉身部位，无论形制，还是龙纹装饰都如出一手，其上下两端作出的所谓"子口""母口"，正适于上扣合器盖、下纳入器座的设计。只是由于出土时组合不全，导致研究者对其真实的功能作出了错误的判断。

器形如此匠心独运、雕工如此娴熟精致的玉石熏炉，且与中原晚唐墓葬出土者基本相同，显然不是出于渤海工匠之手，应为输自中原唐地的工艺作品。它在上京城宫殿遗址出土，表明了唐王朝与渤海千丝万缕的文化交往。

目前考古出土的渤海熏香用具数量不多，计有敦化六顶山墓地一区M1灰陶罐形香薰[7]、

---

[1]　黑龙江省文物考古研究所：《渤海上京城——1998~2007年度考古发掘调查报告》，文物出版社，2009年。第222页，图版二一八，1。
[2]　黑龙江省文物考古研究所李陈奇、赵哲夫：《海曲华风——渤海上京城文物精华》，文物出版社，2010年。第244、245页。黑龙江省文物考古研究所：《考古黑龙江》，文物出版社，2011年。第181页。
[3]　孙机：《汉代物质文化资料图说（增订本）》，上海古籍出版社，2008年。第400页。
[4]　中国社会科学院考古研究所：《偃师杏园唐墓》，科学出版社，2001年。第226页，彩版12。
[5]　王自力：《西安唐代曹氏墓及出土的狮形香薰》，《文物》2002年第12期。
[6]　杨军凯：《陕西省第三印染厂两座唐墓清理简报》，《考古与文物》1992年第5期。
[7]　吉林省文物考古研究所、敦化市文物管理所：《六顶山渤海墓葬——2004~2009年清理发掘报告》，文物出版社，2012年。第113页，图版八二。

图 3-3-1 上京城址出土玉石熏炉及参考图
1、2. 上京城 2 号宫殿址（04NSG Ⅲ T002006②：1） 3～6. 偃师杏园李郁墓（3～5 为同一件） 7. 西安东郊曹氏墓

一区 M5 及 M2（即贞惠公主墓）三彩熏炉盖残片[1]以及宁安三陵坟 4 号墓三彩三足熏炉[2]，这些墓葬均为王室贵族墓，前述玉石质香炉则出于上京城 2 号宫殿址。尽管文献中缺乏渤海香料及焚香的记载，但如上发现表明，熏香这一唐代社会习尚[3]已经影响到了渤海的统治阶层。

第四节　渤海红玛瑙串珠初探

红玛瑙串珠是渤海常见的玉石类饰品，相关研究目前仍属空白。本节拟就渤海红玛瑙串珠的分布地域、流行时段、矿物属性，其与文献记载的"火玉""红鞣鞨"之关系，东北地区汉唐时期红玛瑙串珠的佩饰传统等问题进行初步讨论。

一、红玛瑙串珠的发现及其年代

为便于讨论，兹将渤海国境内红玛瑙串珠的出土情况列为表 3-4-1。

表 3-4-1　渤海遗址出土红玛瑙串珠

序号	出土地点	串珠出土情况
1	吉林永吉查里巴墓地 1988 年发掘[4]	M10，20 枚；M13，31 枚；M14，12 枚；M18，10 枚；M20，9 枚；M21、31 出土数量不详
2	吉林永吉查里巴墓地 1985 年发掘[5]	M1，10 枚
3	吉林永吉杨屯墓地 1979 年发掘[6]	M43，11 枚；M39，6 枚
4	吉林榆树老河深上层墓地[7]	M3，2 枚；M12，1 枚
5	吉林敦化六顶山墓地 1963～1964 年发掘[8]	M204、M206、M210、M211、M215 共出土 76 枚，其中 M206 出土 54 枚（图 3-4-1）

---

[1] 一区 M5 见吉林省文物考古研究所、敦化市文物管理所：《六顶山渤海墓葬——2004～2009 年清理发掘报告》，文物出版社，2012 年。第 128 页，图版九○，3。一区 M2 原报告误作为器底，前引报告 137 页，图版九○，4。
[2] 黑龙江省文物考古研究所李陈奇、赵哲夫：《海曲华风——渤海上京城文物精华》，文物出版社，2010 年。第 274、275 页。
[3] 冉万里：《略论隋唐时期的香炉》，《西部考古》第 9 辑，科学出版社，2016 年。
[4] 吉林省文物考古研究所：《吉林永吉查里巴靺鞨墓地》，《文物》1995 年第 9 期。
[5] 尹郁山：《吉林永吉县查里巴村发现二座渤海墓》，《考古》1990 年第 6 期。
[6] 吉林市博物馆：《吉林永吉杨屯大海猛遗址》，《考古学集刊》第 5 集，中国社会科学出版社，1987 年。第 148 页。
[7] 吉林省文物考古研究所：《榆树老河深》，文物出版社，1987 年。第 105 页。
[8] 中国社会科学院考古研究所：《六顶山与渤海镇——唐代渤海国的贵族墓地与都城遗址》，中国大百科全书出版社，1997 年。第 41 页。

续　表

序号	出土地点	串珠出土情况
6	吉林敦化六顶山墓地 2004～2009 年发掘[1]	一墓区 M3，3 枚；一墓区 M2（贞惠公主墓），1 枚；二墓区 M126，1 枚；一墓区 ST5，5 枚
7	黑龙江五常香水河墓地[2]	M24，1 枚
8	黑龙江海林北站墓地[3]	M3，1 枚
9	黑龙江海林羊草沟墓地[4]	M204，1 枚；M113，1 枚
10	黑龙江宁安虹鳟鱼场墓地[5]	M2124，69 枚（图 3-4-2）；M2308，22 枚；M2183，2 枚；M2184，2 枚；M2112，2 枚；M2286 1 枚；M2267，3 枚；M2300，3 枚
11	黑龙江牡丹江桦林石场沟墓[6]	共出土 20 枚；其中 M12，16 枚
12	吉林图们凉水果园墓地[7]	M14，8 枚
13	吉林和龙惠章墓地[8]	不详
14	吉林和龙龙海墓地[9]	M7，1 枚
15	吉林安图东清墓地[10]	6 枚
16	吉林抚松前甸子墓地[11]	M3，1 枚
17	黑龙江海林细鳞河遗址[12]	4 枚
18	吉林白山永安遗址[13]	15 枚

[1] 吉林省文物考古研究所等：《六顶山渤海墓葬——2004～2009 年清理发掘报告》，文物出版社，2012 年。图版八〇、八一。
[2] 黑龙江文物考古研究所：《黑龙江五常市香水河墓地发掘简报》，《考古》2016 年第 4 期。
[3] 黑龙江省文物考古研究所：《黑龙江海林北站渤海墓试掘》，《北方文物》1987 年第 1 期。
[4] 黑龙江省文物考古研究所：《黑龙江省海林市羊草沟墓地的发掘》，《北方文物》1998 年第 3 期。
[5] 黑龙江省文物考古研究所等：《宁安虹鳟鱼场——1992～1995 年度渤海墓地发掘报告》，文物出版社，2009 年。图版一八三～一八九。
[6] 黑龙江省文物考古研究所：《黑龙江省牡丹江桦林石场沟墓地》，《北方文物》1991 年第 4 期。
[7] 图珲铁路发掘队：《吉林省图们市凉水果园渤海墓葬清理简报》，《博物馆研究》1995 年第 3 期。
[8] 《吉林省文物志》编辑委员会：《和龙县文物志》（内部资料），1984 年。第 143 页。
[9] 延边博物馆：《和龙县龙海渤海墓葬》，《博物馆研究》1983 年第 3 期。
[10] 延边博物馆：《东清渤海墓葬发掘报告》，郑永振、严长录：《渤海墓葬研究》附录，吉林人民出版社，2000 年。第 251～288 页。简报误作琥珀珠。
[11] 庞志国、柳岚：《抚松前甸子渤海古墓清理简报》，《博物馆研究》1983 年第 3 期。
[12] 黑龙江省文物考古研究所、吉林大学边疆考古研究中心：《黑龙江海林市细鳞河遗址发掘报告》，《北方文物》2018 年第 1 期。
[13] 吉林省文物考古研究所：《吉林浑江永安遗址发掘报告》，《考古学报》1997 年第 2 期。

续 表

序号	出土地点	串珠出土情况
19	黑龙江东宁小地营遗址[1]	4枚
20	东宁大城子城址[2]	1串，数量不详
21	俄罗斯滨海边疆区契尔良基诺5号墓地[3]	多枚
22	俄罗斯滨海边疆区克拉斯基诺城址[4]	多枚

由上表可见，渤海国境内串珠出土范围较广，西起西流松花江下游的吉林市，东至俄罗斯滨海边疆区，北抵牡丹江中下游的海林，南达白山、抚松，考古发现较为集中的地点为永吉、敦化、宁安，图们江流域则分布非常稀疏。绝大多数串珠出土于墓葬，有不少出土于墓葬封土中（如六顶山M206的54枚、宁安虹鳟鱼场M2308的22枚），且这些墓葬多为多人二次葬，故难以用串珠出土位置推断其功能（项链、手链、坠饰等）及佩戴串珠者的性别差异。

渤海玛瑙串珠颜色以红色（发掘报告的描述有橘红、红褐、淡红、深红、红白相间等颜色）为主，形状以扁圆形、圆球形最常见，直径多在1厘米左右，个别大者可达1.9厘米。另有少量管状、五棱形、六棱形、枣核形等。考古报告对串珠中间穿孔的加工方式语焉不详，不同形状串珠的组合方式也难以厘清。东宁大城子城址出土的串珠，有圆形和圆柱形两种，两者之间夹以银片。敦化六顶山M206等墓葬出土的玛瑙珠，还往往与其他颜色的料（琉璃）珠组合搭配。

出土20枚红玛瑙珠的永吉查里巴墓地1988M10，墓内木炭树轮校正过的 ^{14}C 年代为距今1480±105年，这个年代数据可能误差较大；西流松花江下游的榆树老河深、永吉杨屯、查里巴等墓葬的年代，多被认为在北朝晚期至盛唐，即粟末靺鞨至渤海早期[5]；敦化六顶山墓群的年代为8世纪初至8世纪末（其中贞惠公主墓埋葬年代为780年）；宁安虹鳟鱼场墓地的年代为渤海早期至渤海中期。由此可见，集中出土红玛瑙串珠的墓葬年代约在渤海建国前至8世纪末，这也是这类串珠佩饰的流行时段。

---

[1] 黑龙江省文物考古研究所：《黑龙江东宁县小地营遗址渤海房址》，《考古》2003年第3期。
[2] 张太湘：《大城子古城调查记》，《文物资料丛刊》第4辑，文物出版社，1981年。第224页。
[3] 吉林省文物考古研究所、俄罗斯科学院远东分院远东民族历史·考古·民族研究所：《俄罗斯滨海边疆区渤海文物集粹》，文物出版社，2013年。第70页。图录误作琉璃串珠。
[4] 吉林省文物考古研究所、俄罗斯科学院远东分院远东民族历史·考古·民族研究所：《俄罗斯滨海边疆区渤海文物集粹》，文物出版社，2013年。第181页。
[5] 魏存成：《渤海考古》，文物出版社，2008年。第211页。

图 3-4-1　敦化六顶山 M206 出土红玛瑙串珠　　图 3-4-2　宁安虹鳟鱼场 M2124 出土红玛瑙串珠

二、红玛瑙串珠的矿物属性

国内的考古报告，均将料珠之外的上述渤海串珠称为"玛瑙珠"[1]。俄罗斯学者一般将俄罗斯滨海地区渤海墓葬出土的此类串珠，细致地分为光玉髓或玉髓[2]。按照地质学的分类，"红玛瑙是具有明显条纹的红玉髓。红玉髓是一种血红色或红橙色的半透明玉髓，有时称为 carnelian（光玉髓）。它的颜色来源于铁氧化物，铁氧化物可以对它统一着色和添加条纹。条纹明显的被称为红玉髓玛瑙"[3]。中国学者也有将无条纹的红玉髓称为"肉红石髓"的[4]。渤海境内出土的所谓红色玛瑙串珠，绝大多数是没有条纹的，因此，严格意义上应称其为"红玉髓"或"肉红石髓"。

六顶山墓葬 2004 年出土玛瑙珠中的 4 枚，经过扫描电镜的检测，其二氧化硅的含量均在 95% 以上[5]，另还有少量的铁、铜、钠、锡等元素，使珠子呈现红色的是氧化铁。印度河流域早在新石器时代，就已掌握通过加热将灰白玛瑙变为红玉髓的工艺[6]。新疆吐鲁番洋海墓地（公元前 1000 年至公元前后）出土的玛瑙珠，据说也都是经过火烧变色的[7]。渤海遗址、墓葬出土的红色玛瑙珠，是否也是经过加热形成，目前还无法证实。

---

[1] 由于目前科技检测开展不多，这些玛瑙珠中仍不排除有个别料珠的可能。
[2] 林树山译：《苏联滨海边区的渤海文化遗存》，《东北考古与历史》第 1 辑，文物出版社，1982 年。第 240 页。[俄]尼基京、[韩]郑熺培著，孙危译：《俄罗斯滨海地区切勒尼雅季纳 5 号墓地 2003～2004 年考古发掘报告》，《东北亚考古资料译文集》第 8 辑，哈尔滨地图出版社，2014 年。
[3] [英]Ronald Louis Bonewitz 著，张红波、张晓光译：《宝石圣典：矿物与岩石权威图鉴》，电子工业出版社，2013 年。第 227～231 页。
[4] 作铭（夏鼐）：《我国出土的蚀花的肉红石髓珠》，《考古》1974 年第 6 期。赵德云：《中国出土的蚀花肉红石髓珠研究》，《考古》2011 年第 10 期。
[5] 吉林省文物考古研究所等：《六顶山渤海墓葬——2004～2009 年清理发掘报告》附录，文物出版社，2012 年。第 244 页。
[6] 古纳·梅尔曼著，刘彤译：《古代石珠的制作方法浅析》，《文物天地》2018 年第 1 期。
[7] 陈新勇、吕恩国：《吐鲁番出土的珠饰》，《文物天地》2018 年第 1 期。

三、"红靺鞨"的传奇

《册府元龟》卷九七一《朝贡四》记:开元十八年(730年),渤海靺鞨遣使献"玛瑙杯一"[1]。唐苏鹗《杜阳杂编》卷下记:"渤海贡马(玛)瑙柜、紫瓷盆。马(玛)瑙柜方三尺,深色如茜,所制工巧无比,用贮神仙之书,置之帐侧。"[2]然渤海国境内目前尚无玛瑙容器出土的报道。《杜阳杂编》又记:"武宗皇帝会昌元年,夫余国贡火玉三斗及松风石。火玉色赤,长半寸,上尖下圆。光照数十步,积之可以燃鼎,置之室内则不复挟纩。"夫余国在494年即为高句丽所灭,此处的夫余国,应指渤海国而言。唐代的一寸约合3厘米[3],半寸为1.5厘米左右。"燃鼎""挟纩"显然为无稽之谈,但"火玉"的颜色与尺寸(且数量有"三斗"之多),则与前述渤海红玛瑙珠(或未穿孔的玛瑙原石)颇为接近。

"火玉"之外,唐代文献中还有"红靺鞨"的记载。"红靺鞨"及其他宝物之灵异,以《太平广记》所记最为详细[4]。今不惮其烦,引录如下:

> 开元中,有李氏者,嫁于贺若氏,贺若氏卒,乃舍俗为尼,号曰真如,家于巩县孝义桥,其行高洁,远近宗推之。天宝元年七月七日,真如于精舍户外盥濯之间,忽有五色云气自东而来,云中引手,不见其形,徐以囊授真如曰:"宝之,慎勿言也。"真如谨守,不敢失坠。天宝末,禄山作乱,中原鼎沸,衣冠南走。真如辗转流寓于楚州安宜县。肃宗元年建子月十八日夜,真如所居忽见二人衣皂衣,引真如东南而行可五六十步,值一城,楼观严饰,兵卫整肃。皂衣者指之曰,化城也。城有大殿,一人衣紫衣,戴宝冠,号为天帝。复有二十余人,衣冠亦如之,呼为诸天。诸天坐,命真如进。既而诸天相谓曰:"下界丧乱时久,杀戮过多,腥秽之气达于诸天,不知何以救之。"一天曰:"莫若以神宝压之。"又一天曰:"当用第三宝。"又一天曰:"今疠气方盛,秽毒凝固,第三宝不足以胜之,须以第二宝,则兵可息乱,世可清也。"天帝曰:"然。"因出宝授真如曰:"汝往,令刺史崔侁进达于天子。"复谓真如曰:"前所授汝小囊有宝五段,人臣可得见之。今者八宝,唯王者所宜见之,汝慎勿易也。"乃具以宝名及所用之法授真如,已而复令皂衣者送之。翼日,真如诣县,摄令王滔之以状闻州。州得滔之状,会刺史将行,以县状示从事卢恒曰,安宜

---

[1] (北宋)王钦若、杨亿、孙奭等编:《册府元龟》卷九七一,中华书局,1960年。第11408页。
[2] 阳羡生依《稗海》本等校点,上海古籍出版社,2000年。第126页。
[3] 唐代通用的量尺为大尺,存世唐大尺长度在29~31厘米之间。参胡戟:《唐代度量衡与亩里制度》,《西北大学学报(哲学社会科学版)》1980年第4期。
[4] (北宋)李昉等编:《太平广记》卷四○四《宝五》"肃宗八宝",中华书局,1981年。第3255页。

县有妖尼之事，怪之甚也。巫往讯之。恒至县，召真如欲以王法加之。真如曰："上帝有命，谁敢废坠？且宝非人力所致，又何疑焉？"乃以囊中五宝示恒。其一曰玄黄天符……辟人间兵疫邪疬。其二曰玉鸡……王者以孝理天下则见。其三曰谷璧……王者得之则五谷丰稔。其四曰王母玉环……王者得之，能令外国归向，其玉色光彩溢发，特异于常……翼日，侁至……真如不得已，又出八宝，一曰如意宝珠，其形正圆，大如鸡卵，光色莹澈。置之堂中，明如满月。其二曰红靺鞨，大如巨栗，赤烂若朱樱，视之可应手而碎，触之则坚重不可破也。其三曰琅玕珠，其形如环，四分缺一，径可五六寸。其四曰玉印，大如半手，其文如鹿，陷之印中，著物则形见。其五曰皇后采桑钩，二枚，长五六寸，其细如筋，屈其末，似金又似银又类熟铜。其六曰雷公石，二枚，斧形，长可四寸，阔寸许，无孔，腻如青玉。八宝置之日中，则白气连天；措诸阴室，则烛耀如月。其所压胜之法，真如皆秘不可得而知也。圆为录表奏之。真如曰："天命崔侁，事为若何。"圆惧而止侁。乃遣卢恒随真如上献……时肃宗寝疾方甚，视宝，促召代宗谓曰："汝是楚王，为皇太子。今上天赐宝，获于楚州，天许汝也，宜保爱之。"代宗再拜，受赐得宝之故，即日改为宝应元年。上既登位，乃升楚州为上州，县为望县。改县名安宜，为宝应焉……

《太平广记》此条云出自《杜阳杂编》[1]。四库馆臣讥《杜阳杂编》一书"其中述奇技宝物，类涉不经"[2]。然"肃宗朝八宝"的传奇，亦见于段成式（803～863年）《酉阳杂俎》[3]、《旧唐书·肃宗纪》[4]、《新唐书·五行志》[5]，尽管这些文献均较《杜阳杂编》记载简略，但也表明唐代此类宝物故事的流传甚广。《太平广记》记载"八宝"之一的"红靺鞨"，"大如巨栗，赤烂若朱樱（《旧唐书》作赤如樱桃）"。唐人的诗作，也用红靺鞨来形容红色的水果[6]。靺鞨是唐代渤海国的主体民族，渤海政权建立之初一度以靺鞨为号[7]。前揭文献中的"红靺鞨"，应是来自靺鞨（渤海）的红色宝石[8]，不排除它

---

[1] 现存《杜阳杂编》诸版本，如《稗海》本、《四库全书》本、《学津讨原》本等未收录此条。此条应为《杜阳杂编》之佚文，参蔡雅萍：《〈杜阳杂编〉研究》，台湾大学硕士学位论文，2016年。第19页。
[2] （清）纪昀总纂：《文渊阁四库全书总目》卷一四二《子部·小说家类三》，台北商务印书馆，1986年。第1002页。
[3] （唐）段成式：《酉阳杂俎》前集卷一，曹中孚据《学津讨原》点校本，上海古籍出版社，2012年。第3页。
[4] 《旧唐书》卷十《肃宗纪》。第263页。
[5] 《新唐书》卷三十五《五行志二》。第914页。
[6] 如皮日休《太湖诗·销夏湾》（皮日休、陆龟蒙：《松陵集》卷三，《文渊阁四库全书》本）："沙屿扫粉墨，松竹调埙篪。山果红靺鞨，水苔青髦髯。"
[7] 魏国忠、朱国忱、郝庆云：《渤海国史（修订版）》，黑龙江人民出版社，2014年。第76页。
[8] 于志耿、孙秀仁《黑龙江古代民族史纲》（黑龙江人民出版社，1987年，第158页）将"靺鞨"之名源自宝石实属误解。

就是尺寸较大（"大如巨栗"）的红色玛瑙石的可能[1]。

四、东北地区红玛瑙串饰的传统

英国学者杰西卡·罗森认为，公元前1000～前650年间，西周贵族死后流行佩戴鲜艳红玛瑙（carnelian）串珠的风习，且这些红玛瑙珠的源头几乎肯定是在西亚[2]。有学者指出，红玛瑙珠的佩饰传统在西周以后有过短暂的中断，直到战国时期才重新繁荣起来。西汉以后，红玛瑙珠的装饰习俗再度走向衰落，却不绝如缕地在草原地带由辽金文化传承下来[3]。实际上，汉唐时期中国东北地区的古代民族，如夫余、高句丽、靺鞨、室韦等，均流行佩戴红玛瑙珠串饰，此可谓东北地域文化的一个鲜明特征。

李文信先生20世纪30年代在吉林市郊区采集到"色纯赤，有五六种样式"的玛瑙珠，他认为可能为夫余族遗存，具有极强的独特性[4]。后来的发掘证实了李文信的推断。如年代约在西汉后期至魏晋的吉林市帽儿山夫余墓地，出土了红玛瑙串珠以及用金属丝牵系的玛瑙吊坠[5]。吉林榆树老河深中层夫余墓葬[6]，出土玛瑙数量甚多，其中摆放于M1墓主颈部的橘红色玛瑙串珠数量达266颗，以六只金管间隔，富丽奢华[7]。《三国志·魏书·夫余传》载夫余"其国善养牲，出名马、赤玉、貂狖、美珠。珠大者如酸枣"[8]。此处的赤玉、美珠或指红色玛瑙而言。

高句丽墓葬中，红玛瑙串珠出土最为集中者为吉林集安临江墓[9]，共38枚，应为一串项链，此墓为不早于3世纪末的高句丽早期王陵。5世纪初的好太王陵出土了3件红玛瑙珠与金叶、金丝组合的串珠步摇[10]。1979年发掘的集安洞沟古墓群（时代为3世纪）4座墓中发现红色玛瑙珠16枚[11]。此外集安下活龙墓地（时代不晚于汉魏之交）出土红褐

---

[1] 近人章鸿钊认为"红靺鞨"应为红色的玛瑙。见章鸿钊：《石雅》上编，百花文艺出版社，2010年。第86页。
[2] [英]杰西卡·罗森：《红玛瑙珠、动物塑像和带有异域风格的器物——公元前1000～前650年前后周及其封国与亚洲内陆的交流迹象》，[英]杰西卡·罗森著，邓菲等译：《祖先与永恒——杰西卡·罗森中国考古艺术文集》，生活·读书·新知三联书店，2011年。第399页。
[3] 叶舒宪：《草原玉石之路与红玛瑙珠的传播中国（公元前2000年～前1000年）——兼评杰西卡·罗森的文化传播观》，《内蒙古社会科学（汉文版）》2018年第4期。
[4] 李文信：《吉林市附近之史迹及遗物》，《李文信考古文集》，辽宁人民出版社，1992年。第34页。
[5] 帽儿山墓地报告尚未刊布，此据刘景文：《帽儿山墓群》，吉林省文物考古研究所：《田野考古集粹——吉林省文物考古研究所成立二十五周年纪念》，文物出版社，2008年。第47页。
[6] 刘景文、庞志国：《吉林榆树老河深墓葬群族属探讨》，《北方文物》1986年第1期。
[7] 吉林省文物考古研究所：《榆树老河深》，文物出版社，1987年。第19页。
[8] 《三国志·魏书》卷三十《夫余传》，中华书局，1982年。第841页。
[9] 吉林省文物考古研究所、集安市博物馆：《集安高句丽王陵——1990～2003年集安高句丽王陵调查报告》，文物出版社，2004年。第60页。
[10] 吉林省文物考古研究所、集安市博物馆：《集安高句丽王陵——1990～2003年集安高句丽王陵调查报告》，文物出版社，2004年。第285页。
[11] 集安县文物保管所：《集安高句丽墓葬发掘简报》，《考古》1983年第4期。

色玛瑙珠 6 枚[1]。据此可以推测高句丽红玛瑙串珠主要流行于 5 世纪之前，串珠与金步摇的组合使用颇具特色。

《魏书·失韦传》记："失韦国，在勿吉北千里……俗爱赤珠，为妇人饰，穿挂于颈，以多为贵，女不得此，乃至不嫁。"[2]《旧唐书·室韦传》记："室韦者，契丹之别类也……东至黑水靺鞨，西至突厥，南接契丹，北至于海。……被发左衽，其家富者项著五色杂珠。"《新唐书·室韦传》记："室韦，契丹别种……其俗，富人以五色珠垂领。"这些文献表明活动于黑龙江中上游及嫩江流域的室韦有穿挂"赤珠""五色珠"的习俗。陈巴尔虎旗西乌珠尔[3]、岗嘎[4]、海拉尔谢尔塔拉[5]等室韦墓地的发掘证实了此点。《北史·室韦传》载："南室韦在契丹北三千里，土地卑湿……与靺鞨同俗。"[6]如果仅从佩戴红玛瑙串珠来看，室韦与靺鞨确实具有相同的装饰习俗。

夫余、高句丽、靺鞨（渤海）、室韦红玛瑙的来源，目前尚不易推定。清乾隆四十四年（1779 年）撰成的《钦定盛京通志》卷一〇六《物产》记："宝石，《旧通志》，靺鞨宝石，色赤红，大如粟（栗）。今黑龙江、嫩江诸江岸出五色石，通明如玛瑙，红圆者象（像）含桃。或取以饰念珠。"[7]据此似可推断这些古代民族佩戴的红色玛瑙串珠应来自东北本地。

第五节　其他渤海石器

渤海时期，东北亚地区早已进入铁器时代，生产工具已普遍铁器化，少量的石器（表 3-5-1；图 3-5-1）只是作为渔猎用具的补充，如网坠、石球、石镞等；日常生活用具中，最为常见的是砺石，白山永安遗址一地就出土了 33 件，永吉查里巴墓地 45 座墓中出土砺石 5 件。《旧唐书·舆服志》记载唐代品官所配鞢䪓七事中即有砺石、针筒、

---

[1] 集安县文物保管所：《集安县上、下活龙村高句丽古墓清理简报》，《文物》1984 年第 1 期。
[2] 《魏书》卷一〇〇《失韦传》，中华书局，1974 年。第 2221 页。
[3] 白劲松：《陈巴尔虎旗西乌珠尔古墓清理简报》，《辽海文物学刊》1989 年第 2 期。呼伦贝尔盟文物管理站：《陈巴尔虎旗西乌珠尔古墓葬调查清理简报》，《内蒙古文物考古》1997 年第 2 期。
[4] 中国社会科学院考古研究所、内蒙古自治区文物考古研究所、北京大学考古文博学院、呼伦贝尔民族博物院呼伦贝尔联合考古队：《内蒙古陈巴尔虎旗岗嘎墓地》，《考古》2015 年第 7 期。
[5] 中国社会科学院考古研究所、呼伦贝尔民族博物馆、海拉尔区文物管理所：《海拉尔谢尔塔拉墓地》，科学出版社，2006 年。第 58 页。
[6] 《北史》卷九十四《室韦传》，中华书局，1974 年。第 3130 页。
[7] （清）阿桂、刘谨之等纂修：《钦定盛京通志》卷一〇六，《四库全书》本。

火石袋等。偃师杏园唐墓中[1]，也出土过砺石。上京宫城内房址出土的小型石磨，造型与现今石磨并无差别。值得指出的是，海林河口、振兴遗址、海林兴农城址等发现的石器，虽然出土于渤海时期的地层或单位，但绝大多数应为混入的早期遗物。

表 3-5-1　渤海遗址出土其他石器

序号	出土地点	出土单位	石器类型
1	宁　安	上京宫城内房址[2]	石磨
2	宁　安	上京城址 1963～1964 年发掘[3]	石球、石圈足器、砺石
3	东　宁	小地营遗址[4]	砺石、石刀、石网坠、石球
4	海　林	细鳞河遗址[5]	砺石
5	五　常	香水河墓地[6]	石网坠、石球
6	榆　树	老河深墓地[7]	砺石
7	永　吉	查里巴墓地 87～88 年发掘[8]	砺石、石网坠
8	抚　松	新安遗址[9]	砺石、石刀、石镞、石凿、石球
9	白　山	永安遗址[10]	砺石
10	珲　春	八连城[11]	石权
11	俄罗斯滨海	契尔良基诺 5 号墓地[12]	砺石、石磨棒
12	俄罗斯滨海	马里亚诺夫斯科耶城址[13]	砺石、石权

[1] 中国社会科学院考古研究所：《偃师杏园唐墓》，科学出版社，2001 年。第 227 页。
[2] 黑龙江省文物考古研究所：《渤海上京宫城内房址发掘简报》，《北方文物》1987 年第 1 期。
[3] 中国社会科学院考古研究所：《六顶山与渤海镇——唐代渤海国的贵族墓地与都城遗址》，中国大百科全书出版社，1997 年。
[4] 黑龙江省文物考古研究所：《黑龙江东宁县小地营遗址渤海房址》，《考古》2003 年第 3 期。
[5] 黑龙江省文物考古研究所、吉林大学边疆考古研究中心：《黑龙江海林市细鳞河遗址发掘报告》，《北方文物》2018 年第 1 期。
[6] 黑龙江文物考古研究所：《黑龙江五常市香水河墓地发掘简报》，《考古》2016 年第 4 期。
[7] 吉林省文物考古研究所：《榆树老河深》，文物出版社，1987 年。
[8] 吉林省文物考古研究所：《吉林永吉查里巴靺鞨墓地》，《文物》1995 年第 9 期。
[9] 吉林省文物考古研究所：《吉林抚松新安遗址发掘报告》，《考古学报》2013 年第 3 期。
[10] 吉林省文物考古研究所：《吉林浑江永安遗址发掘报告》，《考古学报》1997 年第 2 期。
[11] 吉林省文物考古研究所等：《八连城——2004～2009 年度渤海国东京故址田野考古报告》，文物出版社，2014 年。图版八二，4。
[12] 吉林省文物考古研究所、俄罗斯科学院远东分院远东民族历史·考古·民族研究所：《俄罗斯滨海边疆区渤海文物集粹》，文物出版社，2013 年。第 73 页。
[13] 吉林省文物考古研究所、俄罗斯科学院远东分院远东民族历史·考古·民族研究所：《俄罗斯滨海边疆区渤海文物集粹》，文物出版社，2013 年。第 239 页。

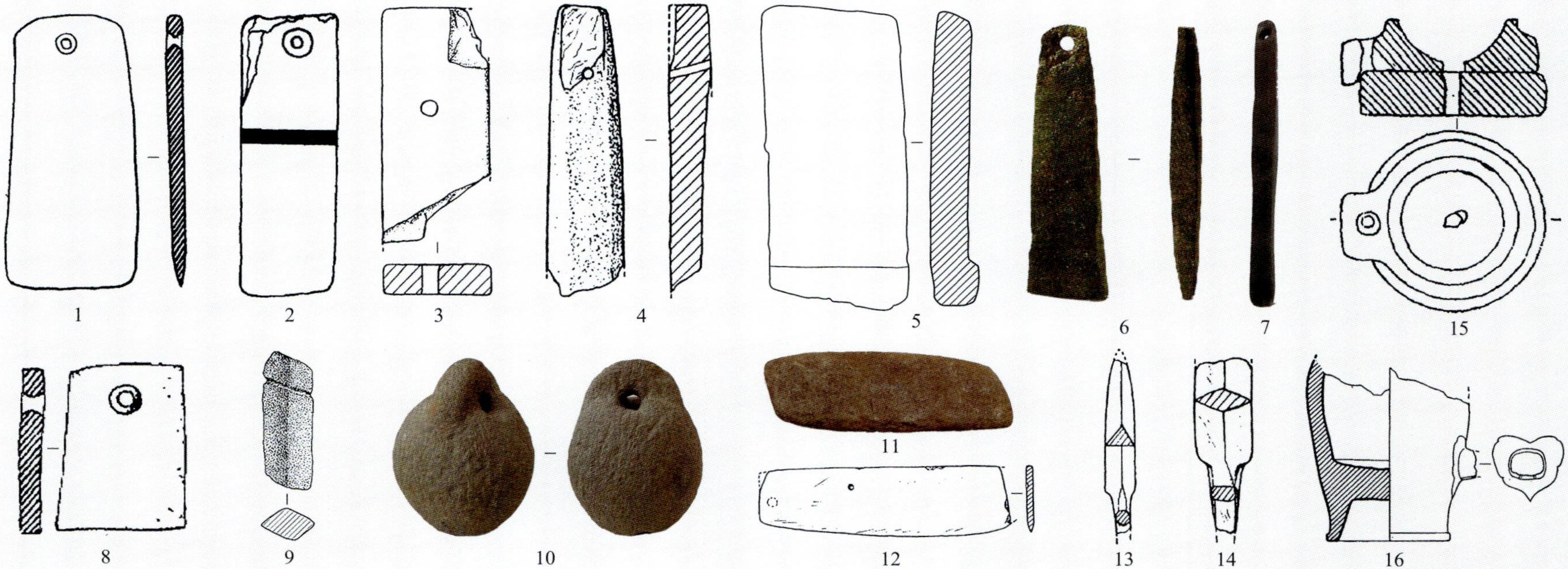

图 3-5-1 渤海石器

1. 老河深墓地 2. 永安遗址 3、4、12~14. 新安遗址 5. 细鳞河遗址 6、11. 契尔良基诺 5 号墓地 7、10. 马里亚诺夫斯科耶城址 8. 小地营遗址 9. 香水河墓地 15、16. 上京城址

(1~8. 砺石；9. 石网坠；10. 石权；11. 石磨棒；12. 石刀；13、14. 石镞；15. 石磨；16. 石圈足器)

第四章

渤海骨角器研究

第一节　渤海骨角器的发现

渤海骨（角）器数量不多，绝大多数出土于城市或村落遗址，墓葬中发现很少。宁安虹鳟鱼场323座墓葬中，仅有M2001随葬了11件骨器。渤海骨（角）器的研究也很薄弱。俄罗斯学者H. B. 列先科等讨论了滨海地区渤海遗存的骨器和角器[1]，中国学者陈全家等对黑龙江海林细鳞河遗址出土动物骨骼的加工利用进行了分析[2]。细鳞河遗址发掘出土的动物骨骼中，马鹿骨骼39件，其中鹿角占50%。狍子骨骼53件，以角和下颌骨发现最多。该遗址动物骨骼中用于骨质人工制品的原料80%为角料，马鹿及狍子角的断口处均有加工角料形成的砍剁痕迹。东宁小地营遗址出土骨角器14件，其中鹿角器9件。《新唐书·渤海传》记："（渤海）俗所贵者……扶余之鹿……"[3] 丰富的鹿科动物资源为渤海国境内骨角器的加工提供了原料基础。

为方便讨论，兹将渤海境内骨（角）器的发现情况列为表4-1-1。

表4-1-1　渤海遗址出土骨（角）器

序号	出土地点/单位	骨（角）器出土情况（单位：件）
1	永吉查里巴墓地1988年发掘[4]	簪2、珠6
2	永吉杨屯墓地1980年发掘[5]	镞2
3	敦化六顶山墓地2004～2009年发掘[6]	一区M3，珠1
4	和龙北大墓地1973年发掘[7]	M29，簪1
5	安图东清M4[8]	梳1

---

[1] [俄]H. B. 列先科、B. И. 鲍尔金著，车霁虹译：《滨海地区渤海遗存中的骨器和角器》，《东北亚考古资料译文集·渤海专号》，《北方文物》杂志社，1998年。
[2] 陈全家、张伟、王培新：《黑龙江海林市细鳞河遗址出土的动物骨骼遗存研究》，《考古》2004年第7期。
[3] 《新唐书》卷二一九《渤海传》。
[4] 吉林省文物考古研究所：《吉林永吉查里巴靺鞨墓地》，《文物》1995年第9期。
[5] 吉林省文物工作队：《吉林永吉杨屯遗址第三次发掘》，《考古学集刊》第7集，科学出版社，1991年。
[6] 吉林省文物考古研究所等：《六顶山渤海墓葬——2004～2009清理发掘报告》，文物出版社，2012年。
[7] 延边朝鲜族自治州博物馆、和龙县文化馆：《和龙北大渤海墓葬清理简报》，《东北考古与历史》第1辑，文物出版社，1982年。延边博物馆等：《吉林省和龙县北大渤海墓葬》，《文物》1994年第1期。
[8] 延边博物馆：《东清渤海墓葬发掘报告》，郑永振、严长录：《渤海墓葬研究》附录一，吉林人民出版社，2000年。第251～288页。

续 表

序号	出土地点/单位	骨（角）器出土情况（单位：件）
6	宁安虹鳟鱼场墓地[1]	M2001，穿孔棒9、甲片2
7	宁安大朱屯墓[2]	簪1，出土在头骨附近
8	宁安上京城址1963～1964年发掘[3]	簪1
9	宁安上京城址1998～2007年发掘[4]	2号宫殿，刻纹骨板4；3、4号宫殿，簪1、刻纹骨饰1
10	海林兴农城址[5]	镞1、锥2、簪1、匕2、凿1、刻纹骨柄1、嘎啦哈6、锥5
11	白山永安遗址[6]	镖1、簪1
12	东宁小地营遗址[7]	璧1、铲2、纺轮1
13	海林细鳞河遗址[8]	镞8、纺轮3、锥1、带扣3、匕1、钻孔骨片2、刻划纹骨片1、簪2、骨鱼3、牌饰1
14	海林河口遗址[9]	河口四期文化，锥8、钗3、镞1、刀1、板2；锥1
15	海林振兴遗址[10]	振兴四期文化，锥3、梭2、鱼镖1、鱼钩1、簪3、珠1、管3、哨1；振兴五期文化，簪2、锥1
16	俄罗斯滨海边疆区康斯坦丁诺夫卡1号村落址[11]	簪、刻纹骨板、锥、纺轮、坠饰
17	俄罗斯滨海边疆区杏山村落址	骰子

---

[1] 黑龙江省文物考古研究所等：《宁安虹鳟鱼场：1992～1995年度渤海墓地发掘报告》，文物出版社，2009年。
[2] 中国社会科学院考古研究所：《六顶山与渤海镇——唐代渤海国的贵族墓地与都城遗址》，中国大百科全书出版社，1997年。
[3] 中国社会科学院考古研究所：《六顶山与渤海镇——唐代渤海国的贵族墓地与都城遗址》，中国大百科全书出版社，1997年。
[4] 黑龙江省文物考古研究所：《渤海上京城：1998～2007年度考古发掘调查报告》，文物出版社，2009年。
[5] 黑龙江省文物考古研究所等：《黑龙江省海林市兴农渤海时期城址的发掘》，《考古》2005年第3期。
[6] 吉林省文物考古研究所：《吉林浑江永安遗址发掘报告》，《考古学报》1997年第2期。
[7] 黑龙江省文物考古研究所：《黑龙江东宁县小地营遗址渤海房址》，《考古》2003年第3期。
[8] 黑龙江省文物考古研究所、吉林大学考古学系：《1996年海林细鳞河遗址发掘的主要收获》，《北方文物》1997年第4期。黑龙江省文物考古研究所、吉林大学边疆考古研究中心：《黑龙江海林市细鳞河遗址发掘报告》，《北方文物》2018年第1期。
[9] 黑龙江省文物考古研究所、吉林大学考古学系：《河口与振兴——牡丹江莲花水库发掘报告（一）》，科学出版社，2001年。
[10] 黑龙江省文物考古研究所、吉林大学考古学系：《河口与振兴——牡丹江莲花水库发掘报告（一）》，科学出版社，2001年。
[11] 吉林省文物考古研究所、俄罗斯科学院远东分院远东民族历史·考古·民族研究所：《俄罗斯滨海边疆区渤海文物集粹》，文物出版社，2013年。以下所引俄罗斯滨海地区出土骨（角）器，均出自此图录，不再一一注明。

续 表

序号	出土地点/单位	骨（角）器出土情况（单位：件）
18	俄罗斯滨海边疆区尼古拉耶夫斯科耶2号城址	刻纹骨板、马镳、坠饰
19	俄罗斯滨海边疆区马里亚诺夫斯科耶城址	刻纹骨板
20	俄罗斯滨海边疆区戈尔巴特卡城址	簪、镞、鸣镝、刻纹骨板、刀柄、坠饰
21	俄罗斯滨海边疆区新戈尔杰耶夫斯科耶村落址	马镳、刻纹骨板、纽扣

第二节　渤海骨角器的功能与类型

依据功能，可将表4-1-1所列渤海骨（角）器分为服饰用品、加工工具、渔猎用具、日用杂器等4类，刻纹骨板出土较多，用途尚难确定，暂也归为一类。

一、服饰用品

主要有簪（笄）、钗、带扣、甲片、坠饰、珠等（图4-2-1）。簪是发现数量最多的一类，呈圆柱、半圆或扁圆形，一端较尖，通体磨光。和龙北大M29骨簪保存较好，为帽钉形，长11.5厘米。细鳞河遗址的2件骨（角）簪，长度分别为12.6、15.3厘米，簪首均有圆形穿孔。2件钗见于海林河口遗址，利用动物肢骨剖半切割磨制而成，均双齿。带扣均出土于海林细鳞河遗址，用鹿角刮削、钻凿、研磨而成。甲片为长方形的薄骨片，上有多个圆形穿孔，与铁甲片相近。骨坠饰见于俄罗斯滨海边疆区康斯坦丁诺夫卡1号村落址，顶端均有孔，其中一件呈龟形。

二、加工工具

主要有锥、铲、纺轮、凿、刀等（图4-2-2）。骨（角）锥最为常见，有多种样式，与簪相比，锥一端粗壮，便于受力，另一端尖锐。锥的首端有的做出穿孔或凹槽，便于系挂携带。铲一般以大型哺乳动物的肩胛骨做成，如东宁小地营出土的骨铲，长17.6、刃宽9.4厘米，因长期使用，刃部微凹。纺轮均为圆饼形，中部明显较厚。

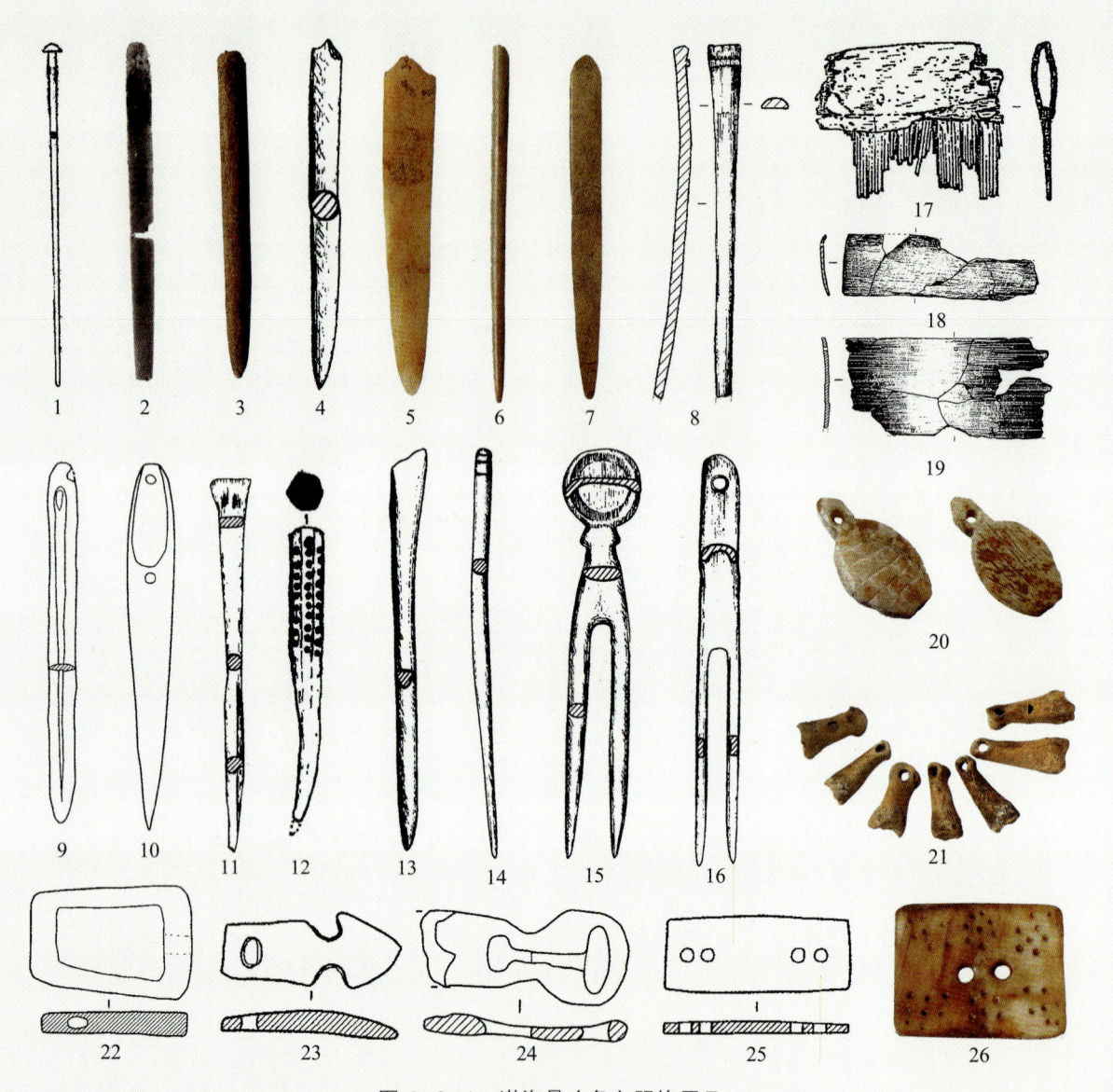

图 4-2-1 渤海骨（角）服饰用品

1. 和龙北大 73M29　2. 宁安大朱屯墓　3. 戈尔巴特卡城址　4、15、16. 海林河口遗址　5~7、20、21. 康斯坦丁诺夫卡 1 号村落址　8. 上京城 3、4 号宫殿址　9、10、22~25. 海林细鳞河遗址　11. 海林兴农城址　12. 白山永安遗址　13、14. 海林振兴遗址　17. 安图东清墓地 M4　18、19. 虹鳟鱼场 M2001　26. 新戈尔杰耶夫斯科耶村落址

（1~14. 簪；15、16. 钗；17. 梳；18、19、25、26. 甲片；20、21. 坠饰；22~24. 带扣）

216

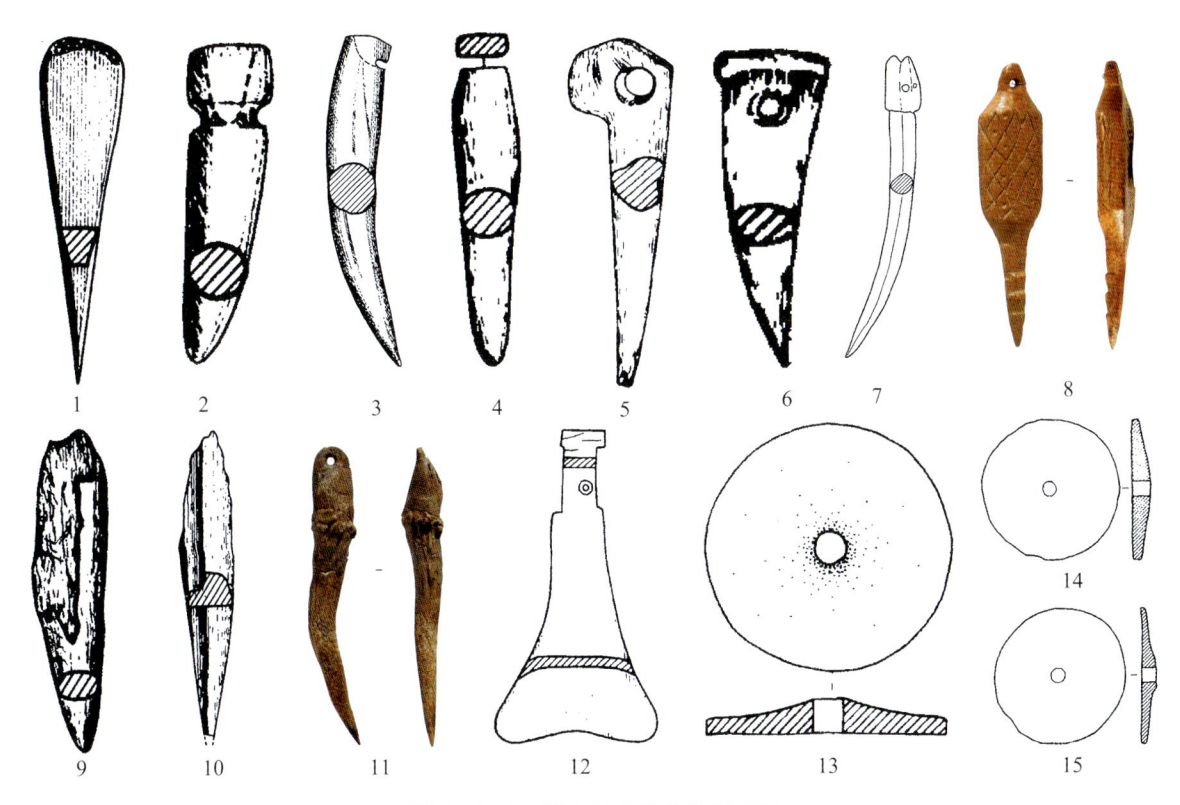

图 4-2-2　渤海骨（角）加工工具

1～3. 海林振兴遗址　4～6. 海林兴农城址　7、14、15. 海林细鳞河遗址　8. 康斯坦丁诺夫卡 1 号村落址　9、10. 海林河口遗址　11. 戈尔巴特卡城址　12、13. 东宁小地营遗址
[1～11. 骨（角）锥；12. 骨铲；13～15. 骨纺轮]

三、渔猎用具

主要有镞、鸣镝、镖、鱼钩、骨鱼等（图 4-2-3）。骨（角）镞最为常见，多数带铤，镞身截面呈菱形、三角形、扁圆形，个别呈"V"字形。角（骨）镖端头一侧均有倒刺。骨鱼集中出土于海林细鳞河遗址，以动物肢骨为原料，刮削研磨成鱼形，鱼身上有数个穿孔。这种早在新石器时代就在中国东北及俄罗斯西伯利亚地区出现的骨鱼，主要用来诱捕鱼类，以绳穿系骨鱼上的小孔，在水中拖动，当真鱼尾随时以鱼镖袭捕[1]。

四、日用杂器

发现有文娱游艺所用骰子、嘎拉哈、马具之马镳以及骨匕（勺）等（图 4-2-4）。骰

---

[1] 冯恩学：《我国东北与贝加尔湖周围地区新石器时代文化交流的三个问题》，《辽海文物学刊》1997 年第 2 期。
冯恩学：《史前特殊的渔猎工具——假鱼和弯体穿孔镖》，《文物天地》1998 年第 2 期。

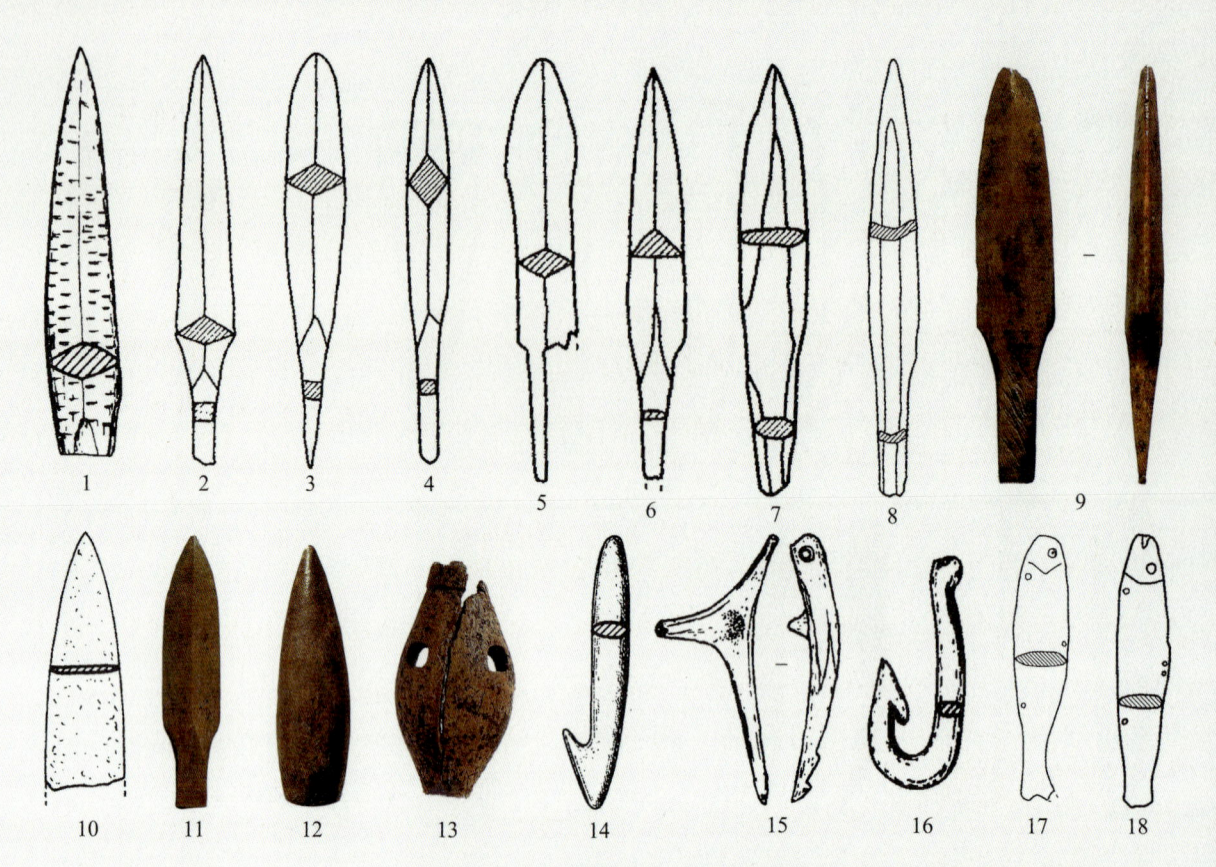

图 4-2-3 渤海骨（角）渔猎用具

1. 海林兴农城址 2~8、17、18. 海林细鳞河遗址 9、11~13. 戈尔巴特卡城址 10. 海林河口遗址 14、16. 海林振兴遗址 15. 白山永安遗址

［1~12. 骨（角）镞；13. 骨鸣镝；14、15. 角镖；16. 骨鱼钩；17、18. 骨鱼］

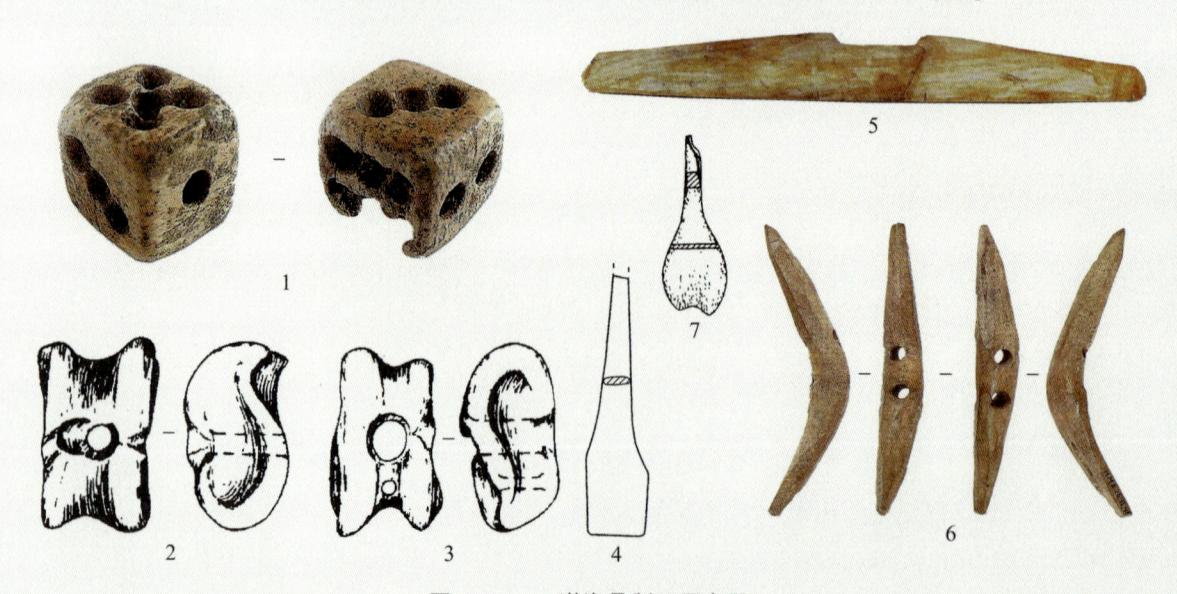

图 4-2-4 渤海骨制日用杂器

1. 滨海边疆区杏山村落址 2、3、7. 海林兴农城址 4. 海林细鳞河遗址 5. 新戈尔杰耶夫斯科耶村落址 6. 尼古拉耶夫斯科耶 2 号城址

（1. 骰子；2、3. 嘎拉哈；4、7. 骨匕；5、6. 骨镳）

子见于俄罗斯滨海边疆区斯拉维扬区克罗乌诺夫卡村杏山村落址，1厘米见方，六面以圆孔钻出点数。唐代的骰子（滑石质），见于河南偃师杏园唐穆宗墓（847年）[1]。骰子用于行（酒）令、行棋（双陆）或赌博，是唐宋时期常见的文娱游戏用具。

五、刻纹骨板

出土数量较多（图4-2-5），截取哺乳动物的肢骨刮削、磨制修整而成，多为近长方形的薄片，也有个别"L"形者。保存完整的刻纹骨板长度多在10厘米左右。纹饰多施于骨板的正面，纹饰的内容有鸟纹、鱼纹、蛇（？）纹、卷草（？）纹以及几何纹等，几

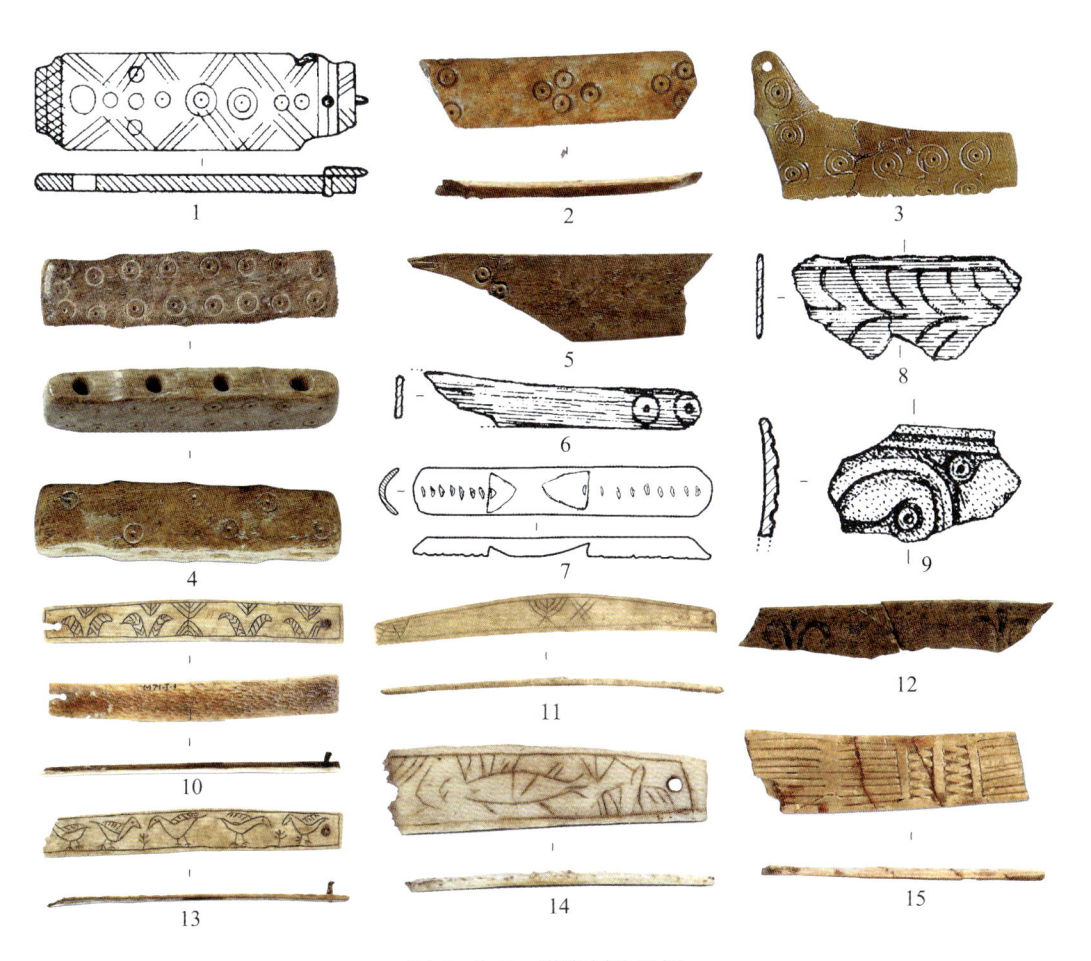

图4-2-5 渤海刻纹骨板

1.海林兴农城址 2、3.新戈尔杰耶夫斯科耶村落址 4、11、14.尼古拉耶夫斯科耶2号城址 5、12.戈尔巴特卡城址 6、8、9.上京城址 7.海林细鳞河遗址 10、13.马里亚诺夫斯科耶城址 15.康斯坦丁诺夫卡1号村落址

---

[1] 中国社会科学院考古研究所：《偃师杏园唐墓》，科学出版社，2001年。第230页。

何纹中最为常见的为圈（单圈或双圈）点纹，此外还有十字交错、人字交错、"Z"字纹等。这类骨板的用途不明。海林兴农城址、俄罗斯滨海地区马里亚诺夫斯科耶城址等出土者两侧有穿孔，穿孔上还保留有锈蚀的铁钉。俄罗斯学者Э. B. 沙弗库诺夫认为其是皮带的镶粘物[1]。Э. B.沙弗库诺夫还依据圆圈纹装饰认为新戈尔杰耶夫斯科耶村落址等地出土刻纹骨板是中亚粟特人的遗存[2]。实际上圆圈纹是渤海檐头板瓦最为常见的装饰，亦常见于鞣鞨渤海的金属方形牌饰的上端，谈不上是什么所谓粟特风格。

---

[1] ［俄］Э. B. 沙弗库诺夫等著，宋玉彬译：《渤海国及其俄罗斯远东部落》，东北师范大学出版社，1997年。第202页。

[2] ［俄］Э. B. 沙弗库诺夫等著，宋玉彬译：《渤海国及其俄罗斯远东部落》，东北师范大学出版社，1997年。第203页。

第五章

渤海服饰研究

第一节　首　服

《新唐书·黑水靺鞨传》记:（黑水靺鞨）"俗编发,缀野豕牙,插雉尾为冠饰,自别于诸部"。朝阳黄河路唐墓出土男女石俑[1],有学者考证为隋至唐初内附营州的粟末靺鞨人[2],均辫（编）发,不著冠帽（图5-1-1,1、2）。《北史·勿吉传》:"然其国与隋悬隔,唯粟末、白山为近。炀帝初,与高丽战,频败其众。渠帅突地稽率其部降,拜右光禄大夫,居之柳城。与边人来往,悦中国风俗,请被冠带。帝嘉之,赐以锦绮而褒宠之。"从"头插虎豹尾",到"请被冠带",反映了靺鞨人对中原汉文化的追慕与仿效。706年陪葬乾陵的章怀太子李贤墓,墓道东壁绘有唐鸿胪寺官员接待各国使节的"客使图",其中头戴翻耳皮帽的使节,有人认为是靺鞨人（图5-1-1,3）[3]。唐长安城道政坊一带出土的"都管七个国"铭六瓣银盒[4],盒上题榜"高丽国"图案的一组五个人物,冠上均插鸟羽两支。这一组人物,被认为是新罗人或唐初的高句丽人[5],但也有学者认为这里的"高丽国",是指唐代渤海[6]。唯一明确的渤海冠饰,出土于吉林和龙龙海渤海王室墓葬M14[7]。这件金冠饰高16.8、展宽20.7厘米,以金片制成三叶状,中叶直挺,两侧作展翅状。侧叶两面装饰忍冬（枝蔓）纹,中叶两面装饰忍冬纹。冠饰底部焊接有长方形铜片（图5-1-1,4、5）。与此作两侧展翅的"山"字形冠饰形制最为接近的冠饰,一件传集安出土,高38、展宽57厘米,形体硕大（图5-1-1,6）,现藏辽宁省博物馆[8];另一件出土于集安禹山JYM3105[9],通高30厘米。这两件高句丽铜鎏金冠饰,虽然在时代上要远早于8世纪中叶到9世纪初的龙海M14,但形制上的相似表明两者具有

---

[1] 辽宁省文物考古研究所等:《辽宁朝阳市黄河路唐墓的清理》,《考古》2001年第8期。
[2] 姜念思:《辽宁朝阳市黄河路唐墓出土靺鞨石俑考》,《考古》2005年第10期。最近的研究认为其为粟特人,见霍巍等:《辽宁朝阳黄河路唐墓石俑族属考》,《社会科学战线》2019年第6期。
[3] 王维坤:《唐章怀太子墓壁画"客使图"辨析》,《考古》1996年第1期。
[4] 张达宏、王长启:《西安市文管会收藏的几件珍贵文物》,《考古与文物》1984年第4期。
[5] 云翔:《唐章怀太子墓壁画客使图中"日本使节"质疑》,《考古》1984年第12期。王颋:《都管七国——关于"六瓣银盒"所镌国名的考释》(《西域南海史地研究》,上海古籍出版社,2005年)则认为此"高丽国"可能是"哥罗舍分国""迦罗舍卫国",在今缅甸、泰国一带。
[6] [日]赤羽目匡由:《都管七国六瓣银盒铭文之一考察》,都立大《人文学报》总346卷。
[7] 吉林省文物考古研究所、延边朝鲜族自治州文物管理委员会办公室:《吉林和龙市龙海渤海王室墓葬发掘简报》,《考古》2009年第6期。
[8] 马宝杰:《辽宁省博物馆》,伦敦出版（香港）有限公司,2008年。第134页。
[9] 吉林省文物考古研究所、集安市文物保管所:《集安洞沟古墓群禹山墓区集锡公路墓葬发掘》,《高句丽研究文集》,延边大学出版社,1993年。

图 5-1-1 渤海首服及参考图

1. 朝阳黄河路唐墓出土男性石俑 2. 朝阳黄河路唐墓出土女性石俑 3. 章怀太子墓壁画"客使图" 4、5. 和龙龙海 M14 出土金冠饰 6. 传集安出土铜鎏金冠饰 7. 上京城址出土铁盔 8. 上京城址出土陶砚台刻划人像 9. 永吉杨屯 79M23 出土铁盔

某种传承关系。所不同的是，高句丽冠饰上均缀以摇叶，这件渤海冠饰上则錾刻唐代金银器上极为常见的鱼子地纹及忍冬纹。另需指出的是，新罗的一些冠饰，也与M14出土冠形制接近。

受到高句丽或新罗影响的龙海M14金冠饰可能是渤海王室成员的特殊冠制，而从龙海M10出土的三彩男俑、贞孝公主墓（792年）壁画以及上京龙泉府出土的陶砚台上的刻划图像来看（图5-1-1，8），渤海上层统治者对于隋唐时期中原地区最为流行的男式冠帽——幞头[1]并不陌生。这无疑是渤海服饰"宪象中国制度"的真实写照。

贞孝公主墓壁画上的门卫，身着对衽战袍，荷挝持剑，头戴兜鍪。渤海的兜鍪，或称为盔，上京城址出土过两顶较为完整的，现藏黑龙江省博物馆，高分别为16.5和22.5厘米，以锻铁片两层相错铆合[2]，顶端有一圆球（图5-1-1，7）。在上京外郭城南墙东门址发现的残缺铁盔顶，顶端有竹节状钮[3]。永吉杨屯的铁盔[4]，与铁甲片共出于79M23，其上有一中空的圆柱（图5-1-1，9）。

第二节　带　具

渤海服饰中，带具是数量最多的一类。这些带具可以分为两个系统：1. 牌饰系统的带，由带扣、表面布满繁缛花纹的圆形或方形铜牌饰以及铊尾组成，这种带具中的牌形带饰为渤海所特有，始见于渤海建国之前的靺鞨，后为女真沿袭，也被称为靺鞨-女真带饰。2. 銙饰系统的带，由带扣、带銙、铊尾构成，有的还有带环和蹀躞小带，这种带数量最多。两种系统带的带扣、铊尾差别不大。

一、牌饰系统的带

牌形带饰也称为"牌饰"，其材质除宁安虹鳟鱼场M228等几例为铁质外，其余均为铜质。这些带饰均为铸造，背后有穿鼻，器体铸出镂空的效果。吉林永吉查里巴M 31中一套牌形带饰17件，出土时有序排列于腰部（图5-2-1），背面穿鼻还与已经朽烂的皮条穿联。圆形带饰居于中间，方形带饰分于两侧，其功能、排列由此可见。考古出土以

---

[1] 孙机：《从幞头到头巾》，《中国古舆服论丛》，上海古籍出版社，2013年。第200页。
[2] 朱国忱、朱威：《渤海遗迹》，文物出版社，2002年。第218页。黑龙江省文物考古研究所李陈奇、赵哲夫：《海曲华风——渤海上京城文物精华》，文物出版社，2010年。第260、261页。
[3] 中国社会科学院考古研究所：《六顶山与渤海镇——唐代渤海国的贵族墓地与都城遗址》，中国大百科全书出版社，1997年。第117页，图版108-2。
[4] 吉林市博物馆：《吉林永吉杨屯大海猛遗址》，《考古学集刊》第5集，中国社会科学出版社，1987年。

图 5-2-1 查里巴 M31 牌饰出土情况

及征集的牌形带饰计 90 余件（表 5-2-1）。

根据表 5-2-1 的统计，牌形带饰见于吉林永吉、敦化、安图、和龙、白山、集安、黑龙江宁安、海林、牡丹江市、东宁以及俄罗斯滨海边疆区，渤海统治的大部分区域基本上都有出土，然以吉林永吉出土最为集中、数量最多，类型也最为丰富。这些带饰绝大多数见于墓葬，但东宁小地营、白山永安等生活居住址也有发现。墓葬中出土的牌形带饰应是作为随葬品的日常服饰。

表 5-2-1 渤海遗址出土牌形带饰

序号	出土地点	形制/数量	尺寸（单位：厘米）	共存遗物
1	永吉查里巴 85M1[1]	长方形 2	6.2×4	带銙
2	永吉查里巴 87M31、M18 等[2]	圆形、方形 17	7.1×5.1×0.2 6.5×4.1×0.1	带具一组
3	永吉杨屯大海猛 79M37[3]	圆形 4、长方形 14	据墓葬统计表：圆形 23 件：直径 7.8；（4～7.5）×（3～5.7）；长方形 30 件：（5.6～6.6）×（3.9～5.1）；墓葬之外的数量均为遗址征集	出土时多在人骨腰间，伴出带銙等带具
4	永吉杨屯大海猛 79M11	长方形 5		
5	永吉杨屯大海猛 79M23	圆形		
6	永吉杨屯大海猛 79M33	圆形 3		
7	永吉杨屯大海猛 79M39	圆形 1		
8	永吉杨屯大海猛 79M43	长方形 10		
9	永吉杨屯大海猛遗址 80 年发掘征集[4]	长方形 3	6.4×（4.1～4.8）	
10	敦化六顶山[5] ⅠM17	长方形	5.9×4.4×0.1	
11	敦化六顶山 ⅡM126	长方形 3	残 5.4×4.8	

[1] 尹郁山：《吉林永吉县查里巴村发现二座渤海墓》，《考古》1990 年第 6 期。
[2] 吉林省文物考古研究所：《吉林永吉查里巴靺鞨墓地》，《文物》1995 年第 9 期。
[3] 吉林市博物馆：《吉林永吉杨屯大海猛遗址》，《考古学集刊》第 5 集，中国社会科学出版社，1987 年。
[4] 吉林省文物工作队：《吉林永吉杨屯遗址第三次发掘》，《考古学集刊》第 7 集，科学出版社，1991 年。
[5] 吉林省文物考古研究所、敦化市文物管理所：《六顶山渤海墓葬——2004～2009 年清理发掘报告》，文物出版社，2012 年。

续　表

序号	出 土 地 点	形制/数量	尺寸（单位：厘米）	共存遗物
12	敦化六顶山Ⅱ M130	长方形	6.1×4.7×0.1	
13	敦化六顶山Ⅰ ST5	长方形 2	6.1×4.6×0.1	
14	海林北站墓征集[1]	长方形 3	（5.8～6）×（4.4～4.8）×0.2	
15	宁安虹鳟鱼场[2] M2228	长方形	残 6.5×5.8	
16	宁安虹鳟鱼场 M2184	圆形，长方形 2	圆形：通高 7.2、宽 6.2、厚 2.3；长方形：（6.3～6.6）×4.7×（1.5～1.7）	铜鸟头形饰件
17	宁安虹鳟鱼场 M2194	长方形	6.7×4.9×0.2	
18	宁安虹鳟鱼场 M2254	长方形	6.5×4.8×0.2	
19	宁安虹鳟鱼场 M2205	长方形 3	（6.3～6.6）×（4.6～4.9）×0.2	带銙、铊尾、玉璧
20	宁安西石岗墓征集[3]	长方形	8×5×0.25	
21	牡丹江桦林石场沟 M10[4]	长方形	6.1×4.4	带銙
22	安图东清 M2[5]	长方形 2	6×4.5×0.15	带銙
23	和龙惠章墓[6]	长方形	不详	玉璧
24	白山永安遗址 F3[7]	长方形	残 3×4.4×0.1	鸟头形饰
25	集安胜利村东台子遗址[8]	长方形 5	6×4.2	
26	东宁小地营 F2[9]	长方形	6×4.7	
27	俄罗斯滨海边疆区契尔良基诺 5 号墓地[10]	长方形	4.5×3.2	

---

[1] 李砚铁：《海林北站征集的几件渤海时期文物》，《北方文物》1999 年第 2 期。
[2] 黑龙江省文物考古研究所：《宁安虹鳟鱼场——1992～1995 年度渤海墓地发掘报告》，文物出版社，2009 年。
[3] 黄宗启：《宁安县渤海镇西石岗古墓群出土文物简介》，《北方文物》1990 年第 4 期。
[4] 黑龙江省文物考古研究所：《黑龙江省牡丹江桦林石场沟墓地》，《北方文物》1991 年第 4 期。
[5] 延边博物馆：《东清渤海墓葬发掘报告》，郑永振、严长录：《渤海墓葬研究》附录一，吉林人民出版社，2000 年。第 251～288 页。
[6] 吉林省文物志编委会：《和龙县文物志》，1984 年。
[7] 吉林省文物考古研究所：《吉林浑江永安遗址发掘报告》，《考古学报》1997 年第 2 期。
[8] 董长富：《集安出土的几件渤海时期文物》，《博物馆研究》1997 年第 1 期。
[9] 黑龙江省文物考古研究所：《黑龙江东宁县小地营遗址渤海房址》，《考古》2003 年第 3 期。
[10] 吉林省文物考古研究所、俄罗斯科学院远东分院远东民族历史·考古·民族研究所：《俄罗斯滨海边疆区渤海文物集粹》，文物出版社，2013 年。

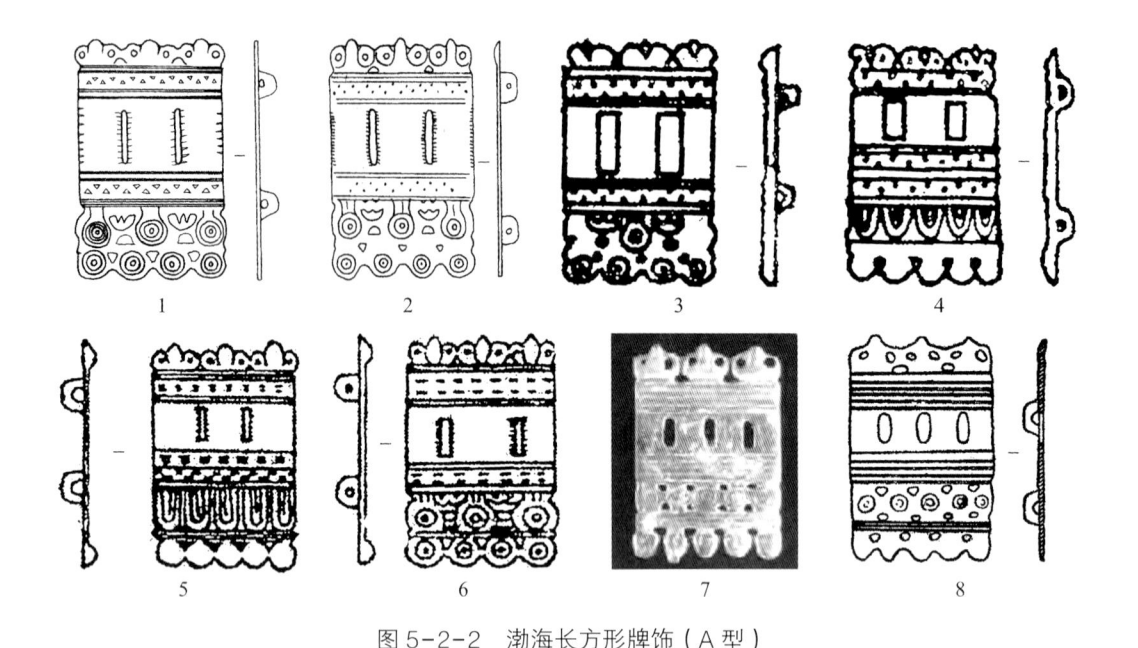

图 5-2-2 渤海长方形牌饰（A 型）
1.查里巴 87M18 2.查里巴 87M31 3、4、7、8.杨屯大海猛采集 5、6.查里巴 85M1

牌形带饰按照形状可以分为圆形和长方形两种类型，长方形牌饰数量远超过圆形。

长方形牌饰近 80 件，竖长方形，长 6 厘米左右，宽约 4.5 厘米，厚度约在 0.1～0.2 厘米之间，背部一般有 4 个对称的穿鼻，表面铸出长条形或圆弧形镂孔以及三角形、圆涡形花纹。根据牌饰顶端形状的差异，可以分为 3 型。

A 型：顶部铸出并列的 3 个鸟头形（图 5-2-2）。此型仅见于永吉杨屯大海猛和查里巴墓地。中部的长条形穿孔多为 2 条，也有 3 条者。下部形态较为多样化，以上三下四的圆涡以及垂帐纹下接圆泡形垂珠为多见。值得注意的是，黑龙江海林河口遗址第五期遗存中的一件陶模具[1]，长 13.2、宽 5.6 厘米，其内 2 个拟铸件纹饰相同，上部 2 道横梁，中间 3 枚垂帐纹，下部 2 排圆泡。按此模具所铸出的器物尺寸约同于 A 型牌饰，且垂帐纹及圆泡也较为接近（数量不同）。目前尚未见到与此模具完全相同的牌饰，但它提供了渤海牌饰铸造工艺的重要线索。

B 型：顶部铸出并列的 8 个圆泡（图 5-2-3）。此型牌饰数量最多，分布广泛，西起吉林永吉，东至俄罗斯滨海地区均有发现。形制、装饰较为整齐划一，圆泡下依次为

---

[1] 黑龙江省文物考古研究所、吉林大学考古学系：《河口与振兴——牡丹江莲花水库发掘报告（一）》，科学出版社，2001 年。图版一九，4。

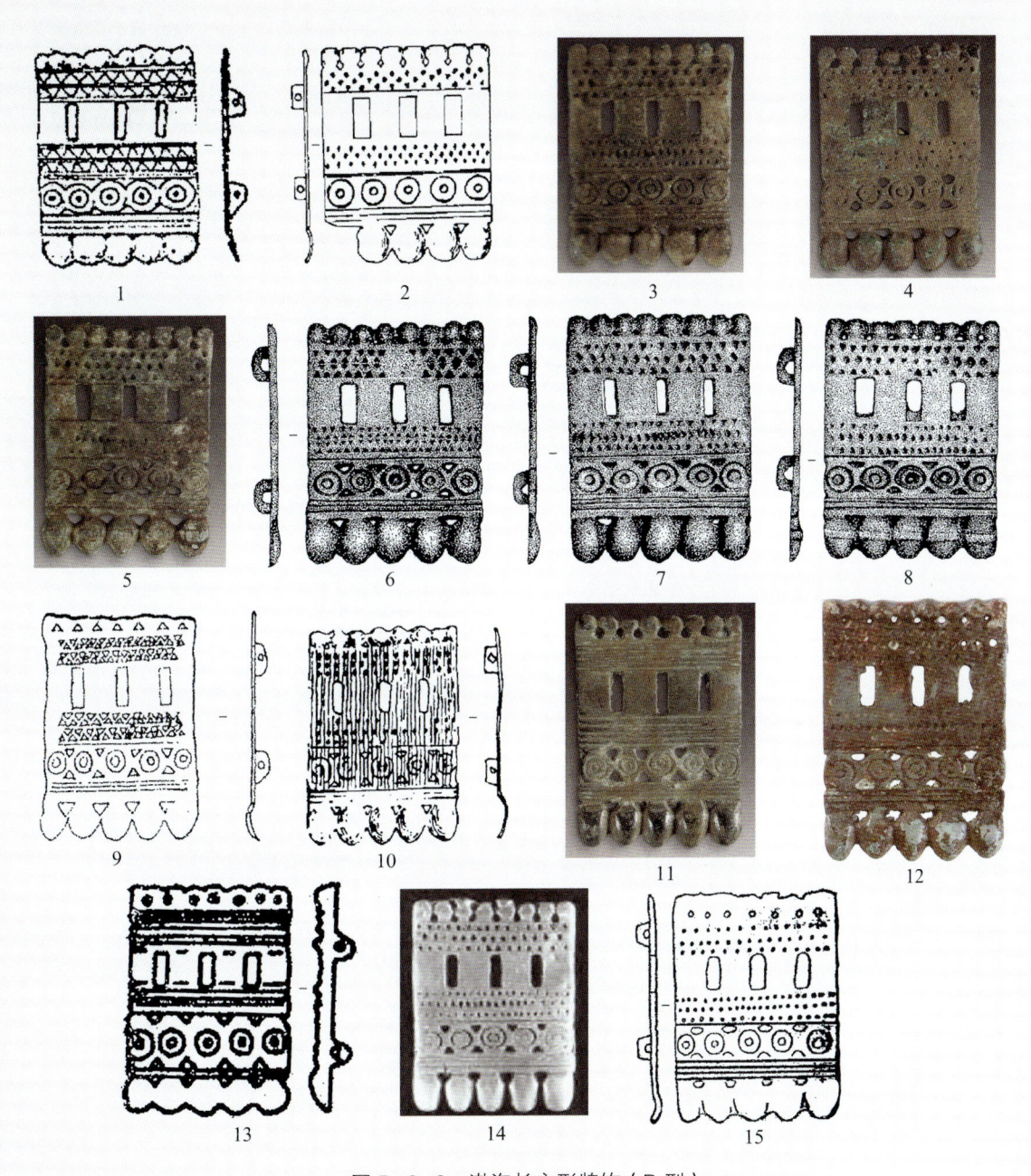

图 5-2-3 渤海长方形牌饰（B 型）

1. 安图东清 M2 2. 东宁小地营 F2 3、4. 虹鳟鱼场 M2184 5. 虹鳟鱼场 M2194 6～8. 虹鳟鱼场 M2205 9. 集安胜利村 10. 桦林石场沟墓 11. 虹鳟鱼场 M2254 12. 契尔良基诺 5 号墓地 13. 杨屯大海猛 M43 14、15. 永吉杨屯征集

3～4排三角形镂孔、3个竖长方形穿孔、3～4排三角形镂孔、5个圆涡及镂孔、2～3条凹槽、成排的5个圆泡形垂珠。虹鳟鱼场M2254出土的此型牌饰上，三角形镂孔均以凹槽替代。

C型：顶部平齐（图5-2-4）。数量较少，装饰差异较大，中部多铸出2个长条孔，底端为3～4个圆泡形垂珠或无垂珠。

圆形牌饰中部凸起，背部有1～2个穿鼻，有底部出台（A型，图5-2-5，1～4、6）和不出台（B型，图5-2-5，5）两种，后者或是前者的简化形态。A型牌饰计10件，通高在7厘米左右。上部圆形部分以两圈镂孔分割出3条圆环，最外圈的圆环铸出3条凹槽，其余两条圆环内铸出联珠。中心乳钉分别向两侧连铸出十字形。围绕中心乳钉铸出4个鸟头形图案或其变体。下部连弧形台上亦铸出镂孔及几何纹。个别牌饰的顶端还铸出连排的鸟头形凸起。B型仅在杨屯大海猛征集一件，中心为一乳钉，十字对称铸出"L"形和弧形镂孔。

牌饰是渤海具有自身民族特点的带饰，永吉杨屯大海猛、查里巴墓葬的年代均为渤海建国之前的靺鞨时期。表5-2-1中所列出土牌饰的单位，未见渤海晚期的，似乎表明这种牌饰在渤海中期之后就不再流行。不过，在黑龙江中游的黑水靺鞨遗址以及之后的女真遗址中，这种牌饰一直存在，但装饰趋于简化。有学者将这种牌饰称为"靺鞨-女真系带饰"并认为其为萨满通神作法时的法器，随葬此类牌饰墓葬的墓主人或为萨满[1]。

牌饰系统的带具中，还常见有鸟头形饰件，这种饰件也有人称之为十字形饰[2]。目前报道的24件鸟头形器共24件（表5-2-2；图5-2-6）。

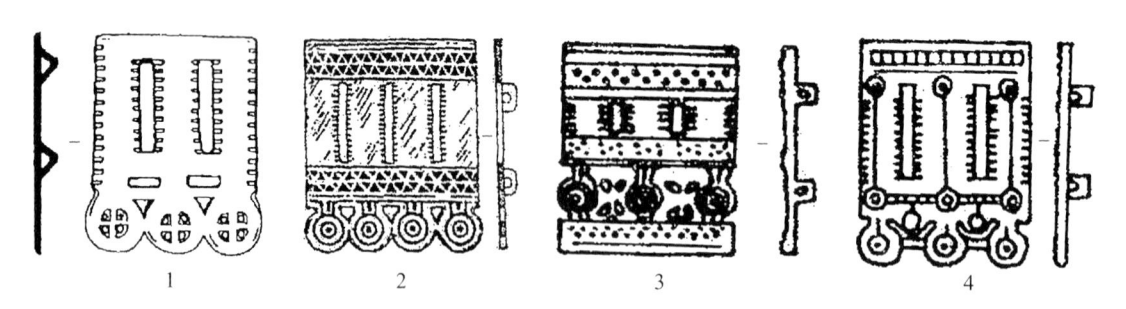

图5-2-4 渤海长方形牌饰（C型）
1.海林北站墓地 2.和龙惠章墓 3.杨屯大海猛M11 4.永吉杨屯采集

---

[1] 王培新：《靺鞨-女真系铜带饰及相关问题》，《北方文物》1997年第1期。冯恩学：《黑水靺鞨的装饰品及渊源》，《华夏考古》2011年第1期。
[2] 魏存成：《渤海考古》，文物出版社，2008年。第210页。

图 5-2-5　渤海圆形牌饰

1. 永吉查里巴 M31　2. 虹鳟鱼场 M2184　3、4. 杨屯大海猛 M37　5. 杨屯大海猛 M39　6. 杨屯大海猛采集

表 5-2-2　靺鞨-渤海遗址出土鸟头形饰

序号	出土单位	质地	数量	尺寸（厘米）	相关共存遗物（件）	附图
1	吉林榆树老河深上层 M25[1]	铜	2	长 3.5、宽 2.5	铜带扣	图 5-2-6，1
2	吉林永吉杨屯大海猛 M43[2]	铜	1	约长 3、宽 2	铜带銙、铜环 16、方形铜牌饰 10	图 5-2-6，2
3	吉林永吉杨屯大海猛采集	铜	1	约长 3.5、宽 2.7		图 5-2-6，3
4	吉林永吉查里巴墓地 M13	铜	1	长 3、宽 2.4	铜环 15、铜铃	图 5-2-6，4

[1] 吉林省文物考古研究所：《榆树老河深》，文物出版社，1987 年。第 104 页。
[2] 吉林市博物馆：《吉林永吉杨屯大海猛遗址》，《考古学集刊》第 5 集，中国社会科学出版社，1987 年。第 120~151 页。

续 表

序号	出土单位	质地	数量	尺寸（厘米）	相关共存遗物（件）	附图
5	永吉查里巴墓地 M14	铜	2	不详	铜环 16、铁带扣	
6	永吉查里巴墓地 M20	铜	2	不详	铜带扣 3、银铃、铜环 27	
7	永吉查里巴墓地 M21	铜	1	不详	铜牌饰、铜带扣、铜环 4	
8	永吉查里巴墓地 M31	铜	2	不详	铜牌饰 17、铜环 23、铜带扣	
9	吉林浑江永安遗址 F3	铜	1	长 2.3、宽 1.8	铜牌饰 1	
10	吉林浑江永安遗址 F6	铜	1	长 2.1、宽 1.45		图 5-2-6，6
11	吉林敦化六顶山墓地 Ⅱ M126	铜	1	长 2.3、宽 1.6	铜带铐 3、铜牌饰 3、铜铊尾、铜环	图 5-2-6，5
12	黑龙江宁安虹鳟鱼场墓地 M2001 填土及墓内	银	2	填土出者长 4.2、宽 2.7；墓内出者长 3.6、宽 2.5	银铊尾、铜带扣、铜铊尾、铁带扣等	图 5-2-6，7、8
13	宁安虹鳟鱼场墓地 M2184	铜	1	长 3、宽 2.4	铜环、铜牌饰 3	图 5-2-6，9
14	宁安虹鳟鱼场墓地 M2284	铜	1	长 3.3、宽 2.2	铜环	图 5-2-6，10
15	宁安虹鳟鱼场墓地 M2288	铜	1	长 2.7、宽 2.1	铜带铐 3、铜铊尾、铜环	图 5-2-6，11
16	宁安虹鳟鱼场墓地 M2292	铜	1	长 2.8、宽 2.2		图 5-2-6，12
17	宁安虹鳟鱼场墓地方坛 FT2	铜	1	长 3.2、宽 2.5		图 5-2-6，13
18	俄罗斯滨海克拉斯基诺城址[1]	铜	1	长 2.5、宽 2		图 5-2-6，14
19	俄罗斯滨海青石崖遗址[2]	铜	1	不详		

[1] [俄] Э.В.沙弗库诺夫等著，宋玉彬译：《渤海国及其俄罗斯远东部落》，东北师范大学出版社，1997年。第141页。吉林省文物考古研究所、俄罗斯科学院远东分院远东民族历史·考古·民族研究所：《俄罗斯滨海边疆区渤海文物集粹》，文物出版社，2013年。第158页。

[2] [俄] Э.В.沙弗库诺夫等著，宋玉彬译：《渤海国及其俄罗斯远东部落》，东北师范大学出版社，1997年。第141页。吉林省文物考古研究所、俄罗斯科学院远东分院远东民族历史·考古·民族研究所：《俄罗斯滨海边疆区渤海文物集粹》，文物出版社，2013年。第158页。

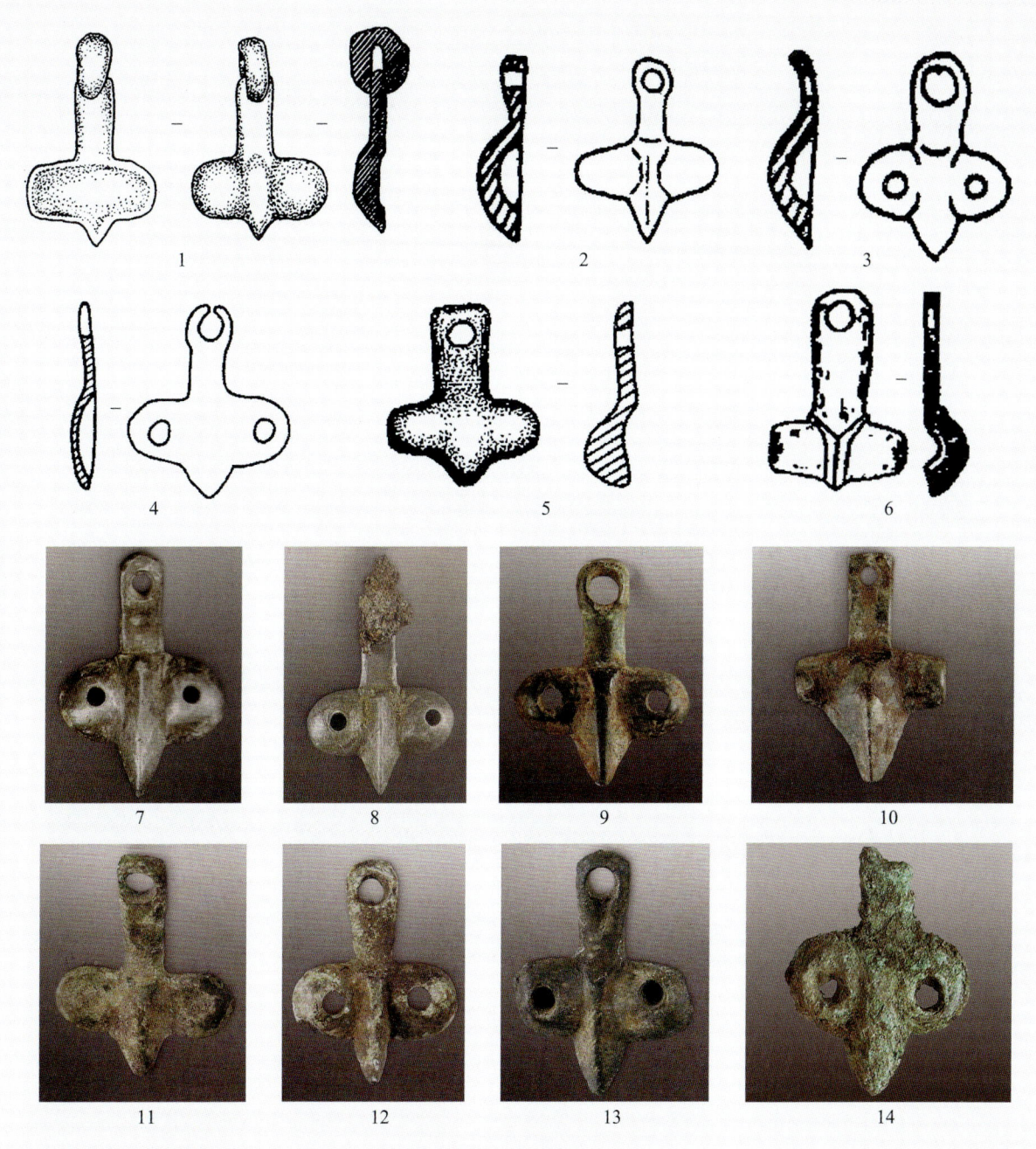

图 5-2-6 渤海鸟头形饰

1. 榆树老河深上层墓地 M25　2. 永吉杨屯大海猛墓地 M43　3. 永吉杨屯大海猛遗址采集　4. 永吉查里巴墓地 M13　5. 敦化六顶山墓地Ⅱ M126　6. 浑江永安遗址 F6　7、8. 虹鳟鱼场墓地 M2001　9. 虹鳟鱼场墓地 M2184　10. 虹鳟鱼场墓地 M2284　11. 虹鳟鱼场墓地 M2288　12. 虹鳟鱼场墓地 M2292　13. 虹鳟鱼场墓地方坛 FT2　14. 克拉斯基诺城址

由表 5-2-2 可见，这些鸟头形器，在吉林、黑龙江以及俄罗斯滨海边疆区均有发现，但相对集中出土于吉林永吉、黑龙江宁安，且大多数为墓葬随葬品（在城址、房址中出土表明它们是实用器）。除虹鳟鱼场墓地 M2001 两件银制品外，均为青铜质地，且可以推测是模铸。其长度在 2.1～4.2、通宽在 1.45～2.7 厘米之间，其柄首，无一例外地铸有圆孔，榆树老河深上层文化墓地 M25 鸟头形器的圆孔中，还穿有铜环。而形似鸟首的前端，均做出球形凸起，多穿两孔，也有一些不穿孔者。由于靺鞨渤海墓葬的细致编年尚未确立，且这种金属质地的器物可长期使用，故这种形制上的差异，是否存在时代的演进尚难推知。永吉杨屯墓地、虹鳟鱼场墓地，均有穿两孔和不穿孔的，说明形制差异似乎并不体现地域之别。此外，制作工艺的精粗，也可能导致形制的不同。

鸟头形器一直被认为是一种饰件，因其形体微小，且柄首有孔利于挂缀，这种推论显然是合理的。鸟头形饰件的具体用途，需要从墓葬伴出的遗物进行观察。从附表可以看出，墓葬中与鸟头形饰件关联的共存遗物最常见的为：铜（铁）带扣、铜（银）铊尾、铜（铁）带銙、铜牌饰、铜环、铜（银）铃，其中带扣、带銙、铊尾是带具的基本组成部分，牌饰、铃、环属于带具的装饰。据此似可推测，鸟头形饰是带饰的一种，可以悬挂于带上，与牌饰、铃、环等构成带饰的组合。

就目前考古资料来说，鸟头形带饰，既不见于唐、突厥，也不见于高句丽，它是靺鞨——渤海独有的带饰，具有鲜明的民族特色。俄罗斯乌苏里岛上的科尔萨科沃墓地也出土有类似的铜饰件，表明它被女真民族继承了下来[1]，但在出土的女真系文物中，这种鸟头形饰件数量甚罕。至于鸟头形饰件，是否如有的学者所论，和铜牌饰上的鸟首形装饰一样，与萨满的通神相关联[2]，或是体现渤海的某种鹰崇拜[3]，还是个需要进一步探讨的问题。

二、銙饰系统的带

銙最初的用途是受环以悬挂物品，后来渐渐成为单纯的装饰品。革带的鞓的部分，多为皮质，往往腐朽不存，故遗址中发现的这类带，保存下来的一般为金属质地的带扣、带銙和铊尾。此外，带箍、吊扣等带具也有少量发现。

銙饰系统的带在渤海上京城址、海林细鳞河遗址、海林振兴遗址、海林河口遗址、

---

[1] [苏] B.E. 麦德维杰夫著，孙秀仁译：《柯尔萨科沃墓地及阿穆尔河沿岸地区女真人文化说明的问题》，《北方文物》1985 年第 3 期。
[2] 王培新：《靺鞨-女真系铜带饰及相关问题》，《北方文物》1997 年第 1 期。
[3] 赵湘萍：《渤海上京城发现的鹰纹铜带銙》，《北方文物》2012 年第 2 期。

东宁大城子城址、东宁小地营遗址、浑江（今白山市）永安遗址、俄罗斯滨海边疆区克拉斯基诺城址以及宁安虹鳟鱼场墓地、敦化六顶山墓地、和龙北大墓地、安图东清墓地、永吉杨屯大海猛墓地、永吉查里巴墓地、海林山嘴子墓地、和龙龙海墓地、海林羊草沟墓地、图们果园墓地、和龙河南屯墓地、抚松前甸子墓地[1]、俄罗斯滨海边疆区契尔良基诺5号墓地[2]等均有出土。带具的质地有金镶玉（也有镶嵌水晶、绿松石）、玉、银、铜鎏金、铜、铁，以铜（包括鎏金）质带具最为常见，数量最多。

金镶玉带仅见于和龙龙海M14[3]以及河南屯M2[4]。龙海M14带由17件带銙（方形6件、半圆形11件）、1件鉈尾组成（带扣缺失）（图5-2-7）。带銙以金片为托，正面镶嵌浮雕有五叶花草纹的玉片。有4件方形銙底部连接一半圆形的金环。玉质鉈尾呈一端平直的舌形，以9枚金钉固定两玉片，正面亦浮雕五叶花草纹。河南屯M2带由1件带扣、15件方形带銙、2件鉈尾组成（图5-2-8）。带銙3厘米见方，在金地上侧立金片组成中心对称的三层花纹图案，镶嵌以水晶和绿松石，但多已脱落（图5-2-9）。金片侧面饰以细小金珠缀成的联珠纹。金片之间以小金珠组成鱼子地纹，銙边缘最外层亦饰有联珠纹。銙底部金片四角各有金铆钉一个，与另一方形金片连接，以便将带鞓铆钉在中间。鉈尾通长4.8、宽3厘米，三面平直，一面拱曲。表面镶嵌水晶2枚、绿松石17颗。金片底部及边缘以细小的金珠组成鱼子地纹。河南屯M2还出土束腰形带銙2件及椭圆形带銙1件，其装饰风格与方形带銙相同。

铜带具以和龙北大73M28[5]组合最为完整（图5-2-10，1），其次为和龙北大

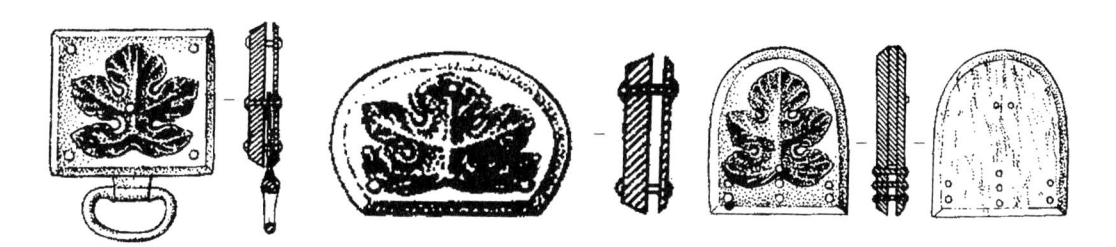

图5-2-7　和龙龙海M14出土金镶玉带銙及鉈尾

---

[1] 庞志国、柳岚：《抚松前甸子渤海古墓清理简报》，《博物馆研究》1983年第3期。
[2] [俄]Ю.Г.尼基京著，宋玉彬译：《绥芬河流域契尔良基诺5号早期中世纪时代墓地考察的某些结果》，《东北亚历史与考古信息》2004年第1期。[俄]尼基京、[韩]郑焍培著，孙危译：《俄罗斯滨海地区切勒尼雅季纳5号墓地2003～2004年考古发掘报告》，《东北亚考古资料译文集》第8辑，哈尔滨地图出版社，2014年。
[3] 吉林省文物考古研究所等：《吉林和龙市龙海渤海王室墓葬发掘简报》，《考古》2009年第6期。
[4] 郭文魁：《和龙渤海古墓出土的几件金饰》，《文物》1973年第8期。
[5] 延边朝鲜族自治州博物馆、和龙县文化馆：《和龙北大渤海墓葬清理简报》，《东北考古与历史》第1辑，文物出版社，1982年。

图 5-2-8　和龙河南屯墓出土金带

图 5-2-9　和龙河南屯墓出土金带细部

88M9[1]（图 5-2-10，2）、海林山嘴子 M16[2]（图 5-2-10，3）。北大 M28 铜带首尾依次为带扣 1、半圆形带銙 1、方形带銙 2、半圆形带銙 6、方形带銙 2、半圆形带銙 1、舌形铊尾 1 件。这应该是渤海铜带的标准组合。以下分别讨论渤海境内各地出土的带具的各组成部分。

---

[1] 延边博物馆等：《吉林省和龙县北大渤海墓葬》，《文物》1994 年第 1 期。
[2] 孙秀仁：《略论海林山嘴子渤海墓葬的形制、传统和文物特征》，《中国考古学会第一次年会论文集》，文物出版社，1980 年。黑龙江省文物考古研究所：《黑龙江省海林市山嘴子渤海墓葬》，《北方文物》2012 年第 1 期。

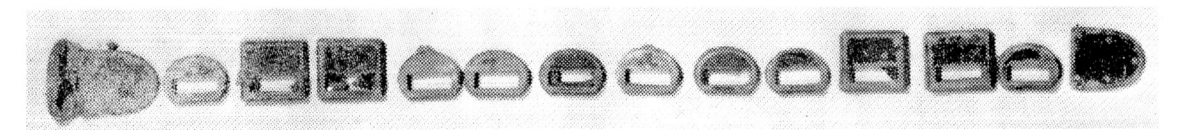

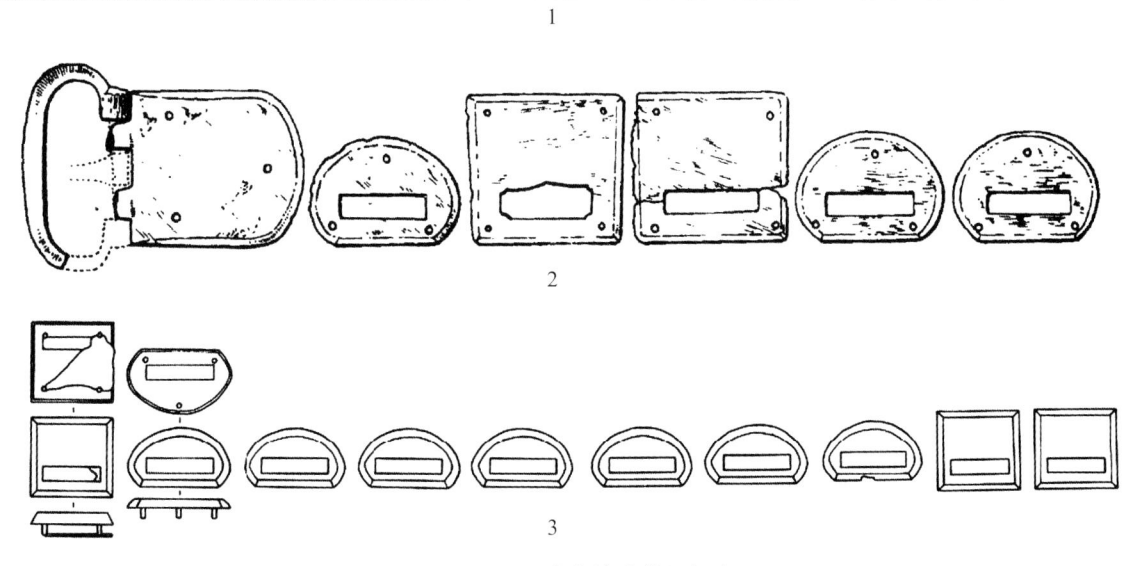

图 5-2-10　渤海銙式带具组合
1. 和龙北大 73M28　2. 和龙北大 88M9　3. 海林山嘴子 M16

1. 带扣

带扣由扣环、扣身和扣针三部分组成，扣环和扣身以铰链连接，扣针以活动的环附于铰链中部。前端的扣环多呈扁圆形或半圆形，扣身多为舌形或圭形，偶见云头形，扣身多为两片金属薄片，以 2～3 枚铆钉与其中部的带鞓相固定（图 5-2-11）。

2. 带銙

发现数量最多，造型亦最为丰富。多数为两片复合，背面一般有 2～7 个不等的铆钉，用以固定在带鞓上。尺寸一般为（2～3.5）×（1.5～3）厘米。素面居多，也有铸出花纹者。绝大多数带銙中部开孔（"古眼"）。根据形制的差异，可以分为如下 4 型（前述龙海 M14、河南屯 M2 金带銙除外）。

A 形：方形，最为常见，中部偏下均开孔，绝大多数为长条形孔，也有个别孔做成壶门形状。A 形带銙除上京城址宫城采集的一件上有纹饰外，均为素面（图 5-2-12，1～6）。

B 形：半圆形（或称"D"形），一面平直（偶见三面平直者），其余三面弧曲。中部均偏开长条形孔，素面（图 5-2-12，7～9）。

C 型：圭形，各面均平直，中部开孔，素面（图 5-2-12，10～13）。

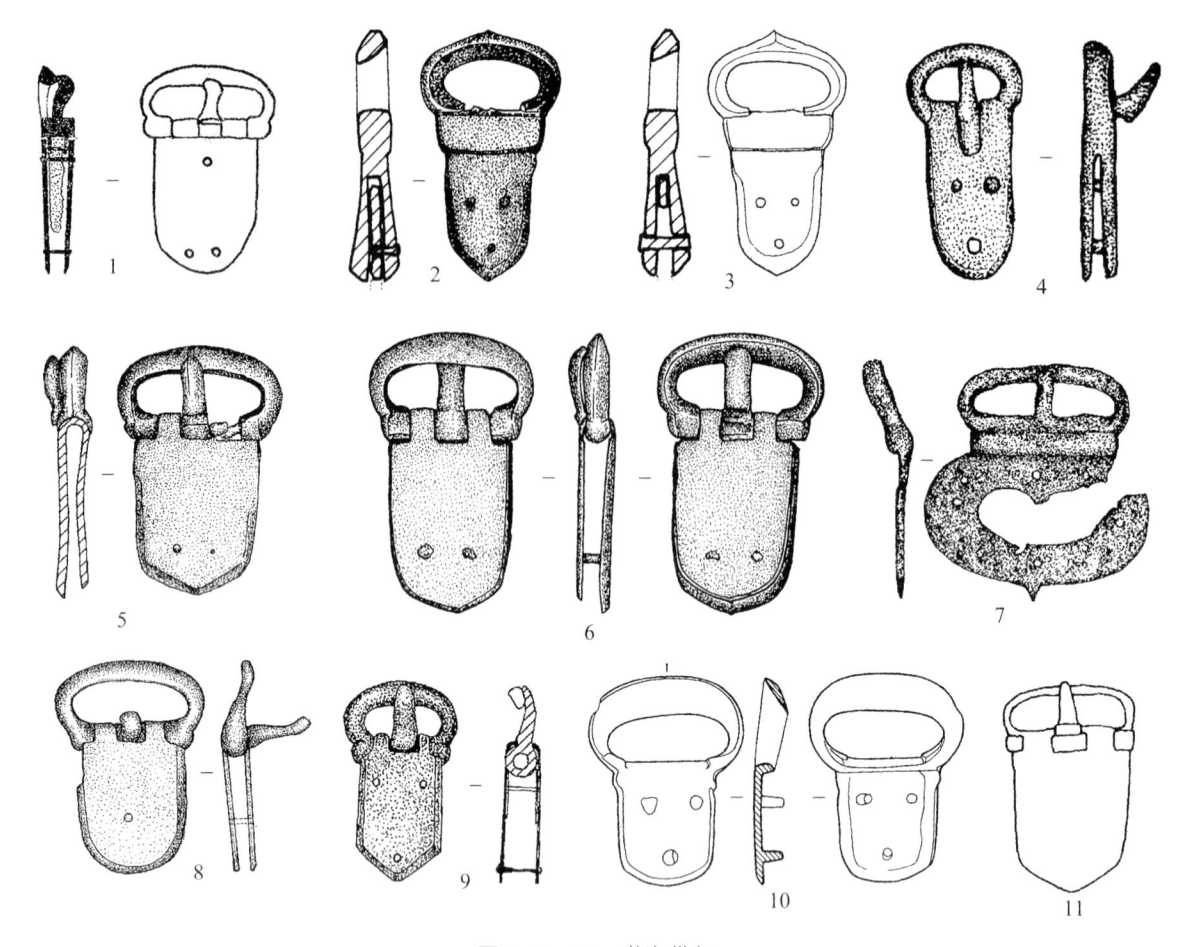

图 5-2-11 渤海带扣

1. 和龙北大 M14　2、3. 虹鳟鱼场 M2001　4. 虹鳟鱼场 M2053　5. 虹鳟鱼场 M2091　6. 虹鳟鱼场 M2161　7. 虹鳟鱼场 M2308　8. 六顶山二区 M94　9. 六顶山一区 M5　10. 上京城址　11. 永吉查里巴 M9

D 型：云头形，一面较为平直，云头多呈现六曲，中间开一较宽的扁圆孔，有素面者，也有在鱼子地上铸出植物花纹者（图 5-2-12，14～18）。

除此 4 型外，还有桃形、五瓣花形等，但数量甚少，暂不分型。

以上 4 型带銙中，A、B、C 型分布广泛，在渤海境内各地均有出土，时代上流行于渤海建国前直到渤海后期。方形、半圆形、圭形带銙在一条带上往往组合使用，但云头形带銙未见与此三型带銙组合使用的。前三型带銙与中原唐的带具上的带銙基本没有差别，应是受到唐带具影响的产物。D 形带銙仅见于吉林永吉的几处渤海建国前及渤海早期的遗址，与突厥带銙形制、装饰接近，应是受到突厥带饰影响的产物[1]。这种带銙在渤

---

[1] 冯恩学：《蹀躞带——契丹文化中的突厥因素》，《文物季刊》1998 年第 1 期。

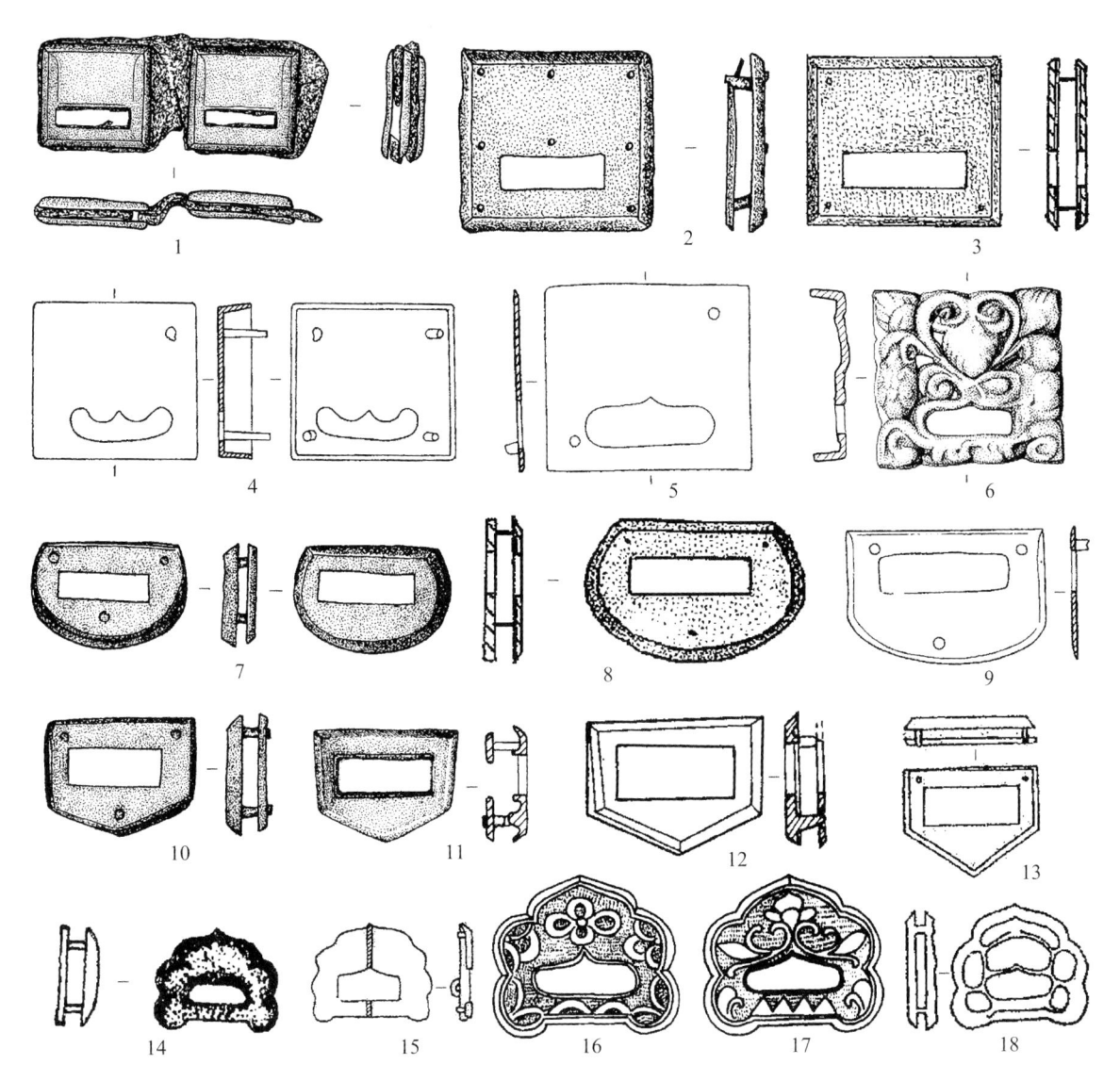

图 5-2-12　渤海带銙

1. 虹鳟鱼场 M2171　2. 虹鳟鱼场 M2288　3、8. 六顶山一区 M73　4、6. 上京城址　5. 六顶山 M102　7. 虹鳟鱼场 M2205　9. 六顶山 M102　10. 虹鳟鱼场 M2095　11. 虹鳟鱼场 M2114　12. 六顶山 M204　13. 永吉查里巴 M5　14. 永吉查里巴 85M1　15. 永吉查里巴 M10　16、17. 查里巴 M19　18. 永吉杨屯 79M37

（1～6. A 型；7～9. B 型；10～13. C 型；14～18. D 型）

海中后期就基本消失了。

3. 铊尾

形状较为多样。分为 3 型。

A 型：最为常见。舌形，高宽比不一，个别边缘做出花瓣状（图 5-2-13，1～9）。绝大多数为素面，克拉斯基诺城址出土的一件正面铸出花纹。

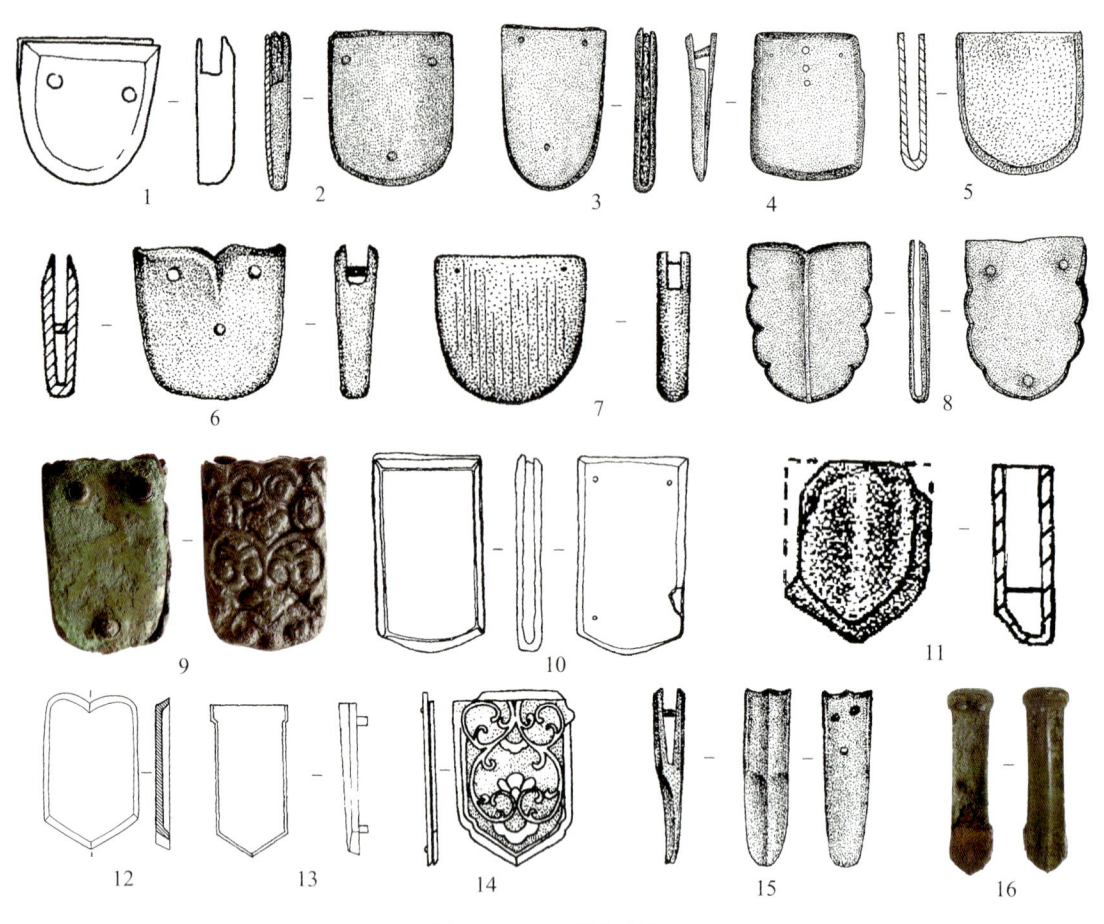

图 5-2-13 渤海铊尾

1. 虹鳟鱼场 M2001（银） 2. 虹鳟鱼场 M2091 3. 虹鳟鱼场 M2209 4. 虹鳟鱼场 M2288 5. 六顶山二区 M94 6. 虹鳟鱼场 M2308 7. 六顶山二区 M126 8. 虹鳟鱼场 M2205 9、16. 克拉斯基诺城址 10. 虹鳟鱼场 M2028 11. 六顶山一区 M5 12. 上京城 1964 13. 永吉查里巴 M17 14. 永吉查里巴 M19（鎏金铜） 15. 虹鳟鱼场 M2053

（1~9. A 型；10~14. B 型；15、16. C 型）

B 型：圭形，数量不多，有素面及装饰花纹者两种（图 5-2-13，10~14）。

C 型：细长条形，数量不多，中部起脊（图 5-2-13，15、16）。

4. 带箍

虹鳟鱼场墓地 M2001 出土 2 件，均为鎏金铜质地，圆角长方形，中空以穿革带。类似的带箍亦见于内蒙古奈曼旗陈国公主墓（1018 年）[1]等辽代墓葬。

---

[1] 内蒙古自治区文物考古研究所等：《辽陈国公主墓》，文物出版社，1993 年。第 76 页。

5. 吊扣

仅见于海林细鳞河遗址，骨质，葫芦形，上部中穿一圆孔。这种葫芦形吊扣在唐代文物和图像中均未发现，在6、7世纪的突厥墓葬中常见到骨制品，8世纪常见金属制品，并影响到了契丹带具[1]。

前述渤海带具中，金镶玉带仅见于和龙龙海M14以及河南屯M2。龙海墓区是和龙龙头山墓群最为重要的墓区，这一墓区可以确定为渤海王室墓地，已经发掘的M1、M3、M12分别为贞孝公主墓、顺穆皇后（渤海简王皇后泰氏）、孝懿皇后（渤海文王皇后），M14与M13为同封异穴砖椁墓，墓上有大型建筑，墓内出土金冠饰等珍贵文物。可见M14墓主人应为渤海王室成员。河南屯M2及其并列的M1虽然早期遭到破坏，但墓葬形制、构造与龙海M14和M13完全相同，也应该是渤海王室墓。渤海王室使用带的制度与唐朝制度相吻合："文武官三品以上，金玉带，十二銙；四品，金带，十一銙；五品，金带，十銙；六品、七品，并银带，九銙；八品、九品，服并鍮石带，八銙；庶人服黄铜铁带，六銙。"[2]文献记载，唐曾多次赏赐来朝的渤海王室成员以金带。《册府元龟·外臣部·褒异第三》："（开元十三年）渤海王大武艺之弟大昌勃价来朝，授左威卫员外将军，赐紫袍、金带、鱼袋，留宿卫。""（开元十七年）三月甲子，渤海靺鞨王大武艺使其弟大胡雅来朝，授游击将军，赐紫袍、金带，留宿卫。""（开元二十七年）二月丁未，渤海王弟大勖进来朝，宴于内殿，授左武卫大将军员外置同正，赐紫袍、金带及帛一百匹，留宿卫。"龙海M14、河南屯M2金带材质昂贵，工艺精湛，恐非渤海自制，更大的可能是唐廷赐予。

虹鳟鱼场墓地共发掘墓葬323座，其中出土带具的墓葬43座，占整个墓群发掘墓葬的13%。带具属于男性死者的有18例，占41.8%；属于女性死者的有7例，占1.6%；还有18座墓葬的带銙归属性别不清楚。另外，这批墓葬中带具属于成人死者的有29座，另外14座墓葬的死者年龄不清楚，没有发现属于未成年人的带具。凉水果园墓地清理墓葬17座，其中4座出土了带具。这4座墓葬的人骨鉴定结果表明，随葬带銙死者均为成年男性。杨屯大海猛发掘清理墓葬47座，出土带具的墓葬有12座，其中带具属于男性死者的6例，占50%，属于女性死者的有1例，占8.3%，其余5座墓葬死者性别不清楚。以上情况表明，在渤海墓葬中，男性随葬带具的占绝大多数，女性随葬者较少。另外，这三个墓地中目前只发现成年人随葬带具。

---

[1] 孙机：《我国古代的革带》，《文物与考古论集》，文物出版社，1986年。
[2] （唐）杜佑：《通典》卷六十三《嘉礼八·天子诸侯玉佩剑绶玺印》，中华书局，1984年。

第三节 装饰品

一、钗、簪

钗、簪均为用于约发的头饰，差别在于，前者双股，后者单股，簪也称为笄。钗、簪在渤海墓葬、遗址中均有出土（表5-3-1），钗的质地以铜（或铜鎏金）最为常见，其次为铁，骨钗也有少量发现。金、银钗仅各发现2件，其中随葬金钗的和龙龙海M13、河南屯M2为渤海王室墓葬，等级最高。簪除铜质之外，还常使用骨、角料进行加工。簪均为长条形，形制简单（图5-3-1，17、18）。钗整体呈"U"形，双股尾端渐细，钗首有3种样子，其一光素无装饰，最为常见（图5-3-1，1~7），类似的钗，在辽宁朝阳唐墓、河南偃师杏园唐墓均有发现。其二为云头形，如安图东清M4、克拉斯基诺城址出土者（图5-3-1，8、9、23）。其三为一重或两重的"山"形花式（图5-3-1，10~16、19~22）。这种钗首具有很强的装饰效果。"山"字形花式首的钗，在渤海境内分布广泛，与唐代钗首往往缀以金属叶片的做法有别，可谓渤海服饰中具有地方特色的一种。由于材料不足，目前尚难推断钗、簪使用的性别差异。

表5-3-1 渤海遗址出土钗、簪

序号	名称	质地/数量	出土地点	形制与尺寸（厘米）	性别
1	钗	金	和龙龙海M14	圆折双股，长23.5	
2	钗	金	和龙河南屯M2	圆折双股，长10	
3	钗	铜鎏金2	虹鳟鱼场M2241	两股锥形，花式钗首，长18.2	不详
4	钗	铁	虹鳟鱼场M2001	顶端直角，残	2男2女
5	钗	铁	虹鳟鱼场M2180	两股锥形，残	1男1女
6	钗	铁	虹鳟鱼场M2148	两股锥形，残	女2
7	钗	银	北大M35	两股锥形，长23	
8	钗	铜	北大M44	两股锥形，长28	
9	钗	铜	北大M28	两股锥形，长19.8	
10	钗	铜	北大M34	两股锥形，长23	
11	钗	铜鎏金2	东清M4	两股锥形，花式钗首，长9.4、13.6	
12	钗	铜	和龙龙海M5	两股锥形，花式钗首	
13	钗	铜	永吉杨屯M2	两股锥形，花式钗首	

续表

序号	名称	质地/数量	出土地点	形制与尺寸（厘米）	性别
14	钗	铜	永吉查里巴 M1	两股锥形，长 14	
15	钗	银	永吉杨屯 79TG4	钗首菱形，长 31	
16	钗	铜 6	永吉杨屯 79 年采集	两股锥形，花式钗首	
17	钗	铜	长白新房子遗址	两股锥形，花式钗首	
18	钗	铜/铜鎏金	集安胜利村遗址	两股锥形，花式钗首	
19	钗	铜 3	克拉斯基诺城址	两股锥形，花式钗首	
20	钗	铜	上京城 3、4 号宫殿址	仅存花式簪/钗首，残 2.1	
21	钗	骨	河口遗址 T1014③	两股锥形，长 12.6	
22	钗	骨	河口遗址 T1025③	整体"人"形，圆首，长 13.8	
23	簪	铜	契尔良基诺 M4	仅存花式簪/钗首	
24	簪	骨	上京西区寝殿	长条形，残 8.4	
25	簪	骨	宁安大朱屯 M1	长条形，残 13	
26	簪	银/铜/角	永安遗址	长条形，残 6.5、9.3、9.6	
27	簪	骨	上京城 3、4 号宫殿址	长条形，残 10	
28	簪	角	海林细鳞河遗址	弯曲长条形，长度不明	

二、耳环

渤海耳环绝大多数出土于墓葬（表 5-3-2），应是作为随身的饰品葬入的。虹鳟鱼场墓地人骨做过性别鉴定，排除掉男女合葬的情况，可以看出，耳环的佩戴并无性别上的差异，男女均可使用。就质地而言，金质仅有 1 件，银质 30 件，鎏金铜或铜质 33 件，总体上银、铜所占比例略同。但铜耳环在虹鳟鱼场墓地发现较多，其他墓地以银耳环最为常见。除了六顶山Ⅰ M73 的耳环为双圈的弹簧形之外，其余耳环均为不闭合的圆环形（闭合无缝的环，应为指环），外径从 1 厘米到 3.6 厘米不等（图 5-3-2，1~8）。值得指出的是，渤海的耳环，缺乏与之配套的耳坠，耳坠目前仅发现 3 件。

三、钏

钏是渤海常见的装饰品，出土数量较多（表 5-3-3），有金、银、铜、铁 4 种质地（图 5-3-2，9~20），金钏在和龙龙海 M13 出土 2 件，该墓墓主为渤海王室成员，级别

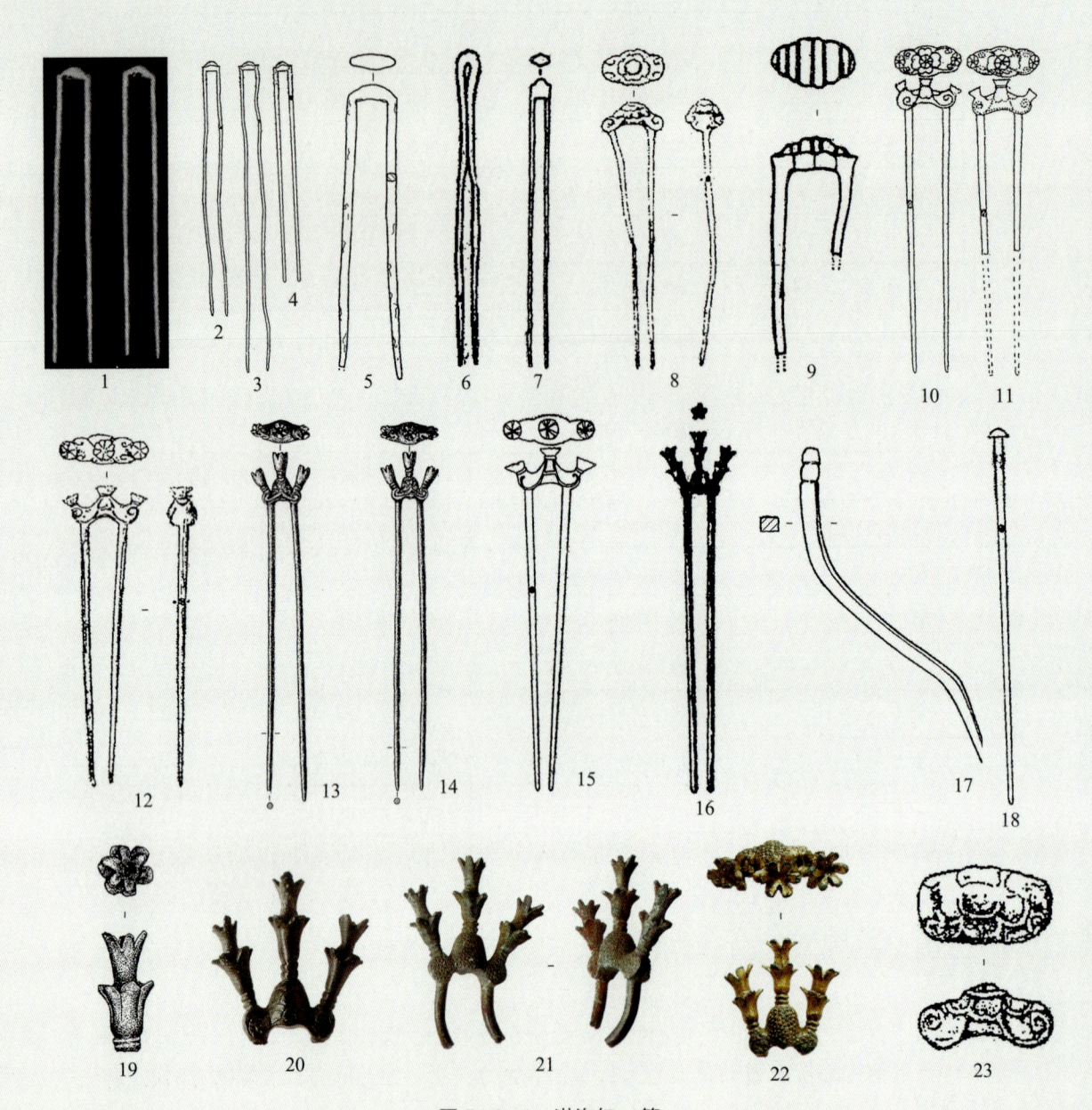

图 5-3-1 渤海钗、簪

1. 河南屯 2 号墓　2～4、18. 北大墓地　5. 虹鳟鱼场 M2180　6、7、9. 杨屯墓地　8、12. 东清 M4　10、11. 集安胜利村　13、14. 虹鳟鱼场 M2241　15. 永吉杨屯 M2　16. 长白新房子　17、19. 上京城 3、4 号宫殿址　20～23. 克拉斯基诺城址

（14、15. 簪；余为钗）

（1. 金质；余为铜或铜鎏金）

表 5-3-2　渤海遗址出土耳环

序号	名称	质地/数量	出土地点	形制与尺寸（厘米）	性别
1	耳环	银 4	榆树老河深上层 M21	圆形，直径 1.6	不详
2	耳环	铜 2	宁安虹鳟鱼场 M2249	圆形，外径 2.8	无人骨
3	耳环	银	虹鳟鱼场 M2234	圆形，外径 2.3	无人骨
4	耳环	铜	虹鳟鱼场 M2228	残	无人骨
5	耳环	铜	虹鳟鱼场 M2121	圆形，外径 3.6	2男2女
6	耳环	铜 4	虹鳟鱼场 M2124	圆形	4男
7	耳环	铜	虹鳟鱼场 M2168	残	2男1女
8	耳环	铜	虹鳟鱼场 M2257	圆形	1男1女
9	耳环	铜	虹鳟鱼场 M2264	圆形	1女
10	耳环	铜	虹鳟鱼场 M2268	圆形	1女
11	耳环	铜	虹鳟鱼场 M2045	近似圆形	2男
12	耳环	铜	虹鳟鱼场 M2256	圆形，外径 2.3	无人骨
13	耳环	银	虹鳟鱼场 M2070	圆形	3男
14	耳环	银 2	虹鳟鱼场 M2286	圆形	不详
15	耳环	铜	虹鳟鱼场 M2134	圆形	3男1女
16	耳环	铜 8	虹鳟鱼场 M2205	圆形	2女，余不详
17	耳环	银	虹鳟鱼场 M2283	圆形	无人骨
18	耳环	银	虹鳟鱼场四号方坛	圆形	不详
19	耳环	金	虹鳟鱼场六号方坛	圆形	不详
20	耳环	铜	虹鳟鱼场六号方坛	圆形	不详
21	耳环	铜	六顶山 M101（1960）	圆形，直径 1.8	不详
22	耳环	铜	六顶山 M206	圆形，直径 1.5	不详
23	耳环	铜	六顶山 M105	两圆环相连	不详
24	耳坠	铜鎏金 2	六顶山 M203	叶形片上接圆环	不详
25	耳环	银 3	六顶山ⅠM3（2004）	圆形，环径 1.1～2.6	不详
26	耳环	银	六顶山ⅠM75	不规则圆形，直径 2.6	不详
27	耳环	银	六顶山ⅠM73（2004）	弹簧状 2 圈，1.4	不详

续 表

序号	名称	质地/数量	出土地点	形制与尺寸（厘米）	性别
28	耳环	银 4	六顶山ⅡM48（2004）	圆形，直径 1～2.8	不详
29	耳环	银	六顶山ⅡM94	圆形，直径 1.5	不详
30	耳环	银	六顶山ⅡM126	圆形，直径 3.5	不详
31	耳环	铜	六顶山ⅡM82	圆形，直径 2.3	不详
32	耳环	银	六顶山ⅠM5	圆形，直径 3.1	不详
33	耳环	银	六顶山ⅠM6	圆形，直径 2.1	不详
34	耳环	银	东清 M1	圆形，直径 3.5	不详
35	耳环	铜	石场沟 M10	圆形，直径 3	不详
36	耳环	银 3	石场沟 M12	圆形，直径 1.4	不详
37	耳环	银 2	羊草沟 M206	圆形，直径 1.2～3	不详
38	耳环	银	凉水果园 M7	圆形，直径 1.5	不详
39	耳环	银、铜	海林北站 M3	直径 2.2、2.7	
40	耳环	银 4	桦林石场沟 M12	直径 1.4	
41	耳坠	铜	永安遗址 T3	通长 5.5	

最高。和龙河南屯墓葬结构与龙海 M13、M14 同，推测应为渤海王室贵族墓葬。宁安土台子村舍利函[1]，发现于上京城址附近，出土的金钏也应与渤海王室相关。银钏共 6 件。铜钏 40 件，是数量最多的一种。铁钏 11 件。钏多为闭合或一端开口的环形，截面有圆形、扁圆形、半圆形、长条形及菱形之别，钏表光素。钏的外径，多在 6 厘米左右；4 厘米上下的钏，或为幼儿所用。渤海的钏，考古报告中多称为"镯"。然中古文献中臂饰均作"钏"。《太平御览·服用部二十》引东汉服虔《通俗文》曰："环臂谓之钏。"《太平广记·豪侠四·唐文宗》引《卢氏杂说》："唐文宗皇帝听政暇，博览群书……又一日问宰臣，古诗云：'轻衫衬跳脱。跳脱是何物？'宰臣未对。上曰：'即今之腕钏也。《真诰》言安姑有斫粟金跳脱。是臂饰。'"隋唐的钏，均为女性装饰品，渤海的西邻霫人也是如此。《旧唐书》卷一九九载："霫，匈奴之别种也，居于潢水北，亦鲜卑之故地，其国在京师东北五千里。东接靺鞨，西至突厥，南至契丹。……人多善射猎，好以赤皮为衣缘，

---

[1] 黑龙江省文物考古研究所李陈奇、赵哲夫：《海曲华风——渤海上京城文物精华》，文物出版社，2010 年。第 219 页。

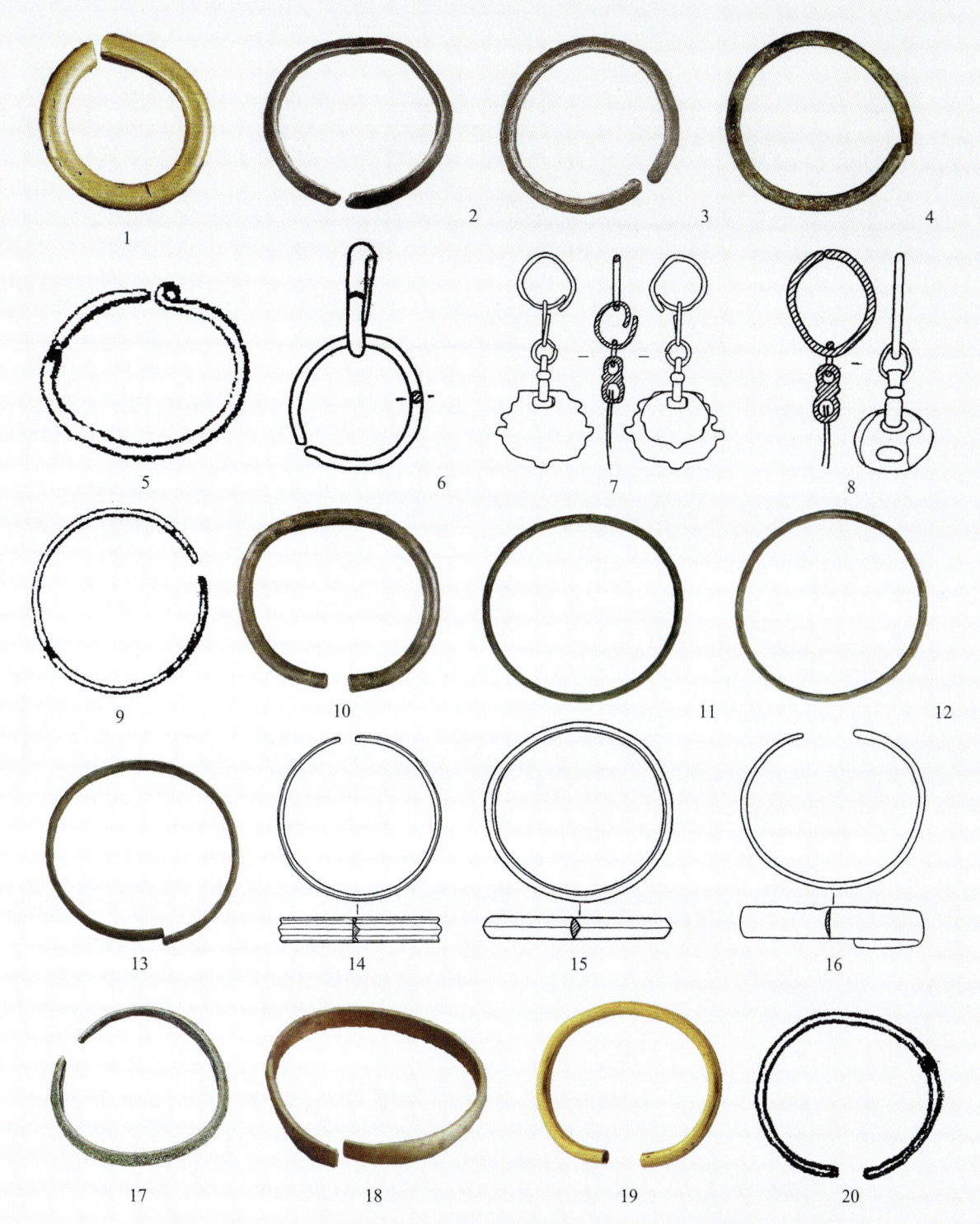

图 5-3-2 渤海耳环、钏

1. 虹鳟鱼场 FT6 2. 虹鳟鱼场 M2070 3. 虹鳟鱼场 M2283 4. 虹鳟鱼场 M2249 5. 东清 M1 6. 六顶山 M105 7、8. 六顶山 M203 9. 东清 M11 10. 虹鳟鱼场 M2001 11. 虹鳟鱼场 M2037 12. 虹鳟鱼场 M2310 13. 虹鳟鱼场 M2323 14. 六顶山 M201 15. 六顶山 M203 16. 六顶山 M207 17. 六顶山墓葬一区 M5 18. 龙海 M13 19. 上京城 20. 杨屯墓地

（1~8. 耳环；9~20. 钏）

（1、18、19. 金；2、3、5、10、20. 银；4、6、9、11~17. 铜；7、8. 铜鎏金）

妇人贵铜钏，衣襟上下悬小铜铃，风俗略与契丹同。"海林山嘴子两座随葬钏的墓，墓主均为女性。但虹鳟鱼场 M2255，墓主为一名男性，却随葬了 3 个铁钏。

表 5-3-3　渤海遗址出土金属钏

序号	质地/数量	出土地点	形制与尺寸（厘米）	性　别
1	铜 2	虹鳟鱼场 M2284	椭圆形，长径 8.2	无人骨
2	银	虹鳟鱼场 M2001	椭圆形，长径 4.7	2 男 2 女
3	铁	虹鳟鱼场 M2035	圆形，中有缺口，外径 7	2 男 1 女
4	铜	虹鳟鱼场 M2037	椭圆形，外径 6.9	无人骨
5	铁	虹鳟鱼场 M2127	圆形，外径 6.2	1 男 1 女
6	铁	虹鳟鱼场 M2180	扁圆形	1 男 1 女
7	铁 3	虹鳟鱼场 M2255	圆形	1 男
8	铜	虹鳟鱼场 M2310	圆形，截面菱形	1 男 1 女
9	铜	虹鳟鱼场 M2323	圆形	1 男 1 女
10	铜	虹鳟鱼场 M2134	圆形	3 男 1 女
11	铜 2	和龙北大 M54	椭圆形，长径 5.4	
12	铜 2	海林山嘴子 M4	周长 20.5	女性左右小臂
13	铜	海林山嘴子 M2	周长 17.5	
14	铁 2	海林山嘴子 M27	周长 18	女性左下小臂
15	银	老河深上层 M1	圆形一端开口，直径 8	
16	铜	老河深上层 M3	残	
17	铜 2	六顶山 M201	圆形，外径 5.5、6.3	
18	铜 2	六顶山 M203	扁圆形，外径 5.5~6.4	
19	铜	六顶山 M204	扁圆形，外径 3.4~3.8	
20	铜 3	六顶山 M206	圆形、扁圆形，外径 4.9~6.7	
21	铜 2	六顶山 M207	圆形，外径 5.5、6	
22	铜	六顶山 M208	扁圆形，外径 5.8~6.5	
23	铜 3	六顶山 M215	圆形，外径 4.8、4.9、6.4	
24	金 2	龙海 M13	近圆形，周长 20.2~20.5	

续 表

序号	质地/数量	出土地点	形制与尺寸（厘米）	性 别
25	铁	六顶山ⅡM78	残，外径6.1	
26	银	六顶山Ⅱ72	圆形开口，外径5.9	
27	铁	六顶山Ⅱ97	圆形残，外径5.8	
28	铜	六顶山ⅠM3	圆形开口，直径4.6	
29	银	六顶山ⅠM4	圆形，外径5.5	
30	铜	六顶山ⅠM4	圆形，外径6	
31	铜	六顶山ⅠM5	圆形，外径4.3	
32	铜	桦林石场沟M12	圆形，直径5.9	
33	银、铜、铁	六顶山ⅠST5	圆形，外径6.5、6、4.1	
34	铜8	永吉查里巴墓地	圆形，外径6.1～8.2	
35	银2	永吉杨屯79T5	圆形，直径6.5～7.1	
36	铜4	永吉杨屯79M38	圆形，直径6	
37	铜	桦林石场沟M12	圆形，直径5.9	
38	铜2	安图东清M11	圆形，直径6～6.5	
39	金	宁安土台子村	扁圆形，长径5.2	
40	金	和龙河南屯M1	圆形，周长19.5	
41	银	和龙河南屯M1	圆形，周长19.4	

第六章

出土文物与渤海文化、社会

第一节　出土文物所见渤海文化构成因素

出土文物体现了渤海文化的多元性。靺鞨民族传统、中原唐文化以及高句丽文化是渤海文化构成因素的三个主要部分。

一、靺鞨民族传统因素

渤海是唐代以靺鞨族为主体建立的地方民族政权，其文化体既植根于深厚的民族传统，又体现出鲜明的地域特点。渤海早期村落中的半地穴式房址，体现了显著的地域传统（即《魏书·勿吉传》所记"筑城穴居"）。而火炕这一古老的东北地区冬季取暖设施，即使在渤海都城的宫殿建筑中也在使用。土坑竖穴墓、使用木质葬具（棺、椁）、冢上作屋、多人二次合葬、火葬、殉牲（杀马为祭）、毁器等均体现了靺鞨族古老葬俗。就出土文物而言，重唇深腹陶罐是靺鞨民族传统炊器，终渤海之世一直沿用，分布地域广泛。腹壁斜直的台状足碗，是承袭了勿吉陶器的靺鞨早期器形。铜器中圆形和方形的带具牌饰以及鸟头形饰，为靺鞨-渤海所特有，并影响到女真。渤海陶质建筑构件中的部分莲花纹瓦当、花草纹瓦当、釉陶柱围等具有鲜明地方特色；瓦上模印文字的方式以及文字的内容，也有别于唐代中原地区瓦件以及高句丽瓦件。

二、中原唐文化因素

渤海文化深受唐文化的影响。张九龄（678～740年，唐玄宗时宰相）《曲江集》卷九："敕忽汗州刺史、渤海郡王大武艺：卿于昆弟之间，自相忿阋。门艺穷而归我，安得不容。然处之西陲，为卿之故，亦云不失，颇谓得所。何则？卿地虽海曲，常习华风。"[1]元稹（779～831年）《元氏长庆集》卷四十九："（唐穆宗）敕慎能至王侄大公则等，洲（一作海）东之国，知义之道，与华夏同风者，尔辈是也。冒越深阻，和会于庭，予嘉乃诚，命以崇秩，用奋威卫，保尔恩荣，无怠无违，永作藩服。"[2]温庭筠（约812～866年）《送渤海王子归本国》诗写道："疆理虽重海，车书本一家。盛勋归旧国，佳句在中华。"[3]"海曲华风""与华夏同风""车书本一家"等，代表了唐人对渤海文化性质的一般认知。

渤海文化深受唐影响的考古学证据，可以举出很多。渤海模仿唐朝，设立五京制度，

---

[1]（唐）张九龄：《曲江集》卷九，《四库全书》本。
[2]（唐）元稹：《元氏长庆集》卷四十九，《四库全书》本。
[3]（唐）温庭筠：《送渤海王子归本国》，《全唐诗》卷五八三，上海古籍出版社，1986年。

而其使用时间最长的都城——上京，平面布局与唐长安城非常接近（上京城因等级差异，规模远小于唐长安城。中京西古城、东京八连城仅相当于渤海上京的宫城部分），这方面前人已做过深入探究[1]，兹不赘述。以夯土砌筑城墙，不设马面等防御设施，也与唐代中原地区城市相合。贞孝公主墓等渤海王室贵族墓葬，或以砖砌墓室，或绘制乐伎侍卫人物壁画，均是对中原地区唐代品官丧葬制度的仿效。

出土文物从多方面体现了中原唐文化对渤海的影响。上京城内出土的刻写"六品"等字样的陶质版位，无疑是"以品为秩"的渤海对唐代版位的仿效。渤海王室贵族墓葬随葬釉陶俑明器，墓内置石碑（墓志）、石狮等，是迥异于靺鞨传统葬俗的唐代葬制。渤海服饰中的幞头、銙饰系统的带具，也是受唐文化影响的产物。渤海宫殿建筑使用鸱尾、兽头等构件，瓦当上的一些花纹图案等，都可以看到唐式建筑构件的影子。受到唐低温釉陶（三彩）的影响，渤海创烧了"渤海三彩"。至于金筐宝钿带、金镶玉带、铜镜、玉石熏炉、绞胎陶器等，均是输自中原的日用器物，反映的是渤海与唐之间的物质文化交流。渤海境内出土的邢窑、越窑、长沙窑瓷器，将渤海国纳入了9世纪唐代瓷器在东北亚陶瓷贸易的网络。"开元通宝"等铜钱，也有少量流入渤海境内。

值得指出的是，唐文化对渤海的影响，突出表现在制度层面，渤海的上层统治者，是追慕和接受唐文化的主力。渤海都城建制、王室墓葬中的唐风、金带銙等中原奢侈品的流入等，均为显著例证。至于一般民众，直接受到唐文化影响的考古证据并不多见。因此可以说，渤海的文化面貌在不同的社会阶层存在明显的分野。

三、高句丽文化因素

文献记载粟末靺鞨曾一度依附高句丽政权，在其灭亡之后徙居营州。《旧唐书》卷一九九《渤海靺鞨》记："祚荣骁勇善用兵，靺鞨之众及高丽余烬，稍稍归之（《新唐书》卷二一九《渤海传》作'高丽逋残稍归之'）……风俗与高丽及契丹同（《新唐书》作'余俗与高丽、契丹略等'），颇有文字及书记。"可见渤海建国前后吸纳了若干高句丽遗民。因此，渤海文化中存在高句丽文化因素也是很自然的。考古遗存的表现可举者有如下几端：渤海墓葬中的石构建筑形式，即是高句丽墓葬深刻影响下的结果，此点为学术界的普遍意见[2]。敦化六顶山、珲春古城村一号寺庙址[3]等延边地区多处渤海遗址发现

---

[1] 刘晓东：《渤海文化研究——以考古发现为视角》，黑龙江人民出版社，2006年。第56～132页。魏存成：《渤海都城的布局发展及其与隋唐长安城的关系》，《边疆考古研究》第2辑，科学出版社，2004年。

[2] 郑永振、严长录：《渤海墓葬研究》，吉林人民出版社，2000年。黑龙江省文物考古研究所等：《宁安虹鳟鱼场：1992～1995年度渤海墓地发掘报告》，文物出版社，2009年。第562页。魏存成：《渤海墓葬演变与渤海初期人口的民族构成》，《吉林大学社会科学学报》2014年第2期。

[3] 吉林省文物考古研究所2016年发掘资料。

的拍印绳纹、方格纹、篮纹板瓦，与高句丽瓦件很相似。当沟、无瓦舌筒瓦（包括曲背檐头筒瓦）、瓦当上的十字纹、乳钉纹以及部分莲花纹等，均可看到高句丽瓦件影响的踪影。渤海的横耳陶器，主要是受到了高句丽陶器的影响。和龙龙海M14出土三叶形金冠饰，与高句丽冠饰或存在某种承继关系。

此外，在个别渤海文物上，还可以看到突厥、新罗的影响。

第二节　出土文物与渤海乡村社会

一、村落布局与房址结构

有关渤海的村落与民居，文献史料阙载[1]，因此对它的了解，只能完全依靠考古资料。经过发掘且披露信息相对详细的村落遗址有黑龙江海林木兰集东[2]、渡口[3]、细鳞河[4]、河口、振兴[5]、东宁小地营[6]、阿城李家马架子[7]、吉林浑江（今白山）永安[8]等8处。这8处村落有5处位于黑龙江海林市，这并不意味着此地的渤海村落要比别处密集，只是因为20世纪90年代配合莲花水库的建设，在海林境内的牡丹江两岸开展了大规模的抢救性考古发掘，揭示的渤海遗址较多而已。这些渤海的村落，多选建于河谷盆地或江边台地，临水而居是其普遍特点。如河口、振兴、渡口、木兰集东、细鳞河遗址均位于牡丹江两岸的台地之上；小地营遗址位于绥芬河左岸的一级台地上；永安遗址所处的河谷小盆地，紧邻头道江的支流汤河；李家马架子遗址北距松花江支流蛰克图河约550米。《隋书》卷八十一《靺鞨传》记靺鞨七部"所居多依山水"，颇与前述情况契合。这样的选址，既便于生产与生活之取水，亦利于往来交通。此外，江河丰富的渔业资源，一定程度上提供了村落居民的生业支撑。前文所述形态各异的陶质、石质鱼网坠，骨质（或铁质）鱼钩、鱼镖，在这些村落址

---

[1] 日本史籍《类聚国史》卷一九三《殊俗·渤海上》延历十五年（796年）四月戊子条载："……和铜六年，（渤海）受唐册立。其国延袤二千里，无州县馆驿，处处有村里，皆靺鞨部落。其百姓者靺鞨多，土人少，皆以土人为村长，大村曰都督，次曰刺史，其下百姓皆曰首领。土地极寒，不宜水田。"此处的"村里"，大概是指聚族而居的靺鞨人部落，不宜理解为一般意义上的村落。
[2] 黑龙江省文物考古研究所：《黑龙江省海林木兰集东遗址》，《北方文物》1996年第2期。
[3] 黑龙江省文物考古研究所、吉林大学考古学系：《黑龙江海林市渡口遗址的发掘》，《考古》1997年第7期。
[4] 黑龙江省文物考古研究所、吉林大学考古学系：《1996年海林细鳞河遗址发掘的主要收获》，《北方文物》1997年第4期。黑龙江省文物考古研究所、吉林大学边疆考古研究中心：《黑龙江海林市细鳞河遗址发掘报告》，《北方文物》2018年第1期。
[5] 黑龙江省文物考古研究所、吉林大学考古学系：《河口与振兴——牡丹江莲花水库发掘报告（一）》，科学出版社，2001年。
[6] 黑龙江省文物考古研究所：《黑龙江东宁县小地营遗址渤海房址》，《考古》2003年第3期。
[7] 黑龙江省文物考古研究所：《黑龙江哈尔滨市李家马架子遗址发掘简报》，《北方文物》2018年第4期。
[8] 吉林省文物考古研究所：《吉林浑江永安遗址发掘报告》，《考古学报》1997年第2期。

中即多有发现。永安、河口等村落址房屋周边的灰坑里出土的鱼骨也可以说明这一问题。

渤海村落中的遗迹主要有房址、灰坑和水井。由于发掘面积受限，刊布的信息也不全面，房址是否共时也不好确定，目前分析渤海村落内布局的条件并不成熟，只能进行初步的推测。东宁小地营3座房址为成排分布，间距分别为6米和10米；细鳞河遗址的8座房址，大体呈南北成列、东西成排的分布；河口遗址的3座房址（F1002、F1001、F1014），也像是成排排列的。由此看来，成排分布似乎是渤海村落内房屋布局的常见形态。灰坑发现较多，其中细鳞河遗址有的灰坑坑壁垒砌石块，或于坑口部砌石，应为贮藏之窖穴。但是多数村落内灰坑的功能不能确指，亦无法探讨其与房子之间的关联。水井在细鳞河遗址发现过，其建筑方法是：先挖一直径约3.6、深约6米的竖坑，然后在坑内用石块砌筑井壁至坑口，最后在石井圈与土坑之间填满碎石、黄沙等。石砌井圈向上逐渐内收，口部直径约0.7米，在井口周围直径约2.8米的范围内铺2~3层河卵石。

房址的形制，有半地穴和地面式两种。

保存较好、资料刊布较为详细的渤海半地穴式房址共有24座（细鳞河8座、小地营3座、永安3座、河口2座、振兴2座、木兰集东1座、李家马架子5座），平面多为（圆角）方形或长方形，面积从十几平方米到五十多平方米不等。穴壁均非原来深度，残存最深者0.8米。门道均未发现，故房子的朝向无从得知（永安F1南壁中央外侧，残存宽约0.6米的路土痕迹，推测是房址的出入口所在）。由于房址穴壁未发现土砌的阶梯或坡道，推测应以木制矮梯作为出入半地穴房子的方式。穴壁的加工情况多不清楚。这些半地穴房址内，多存有柱洞或础石。这表明房屋的上部应有木构的梁架。小地营的3座房址，为沿穴壁设置成排柱洞；渡口F6则设置中心柱洞；永安F1的础石，贴穴壁而设；振兴F4，则于居住面上均匀设置柱洞；李家马架子房址为中心柱洞及四隅柱洞的组合形式。这些表明渤海半地穴房址的木质梁架屋顶的结构可能比较多样。灶多数位于房内中部，椭圆形或圆形，锅底状或平底，挖砌而成，有的周边垒石块。木兰集东、小地营的几处房子，靠西壁还以石块砌筑火炕。细鳞河房址居住面均经过烧烤，其余遗址居住面多数未经过特殊加工，一般为踩踏形成的硬面，有的下部铺以黄沙。室内的窖穴，仅见于小地营F1。

刊布资料的渤海地面式房址共有4座（河口2座、振兴1座、渡口1座），保存较差，面积从30余平方米到60余平方米不等，门道多为东南向，平面为（圆角）方形或长方形，墙体的构造有石块垒砌和木骨泥墙（以柱子为骨）两种。室内设置U字形或曲尺形火炕与灶相连接。居住面多经过烧烤。

河口、振兴、渡口遗址均有层位关系，表明半地穴式房屋的相对年代要普遍早于地面式的。这种判断也有绝对年代上的证据：渡口二期半地穴房址F6居住面上的木炭标本经放射性碳素断代为公元661~786年；约在渤海建国前后；渡口三期的地面式房址F3

居住面上的木炭为公元898～1028年（以上C^{14}数据均经过树轮校正），已进入渤海末期。由半地穴式演变为地面式，由室内中心灶到普遍设置火炕，可谓渤海民居的显著进步。

二、出土文物所见乡村生产与生活

从保存相对较好、信息提取较为充分的几处房址，可以管窥渤海村落的生业方式和社会生活的概貌。

细鳞河F106（图6-2-1）推测因火灾倒塌废弃，出土文物基本保持使用时的状态。这座近方形的半地穴房址的面积约36平方米，室内四角各有一块础石，西北角础石上还残存直径25、高26厘米的木柱。因火塌落的屋顶有直径10厘米的木椽以及桦树皮等。房内半地穴的四壁贴有厚约3厘米的桦木墙板。房内的居住面经过烧烤，较为坚硬。室内正中为一椭圆形灶，长径1.6米，南端灶门处竖立三块石板，灶内尚存白色灰烬。室内陶器多置于靠近北壁的位置，重唇深腹罐中发现了炭化的植物种子，经过鉴定其种类有小麦、大麦、粟、绿豆和小豆，应代表了细鳞河村落定居农业的主要作物。开元通宝铜钱虽不能证明渤海国存在货币经济，但也说明唐代铜钱已经流布至渤海僻远的乡村。

细鳞河F103形制结构与F106基本相同（图6-2-2），但房内四壁未贴桦木墙板。房内出土了铁矛、铁镞、骨镞、骨鱼（捕鱼诱饵）等多件，反映了细鳞河村落的生业方式除了农耕之外，还兼营渔猎。

永安F1为圆角长方形半地穴建筑（图6-2-3），面积30余平方米，南壁、西壁残存有部分础石。居住面铺以黄土，室内中央有瓢形浅灶，灶壁围以石块。出土文物中有铁刀、铁锛、砺石等加工工具，铁镞、角镖等渔猎用具以及重唇陶罐、斜口陶器、陶碗、铁带扣等生活用具。

东宁小地营遗址是一处单纯的渤海时期村落，2号房址（F2）为浅地穴建筑（图6-2-4），门道为河水破坏，情况不详。西壁有灶及火炕，烟囱设在房外一角。房址中部有灶坑，东部有一窖穴。出土文物中，反映农业生产情况的铁铲、骨铲为中耕工具，铁镰为收割工具；铁镞、石网坠用于渔猎；骨纺轮、陶纺轮用于简单的纺织活动；大量的骨角器用途广泛。陶重唇罐、甑、釜，用于炊煮；罐、盆，用于盛贮；碗、盘，用于日常饮食。铁带扣、铜牌饰为带具，骨璧为装饰品。马形陶塑或是对"率宾之马"[1]的摹写，体现了小地营居民的艺术创造力。陶器上模印的"上""七"，说明了当地人们对汉字的掌握能力。这些遗存，生动地再现了绥芬河流域渤海乡村民众的生业方式（农耕、渔猎）、生活方式以及文化艺术水平。

---

[1]《新唐书》卷二一九《渤海传》记渤海："俗所贵者……率宾之马。"

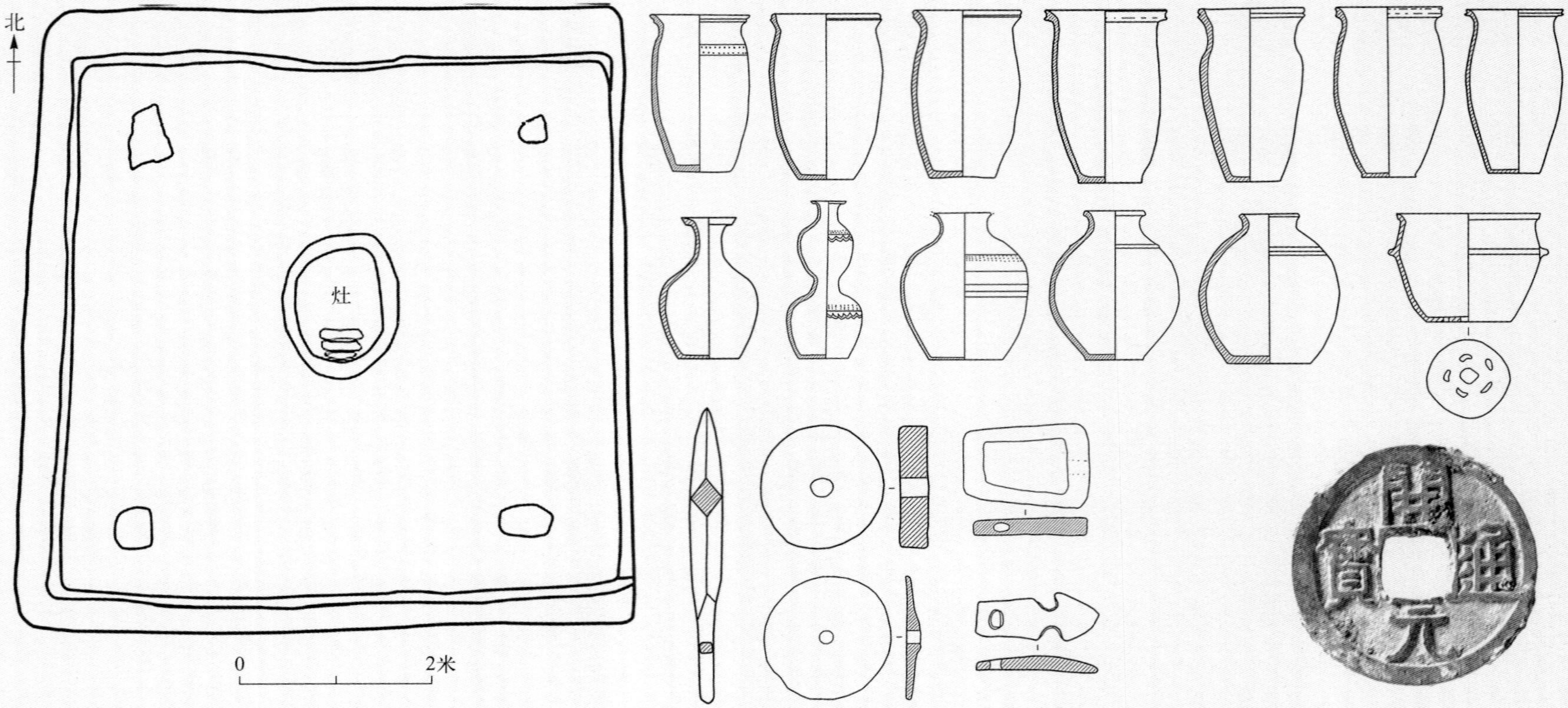

图 6-2-1 海林细鳞河遗址房址 F106 平面及出土文物

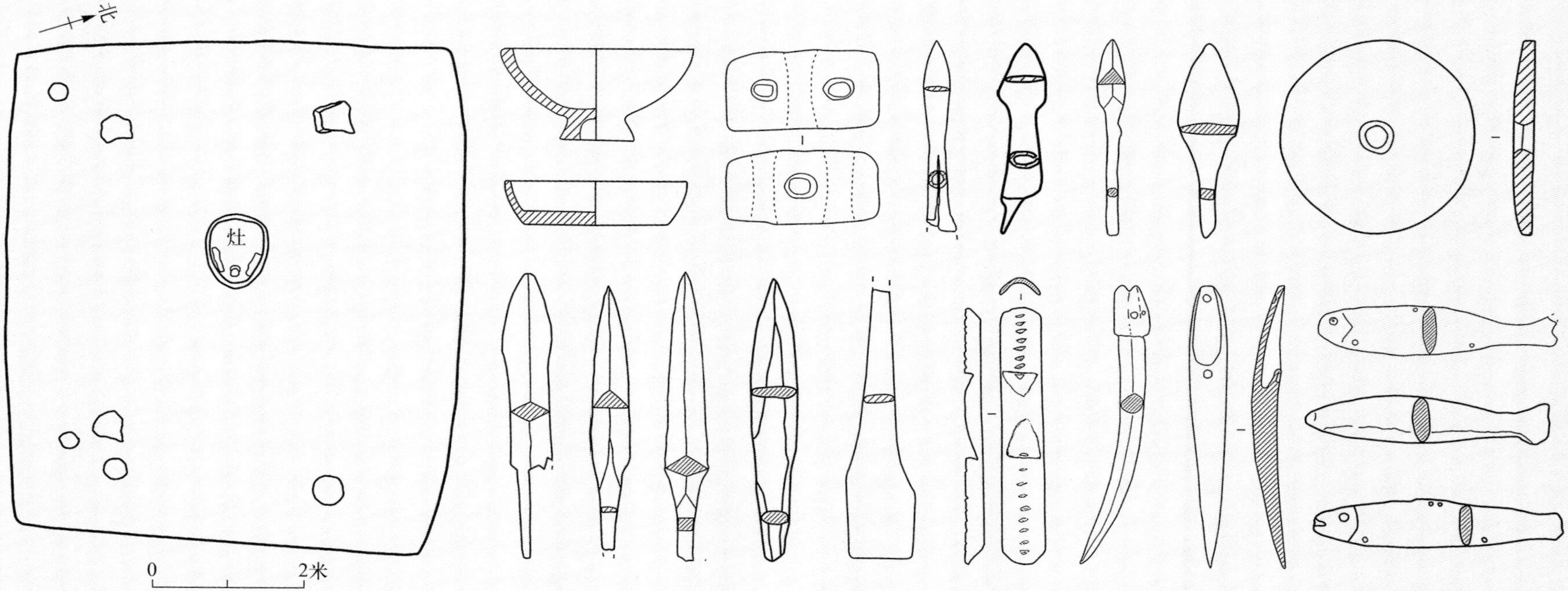

图 6-2-2 海林细鳞河遗址房址 F103 平面及出土文物

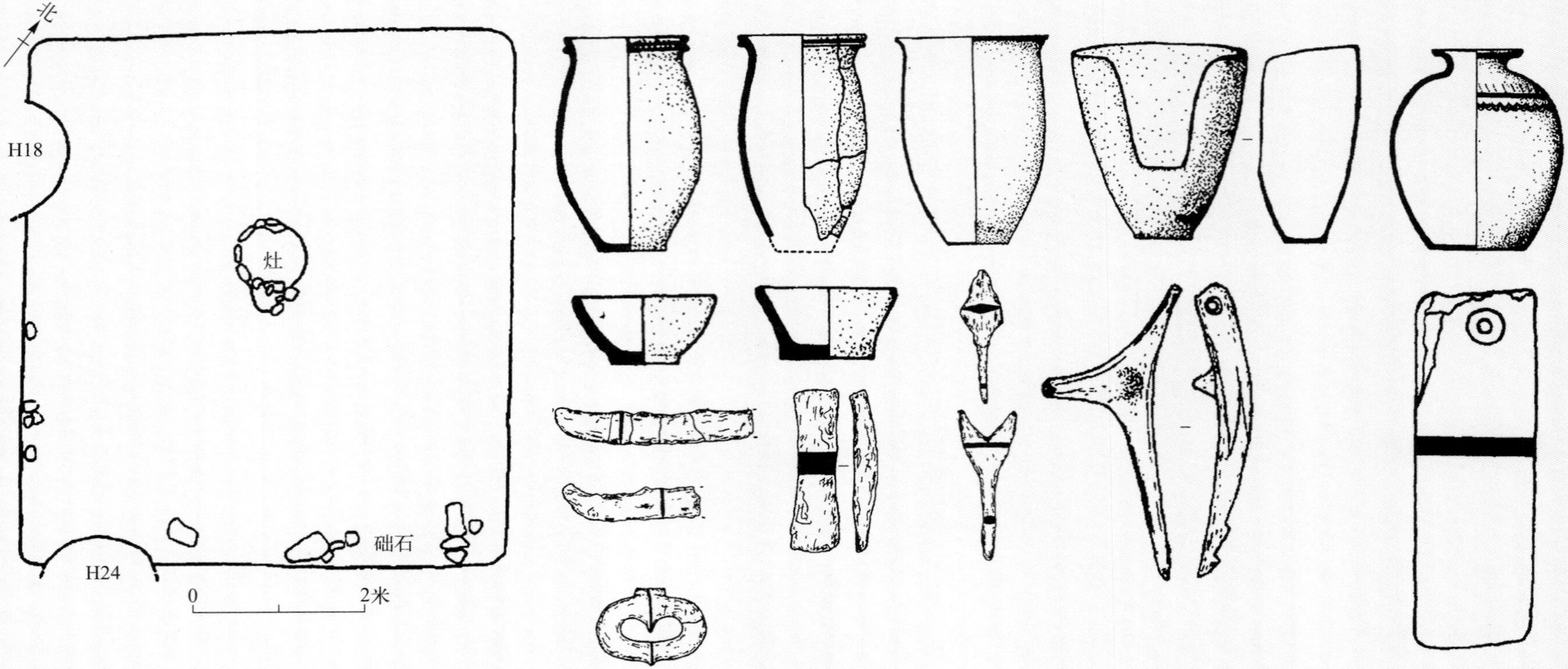

图 6-2-3　浑江永安遗址房址 F1 平面及出土文物

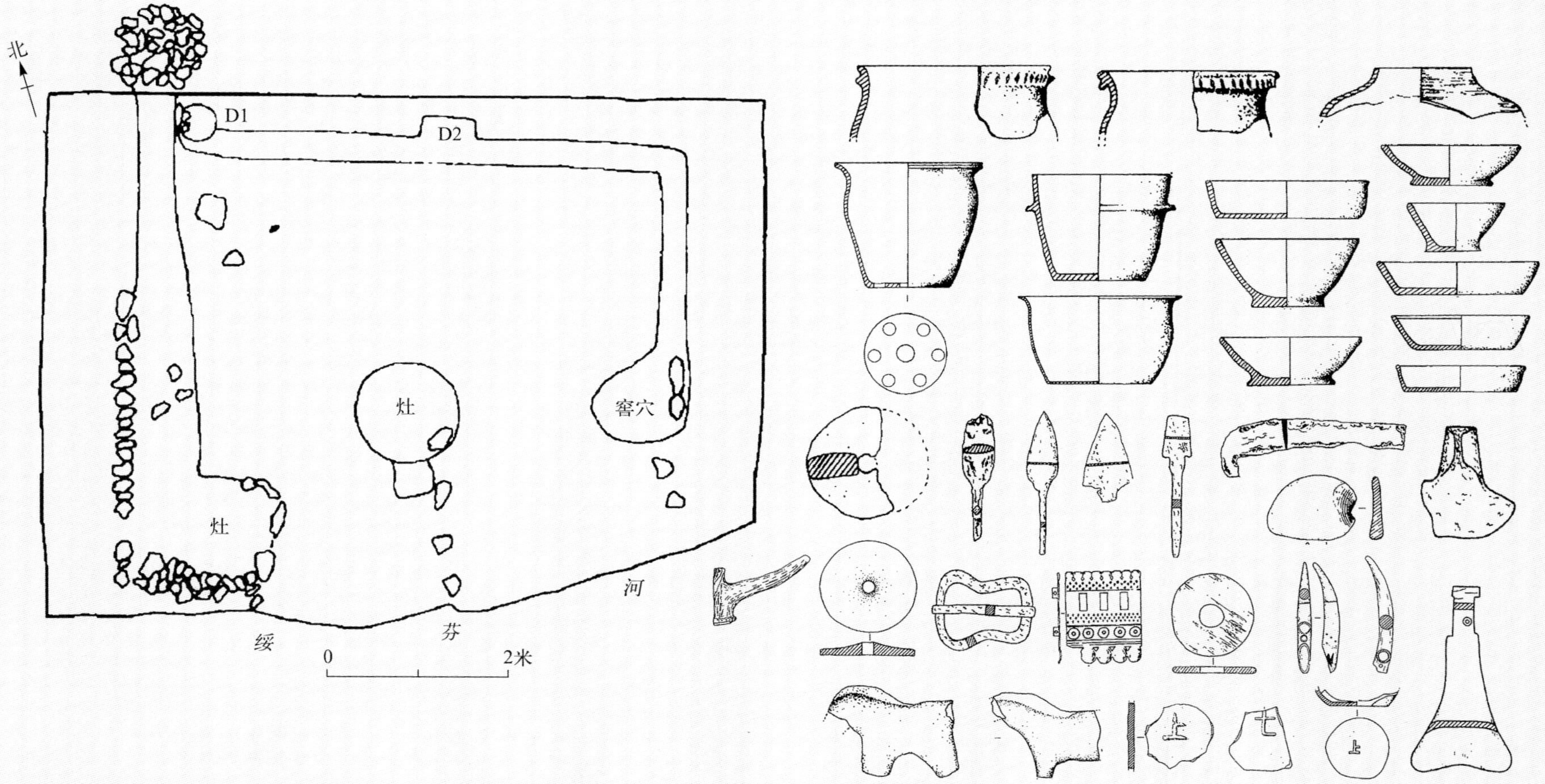

图 6-2-4　东宁小地营遗址房址 F2 平面及出土文物

第三节　契丹辽文化中渤海因素的考古学观察

926年，契丹吞灭渤海，在其故地建东丹国（东部契丹之意），此后陆续迁渤海遗民于辽阳及辽境腹地。文献记载渤海仪仗为东丹承继，《辽史》卷五十八《仪卫志四》："渤海仗：天显四年，太宗幸辽阳府，人皇王备乘舆羽卫以迎。乾亨五年，圣宗东巡，东京留具仪卫迎车驾。此故渤海仪卫也。"《辽史》卷十七《圣宗八》记辽"诏渤海旧族有勋劳材力者叙用"。《辽史》卷三十七《地理志一·上京道》记："……应天皇后述律氏，适太祖。太祖开拓四方，平渤海，后有力焉。俘掠有伎艺者多归帐下，谓之属珊。"据此推测掌握一定技艺的渤海遗民应为契丹所用。《契丹国志》卷二十四："（柳河馆）西北有铁冶，多渤海人所居，就河漉沙石，炼得成铁。……过石子岭，自此渐出山，七十里至富谷馆，居民多造车者，云渤海人。"[1]可见渤海遗民的冶铁、造车技艺在辽地得以承继。

从考古学上观察，契丹辽文化在10世纪前半发生了质的变化：以皇都（上京）为代表的一批城市开始出现在松漠草原地带；以宝山辽墓（根据墨书题记，M1年代为923年）[2]、耶律羽之墓（据墓志年代为941年）[3]为代表的贵族墓葬，体现了迥异于契丹旧俗的丧葬形式。这种突变，恐并不完全是契丹经济、社会自身发展到一定阶段的必然结果，而应归因于军事征服、大量外部人口涌入以及相应的政治体制的适应。北播的中原汉人、西徙的渤海遗民，在契丹辽文化这一突变过程中扮演着重要角色。

从文献史学的角度探讨辽代的渤海遗民，已经有了一些成果[4]。从考古学上研究契丹辽文化中的渤海因素，主要有日本学者对瓦当的探讨和蒙古学者对陶器、城墙构筑等的讨论。本节拟在前人研究的基础上，结合新发现，从考古学上梳理契丹辽文化中渤海因素的若干线索，以期明了渤海文化之遗绪，理解契丹辽文化之多元构成。

一、辽上京都城营建中的渤海因素

《辽史·地理志一·上京道》记辽上京："神册三年城之，名曰皇都。""天显元年，平渤海归，乃展郛郭，建宫室。"辽上京城址在今内蒙古自治区巴林左旗林东镇。1962

---

[1] （宋）叶隆礼撰，贾敬颜、林荣贵点校：《契丹国志》，上海古籍出版社，1985年。
[2] 内蒙古文物考古研究所、阿鲁科尔沁旗文物管理所：《内蒙古赤峰宝山辽壁画墓发掘简报》，《文物》1998年第1期。
[3] 内蒙古文物考古研究所、赤峰市博物馆、阿鲁科尔沁旗文物管理所：《辽耶律羽之墓发掘简报》，《文物》1996年第1期。盖之庸：《探寻逝去的王朝——辽耶律羽之墓》，内蒙古大学出版社，2004年。
[4] 杨保隆：《辽代渤海人的逃亡与迁徙》，《民族研究》1990年第4期。刘浦江：《辽代的渤海遗民——以东丹国和安定国为中心》，《文史》2003年第1辑。后收入其《松漠之间——辽金契丹女真史研究》，中华书局，2008年。

年，内蒙古文物工作队对辽上京城址进行了调查勘探[1]。调查表明，上京平面呈"日"字形，北部为皇城，南部为汉城。宫城位于皇城中部偏东，平面近长方形，设东、西、南3个城门。2015年，中国社会科学院考古研究所等对辽上京宫城东门（即文献记载的"东华门"）进行了发掘[2]。

发掘表明，辽上京宫城东门是一座东向的殿堂式城门。城门建筑在夯土台基之上，台基长方形，南北面阔31.2、东西进深13.1米，占地面积408.72平方米。台基下有夯土基槽。台基破坏严重，其上清理、确认了22个磉墩，东西3排，南北8列，由此柱网结构推测城门面阔7间，居中5间的进深为等距的2间，当心间、次间和稍间面阔基本相等，尽间面阔较小。推测当心间和两侧稍间外有慢道，即共有三间作为出入通行门道（图6-3-1）。

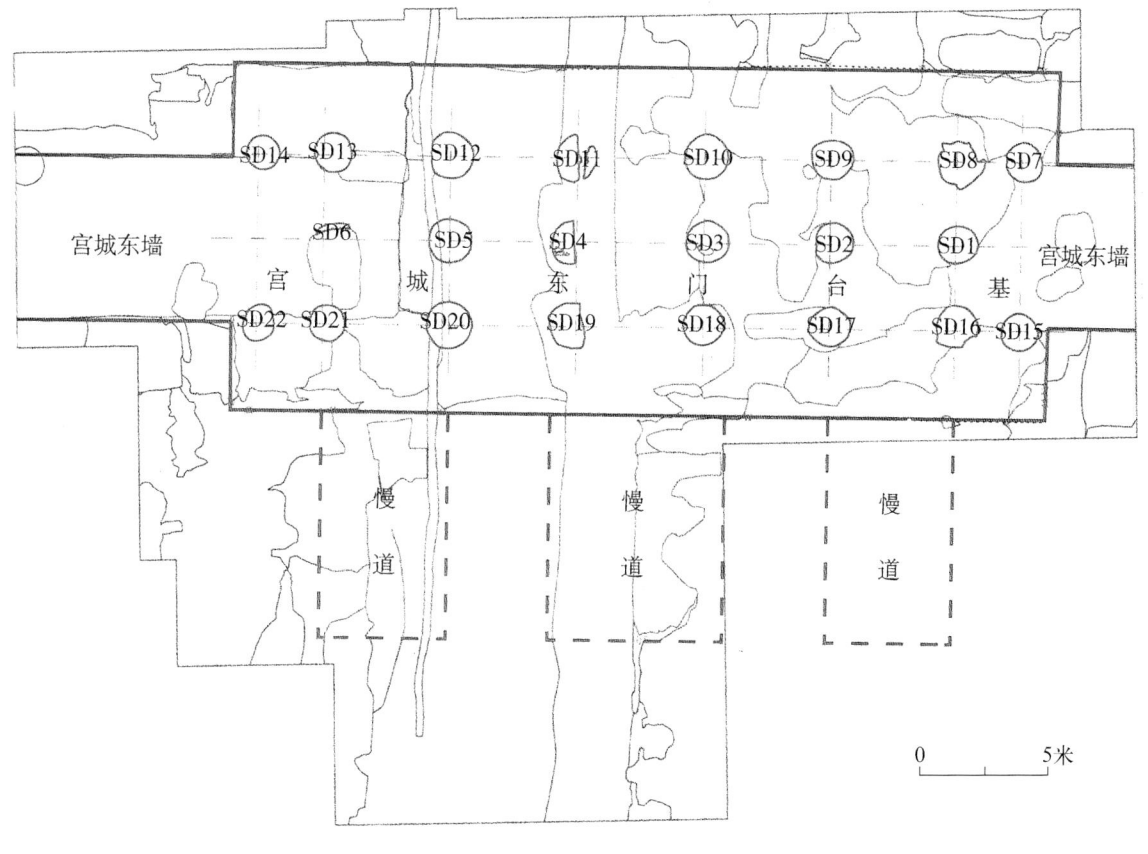

图6-3-1 辽上京宫城东门平面

---
[1] 内蒙古文物考古研究所：《辽上京城址勘查报告》，《内蒙古文物考古文集》第一辑，中国大百科全书出版社，1994年。第510～536页。
[2] 中国社会科学院考古研究所内蒙古第二工作队等：《内蒙古巴林左旗辽上京宫城东门遗址发掘简报》，《考古》2017年第6期。

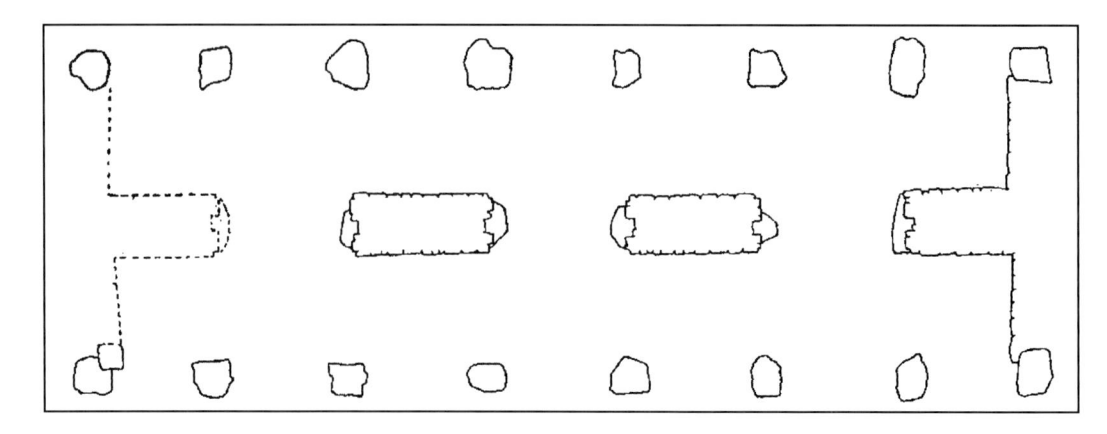

图 6-3-2　渤海上京城皇城南门址平面示意（1933 年发掘）

渤海上京城皇城南门址，1933 年日本东亚考古学会进行过初步清理（图 6-3-2）[1]。2007 年，黑龙江省文物考古研究所做了全面发掘[2]，结果表明，渤海上京皇城南门建在夯土台基之上，台基东西长 30、南北宽 11.35 米。台基上的柱础南北 3 列，东西 8 排，由此柱网结构推测城门建筑东西面阔 7 间，南北进深 2 间。中间一排内有 4 道横向的石砌隔墙。自东向西台基有 3 组门道，门道南北两侧均有斜坡慢道（图 6-3-3）。

比较两处城门遗址，可以看出它们之间存在很多相似性：1. 均有夯土台基；2. 台基长宽尺寸大体相同，辽上京为 31.2×13.1 米（此为基槽部分，台基可能略小于此），渤海上京为 30×11.35 米；3. 均为面阔 7 间、进深 2 间的建筑，柱础（磉墩）的柱网排列基本相同；4. 均为 3 个门道，门道内外均有斜坡慢道（辽上京西侧慢道因破坏而不清楚）。

值得指出的是，渤海东京城址（吉林珲春八连城）内城南门也采取了相近的结构（图 6-3-4）[3]，夯土台基的长度为 27.4～28.6 米，台基南北有 3 个台阶，应为门道慢道。主要区别在于，门的建筑为面阔 5 间、进深 2 间，比渤海上京皇城南门简省。

与辽上京宫城东门不同的是，渤海上京皇城南门址台基无基槽，门内有 4 道横向的石砌隔墙。门内设置横向隔墙的做法，见于唐长安城大明宫内重门门址[4]以及兴庆宫一号建筑址（推断为勤政务本楼）[5]。魏存成曾指出上京皇城南门与兴庆宫一号建筑

---

[1] 东亚考古学会：《東京城——渤海國上京龍泉府址の發掘調查》，《東方考古学叢刊》第 5 册，1939 年。第 12 页。
[2] 黑龙江省文物考古研究所：《渤海上京：1998～2007 年度考古发掘调查报告》，文物出版社，2009 年。
[3] 吉林省文物考古研究所等：《八连城——2004～2009 年度渤海国东京故址田野考古报告》，文物出版社，2014 年。第 26 页。
[4] 中国科学院考古研究所：《唐长安大明宫》，科学出版社，1959 年。
[5] 马得志：《唐长安兴庆宫发掘记》，《考古》1959 年第 10 期。马得志：《再论唐兴庆宫勤政务本楼的位置》，《考古》1994 年第 6 期。

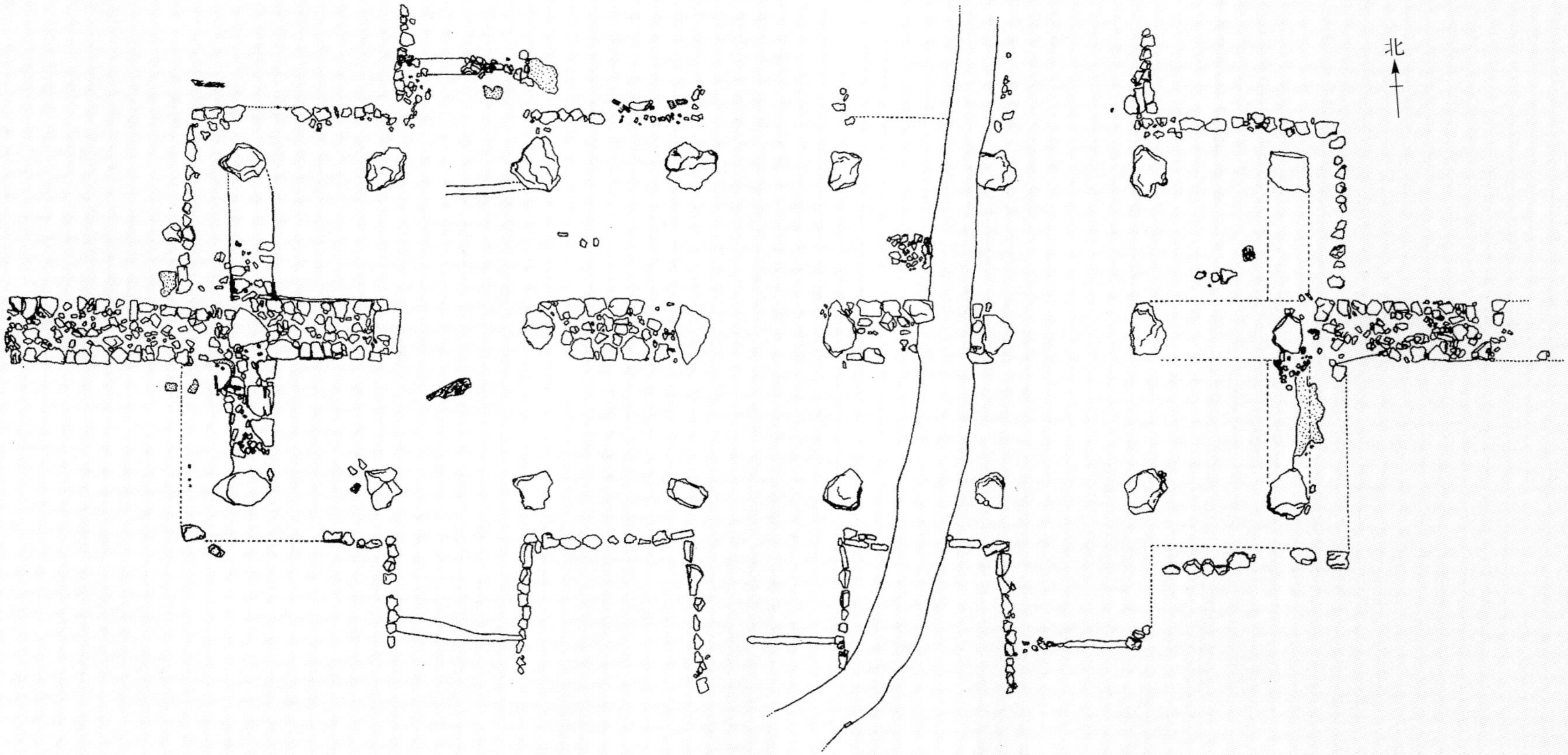

图6-3-3 渤海上京城皇城南门平面（2007年发掘）

265

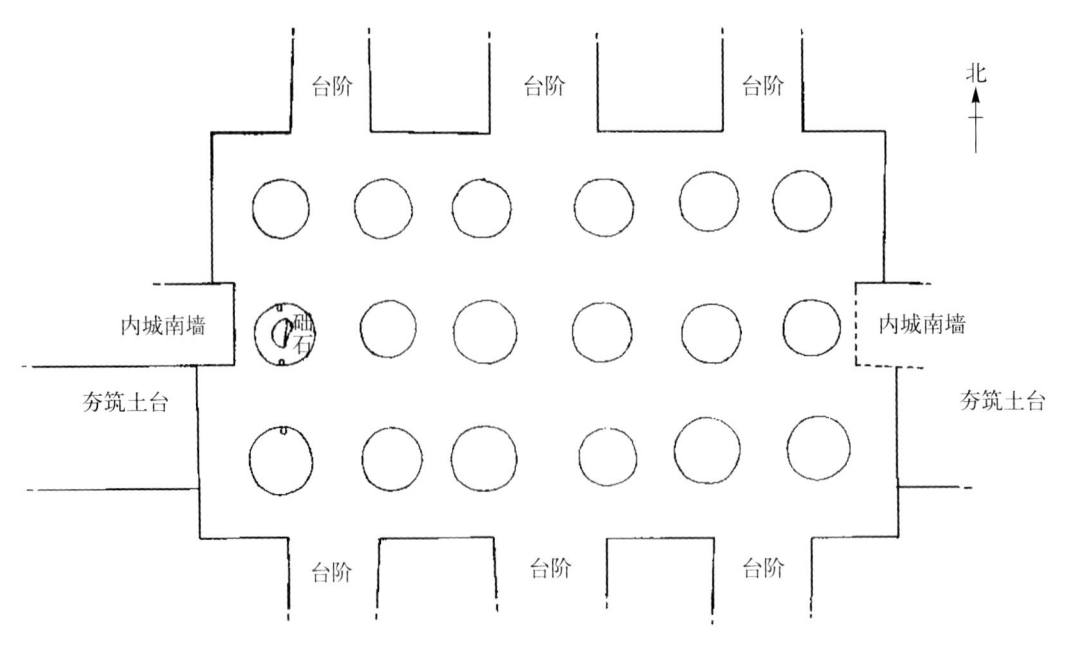

图 6-3-4　珲春八连城内城南门址平面

址的这种相似性[1]。但大明宫内重门平地起建，无台基；内重门面阔 3 间。从整体形制上来看，辽上京宫城东门遗址与渤海上京皇城南门址的共性更多，受后者影响的可能性更大。

《辽史·太祖上》记神册三年（918 年）初营上京时，"以礼部尚书康默记充版筑使"。《辽史·康默记传》记 "天赞四年，亲征渤海，默记与韩知古从。后大諲譔叛，命诸将攻之。默记分薄东门，率骁勇先登"。《辽史·地理志一》又记 "天显元年，平渤海归，乃展郭郭，建宫室"。此外，辽灭渤海后，不少渤海遗民被迁至辽上京，在上京西侧筑城以处大諲譔[2]。辽上京宫城东门与渤海上京皇城南门在形制结构上的这种相似性，与康默记及被称为 "属珊" 的有伎艺的渤海遗民是否存在关联，值得思考[3]。

二、辽建筑构件中的渤海因素

辽建筑构件中体现渤海文化因素的主要有瓦当、檐头板瓦和铺地方砖。

---

[1]　魏存成：《渤海都城的布局发展及其与隋唐长安城的关系》，《边疆考古研究》第 2 辑，科学出版社，2004 年。
[2]　《辽史·太祖下》记："卫送大諲譔于皇都西，筑城以居之。"张郁：《辽上京城址勘查刍议》，《内蒙古文物考古文集》第二辑，中国大百科全书出版社，1997 年。
[3]　值得注意的是，内蒙古巴林左旗床金沟 4 号辽墓（《文物》2017 年第 9 期），东西侧室和前室均采用石板平行叠涩筑成，建筑方法与渤海贞孝公主墓（792 年）类似。该墓推测为辽太宗耶律德光之怀陵（947 年葬）。

(一)瓦当

渤海建筑上的瓦当,以莲花纹装饰最为常见,契丹辽的瓦当,主要是兽面纹。但在祖州城、怀州城、饶州城等辽奉陵邑及地方城市,都发现有渤海风格的莲花纹瓦当。日本学者向井佑介曾对这些所谓"渤海系"瓦当做过深入的研究[1]。他根据莲瓣的表现形式,将渤海系瓦当分为5式,认为Ⅰ至Ⅴ式为早晚演变关系(图6-3-5)。这一结论是可取的。四瓣的莲花瓦当,向井氏说散见于渤海地方城市,都城没有出土。这种提法并不确切。地方城市,如桦甸苏密城瓦当的确以四瓣居多[2],西古城、八连城发掘迄今未出土过四瓣莲纹瓦当,但渤海上京城址却出土过少量四瓣莲花瓦当[3],不过数量的确很少。这些瓦当,应该归于渤海遗民的技术传承及发展。

(二)檐头板瓦

2012~2013年辽宁省北镇市琉璃寺西山遗址出土的檐头板瓦(图6-3-6)[4],正面戳印联珠纹。这种装饰,在渤海檐头板瓦中极为常见,但在辽代瓦当中罕见,应是渤海文化因素的体现。板瓦的下端凸出,呈水波状花边,这是渤海瓦当中见不到的。

(三)铺地方砖

内蒙古阿鲁科尔沁旗辽耶律羽之墓于1992年发掘。墓葬主室以绿釉砖营建,主室地面铺砌的绿釉方砖多被盗走,发表的一件方砖上模印花纹(图6-3-7),中间为十字形花叶,绕以蝴蝶、飞鸟,四边为云头状的花枝[5]。这件方砖与渤海上京城址、八连城址以及宁安杏山砖瓦窑址[6]出土的方砖,尽管纹饰内容有别,但布局相同。洛阳城[7]、长安城大明宫[8]、华清宫[9]等唐代遗址出土的方砖,多有明显的单边或双重方框,内饰联珠纹,与耶律羽之墓方砖差别较大。

---

[1] [日]向井佑介:《契丹的遗民政策和渤海系瓦当》,原载《辽文化·庆陵一带调查报告书》,京都大学,2011年。孙琳译文见《东北亚历史与考古信息》2013年第2期。
[2] 吉林省文物考古研究所2014~2016年发掘资料。
[3] 黑龙江省文物考古研究所:《渤海上京城:1998~2007年度考古发掘调查报告》,文物出版社,2009年。第135、346、463页。
[4] 辽宁省文物考古研究所:《辽宁北镇市辽代帝陵2012~2013年考古调查与试掘》,《考古》2016年第10期。
[5] 盖之庸:《探寻逝去的王朝——辽耶律羽之墓》,内蒙古大学出版社,2004年。第29页。
[6] 黑龙江省文物考古研究所:《渤海砖瓦窑址发掘报告》,《北方文物》1986年第2期。
[7] 中国社会科学院考古研究所:《隋唐洛阳城——1959~2001年考古发掘报告》,文物出版社,2014年。
[8] 中国社会科学院考古研究所等:《唐长安城大明宫太液池遗址发掘简报》,《考古》2003年第11期。
[9] 陕西省文物事业管理局:《唐华清宫》,文物出版社,1998年。

Ⅰa式
(祖州城S1)

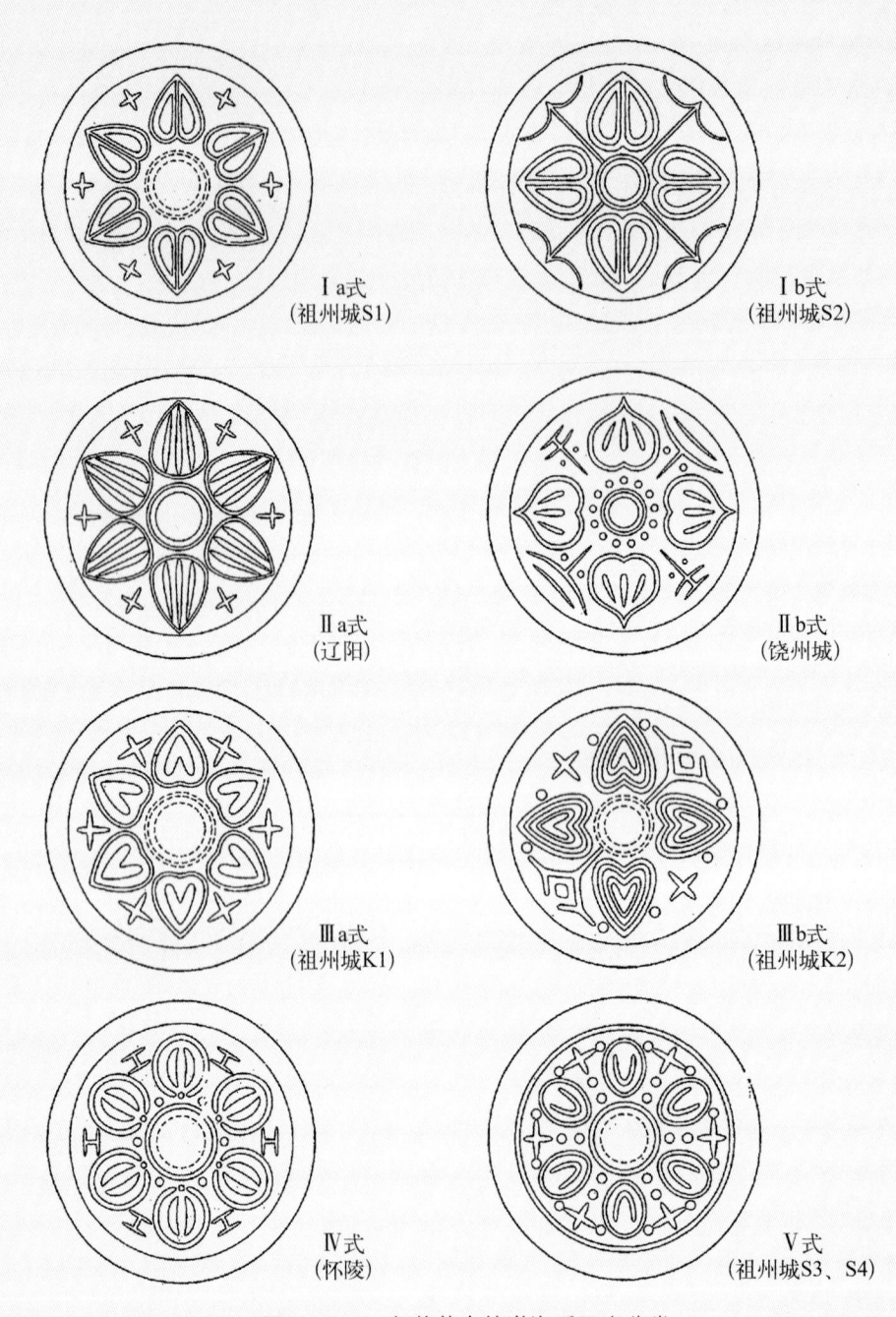

Ⅰb式
(祖州城S2)

Ⅱa式
(辽阳)

Ⅱb式
(饶州城)

Ⅲa式
(祖州城K1)

Ⅲb式
(祖州城K2)

Ⅳ式
(怀陵)

Ⅴ式
(祖州城S3、S4)

图6-3-5 向井佑介的渤海系瓦当分类

图 6-3-6　北镇琉璃寺西山遗址出土辽代檐头板瓦

图 6-3-7　辽耶律羽之墓绿釉方砖

三、蒙古国境内辽遗存中渤海因素辨析

近年来有蒙古学者认为蒙古国境内图拉河中游的额莫根特城址、青陶勒盖城址、查干登吉城址等为渤海文化遗存[1]，主要依据包括城墙砌筑方式、横耳陶器以及陶饼等。现辨析如下。

额莫根特古城的城墙，为夯土夹芯、两边砌石。蒙古学者认为具有明显的渤海文化特点。渤海上京郭城城墙内外两壁以规整的玄武岩砌筑，中间填充玄武岩石块。皇城直接以玄武岩块垒筑。宫城城墙底部有基槽，上以玄武岩构筑墙体。西古城外城城墙、内城城墙均为夯土砌筑，八连城内外城城墙亦均为夯土砌筑。桦甸苏密城南城墙经解剖，为黄黏土夯筑[2]。海林兴农城址城墙经解剖，为夯土城墙，两侧均有夯土护坡[3]。俄罗斯滨海地区发掘的渤海城址如吉吉多夫斯科城址、红湖城址的城墙墙体系土石混筑，外侧包砌有石块，内侧为夯筑而成，夯层十分明显[4]。渤海城址中夯土夹芯、两边砌石的做

---

[1] [蒙]阿·敖其尔勒等：《蒙古国境内的渤海考古学文化遗存》，《草原文物》2012年第2期。[蒙]阿·敖齐尔著，萨仁毕力格等译：《蒙古国境内的契丹都城遗址及其文化问题研究》，中国社会科学院考古研究所等：《东亚都城和帝陵考古与契丹辽文化国际学术研讨会论文集》，科学出版社，2016年。
[2] 吉林省文物考古研究所、桦甸市文物管理所：《吉林省桦甸市苏密城外城南瓮城考古发掘简报》，《边疆考古研究》第19辑，科学出版社，2016年。
[3] 黑龙江省文物考古研究所等：《黑龙江省海林市兴农渤海时期城址的发掘》，《考古》2005年第3期。
[4] 中国社会科学院考古研究所赴俄罗斯考古考察发掘团：《俄罗斯滨海地区2002年考古考察纪要》，《考古》2005年第8期。

法，目前仅见于克拉斯基诺城址一例[1]。由此可见，夯土夹芯、两边砌石的城墙砌筑方式，并不是渤海文化的明显特点。

契丹辽陶器中带耳器罕见，横耳陶器迄今未发现。渤海陶器中横耳器发达，蒙古国青陶勒盖城址（辽代镇州）、和日门登吉城址发现的宽横耳陶器，可视为具有渤海文化特征，但其上的篦齿纹则是典型的契丹纹饰。

青陶勒盖城址出土了数量较多的陶饼，前引蒙古学者的论文认为其最早产生于渤海人之中，后来传入契丹女真。实际上，将陶器破片磨圆，其上钻孔或不钻孔，用作纺轮或其他用途，即便在东北地区，最晚也可以追溯到青铜时代。这些陶饼并不具备文化区别的涵义。青陶勒盖城址出土陶饼均饰滚压的篦齿纹，而篦齿纹为契丹陶器典型的装饰，与渤海文化应没有什么关系。

---

[1] ［俄］博尔金等：《滨海地区克拉斯基诺城址四年一体化考察》，《俄罗斯科学院远东分院通讯》2001年第3期。宋玉彬译文见《东北亚历史与考古信息》2004年第1期。［日］田村晃一：《クラスキノロシアクラスキノ村にをける一古城跡の発掘調査》，（东京）渤海文化研究中心，2011年。第109页。魏存成：《渤海考古》，文物出版社，2008年。第157页。

图表索引

第一章　渤海陶瓷器研究

图 1-1-1	渤海花纹方砖及使用情况	6
图 1-1-2	渤海长方形花纹砖	7
图 1-1-3	渤海兽面纹砖	8
图 1-1-4	渤海建筑板瓦、筒瓦组合情况	8
图 1-1-5	渤海板瓦凸面上纹样	10
图 1-1-6	渤海麻面纹板瓦	10
图 1-1-7	渤海檐头板瓦纹饰	11
图 1-1-8	渤海截角檐头板瓦	12
图 1-1-9	渤海板瓦凹面上的模具及麻布印痕	13
图 1-1-10	渤海普通筒瓦	14
图 1-1-11	渤海直背檐头筒瓦	15
图 1-1-12	渤海曲背檐头筒瓦	18
图 1-1-13	渤海八瓣莲花纹瓦当	19
图 1-1-14	渤海七瓣莲花纹瓦当	20
图 1-1-15	渤海六瓣莲花纹瓦当	21
图 1-1-16	渤海五瓣莲花纹瓦当	22
图 1-1-17	渤海四瓣莲花纹瓦当	22
图 1-1-18	渤海复瓣莲花纹瓦当	23
图 1-1-19	渤海莲蕾纹瓦当	24
图 1-1-20	渤海缠枝莲花纹瓦当	25
图 1-1-21	渤海带茎莲花纹瓦当	26
图 1-1-22	渤海折枝花草纹瓦当	27
图 1-1-23	渤海十字纹瓦当	28
图 1-1-24	渤海乳钉纹瓦当	28
图 1-1-25	渤海卷云纹瓦当	29
图 1-1-26	渤海轮菊纹瓦当	29
图 1-1-27	渤海其他瓦当纹饰	29
图 1-1-28	渤海当沟	30
图 1-1-29	渤海压当条	31
图 1-1-30	渤海柱围	31
图 1-1-31	渤海鸱尾	32
图 1-1-32	渤海兽头	33
图 1-1-33	渤海套兽	33
图 1-1-34	渤海"三叶形"构件	34
图 1-1-35	渤海瓦文举例	35
图 1-1-36	渤海花纹方砖及参考图	39
图 1-1-37	渤海长方形花纹砖及参考图	39
图 1-1-38	渤海板瓦及参考图	40
图 1-1-39	渤海曲背檐头筒瓦及参考图	41
图 1-1-40	渤海复瓣莲花纹瓦当及参考图	43
图 1-1-41	渤海莲蕾纹瓦当及参考图	43
图 1-1-42	渤海当沟及参考图	44
图 1-1-43	渤海鸱尾及参考图	45
图 1-1-44	渤海杏山砖瓦窑址	46
图 1-2-1	渤海陶筒腹罐（A 型）	51
图 1-2-2	渤海陶筒腹罐（B 型）	52
图 1-2-3	渤海陶横耳鼓腹罐及参考图	53
图 1-2-4	渤海陶无耳鼓腹罐（A 型）及参考图	54
图 1-2-5	渤海陶无耳鼓腹罐（B 型）	55
图 1-2-6	渤海陶扁腹罐及参考图	56
图 1-2-7	渤海陶敛口罐及参考图	57
图 1-2-8	渤海遗址出土契丹系陶壶	58
图 1-2-9	渤海陶壶及参考图	59
图 1-2-10	渤海陶瓶	60
图 1-2-11	渤海陶瓮及参考图	62
图 1-2-12	渤海陶盆及参考图	63
图 1-2-13	渤海陶甑	64

图 1-2-14	渤海陶钵	65		表 1-6-1	山东半岛沿海一带出土的唐代瓷器	119
图 1-2-15	渤海陶碗及参考图	67				
图 1-2-16	渤海陶盘	68				
图 1-2-17	渤海陶杯	68				

第二章 渤海金属器研究

图 1-2-18	渤海陶三足器及参考图	69
图 1-2-19	渤海陶砚及参考图	70
图 1-2-20	渤海陶器座及参考图	71
图 1-2-21	其他渤海陶器	73
图 1-2-22	渤海陶壶参考图	77
图 1-2-23	庆州出土统一新罗陶扁壶	78
图 1-3-1	渤海陶坩埚	80
图 1-3-2	渤海陶模具	81
图 1-3-3	渤海陶网坠	82
图 1-3-4	渤海陶纺轮	84
图 1-3-5	渤海陶版位	85
图 1-3-6	渤海陶多孔器	86
图 1-4-1	渤海釉陶缸及参考图	89
图 1-4-2	渤海釉陶壶及参考图	90
图 1-4-3	渤海三彩熏炉及参考图	92
图 1-4-4	渤海釉陶三足器及参考图	93
图 1-4-5	渤海釉陶盆及参考图	93
图 1-4-6	渤海上京城出土釉陶盘及参考图	94
图 1-4-7	渤海釉陶盒（盖）及参考图	95
图 1-4-8	渤海釉陶唾壶及参考图	95
图 1-4-9	渤海褐釉陶双系罐及参考图	96
图 1-4-10	渤海绞胎器及参考图	97
图 1-4-11	渤海上京城出土其他釉器	97
图 1-5-1	渤海釉陶人物俑	105
图 1-5-2	渤海釉陶俑参考图	108
图 1-5-3	渤海釉陶动物俑及参考图	110
图 1-6-1	渤海遗址出土越窑青瓷	114
图 1-6-2	渤海遗址出土长沙窑瓷器	115
图 1-6-3	渤海遗址出土邢窑瓷器	116
图 1-6-4	山东半岛沿海一带出土越窑、长沙窑瓷器	120
表 1-1-1	渤海遗址出土曲背檐头筒瓦	16
表 1-1-2	渤海砖瓦文字内容辑录	35
表 1-4-1	渤海遗址出土部分釉陶器胎体成分表	102

图 2-1-1	渤海遗址出土金器	134
图 2-1-2	渤海遗址出土银器	135
图 2-2-1	渤海遗址出土铜镜	142
图 2-2-2	渤海遗址出土铜镜参考图	143
图 2-2-3	渤海遗址出土铜钱	146
图 2-2-4	渤海铜铃	149
图 2-2-5	渤海青铜塑像	150
图 2-2-6	渤海铜螺旋形器	153
图 2-2-7	渤海遗址出土铜鱼符及参考图	153
图 2-2-8	渤海铜钉、帐钩及其他饰件	155
图 2-3-1	渤海铁铧及参考图	157
图 2-3-2	渤海铁铲	158
图 2-3-3	渤海铁镘与铁镰	159
图 2-3-4	渤海铁斧、锛、钳、凿、锯	160
图 2-3-5	渤海铁矛	162
图 2-3-6	渤海铁刀	163
图 2-3-7	渤海短剑、镖首、链锤	165
图 2-3-8	渤海铁镞	166
图 2-3-9	渤海铁甲片、鱼钩、多齿器及参考图	167
图 2-3-10	渤海铁锅	169
图 2-3-11	渤海铁盆、碗、熨斗、剪刀、镊子、火镰、锁具	170
图 2-3-12	渤海铁车辖、蹄铁	172
图 2-3-13	渤海铁马镫、马衔、马镰	172
图 2-3-14	渤海铁风铃、吊钩、门鼻	174
图 2-3-15	渤海铁棺钉、棺环	175
图 2-3-16	渤海建筑用铁钉	177
图 2-3-17	渤海铁钗、带具	179
表 2-1-1	渤海遗址出土金银器	131
表 2-2-1	渤海遗址出土铜镜	140
表 2-2-2	渤海遗址出土铜钱	145
表 2-2-3	渤海遗址出土铜铃	147
表 2-2-4	渤海遗址出土铜螺旋器	152
表 2-3-1	渤海遗址出土铁刀	163

第三章　渤海玉石器研究

图 3-1-1	渤海玉璧	185
图 3-2-1	集安东台子遗址出土玉璧与渤海玉璧比较图	187
图 3-2-2	集安东台子遗址出土铜牌饰与渤海铜牌饰比较图	189
图 3-2-3	集安出土其他渤海遗物及参考图	191
图 3-2-4	鸭绿江流域其他渤海遗存	195
图 3-3-1	上京城址出土玉石熏炉及参考图	199
图 3-4-1	敦化六顶山 M206 出土红玛瑙串珠	203
图 3-4-2	宁安虹鳟鱼场 M2124 出土红玛瑙串珠	203
图 3-5-1	渤海石器	209
表 3-1-1	渤海遗址出土玉璧	183
表 3-4-1	渤海遗址出土红玛瑙串珠	200
表 3-5-1	渤海遗址出土其他石器	208

第四章　渤海骨角器研究

图 4-2-1	渤海骨（角）服饰用品	216
图 4-2-2	渤海骨（角）加工工具	217
图 4-2-3	渤海骨（角）渔猎用具	218
图 4-2-4	渤海骨制日用杂器	218
图 4-2-5	渤海刻纹骨板	219
表 4-1-1	渤海遗址出土骨（角）器	213

第五章　渤海服饰研究

图 5-1-1	渤海首服及参考图	224
图 5-2-1	查里巴 M31 牌饰出土情况	226
图 5-2-2	渤海长方形牌饰（A 型）	228
图 5-2-3	渤海长方形牌饰（B 型）	229
图 5-2-4	渤海长方形牌饰（C 型）	230
图 5-2-5	渤海圆形牌饰	231
图 5-2-6	渤海鸟头形饰	233
图 5-2-7	和龙龙海 M14 出土金镶玉带銙及铊尾	235
图 5-2-8	和龙河南屯墓出土金带	236
图 5-2-9	和龙河南屯墓出土金带细部	236
图 5-2-10	渤海銙式带具组合	237
图 5-2-11	渤海带扣	238
图 5-2-12	渤海带銙	239
图 5-2-13	渤海铊尾	240
图 5-3-1	渤海钗、簪	244
图 5-3-2	渤海耳环、钏	247
表 5-2-1	渤海遗址出土牌形带饰	226
表 5-2-2	靺鞨-渤海遗址出土鸟头形饰	231
表 5-3-1	渤海遗址出土钗、簪	242
表 5-3-2	渤海遗址出土耳环	245
表 5-3-3	渤海遗址出土金属钏	248

第六章　出土文物与渤海文化、社会

图 6-2-1	海林细鳞河遗址房址 F106 平面及出土文物	258
图 6-2-2	海林细鳞河遗址房址 F103 平面及出土文物	259
图 6-2-3	浑江永安遗址房址 F1 平面及出土文物	260
图 6-2-4	东宁小地营遗址房址 F2 平面及出土文物	261
图 6-3-1	辽上京宫城东门平面	263
图 6-3-2	渤海上京城皇城南门址平面示意（1933 年发掘）	264
图 6-3-3	渤海上京城皇城南门平面（2007 年发掘）	265
图 6-3-4	珲春八连城内城南门址平面	266
图 6-3-5	向井佑介的渤海系瓦当分类	268
图 6-3-6	北镇琉璃寺西山遗址出土辽代檐头板瓦	269
图 6-3-7	辽耶律羽之墓绿釉方砖	269

后 记

2002年辽代陶瓷的研究告一段落，我参加了吉林敦化永胜遗址的发掘工作，次年又与王培新教授一起解剖了敦化敖东城的城墙，考察了牡丹江上游所谓渤海"二十四块石"遗迹、西古城、八连城等，对渤海考古产生了浓厚的兴趣。此后除了2013~2015年编写吉林前郭塔虎城2000年度考古发掘报告之外，我较为系统地搜集了渤海的考古资料，并展开了一些专题研究。《渤海国文物研究》即是这些年来探索的一个结集，也是以文物实证"海东盛国"文化的一个尝试。

吉林大学是高句丽渤海考古研究的重镇，导师魏存成先生筚路蓝缕，治学育人，恩泽吾辈后学甚多。这本小书是在魏老师多年耳提面命下完成的一篇作业，希望对渤海考古研究有添一砖加一瓦之裨益。书中的一切疏漏错误，均由我本人承担。

黑龙江省博物馆研究员刘晓东先生、吉林大学王培新教授、东北师范大学傅佳欣教授、黑龙江大学宋玉彬教授、延边州文物保护中心李强研究员，是我这些年来学习和研究渤海考古的良师益友，与他们的学术讨论和交流，总是那么令人愉悦。

2015年以来，吉林省境内渤海、高句丽以及辽金时期的遗址发掘甚多，每次参观学习，都有不少新收获。对于发掘者们提供的便利，我深表感谢。这个名单包括安文荣、李强、徐廷、张恒斌、苗诗钰（图们磨盘村山城），解峰、包艳玲（珲春古城村寺庙址、和龙獐项城址及墓葬），王志刚、张哲（桦甸苏密城），徐坤（图们东兴遗址），王聪（吉林永安遗址、龙潭山城），徐廷（集安霸王朝山城、图们磨盘村山城），李睿哲（集安太王陵南遗址），等等。吉林大学考古学院赵里萌副教授，博士研究生张凯、张欣怡、王安琪对于本书的写作，也有一定贡献。

本书的研究，得到国家社科基金专项项目（编号：17VGB013）以及教育部人文社会科学重点研究基地重大项目（编号：22JJD780007）的资助，本书的出版得到吉林大学边疆考古研究中心的资助。对于责任编辑宋佳认真细致的工作，我深表感谢。

彭善国
2023年10月7日于吉林大学正新楼

图书在版编目(CIP)数据

渤海国文物研究 / 彭善国著. —上海：上海古籍出版社，2023.12
ISBN 978 - 7 - 5732 - 0949 - 8

Ⅰ.①渤… Ⅱ.①彭… Ⅲ.①渤海国-文物-研究 Ⅳ.①K870.4

中国国家版本馆CIP数据核字(2023)第215684号

渤海国文物研究

彭善国　著

上海古籍出版社出版发行

（上海市闵行区号景路159弄1-5号A座5F　邮政编码201101）

（1）网址：www.guji.com.cn
（2）E-mail：guji1@guji.com.cn
（3）易文网网址：www.ewen.co

上海雅昌艺术印刷有限公司印刷

开本787×1092　1/16　印张17.5　插页4　字数341,000
2023年12月第1版　2023年12月第1次印刷
ISBN 978-7-5732-0949-8

K·3511　定价：188.00元

如有质量问题，请与承印公司联系